证券业从业人员一般从业资格考试专用教材

① 内幕交易活动需有"知情人员"、"内幕信息"等限，注意与操纵市场行为的区别

② 股票上市：不低于人民币3000万元；债券上市：不低于人民币5000万元

③ 2006年以来，我国证券发行业务呈现以下特点：(1)发行规模大幅增长，[illegible]，发行主体增加

(2)机构投资者范围增加 (3)二级市场交易[illegible]

④新股网上发行具有[illegible]性，[illegible]性

证券市场基本法律法规

—— 严格依据证券业从业人员一般从业资格考试大纲编写 ——

AF869666

证券考试命题研究组 编

[扫描二维码
获取手机软件]

[关注微信公众号
畅享微信做题]

西南财经大学出版社
Southwestern University of Finance & Economics Press

图书在版编目(CIP)数据

证券业从业人员一般从业资格考试专用教材·证券市场基本法律法规/证券考试命题研究组编.—成都:西南财经大学出版社,2015.6(2017.1重印)

ISBN 978-7-5504-1935-3

Ⅰ.①证… Ⅱ.①证… Ⅲ.①证券交易—资格考试—自学参考资料②证券法—中国—资格考试—自学参考资料 Ⅳ.①F830.91 ②D922.287

中国版本图书馆CIP数据核字(2015)第113320号

证券业从业人员一般从业资格考试专用教材·证券市场基本法律法规

证券考试命题研究组 编

责任编辑:冯 梅

封面设计:天一工作室

责任印制:封俊川

出版发行	西南财经大学出版社(四川省成都市光华村街55号)
网 址	http://www.bookcj.com
电子邮件	bookcj@foxmail.com
邮政编码	610074
电 话	028-87353785 87352368
印 刷	洛阳和众印刷有限公司
成品尺寸	185mm×260mm
印 张	17
字 数	480千字
版 次	2015年6月第1版
印 次	2017年1月第4次印刷
印 数	50001—80000册
书 号	ISBN 978-7-5504-1935-3
定 价	42.00元

1. 版权所有,翻印必究。

2. 如有印刷、装订等差错,可向本社营销部调换。

目　录
CONTENTS

第一章 证券市场基本法律法规

第一节　证券市场的法律法规体系

考纲要求

大纲内容	要求
证券市场法律法规体系的主要层级	熟悉
证券市场各层级的主要法规	了解

知识解读

一、证券市场法律法规体系的主要层级

现有的中国证券市场法律法规体系分为以下四个层次，其法律效力依次递减：第一个层次是指由全国人民代表大会或全国人民代表大会常务委员会制定并颁布的法律；第二个层次是指由国务院制定并颁布的行政法规；第三个层次是指由证券监管部门和相关部门制定的部门规章及规范性文件；第四个层次是指由证券交易所、中国证券业协会及中国证券登记结算有限公司等自律组织制定的行业自律规则。在中国证券市场形成和发展的20多年中，大量相关法律法规已相继出台，对证券市场的规范和有序发展起到了重要作用。

二、证券市场各层级的主要法律、法规

（一）法律

现行的证券市场法律主要包括《中华人民共和国证券法》《中华人民共和国证券投资基金法》《中华人民共和国公司法》以及《中华人民共和国刑法》等。此外，《中华人民共和国物权法》《中华人民共和国反洗钱法》《中华人民共和国企业破产法》等法律也与资本市场有着密切的联系。

（二）行政法规

现行的证券行政法规中，与证券经营机构经营业务密切相关的有《证券、期货投资咨询管理暂行办法》《证券公司监督管理条例》和《证券公司风险处置条例》。

（三）部门规章及规范性文件

部门规章及规范性文件由中国证监会根据法律和国务院行政法规制定，其法律效力次

于法律和行政法规。其具体包括《证券发行与承销管理办法》《首次公开发行股票并在创业板上市管理办法》《上市公司信息披露管理办法》《证券公司融资融券业务管理办法》和《证券市场禁入规定》等。

（四）证券市场自律性组织及其职责

行业自律规则包括证券交易所自律性规则、中国证券业协会自律性规则和中国证券登记结算有限公司制定的自律性规则。其具体包括《上海证券交易所交易规则》《深圳证券交易所交易规则》《证券业从业人员执业行为准则》《首次公开发行股票配售细则》《中国证券登记结算有限责任公司证券账户业务指南》《证券账户管理规则》等。

1. 证券交易所

证券交易所是为证券集中交易提供场所和设施，组织和监督证券交易，实行自律管理的法人。证券交易所的设立和解散，由国务院决定。证券交易所不得直接或者间接从事：

（1）以营利为目的的业务。

（2）新闻出版业。

（3）发布对证券价格进行预测的文字和资料。

（4）为他人提供担保。

（5）未经中国证监会批准的其他业务。

证券交易所的监管职能包括：对证券交易活动进行管理；对会员进行管理；对上市公司进行管理。

2. 中国证券业协会

中国证券业协会的自律管理体现在保护行业共同利益、促进行业共同发展方面，具体表现包括：对会员单位的自律管理；对从业人员的自律管理；代办股份转让系统。

3. 中国证券登记结算有限公司

中国证券登记结算有限公司应依法履行以下职能：证券账户、结算账户的设立和管理；证券的存管和过户；证券持有人名册登记及权益登记；证券交易所上市证券交易的清算、交收及相关管理；受发行人委托派发证券权益；办理与上述业务有关的查询、信息、咨询和培训服务；国务院证券监督管理机构批准的其他业务。

第二节　公司法

考纲要求

大纲内容	要求
公司的种类	掌握
公司法人财产权的概念	熟悉
关于公司经营原则的规定	熟悉
分公司和子公司的法律地位	熟悉

（续表）

大纲内容	要求
公司的设立方式及设立登记的要求	了解
公司章程的内容	了解
公司对外投资和担保的规定	熟悉
关于禁止公司股东滥用权利的规定	熟悉
有限责任公司的设立和组织机构	了解
有限责任公司注册资本制度	熟悉
有限责任公司股东会、董事会、监事会的职权	熟悉
有限责任公司股权转让的相关规定	掌握
股份有限公司的设立方式与程序	掌握
股份有限公司的组织机构	熟悉
股份有限公司的股份发行	熟悉
股份有限公司股份转让的相关规定及对上市公司组织机构的特别规定	熟悉
董事、监事和高级管理人员的义务和责任	了解
公司财务会计制度的基本要求和内容	掌握
公司合并、分立的种类及程序	了解
高级管理人员、控股股东、实际控制人、关联关系的概念	熟悉
关于虚报注册资本、欺诈取得公司登记、虚假出资、抽逃出资、另立账簿、财务会计报告虚假记载等的法律责任	熟悉

知识解读

《中华人民共和国公司法》（1993 年 12 月 29 日第八届全国人民代表大会常务委员会第五次会议通过，根据 2013 年 12 月 28 日第十二届全国人民代表大会常务委员会第六次会议通过《关于修改 < 中华人民共和国海洋环境保护法 > 等七部法律的决定》第三次修正，于 2014 年 3 月 1 日起实施）

一、公司的种类

根据《中华人民共和国公司法》的规定，公司是指依法设立的，以营利为目的的，由股东投资形成的企业法人。

1. 有限责任公司和股份有限公司

有限责任公司也称有限公司，是指由 50 个以下股东共同出资设立，股东以其所认缴的出资额为限对公司承担有限责任，公司以其全部资产对其债务承担责任的公司。股份有限公司也称股份公司，是指全部资本分成等额股份，股东以其认购的股份为限对公司承担责任，公司以其全部资产对公司债务承担责任的公司。

2. 母公司和子公司

母公司是指拥有其他公司一定比例的股份或者根据协议可以支配或控制其他公司的人事、财务、业务等事项的公司。子公司是指一定数额的股份被另一个公司控制或依照协议被另一公司实际控制、支配的公司。

3. 总公司和分公司

总公司又称本公司，是管辖该公司全部组织的具有企业法人资格的总机构。分公司是指业务、资金、人事等各方面受总公司管辖和控制而不具有法人资格的分支机构。分公司不具有法人资格，可以在总公司的授权范围内进行经营活动，由总公司承担法律后果。

4. 上市公司和非上市公司

这是以公司的股票是否上市流通为标准对公司所作的一种分类。上市公司是指所发行的股票经国务院或者国务院授权证券管理部门批准在证券交易所上市交易的股份有限公司。非上市公司是指其股票不能在证券交易所上市交易的股份有限公司。非上市公司有时泛指上市公司以外的所有公司。

5. 本国公司和外国公司

这是以公司的国籍为标准对公司所作的一种分类。凡是依据中国法律在中国登记与批准设立的公司，均为中国公司，是中国法人；反之均为外国公司。

二、公司法人财产权的概念

公司是企业法人，有独立的法人财产，享有法人财产权。公司法人财产权指的是公司必须具备必要的财产，是公司拥有由出资者形成的财产享有的占有、使用及其部分收益和处分的权利。一定的财产是公司得以存在的物质基础。公司作为一个以营利为目的的企业法人，必须有其可控制与支配的财产，以从事经营活动。公司以其全部财产对公司的债务承担责任；有限责任公司的股东以其认缴的出资额为限对公司承担责任；股份有限公司的股东以其认购的股份为限对公司承担责任。

公司的财产一般被称为公司资产，包括：动产、不动产；货币组成的有形财产、无形财产。公司的财产与股东的个人财产相分离，这是公司财产的一个重要特征，是公司区别于个人独资企业和合伙企业的重要标志，是公司能够独立承担民事责任进而取得法人资格的基础，也是股东只以出资额为限对公司债务承担责任的依据。

三、公司的经营原则

公司从事经营活动，必须遵守法律、行政法规，遵守社会公德、商业道德，诚实守信，接受政府和社会公众的监督，承担社会责任。

1. 合法经营原则

公司的所有经营活动必须在法律规定的范围内进行，即具有合法性，包括经营对象、经营方法、经营渠道等都必须是符合法律规定的。

2. 自主经营原则

公司在经营活动中享有自主经营权，或者说公司有权依法自主经营，这是公司法规定的公司的一项基本权利。公司是法人实体，有独立的利益、独立的人格，有权独立地作出经营决策，自主决定经营内容、经营方法，组织经营活动，不受来自公司外的非法干预。

3. 自负盈亏原则

公司对自主经营中所产生的经济后果自行负责，即获得盈利，由公司享有；出现亏损，也由公司自行承担责任。自负盈亏和自主经营是结合在一起的，它们都是公司作为独立的法人实体而产生的权利和义务。

4. 依法接受国家宏观调控的原则

公司作为经营的个体，总是在宏观经济的环境中运作，必然要受到国家宏观调控的影响，服从于国家总的经济政策，接受国家依法采取的宏观调控措施。

5. 实现资产保值增值的原则

公司作为市场竞争主体，应当按照市场经济的基本规则，根据市场需求组织生产经营，降低成本，增进效益，提高劳动效率，实现资产保值增值，也就是说在公司经营活动中要遵循以营利为目的的原则。

四、分公司和子公司的法律地位

分公司和子公司的法律地位不同：分公司不具有法人资格，其民事责任由总公司承担；子公司具有法人资格，能够依法独立承担民事责任。母公司和子公司之间虽然存在着控制和被控制的关系，但都具有法人资格。

五、公司的设立方式及设立登记的要求

（一）设立方式

公司设立是指公司设立人依照法定的条件和程序，为组建公司并取得法人资格而必须采取和完成的法律行为。公司设立的方式基本为两种，即发起设立和募集设立。

发起设立又称“同时设立”“单纯设立”等，是指公司的全部股份或首期发行的股份由发起人自行认购而设立公司的方式。有限责任公司只能采取发起设立的方式，由全体股东出资设立。股份有限公司可采取发起设立的方式，也可以采取募集设立的方式。发起设立在程序上较为简便。

《中华人民共和国公司法》第七十七条第三款规定：“募集设立是指由发起人认购公司应发行股份的一部分，其余股份向社会公开募集或者向特定对象募集而设立公司。”所以，募集设立既可以是通过向社会公开发行股票的方式设立，也可以是不发行股票而只向特定对象募集而设立。

（二）设立登记

公司设立登记是指公司设立人按法定程序向公司登记机关申请，经公司登记机关审核并记录在案，以供公众查阅的行为。

1. 公司名称预先核准

根据《中华人民共和国公司登记管理条例》的规定，设立公司应当向公司登记机关申请公司名称的预先核准。其中，法律、行政法规或者国务院决定规定设立公司必须报经批准，或者公司经营范围中属于法律、行政法规或者国务院决定规定在登记前须经批准的项目的，

应当在报送批准前办理公司名称预先核准,并以公司登记机关核准的公司名称报送批准。

设立有限责任公司,应当由全体股东指定的代表或者共同委托的代理人向公司登记机关申请名称预先核准;设立股份有限公司,应当由全体发起人指定的代表或者共同委托的代理人向公司登记机关申请名称预先核准。申请名称预先核准,应当提交下列文件:

(1)有限责任公司的全体股东或者股份有限公司的全体发起人签署的公司名称预先核准申请书。

(2)全体股东或者发起人指定代表或者共同委托代理人的证明。

(3)国家工商行政管理总局规定要求提交的其他文件。

预先核准的公司名称保留期为6个月。预先核准的公司名称在保留期内,不得用于从事经营活动,不得转让。

2. 公司设立登记程序

公司设立人首先应当向其所在地工商行政管理机关提出申请。设立有限责任公司,应当由全体股东指定的代表或者共同委托的代理人向公司登记机关申请设立登记。设立国有独资公司,应当由国务院或者地方人民政府授权的本级人民政府国有资产监督管理机构作为申请人,申请设立登记。法律、行政法规或者国务院决定规定设立有限责任公司必须报经批准的,应当自批准之日起90日内向公司登记机关申请设立登记;逾期申请设立登记的,申请人应当报批准机关确认原批准文件的效力或者另行报批。申请设立有限责任公司应向公司登记机关提交下列文件:公司法定代表人签署的设立登记申请书;全体股东指定代表或者共同委托代理人的证明;公司章程;股东的主体资格证明或者自然人身份证明;载明公司董事、监事、经理的姓名、住所的文件以及有关委派、选举或者聘用的证明;公司法定代表人任职文件和身份证明;企业名称预先核准通知书;公司住所证明;国家工商行政管理总局规定要求提交的其他文件。法律、行政法规或者国务院决定规定设立有限责任公司必须报经批准的,还应当提交有关批准文件。

设立股份有限公司,应当由董事会向公司登记机关申请设立登记。以募集方式设立股份有限公司的,应当于创立大会结束后30日内向公司登记机关申请设立登记。申请设立股份有限公司,应当向公司登记机关提交下列文件:公司法定代表人签署的设立登记申请书;董事会指定代表或者共同委托代理人的证明;公司章程;发起人的主体资格证明或者自然人身份证明;载明公司董事、监事、经理姓名、住所的文件以及有关委派、选举或者聘用的证明;公司法定代表人任职文件和身份证明;企业名称预先核准通知书;公司住所证明;国家工商行政管理总局规定要求提交的其他文件。其中,以募集方式设立股份有限公司的,还应当提交创立大会的会议记录以及依法设立的验资机构出具的验资证明;以募集方式设立股份有限公司公开发行股票的,还应当提交国务院证券监督管理机构的核准文件。法律、行政法规或者国务院决定规定设立股份有限公司必须报经批准的,还应当提交有关批准文件。对于公司申请登记的经营范围中属于法律、行政法规或者国务院决定规定在登记前须经批准的项目的,应当在申请登记前报经国家有关部门批准,并向公司登记机关提交有关批准文件。

由此可见,设立有限责任公司与设立股份有限公司在设立申请文件方面其实是一样的要求,只是相关法律文件的签署人的称谓不同而已:在前者称为股东,在后者则称为发起人。当然,以募集方式设立的股份有限公司在设立申请时需要提交的文件有所不同,主要是增加了创立大会的会议记录;以募集方式设立公开发行股票的,还需提交国务院证券监督管理机构的核准文件。

3. 公司设立登记的法律效力

《中华人民共和国公司登记管理条例》第二十五条规定："依法设立的公司，由公司登记机关发给《企业法人营业执照》。公司营业执照签发日期为公司成立日期。公司凭公司登记机关核发的《企业法人营业执照》刻制印章，开立银行账户，申请纳税登记。"由此可见，公司经设立登记的法律效力就是使公司取得法人资格，进而取得从事经营活动的合法身份。

4. 公司登记

所谓公司登记是指公司登记机关对公司法人团体资格确认的一种法律宣告，是一种公示和监督法律行为。公司登记在本质上仍属公司设立行为，是公司设立这一系列行为的最后一个阶段，而公司成立则是公司设立和公司登记的法律后果。

六、公司章程的内容

设立公司必须依法制定公司章程。公司章程，是指公司依法制定的、规定公司名称、住所、经营范围、经营管理制度等重大事项的基本文件，也是公司必备的规定公司组织及活动基本规则的书面文件。

有限责任公司章程应当载明下列事项：公司名称和住所；公司经营范围；公司注册资本；股东的姓名或者名称；股东的出资方式、出资额和出资时间；公司的机构及其产生办法、职权、议事规则；公司的法定代表人；股东会会议认为需要规定的其他事项。

股份有限公司章程应当载明下列事项：公司名称和住所；公司经营范围；公司设立方式；公司股份总数、每股金额和注册资本；发起人的姓名或者名称、认购的股份数、出资方式和出资时间；董事会的组成、职权和议事规则；公司法定代表人；监事会的组成、职权和议事规则；公司利润分配办法；公司的解散事由与清算办法；公司的通知和公告办法；股东大会会议认为需要规定的其他事项。

公司的经营范围由公司章程规定，并依法登记。公司可以修改公司章程，改变经营范围，但是应当办理变更登记。公司的经营范围中属于法律、行政法规规定须经批准的项目，应当依法经过批准。

公司章程是股东共同一致的意思表示，载明了公司组织和活动的基本准则，是公司的宪章。公司章程具有法定性、真实性、自治性和公开性的基本特征。公司章程与《中华人民共和国公司法》一样，共同肩负调整公司活动的责任。作为公司组织与行为的基本准则，公司章程对公司的成立及运营具有十分重要的意义，公司章程对公司、股东、董事、监事、高级管理人员具有约束力。因此，它既是公司成立的基础，也是公司赖以生存的灵魂。

七、公司对外投资和担保的规定

根据《中华人民共和国公司法》《中华人民共和国物权法》及相关法律制度的规定，公司作为市场经济主体，可以对外投资和为他人提供担保。

1. 公司可以对外投资和提供担保

《中华人民共和国公司法》第十五条规定："公司可以向其他企业投资；但是，除法律另有规定外，不得成为对所投资企业的债务承担连带责任的出资人。"公司提供担保的方式，主要是保证、抵押和质押。公司对外投资和为他人提供担保，就要承担相应的责任，就会对公司和股东的利益产生影响。因此，公司法就公司对外投资和为他人提供担保作出了严格的限制。

（1）公司向其他企业投资或者为他人提供担保，首先应当在公司章程中作出明确规定；其次应当按照公司章程的规定，由董事会或者股东会、股东大会作出决议。

（2）公司向其他企业投资或者提供担保不得超过规定的限额。

2. 公司担保的特殊规定

为了防止少数股东损害公司和其他股东的利益，公司法规定，公司为公司股东或者实际控制人提供担保的，必须经股东会或者股东大会决议。所谓实际控制人，是指虽然不是公司的股东，但通过投资关系、协议或者其他安排，能够实际支配公司行为的人。根据这一规定：

（1）公司可以根据具体情况以公司资产为本公司股东或者实际控制人提供担保。

（2）公司为股东或实际控制人提供担保必须经股东会或者股东大会决议。

（3）在决议表决时，被担保人不得参加表决。决议的表决由出席会议的其他股东所持表决权的过半数通过，方为有效。

总之，通过上述两方面的对比可知：公司为他人提供担保，需要董事会或者股东会、股东大会决议，但要有公司章程的规定；而公司为股东或实际控制人提供担保，是法律特别规定，必须经股东会或者股东大会决议，公司章程不得对此作出相反的规定。

八、禁止公司股东滥用权利的规定

《中华人民共和国公司法》规定：公司股东应当遵守法律、行政法规和公司章程，依法行使股东权利，不得滥用股东权利损害公司或者其他股东的利益；不得滥用公司法人独立地位和股东有限责任损害公司债权人的利益。公司股东滥用股东权利给公司或者其他股东造成损失的，应当依法承担赔偿责任。公司股东滥用公司法人独立地位和股东有限责任，逃避债务，严重损害公司债权人利益的，应当对公司债务承担连带责任。

股东权利滥用的内容包括：

（1）滥用的方式。其包括滥用股东权利、滥用公司独立法人地位和滥用股东有限责任。

（2）滥用的损害对象。其包括其他股东、公司和债权人。

（3）滥用的后果。其包括给公司造成损失、给股东造成损失、严重损害债权人利益。

（4）滥用的责任。其包括滥用股东权利给其他股东或者公司造成损害的，承担一般的赔偿责任；滥用公司法人独立地位和股东有限责任损害债权人利益的，导致对公司人格否定，由该股东对债权人承担无限连带责任。

九、有限责任公司的设立和组织机构

（一）有限责任公司的设立条件

设立有限责任公司，应当具备下列条件：

（1）股东符合法定人数。

（2）有符合公司章程规定的全体股东认缴的出资额。

（3）股东共同制定公司章程。

（4）有公司名称，建立符合有限责任公司要求的组织机构。

(5)有公司住所。

在我国设立有限责任公司,股东最多不能超过 50 个。最少则为一个,此种情形下为一人有限责任公司。除国有独资公司外,有限责任公司的股东可以是自然人,也可以是法人。

(二)有限责任公司的组织机构

依照我国公司法的规定,对有限责任公司组织机构的设置做了多元制的规定:一般的有限责任公司,其组织机构为股东会、董事会和监事会;股东人数较少和规模较小的有限责任公司,其组织机构为股东会、执行董事和监事;一人有限责任公司不设股东会;国有独资有限责任公司,其组织机构为股东会、董事会和监事会。

十、有限责任公司注册资本制度

有限责任公司的注册资本为在公司登记机关登记的全体股东认缴的出资额。法律、行政法规以及国务院决定对有限责任公司注册资本实缴、注册资本最低限额另有规定的,从其规定。

股东可以用货币出资,也可以用实物、知识产权、土地使用权等可以用货币估价并可以依法转让的非货币财产作价出资;但是,法律、行政法规规定不得作为出资的财产除外。对作为出资的非货币财产应当评估作价,核实财产,不得高估或者低估作价。法律、行政法规对评估作价有规定的,从其规定。

股东应当按期足额缴纳公司章程中规定的各自所认缴的出资额。股东以货币出资的,应当将货币出资足额存入有限责任公司在银行开设的账户;以非货币财产出资的,应当依法办理其财产权的转移手续。股东不按照上述规定缴纳出资的,除应当向公司足额缴纳外,还应当向已按期足额缴纳出资的股东承担违约责任。

股东认足公司章程规定的出资后,由全体股东指定的代表或者共同委托的代理人向公司登记机关报送公司登记申请书、公司章程等文件,申请设立登记。

有限责任公司成立后,发现作为设立公司出资的非货币财产的实际价额显著低于公司章程所定价额的,应当由交付该出资的股东补足其差额;公司设立时的其他股东承担连带责任。

十一、有限责任公司股东会、董事会、监事会的职权

(一)股东会

有限责任公司股东会由全体股东组成。股东会是公司的权力机构,依照《中华人民共和国公司法》行使职权。股东会行使下列职权:

(1)决定公司的经营方针和投资计划。

(2)选举和更换非由职工代表担任的董事、监事,决定有关董事、监事的报酬事项。

(3)审议批准董事会的报告。

(4)审议批准监事会或者监事的报告。

(5)审议批准公司的年度财务预算方案、决算方案。

(6)审议批准公司的利润分配方案和弥补亏损方案。

(7)对公司增加或者减少注册资本作出决议。

(8)对发行公司债券作出决议。

(9)对公司合并、分立、解散、清算或者变更公司形式作出决议。

(10)修改公司章程。

(11)公司章程规定的其他职权。

对上述所列事项股东以书面形式一致表示同意的,可以不召开股东会会议,直接作出决定,并由全体股东在决定文件上签名、盖章。

首次股东会会议由出资最多的股东召集和主持,依照公司法规定行使职权。

股东会会议分为定期会议和临时会议。定期会议应当依照公司章程的规定按时召开。代表1/10以上表决权的股东,1/3以上的董事,监事会或者不设监事会的公司的监事提议召开临时会议的,应当召开临时会议。

有限责任公司设立董事会的,股东会会议由董事会召集,董事长主持;董事长不能履行职务或者不履行职务的,由副董事长主持;副董事长不能履行职务或者不履行职务的,由半数以上董事共同推举一名董事主持。有限责任公司不设董事会的,股东会会议由执行董事召集和主持。董事会或者执行董事不能履行或者不履行召集股东会会议职责的,由监事会或者不设监事会的公司的监事召集和主持;监事会或者监事不召集和主持的,代表1/10以上表决权的股东可以自行召集和主持。

召开股东会会议,应当于会议召开15日前通知全体股东;但是,公司章程另有规定或者全体股东另有约定的除外。股东会应当对所议事项的决定作成会议记录,出席会议的股东应当在会议记录上签名。

股东会会议由股东按照出资比例行使表决权;但是,公司章程另有规定的除外。

股东会的议事方式和表决程序,除公司法有规定的外,由公司章程规定。股东会会议作出修改公司章程、增加或者减少注册资本的决议,以及公司合并、分立、解散或者变更公司形式的决议,必须经代表2/3以上表决权的股东通过。

(二)董事会

董事会是有限责任公司的业务执行机关,享有业务执行权和日常经营的决策权。

股东人数较少或者规模较小的有限责任公司,可以设一名执行董事,不设董事会。执行董事可以兼任公司经理。执行董事的职权由公司章程规定。

有限责任公司设董事会,其成员为3人至13人;但是,《中华人民共和国公司法》第五十条另有规定的除外。两个以上的国有企业或者两个以上的其他国有投资主体投资设立的有限责任公司,其董事会成员中应当有公司职工代表;其他有限责任公司董事会成员中可以有公司职工代表。董事会中的职工代表由公司职工通过职工代表大会、职工大会或者其他形式民主选举产生。董事会设董事长一人,可以设副董事长。董事长、副董事长的产生办法由公司章程规定。

董事任期由公司章程规定,但每届任期不得超过3年。董事任期届满,连选可以连任。董事任期届满未及时改选,或者董事在任期内辞职导致董事会成员低于法定人数的,在改选出的董事就任前,原董事仍应当依照法律、行政法规和公司章程的规定,履行董事职务。

董事会对股东会负责，行使下列职权：

（1）召集股东会会议，并向股东会报告工作。

（2）执行股东会的决议。

（3）决定公司的经营计划和投资方案。

（4）制订公司的年度财务预算方案、决算方案。

（5）制订公司的利润分配方案和弥补亏损方案。

（6）制订公司增加或者减少注册资本以及发行公司债券的方案。

（7）制订公司合并、分立、解散或者变更公司形式的方案。

（8）决定公司内部管理机构的设置。

（9）决定聘任或者解聘公司经理及其报酬事项，并根据经理的提名决定聘任或者解聘公司副经理、财务负责人及其报酬事项。

（10）制定公司的基本管理制度。

（11）公司章程规定的其他职权。

董事会会议由董事长召集和主持；董事长不能履行职务或者不履行职务的，由副董事长召集和主持；副董事长不能履行职务或者不履行职务的，由半数以上董事共同推举一名董事召集和主持。

董事会的议事方式和表决程序，除公司法有规定的外，由公司章程规定。董事会应当对所议事项的决定作成会议记录，出席会议的董事应当在会议记录上签名。董事会决议的表决，实行一人一票。

有限责任公司可以设经理，由董事会决定聘任或者解聘。经理对董事会负责，行使下列职权：

（1）主持公司的生产经营管理工作，组织实施董事会决议。

（2）组织实施公司年度经营计划和投资方案。

（3）拟订公司内部管理机构设置方案。

（4）拟订公司的基本管理制度。

（5）制定公司的具体规章。

（6）提请聘任或者解聘公司副经理、财务负责人。

（7）决定聘任或者解聘除应由董事会决定聘任或者解聘以外的负责管理人员。

（8）董事会授予的其他职权。

公司章程对经理职权另有规定的，从其规定。经理列席董事会会议。

（三）监事会

有限责任公司设监事会，其成员不得少于 3 人。股东人数较少或者规模较小的有限责任公司，可以设 1 至 2 名监事，不设监事会。监事会应当包括股东代表和适当比例的公司职工代表，其中职工代表的比例不得低于 1/3，具体比例由公司章程规定。监事会中的职工代表由公司职工通过职工代表大会、职工大会或者其他形式民主选举产生。监事会设主席一人，由全体监事过半数选举产生。监事会主席召集和主持监事会会议；监事会主席不能履行职务或者不履行职务的，由半数以上监事共同推举一名监事召集和主持监事会会议。董事、高级管理人员不得兼任监事。

监事的任期每届为3年。监事任期届满,连选可以连任。监事任期届满未及时改选,或者监事在任期内辞职导致监事会成员低于法定人数的,在改选出的监事就任前,原监事仍应当依照法律、行政法规和公司章程的规定,履行监事职务。

监事会、不设监事会的公司的监事行使下列职权:

(1)检查公司财务。

(2)对董事、高级管理人员执行公司职务的行为进行监督,对违反法律、行政法规、公司章程或者股东会决议的董事、高级管理人员提出罢免的建议。

(3)当董事和高级管理人员的行为损害公司的利益时,要求董事、高级管理人员予以纠正。

(4)提议召开临时股东会会议,在董事会不履行公司法规定的召集和主持股东会会议职责时召集和主持股东会会议。

(5)向股东会会议提出提案。

(6)依照公司法第一百五十一条的规定对董事、高级管理人员提起诉讼。

(7)公司章程规定的其他职权。

监事可以列席董事会会议,并对董事会决议事项提出质询或者建议。监事会、不设监事会的公司的监事发现公司经营情况异常,可以进行调查;必要时,可以聘请会计师事务所等协助其工作,费用由公司承担。

监事会每年度至少召开一次会议,监事可以提议召开临时监事会会议。监事会的议事方式和表决程序,除公司法有规定的外,由公司章程规定。监事会决议应当经半数以上监事通过。监事会应当对所议事项的决定作成会议记录,出席会议的监事应当在会议记录上签名。

监事会、不设监事会的公司的监事行使职权所必需的费用,由公司承担。

十二、有限责任公司股权转让的相关规定

(一) 转让股权的规定

有限责任公司的股东之间可以相互转让其全部或者部分股权。

股东向股东以外的人转让股权,应当经其他股东过半数同意。股东应就其股权转让事项书面通知其他股东征求同意,其他股东自接到书面通知之日起满30日未答复的,视为同意转让。其他股东半数以上不同意转让的,不同意的股东应当购买该转让的股权;不购买的,视为同意转让。

经股东同意转让的股权,在同等条件下,其他股东有优先购买权。两个以上股东主张行使优先购买权的,协商确定各自的购买比例;协商不成的,按照转让时各自的出资比例行使优先购买权。

公司章程对股权转让另有规定的,从其规定。

(二) 人民法院强制执行转让股权的程序

人民法院依照法律规定的强制执行程序转让股东的股权时,应当通知公司及全体股东,其他股东在同等条件下有优先购买权。其他股东自人民法院通知之日起满20日不行使优先购买权的,视为放弃优先购买权。

依照公司法第七十一条、第七十二条转让股权后，公司应当注销原股东的出资证明书，向新股东签发出资证明书，并相应修改公司章程和股东名册中有关股东及其出资额的记载。对公司章程的该项修改不需再由股东会表决。

（三）股东和公司不能达成股权收购协议的处置

有下列情形之一的，对股东会该项决议投反对票的股东可以请求公司按照合理的价格收购其股权：

（1）公司连续5年不向股东分配利润，而公司该5年连续盈利，并且符合公司法规定的分配利润条件的。

（2）公司合并、分立、转让主要财产的。

（3）公司章程规定的营业期限届满或者章程规定的其他解散事由出现，股东会会议通过决议修改章程使公司存续的。

自股东会会议决议通过之日起60日内，股东与公司不能达成股权收购协议的，股东可以自股东会会议决议通过之日起90日内向人民法院提起诉讼。

自然人股东死亡后，其合法继承人可以继承股东资格；但是，公司章程另有规定的除外。

十三、股份有限公司的设立方式与程序

（一）股份有限公司的设立方式

设立股份有限公司，应当具备下列条件：

（1）发起人符合法定人数。

（2）有符合公司章程规定的全体发起人认购的股本总额或者募集的实收股本总额。

（3）股份发行、筹办事项符合法律规定。

（4）发起人制订公司章程，采用募集方式设立的经创立大会通过。

（5）有公司名称，建立符合股份有限公司要求的组织机构。

（6）有公司住所。

股份有限公司的设立，可以采取发起设立或者募集设立的方式。发起设立，是指由发起人认购公司应发行的全部股份而设立公司。募集设立，是指由发起人认购公司应发行股份的一部分，其余股份向社会公开募集或者向特定对象募集而设立公司。

设立股份有限公司，应当有2人以上200人以下为发起人，其中须有半数以上的发起人在中国境内有住所。

股份有限公司发起人承担公司筹办事务。发起人应当签订发起人协议，明确各自在公司设立过程中的权利和义务。

股份有限公司采取发起设立方式设立的，注册资本为在公司登记机关登记的全体发起人认购的股本总额。在发起人认购的股份缴足前，不得向他人募集股份。股份有限公司采取募集方式设立的，注册资本为在公司登记机关登记的实收股本总额。法律、行政法规以及国务院决定对股份有限公司注册资本实缴、注册资本最低限额另有规定的，从其规定。

（二）股份有限公司的设立程序

股份有限公司的设立程序，因各公司采取的设立方式不同而不同，采取发起设立方式的

设立程序较为简单，而采取募集设立方式的设立程序则较为复杂。

以发起设立方式设立股份有限公司的，发起人应当书面认足公司章程规定其认购的股份，并按照公司章程规定缴纳出资。以非货币财产出资的，应当依法办理其财产权的转移手续。发起人不依照上述规定缴纳出资的，应当按照发起人协议承担违约责任。发起人认足公司章程规定的出资后，应当选举董事会和监事会，由董事会向公司登记机关报送公司章程以及法律、行政法规规定的其他文件，申请设立登记。

以募集设立方式设立股份有限公司的，发起人认购的股份不得少于公司股份总数的35%；但是，法律、行政法规另有规定的，从其规定。

发起人向社会公开募集股份，必须公告招股说明书，并制作认股书。认股书应当载明公司法第八十六条所列事项，由认股人填写认购股数、金额、住所，并签名、盖章。认股人按照所认购股数缴纳股款。

招股说明书应当附有发起人制订的公司章程，并载明下列事项：

（1）发起人认购的股份数。

（2）每股的票面金额和发行价格。

（3）无记名股票的发行总数。

（4）募集资金的用途。

（5）认股人的权利、义务。

（6）本次募股的起止期限及逾期未募足时认股人可以撤回所认股份的说明。

发起人向社会公开募集股份，应当由依法设立的证券公司承销，签订承销协议。

发起人向社会公开募集股份，应当同银行签订代收股款协议。代收股款的银行应当按照协议代收和保存股款，向缴纳股款的认股人出具收款单据，并负有向有关部门出具收款证明的义务。

发行股份的股款缴足后，必须经依法设立的验资机构验资并出具证明。发起人应当自股款缴足之日起30日内主持召开公司创立大会。创立大会由发起人、认股人组成。发行的股份超过招股说明书规定的截止期限尚未募足的，或者发行股份的股款缴足后，发起人在30日内未召开创立大会的，认股人可以按照所缴股款并加算银行同期存款利息，要求发起人返还。

发起人应当在创立大会召开15日前将会议日期通知各认股人或者予以公告。创立大会应有代表股份总数过半数的发起人、认股人出席，方可举行。

创立大会行使下列职权：

（1）审议发起人关于公司筹办情况的报告。

（2）通过公司章程。

（3）选举董事会成员。

（4）选举监事会成员。

（5）对公司的设立费用进行审核。

（6）对发起人用于抵作股款的财产的作价进行审核。

（7）发生不可抗力或者经营条件发生重大变化直接影响公司设立的，可以作出不设立公司的决议。

创立大会对上述所列事项作出决议，必须经出席会议的认股人所持表决权过半数通过。

发起人、认股人缴纳股款或者交付抵作股款的出资后，除未按期募足股份、发起人未按期召开创立大会或者创立大会决议不设立公司的情形外，不得抽回其股本。

董事会应于创立大会结束后30日内，向公司登记机关报送下列文件，申请设立登记：

(1)公司登记申请书。

(2)创立大会的会议记录。

(3)公司章程。

(4)验资证明。

(5)法定代表人、董事、监事的任职文件及其身份证明。

(6)发起人的法人资格证明或者自然人身份证明。

(7)公司住所证明。

以募集方式设立股份有限公司公开发行股票的，还应当向公司登记机关报送国务院证券监督管理机构的核准文件。

股份有限公司成立后，发起人未按照公司章程的规定缴足出资的，应当补缴；其他发起人承担连带责任。股份有限公司成立后，发现作为设立公司出资的非货币财产的实际价额显著低于公司章程所定价额的，应当由交付该出资的发起人补足其差额；其他发起人承担连带责任。

股份有限公司的发起人应当承担下列责任：

(1)公司不能成立时，对设立行为所产生的债务和费用负连带责任。

(2)公司不能成立时，对认股人已缴纳的股款，负返还股款并加算银行同期存款利息的连带责任。

(3)在公司设立过程中，由于发起人的过失致使公司利益受到损害的，应当对公司承担赔偿责任。

有限责任公司变更为股份有限公司时，折合的实收股本总额不得高于公司净资产额。有限责任公司变更为股份有限公司，为增加资本公开发行股份时，应当依法办理。

股份有限公司应当将公司章程、股东名册、公司债券存根、股东大会会议记录、董事会会议记录、监事会会议记录、财务会计报告置备于本公司。

股东有权查阅公司章程、股东名册、公司债券存根、股东大会会议记录、董事会会议决议、监事会会议决议、财务会计报告，对公司的经营提出建议或者质询。

十四、股份有限公司的组织机构

股份有限公司的组织机构主要包括股东大会、董事会、经理和监事会。

(一) 股份有限公司的权力机构——股东大会

1. 股东大会的性质及其组成

股东大会为股份有限公司必须设立的机关，是股份有限公司的最高权力机关。股东大会由全体股东组成。

2. 股东大会的职权

公司法第三十七条第一款关于有限责任公司股东会职权的规定，适用于股份有限公司股东大会。

3. 股东大会的召开

股东大会分为年会和临时会议两种。股东大会应当每年召开一次年会。有下列情形之一的，应当在2个月内召开临时股东大会：

（1）董事人数不足公司法规定人数或者公司章程所定人数的2/3时。

（2）公司未弥补的亏损达实收股本总额1/3时。

（3）单独或者合计持有公司10%以上股份的股东请求时。

（4）董事会认为必要时。

（5）监事会提议召开时。

（6）公司章程规定的其他情形。

4. 股东大会的召集与主持

股东大会会议由董事会召集，董事长主持；董事长不能履行职务或者不履行职务的，由副董事长主持；副董事长不能履行职务或者不履行职务的，由半数以上董事共同推举一名董事主持。董事会不能履行或者不履行召集股东大会会议职责的，监事会应当及时召集和主持；监事会不召集和主持的，连续90日以上单独或者合计持有公司10%以上股份的股东可以自行召集和主持。

5. 临时提案提交的规定

召开股东大会会议，应当将会议召开的时间、地点和审议的事项于会议召开20日前通知各股东；临时股东大会应当于会议召开15日前通知各股东；发行无记名股票的，应当于会议召开30日前公告会议召开的时间、地点和审议事项。单独或者合计持有公司3%以上股份的股东，可以在股东大会召开10日前提出临时提案并书面提交董事会；董事会应当在收到提案后2日内通知其他股东，并将该临时提案提交股东大会审议。临时提案的内容应当属于股东大会职权范围，并有明确议题和具体决议事项。股东大会不得对前述通知中未列明的事项作出决议。无记名股票持有人出席股东大会会议的，应当于会议召开5日前至股东大会闭会时将股票交存于公司。

6. 股东大会的决议

股东出席股东大会会议，所持每一股份有一表决权。但是，公司持有的本公司股份没有表决权。股东大会作出决议，必须经出席会议的股东所持表决权过半数通过。但是，股东大会作出修改公司章程、增加或者减少注册资本的决议，以及公司合并、分立、解散或者变更公司形式的决议，必须经出席会议的股东所持表决权的2/3以上通过。

公司法和公司章程规定公司转让、受让重大资产或者对外提供担保等事项必须经股东大会作出决议的，董事会应当及时召集股东大会会议，由股东大会就上述事项进行表决。

7. 累积投票制

股东大会选举董事、监事，可以依照公司章程的规定或者股东大会的决议，实行累积投票制。公司法所称累积投票制，是指股东大会选举董事或者监事时，每一股份拥有与应选董事或者监事人数相同的表决权，股东拥有的表决权可以集中使用。

股东可以委托代理人出席股东大会会议，代理人应当向公司提交股东授权委托书，并在授权范围内行使表决权。

股东大会应当对所议事项的决定作成会议记录，主持人、出席会议的董事应当在会议记录上签名。会议记录应当与出席股东的签名册及代理出席的委托书一并保存。

（二）股份有限公司的执行机构——董事会

1. 董事会的性质及其组成

董事会是股份有限公司必设的业务执行机构和经营意思决定机构，对股东大会负责。董事会由全体董事组成。董事会成员为5人至19人。董事会成员中可以有公司职工代表。董事会中的职工代表由公司职工通过职工代表大会、职工大会或者其他形式民主选举产生。

董事会设董事长1人，可以设副董事长。董事长和副董事长由董事会以全体董事的过半数选举产生。董事长召集和主持董事会会议，检查董事会决议的实施情况。副董事长协助董事长工作，董事长不能履行职务或者不履行职务的，由副董事长履行职务；副董事长不能履行职务或者不履行职务的，由半数以上董事共同推举1名董事履行职务。

2. 董事会的任期和职权

股份有限公司董事的任期适用公司法关于有限责任公司董事的任期的规定。股份有限公司董事会的职权适用公司法关于有限责任公司董事会的职权的规定。

3. 董事会会议的召开和决议

董事会每年度至少召开两次会议，每次会议应当于会议召开10日前通知全体董事和监事。代表1/10以上表决权的股东、1/3以上董事或者监事会，可以提议召开董事会临时会议。董事长应当自接到提议后10日内，召集和主持董事会会议。董事会召开临时会议，可以另定召集董事会的通知方式和通知时限。

董事会会议应有过半数的董事出席方可举行。董事会作出决议，必须经全体董事的过半数通过。董事会决议的表决，实行一人一票。

董事会会议，应由董事本人出席；董事因故不能出席，可以书面委托其他董事代为出席，委托书中应载明授权范围。董事会应当对会议所议事项的决定作成会议记录，出席会议的董事应当在会议记录上签名。董事应当对董事会的决议承担责任。董事会的决议违反法律、行政法规或者公司章程、股东大会决议，致使公司遭受严重损失的，参与决议的董事对公司负赔偿责任。但经证明在表决时曾表明异议并记载于会议记录的，该董事可以免除责任。

（三）经理

股份有限公司设经理，由董事会决定聘任或者解聘。公司法第四十九条关于有限责任公司经理职权的规定，适用于股份有限公司经理。公司董事会可以决定由董事会成员兼任经理。

（四）股份有限公司的监督机构——监事会

1. 监事会的性质及其组成

监事会是股份有限公司必设的监察机构，对公司的财务及业务执行情况进行监督。股份有限公司设监事会，其成员不得少于3人。监事会应当包括股东代表和适当比例的公司职工代表，其中职工代表的比例不得低于1/3，具体比例由公司章程规定。监事会中的职工代表由公司职工通过职工代表大会、职工大会或者其他形式民主选举产生。监事会设主席一人，可以设副主席。监事会主席和副主席由全体监事过半数选举产生。监事会主席召集和主持监事会会议；监事会主席不能履行职务或者不履行职务的，由监事会副主席召集和主持监事会会议；监事会副主席不能履行职务或者不履行职务的，由半数以上监事共同推举一名监事召集和主持监事会会议。董事、高级管理人员不得兼任监事。公司法第五十二条关于有限责任公司监事任期的规定，适用于股份有限公司监事。

2. 监事会的职权

公司法第五十三条、第五十四条关于有限责任公司监事会职权的规定，适用于股份有限公司监事会。监事会行使职权所必需的费用，由公司承担。

3. 监事会的召开和决议

监事会每6个月至少召开一次会议。监事可以提议召开临时监事会会议。监事会的议事方式和表决程序，除公司法有规定的外，由公司章程规定。监事会决议应当经半数以上监事通过。监事会应当对所议事项的决定作成会议记录，出席会议的监事应当在会议记录上签名。

十五、股份有限公司的股份发行

1. 股份发行的概念

股份发行是指股份有限公司依法对外发行股份（股票）的行为。

2. 股份发行的原则

股份有限公司的资本划分为股份，每一股的金额相等。公司的股份采取股票的形式。股票是公司签发的证明股东所持股份的凭证。

股份的发行，实行公平、公正的原则，同种类的每一股份应当具有同等权利。同次发行的同种类股票，每股的发行条件和价格应当相同；任何单位或者个人所认购的股份，每股应当支付相同价额。

3. 股票发行价格的确定

股票发行价格可以按票面金额，也可以超过票面金额，但不得低于票面金额。

4. 股票采用的形式及载明的主要事项

股票采用纸面形式或者国务院证券监督管理机构规定的其他形式。股票应当载明下列主要事项：

（1）公司名称。

（2）公司成立日期。

（3）股票种类、票面金额及代表的股份数。

（4）股票的编号。

股票由法定代表人签名，公司盖章。发起人的股票，应当标明发起人股票字样。

5. 记名股票和无记名股票

公司发行的股票，可以为记名股票，也可以为无记名股票。公司向发起人、法人发行的股票，应当为记名股票，并应当记载该发起人、法人的名称或者姓名，不得另立户名或者以代表人姓名记名。

公司发行记名股票的，应当置备股东名册，记载下列事项：

（1）股东的姓名或者名称及住所。

（2）各股东所持股份数。

（3）各股东所持股票的编号。

（4）各股东取得股份的日期。

发行无记名股票的，公司应当记载其股票数量、编号及发行日期。

6. 公司发行新股需要股东大会决议的事项

公司发行新股，股东大会应当对下列事项作出决议：

(1)新股种类及数额。

(2)新股发行价格。

(3)新股发行的起止日期。

(4)向原有股东发行新股的种类及数额。

公司经国务院证券监督管理机构核准公开发行新股时，必须公告新股招股说明书和财务会计报告，并制作认股书。公司法第八十七条、第八十八条的规定适用于公司公开发行新股。

公司发行新股，可以根据公司经营情况和财务状况，确定其作价方案。

公司发行新股募足股款后，必须向公司登记机关办理变更登记，并公告。

十六、股份有限公司股份转让的相关规定

1. 股份转让的概念

股份的转让是指股份有限公司的股份持有人依法自愿将自己的股份转让给他人，使他人取得该股份的法律行为。

2. 股份的转让方式

股东持有的股份可以依法转让。股东转让其股份，应当在依法设立的证券交易场所进行或者按照国务院规定的其他方式进行。

(1)记名股票，由股东以背书方式或者法律、行政法规规定的其他方式转让；转让后由公司将受让人的姓名或者名称及住所记载于股东名册。股东大会召开前 20 日内或者公司决定分配股利的基准日前 5 日内，不得进行上述规定的股东名册的变更登记。但是，法律对上市公司股东名册变更登记另有规定的，从其规定。

(2)无记名股票的转让，由股东将该股票交付给受让人后即发生转让的效力。

3. 不得转让股份的情形

(1)发起人持有的本公司股份，自公司成立之日起 1 年内不得转让。公司公开发行股份前已发行的股份，自公司股票在证券交易所上市交易之日起 1 年内不得转让。

(2)公司董事、监事、高级管理人员应当向公司申报所持有的本公司的股份及其变动情况，在任职期间每年转让的股份不得超过其所持有本公司股份总数的 25%；所持本公司股份自公司股票上市交易之日起 1 年内不得转让。上述人员离职后半年内，不得转让其所持有的本公司股份。公司章程可以对公司董事、监事、高级管理人员转让其所持有的本公司股份作出其他限制性规定。

4. 公司不得收购本公司股份的例外情形

公司不得收购本公司股份。但是，有下列情形之一的除外：

(1)减少公司注册资本。

(2)与持有本公司股份的其他公司合并。

(3)将股份奖励给本公司职工。

(4)股东因对股东大会作出的公司合并、分立决议持异议，要求公司收购其股份的。

公司因上述第(1)项至第(3)项的原因收购本公司股份的，应当经股东大会决议。公司依照上述规定收购本公司股份后，属于第(1)项情形的，应当自收购之日起 10 日内注销；属于第(2)项、

第(4)项情形的,应当在6个月内转让或者注销。公司依照上述第(3)项规定收购的本公司股份,不得超过本公司已发行股份总额的5%;用于收购的资金应当从公司的税后利润中支出;所收购的股份应当在1年内转让给职工。公司不得接受本公司的股票作为质押权的标的。

5. 股票失效的情形

记名股票被盗、遗失或者灭失,股东可以依照《中华人民共和国民事诉讼法》规定的公示催告程序,请求人民法院宣告该股票失效。人民法院宣告该股票失效后,股东可以向公司申请补发股票。

6. 上市公司的信息披露义务

上市公司的股票,依照有关法律、行政法规及证券交易所交易规则上市交易。上市公司必须依照法律、行政法规的规定,公开其财务状况、经营情况及重大诉讼,在每会计年度内半年公布1次财务会计报告。

十七、上市公司组织机构的特别规定

上市公司组织机构的特别规定,明确了对上市公司治理结构的严格要求,这主要表现在以下几个方面:

(1)公司法所称上市公司,是指其股票在证券交易所上市交易的股份有限公司。

(2)上市公司在1年内购买、出售重大资产或者担保金额超过公司资产总额30%的,应当由股东大会作出决议,并经出席会议的股东所持表决权的2/3以上通过。

(3)上市公司设立独立董事,具体办法由国务院规定。

(4)上市公司设董事会秘书,负责公司股东大会和董事会会议的筹备、文件保管以及公司股东资料的管理,办理信息披露事务等事宜。

(5)上市公司董事与董事会会议决议事项所涉及的企业有关联关系的,不得对该项决议行使表决权,也不得代理其他董事行使表决权。该董事会会议由过半数的无关联关系董事出席即可举行,董事会会议所作决议须经无关联关系董事过半数通过。出席董事会的无关联关系董事人数不足3人的,应将该事项提交上市公司股东大会审议。

十八、董事、监事和高级管理人员的义务和责任

(一) 董事、监事和高级管理人员的共同性义务

董事、监事、高级管理人员对公司负有忠实义务和勤勉义务。忠实义务强调董事、监事、高级管理人员应当忠诚于公司,不得有任何有损公司利益的行为;勤勉义务强调董事、监事、高级管理人员应当积极履行职责,依法谋求公司利益和股东利益的最大化。

董事、监事和高级管理人员的共同性义务包括:

(1)遵守法律、行政法规,遵守公司章程,忠实履行职务,维护公司利益。

(2)不得利用在公司的地位和职权为自己牟取私利。

(3)不得利用职权收受贿赂或者其他非法收入。

(4)不得侵占公司的财产。

(5)不得泄露公司秘密。

（二）董事、高级管理人员的特定性义务

董事和高级管理人员负责公司的经营决策和日常管理，董事和高级管理人员不得有下列行为：

（1）挪用公司资金。

（2）将公司资金以其个人名义或者以其他个人名义开立账户存储。

（3）违反公司章程的规定，未经股东会、股东大会或者董事会同意，将公司资金借贷给他人或者以公司资产为他人提供担保。

（4）违反公司章程的规定或者未经股东会、股东大会同意，与本公司订立合同或者进行交易。

（5）未经股东会或者股东大会同意，利用职务之便为自己或者他人谋取属于公司的商业机会，自营或者为他人经营与所任职公司同类的业务。

（6）接受他人与公司交易的佣金归为己有。

（7）擅自披露公司秘密。

（8）违反对公司忠实义务的其他行为。

董事、高级管理人员违反上述规定所得的收入应当归公司所有。

（三）董事、监事和高级管理人员的责任

董事、监事、高级管理人员执行公司职务时违反法律、行政法规或者公司章程的规定，给公司造成损失的，应当承担赔偿责任。

股东会或者股东大会要求董事、监事、高级管理人员列席会议的，董事、监事、高级管理人员应当列席并接受股东的质询。董事、高级管理人员应当如实向监事会或者不设监事会的有限责任公司的监事提供有关情况和资料，不得妨碍监事会或者监事行使职权。

董事、高级管理人员有公司法第一百四十九条规定的情形的，有限责任公司的股东、股份有限公司连续 180 日以上单独或者合计持有公司 1% 以上股份的股东，可以书面请求监事会或者不设监事会的有限责任公司的监事向人民法院提起诉讼；监事有公司法第一百四十九条规定的情形的，前述股东可以书面请求董事会或者不设董事会的有限责任公司的执行董事向人民法院提起诉讼。监事会、不设监事会的有限责任公司的监事，或者董事会、执行董事收到上述规定的股东书面请求后拒绝提起诉讼，或者自收到请求之日起 30 日内未提起诉讼，或者情况紧急、不立即提起诉讼将会使公司利益受到难以弥补的损害的，上述规定的股东有权为了公司的利益以自己的名义直接向人民法院提起诉讼。他人侵犯公司合法权益，给公司造成损失的，前述规定的股东可以依照以上规定向人民法院提起诉讼。

董事、高级管理人员违反法律、行政法规或者公司章程的规定，损害股东利益的，股东可以向人民法院提起诉讼。

有下列情形之一的，不得担任公司的董事、监事、高级管理人员：

（1）无民事行为能力或者限制民事行为能力。

（2）因贪污、贿赂、侵占财产、挪用财产或者破坏社会主义市场经济秩序，被判处刑罚，执行期满未逾 5 年，或者因犯罪被剥夺政治权利，执行期满未逾 5 年。

（3）担任破产清算的公司、企业的董事或者厂长、经理，对该公司、企业的破产负有个人责任的，自该公司、企业破产清算完结之日起未逾 3 年。

（4）担任因违法被吊销营业执照、责令关闭的公司、企业的法定代表人，并负有个人责任的，自该公司、企业被吊销营业执照之日起未逾 3 年。

(5)个人所负数额较大的债务到期未清偿。

公司违反上述规定选举、委派董事、监事或者聘任高级管理人员的,该选举、委派或者聘任无效。董事、监事、高级管理人员在任职期间出现上述所列情形的,公司应当解除其职务。

十九、公司财务会计制度的基本要求和内容

(一) 公司财务会计制度的基本要求

(1)公司应当依照法律、行政法规和国务院财政部门的规定建立本公司的财务、会计制度。

(2)公司应当在每一会计年度终了时编制财务会计报告,并依法经会计师事务所审计。财务会计报告应当依照法律、行政法规和国务院财政部门的规定制作。

(3)有限责任公司应当依照公司章程规定的期限将财务会计报告送交各股东。股份有限公司的财务会计报告应当在召开股东大会年会的20日前置备于本公司,供股东查阅;公开发行股票的股份有限公司必须公告其财务会计报告。

(二) 公司财务会计制度的内容

(1)公司聘用、解聘承办公司审计业务的会计师事务所,依照公司章程的规定,由股东会、股东大会或者董事会决定。公司股东会、股东大会或者董事会就解聘会计师事务所进行表决时,应当允许会计师事务所陈述意见。

(2)公司应当向聘用的会计师事务所提供真实、完整的会计凭证、会计账簿、财务会计报告及其他会计资料,不得拒绝、隐匿、谎报。

(3)公司除法定的会计账簿外,不得另立会计账簿。对公司资产,不得以任何个人名义开立账户存储。

(4)公司分配当年税后利润时,应当提取利润的10%列入公司法定公积金。公司法定公积金累计额为公司注册资本的50%以上的,可以不再提取。公司的法定公积金不足以弥补以前年度亏损的,在依照上述规定提取法定公积金之前,应当先用当年利润弥补亏损。公司从税后利润中提取法定公积金后,经股东会或者股东大会决议,还可以从税后利润中提取任意公积金。公司弥补亏损和提取公积金后所余税后利润,有限责任公司依照公司法第三十四条的规定分配;股份有限公司按照股东持有的股份比例分配,但股份有限公司章程规定不按持股比例分配的除外。股东会、股东大会或者董事会违反上述规定,在公司弥补亏损和提取法定公积金之前向股东分配利润的,股东必须将违反规定分配的利润退还公司。公司持有的本公司股份不得分配利润。

(5)股份有限公司以超过股票票面金额的发行价格发行股份所得的溢价款以及国务院财政部门规定列入资本公积金的其他收入,应当列为公司资本公积金。

(6)公司的公积金用于弥补公司的亏损、扩大公司生产经营或者转为增加公司资本。但是,资本公积金不得用于弥补公司的亏损。法定公积金转为资本时,所留存的该项公积金不得少于转增前公司注册资本的25%。

二十、公司合并、分立的种类及程序

(一) 公司合并

1. 公司合并的概念

公司合并是指两个或两个以上的公司依法达成合意归并为一个公司的法律行为。根据

《中华人民共和国公司法》的规定，有限责任公司的合并、分立，必须经代表2/3以上有表决权的股东通过；股份有限公司的合并、分立，必须经出席会议的股东所持表决权的2/3以上通过。

公司合并，应当由合并各方签订合并协议，并编制资产负债表及财产清单。公司应当自作出合并决议之日起10日内通知债权人，并于30日内在报纸上公告。债权人自接到通知书之日起30日内，未接到通知书的自公告之日起45日内，可以要求公司清偿债务或者提供相应的担保。

2. 公司合并的种类

公司合并可以采取吸收合并和新设合并两种方式。所谓吸收合并，是指两个或两个以上的公司合并后，其中有一个公司（吸收方）存续，而其他公司（被吸收方）解散。所谓新设合并，又称创设合并，是指两个或两个以上的公司合并后，在合并各方均归于消灭的同时，另外创设出一个新的公司。公司合并时，合并各方的债权、债务，应当由合并后存续的公司或者新设的公司承继。

3. 公司合并的程序

（1）公司董事会拟定公司合并方案。

（2）订立合并协议。

（3）公司股东会作出决议。

（4）编制资产负债表及财产清单。

（5）通知、公告债权人。

（6）办理登记。

（二）公司分立

1. 公司分立的概念

公司分立是指一个公司又设立另一个公司或一个公司分解为两个以上公司的法律行为。

公司分立，其财产作相应的分割，应当编制资产负债表及财产清单。公司应当自作出分立决议之日起10日内通知债权人，并于30日内在报纸上公告。公司分立前的债务由分立后的公司承担连带责任。但是，公司在分立前与债权人就债务清偿达成的书面协议另有约定的除外。

2. 公司分立的种类

公司分立分为新设分立和派生分立。新设分立是指将一个公司分割设立为两个或两个以上公司，原公司丧失法人资格。派生分立是指将原公司的一部分财产或营业分出去成立一个或几个新公司，原公司继续存在。

《中华人民共和国公司法》第一百七十九条规定，公司合并或者分立，登记事项发生变更的，应当依法向公司登记机关办理变更登记；公司解散的，应当依法办理公司注销登记；设立新公司的，应当依法办理公司设立登记。公司增加或者减少注册资本，应当依法向公司登记机关办理变更登记。

二十一、高级管理人员、控股股东、实际控制人与关联关系的概念

（一）高级管理人员

高级管理人员是指公司的经理、副经理、财务负责人，上市公司董事会秘书和公司章程规定的其他人员。

（二）控股股东

控股股东是指其出资额占有限责任公司资本总额50%以上或者其持有的股份占股份有限公司股本总额50%以上的股东；出资额或者持有股份的比例虽然不足50%，但依其出资额或者持有的股份所享有的表决权已足以对股东会、股东大会的决议产生重大影响的股东。

（三）实际控制人

实际控制人是指虽不是公司的股东，但通过投资关系、协议或者其他安排，能够实际支配公司行为的人。

（四）关联关系

关联关系是指公司控股股东、实际控制人、董事、监事、高级管理人员与其直接或者间接控制的企业之间的关系，以及可能导致公司利益转移的其他关系。但是，国家控股的企业之间不仅仅因为同受国家控股而具有关联关系。

二十二、虚报注册资本、欺诈取得公司登记、虚假出资、抽逃出资、另立账簿、财务会计报告虚假记载等的法律责任

（一）虚报注册资本、欺诈取得公司登记、虚假出资的含义

（1）“虚报”主要是指为骗取公司登记而故意夸大资本数额，实际上根本就没有出资或者没有全部出资。虚报注册资本还包括提交虚假材料、欺诈取得公司登记、虚假出资等。

（2）“虚假材料”主要是指设立（变更、注销）登记申请书、公司章程、验资证明等文件和从事法律、行政法规规定须报经有关部门审批的业务所提交的有关部门的批准文件是虚假的，比如说设立申请书中股东出资额的验资证明是虚构的，或者从事特种行业所提交的有关部门的批准文件是伪造的等。

（3）“欺诈取得公司登记”是指采用其他隐瞒事实真相的方法欺骗公司登记机关的行为。

（二）虚报注册资本、欺诈取得公司登记的法律责任

违反公司法规定，虚报注册资本、提交虚假材料或者采取其他欺诈手段隐瞒重要事实取得公司登记的，由公司登记机关责令改正，对虚报注册资本的公司，处以虚报注册资本金额5%以上15%以下的罚款；对提交虚假材料或者采取其他欺诈手段隐瞒重要事实的公司，处以5万元以上50万元以下的罚款；情节严重的，撤销公司登记或者吊销营业执照。

（三）虚假出资的法律责任

公司的发起人、股东虚假出资，未交付或者未按期交付作为出资的货币或者非货币财产的，由公司登记机关责令改正，处以虚假出资金额5%以上15%以下的罚款。

（四）抽逃出资的法律责任

公司的发起人、股东在公司成立后，抽逃其出资的，由公司登记机关责令改正，处以所抽逃出资金额5%以上15%以下的罚款。

（五）另立账簿的法律责任

公司违反公司法规定，在法定的会计账簿以外另立会计账簿的，由县级以上人民政府财政部门责令改正，处以5万元以上50万元以下的罚款。

（六）财务会计报告虚假记载的法律责任

公司在依法向有关主管部门提供的财务会计报告等材料上作虚假记载或者隐瞒重要事实的，由有关主管部门对直接负责的主管人员和其他直接责任人员处以 3 万元以上 30 万元以下的罚款。

（七）不依法提取法定公积金的法律责任

公司不依照公司法规定提取法定公积金的，由县级以上人民政府财政部门责令如数补足应当提取的金额，可以对公司处以 20 万元以下的罚款。

（八）公司清算中违法违规行为及人员的法律责任

公司在合并、分立、减少注册资本或者进行清算时，不依照公司法规定通知或者公告债权人的，由公司登记机关责令改正，对公司处以 1 万元以上 10 万元以下的罚款。公司在进行清算时，隐匿财产，对资产负债表或者财产清单作虚假记载或者在未清偿债务前分配公司财产的，由公司登记机关责令改正，对公司处以隐匿财产或者未清偿债务前分配公司财产金额 5% 以上 10% 以下的罚款；对直接负责的主管人员和其他直接责任人员处以 1 万元以上 10 万元以下的罚款。

公司在清算期间开展与清算无关的经营活动的，由公司登记机关予以警告，没收违法所得。

清算组不依照公司法规定向公司登记机关报送清算报告，或者报送清算报告隐瞒重要事实或者有重大遗漏的，由公司登记机关责令改正。清算组成员利用职权徇私舞弊、谋取非法收入或者侵占公司财产的，由公司登记机关责令退还公司财产，没收违法所得，并可以处以违法所得 1 倍以上 5 倍以下的罚款。

（九）公司登记中违法违规的法律责任

承担资产评估、验资或者验证的机构提供虚假材料的，由公司登记机关没收违法所得，处以违法所得 1 倍以上 5 倍以下的罚款，并可以由有关主管部门依法责令该机构停业、吊销直接责任人员的资格证书，吊销营业执照。承担资产评估、验资或者验证的机构因过失提供有重大遗漏的报告的，由公司登记机关责令改正，情节较重的，处以所得收入 1 倍以上 5 倍以下的罚款，并可以由有关主管部门依法责令该机构停业、吊销直接责任人员的资格证书，吊销营业执照。承担资产评估、验资或者验证的机构因其出具的评估结果、验资或者验证证明不实，给公司债权人造成损失的，除能够证明自己没有过错的外，在其评估或者证明不实的金额范围内承担赔偿责任。

公司登记机关对不符合公司法规定条件的登记申请予以登记，或者对符合本法规定条件的登记申请不予登记的，对直接负责的主管人员和其他直接责任人员，依法给予行政处分。

公司登记机关的上级部门强令公司登记机关对不符合公司法规定条件的登记申请予以登记，或者对符合公司法规定条件的登记申请不予登记的，或者对违法登记进行包庇的，对直接负责的主管人员和其他直接责任人员依法给予行政处分。

未依法登记为有限责任公司或者股份有限公司，而冒用有限责任公司或者股份有限公司名义的，或者未依法登记为有限责任公司或者股份有限公司的分公司，而冒用有限责任公司或者股份有限公司的分公司名义的，由公司登记机关责令改正或者予以取缔，可以并处 10 万元以下的罚款。

公司成立后无正当理由超过 6 个月未开业的，或者开业后自行停业连续 6 个月以上的，可以由公司登记机关吊销营业执照。公司登记事项发生变更时，未依照公司法规定办理有关变更登记的，由公司登记机关责令限期登记；逾期不登记的，处以1万元以上10万元以下的罚款。

（十）违规设立分支机构的法律责任

外国公司违反公司法规定，擅自在中国境内设立分支机构的，由公司登记机关责令改正或者关闭，可以并处5万元以上20万元以下的罚款。

第三节 证券法

考纲要求

大纲内容	要求
证券法的适用范围	熟悉
证券发行和交易的“三公”原则	掌握
发行交易当事人的行为准则	掌握
证券发行、交易活动禁止行为的规定	掌握
公开发行证券的有关规定	掌握
证券承销业务的种类、承销协议的主要内容	熟悉
承销团及主承销人	熟悉
证券的销售期限	熟悉
代销制度	熟悉
证券交易的条件及方式等一般规定	掌握
股票上市的条件、申请和公告	掌握
债券上市的条件和申请	掌握
证券交易暂停和终止的情形	熟悉
信息公开制度及信息公开不实的法律后果	熟悉
内幕交易行为	掌握
操纵证券市场行为	熟悉
虚假陈述、信息误导行为和欺诈客户行为	掌握
上市公司收购的概念和方式	掌握
上市公司收购的程序和规则	熟悉
违反证券发行规定的法律责任	熟悉
违反证券交易规定的法律责任	熟悉
掌握上市公司收购的法律责任	掌握
违反证券机构管理、人员管理相关规定的法律责任及证券机构的法律责任	熟悉

知识解读

《中华人民共和国证券法》(1998 年 12 月 29 日第九届全国人民代表大会常务委员会第六次会议通过,根据 2014 年 8 月 31 日第十二届全国人民代表大会常务委员会《关于修改〈中华人民共和国保险法〉等五部法律的决定》修正)

一、证券法的适用范围

《中华人民共和国证券法》于 1998 年 12 月 29 日第九届全国人民代表大会常务委员会第六次会议通过,根据 2004 年 8 月 28 日第十届全国人民代表大会常务委员会第十一次会议《关于修改的决定》第一次修正,2005 年 10 月 27 日第十届全国人民代表大会常务委员会第十八次会议修订,根据 2013 年 6 月 29 日第十二届全国人民代表大会常务委员会第三次会议《关于修改〈中华人民共和国文物保护法〉等十二部法律的决定》第二次修正,根据 2014 年 8 月 31 日第十二届全国人民代表大会常务委员会《关于修改〈中华人民共和国保险法〉等五部法律的决定》第三次修正。

根据《中华人民共和国证券法》的规定,为了规范证券发行和交易行为,保护投资者的合法权益,维护社会经济秩序和社会公共利益,促进社会主义市场经济的发展,制定本法。在中华人民共和国境内,股票、公司债券和国务院依法认定的其他证券的发行和交易,适用本法;本法未规定的,适用《中华人民共和国公司法》和其他法律、行政法规的规定。政府债券、证券投资基金份额的上市交易,适用本法;其他法律、行政法规另有规定的,适用其规定。证券衍生品种发行、交易的管理办法,由国务院依照本法的原则规定。

二、证券发行和交易的"三公"原则

证券法的基本原则是证券法的立法精神的体现,是证券发行、证券交易和证券管理活动必须遵循的最基本的准则,它贯穿证券立法、执法和司法活动的始终。证券的发行、交易活动,必须实行公开、公平、公正的原则。

(一) 公开原则

公开原则是证券法的核心和精髓所在。证券法的公开原则所包含的内容既包括与证券发行、交易行为有关的各种信息公开,也包括与证券发行、交易有关的规则公开;既包括证券发行人及其有关的信息公开,也包括市场其他参与者的信息公开,如大股东持股信息、中介机构的承销信息、监管机构的监管行为与信息等。就主体而言,所有证券市场的参与者,包括发行人、中介机构、投资者、监管者都应当遵循公开原则。但主要对象则是上市公司和监管机构。

根据证券法的公开原则,要求公司和有关单位所披露的信息必须做到真实、准确、完整、充分、及时和可利用,不得有任何虚假记载、误导性陈述或重大遗漏。从公开的过程来看,包括发行公开、上市公开、上市后其信息持续公开。从公开的内容看,主要是公司招股说明书、公司债券募集办法、财务会计报告及经营状况和其他影响证券交易的重大事件。

(二) 公平原则

公平原则是指在证券发行和证券交易中双方当事人的法律地位平等、法律待遇平等、法

律保护平等，以及所有市场参与者的机会平等。首先，在证券发行和交易活动中，机会平等更为重要，它体现为公平的市场准入和市场规则，每个当事人的机会和条件都应当是相同的。如证券发行人有公平的筹资机会，证券经营机构有公平的经营机会，证券投资者有公平的交易机会。对所有的证券市场参与者实行公平的市场规则，如证券交易中的竞价规则，实行价格优先和时间优先。其次，平等的主体地位与平等待遇。即在法律上平等地享有权利，平等地承担义务，权利与义务应当一致。不论是投资者还是证券商，不论是个人投资者还是机构投资者，不论是小户、散户还是大户，一律在平等、自愿的基础上按照等价有偿的原则进行交易，任何一方不得凌驾于另一方之上。最后，同等地受法律保护。任何市场主体的权利都要平等地受法律保护，不论谁的权利受到侵害，都要采取相应的法律救济措施。平等的保护不仅是形式的，也是实质上的，对于证券市场的中小投资者而言，实质上的公平，则意味着重点保护。

（三）公正原则

公正原则是指在证券发行和交易中，应制定和遵守公正的规则，证券监管机关和司法机关应公正地适用法律法规，对当事人应公正平等地对待，不偏袒任何一方。公正原则是实现公开、公平原则的保障，与公平原则所不同的是，公正原则主要是针对证券市场的立法者、司法者和管理者而言的，强调对其行为进行约束。公正原则的实质在于使不同的证券主体获得公正的对待，禁止任何人在证券发行和交易中以其特权或优势获得不正当的利益，使对方当事人蒙受不公正的损失。此外，公平原则强调实体正义和实质正义，而公正原则则强调程序正义和形式正义。公平的核心是平等，公正的核心则是无私、中立。因此，根据公正原则，首先要求立法者制定公正的规则，以实现市场各主体之间的利益平衡。其次要求执法者与司法者在法律范围内，公正地执行法律，解决利益冲突与纠纷。

三、发行交易当事人的行为准则

证券发行、交易活动的当事人具有平等的法律地位，应当遵守自愿、有偿、诚实信用的原则。

（一）证券发行人

《中华人民共和国证券法》规定了证券发行人不能提供虚假信息的义务，发行人向国务院证券监督管理机构或者国务院授权的部门报送的证券发行申请文件，必须真实、准确、完整。为证券发行出具有关文件的证券服务机构和人员，必须严格履行法定职责，保证其所出具文件的真实性、准确性和完整性。

（二）证券公司

证券公司是指依照《中华人民共和国公司法》和《中华人民共和国证券法》的规定设立的经营证券业务的有限责任公司或者股份有限公司。证券公司必须在其名称中标明“证券有限责任公司”或者“证券股份有限公司”字样。经国务院证券监督管理机构批准，证券公司可以经营下列部分或者全部业务：证券经纪；证券投资咨询；与证券交易、证券投资活动有关的财务顾问；证券承销与保荐；证券自营；证券资产管理；其他证券业务。

证券法对于证券公司不能提供虚假信息的规定主要为证券公司承销证券，应当对公开发行募集文件的真实性、准确性、完整性进行核查;发现有虚假记载、误导性陈述或者重大遗漏的,不得进行销售活动;已经销售的,必须立即停止销售活动,并采取纠正措施。

(三)证券发行中介机构

作为一种证券服务机构,投资咨询机构及其从业人员不得有下列行为:代理委托人从事证券投资;与委托人约定分享证券投资收益或者分担证券投资损失;买卖本咨询机构提供服务的上市公司股票;利用传播媒介或者通过其他方式提供、传播虚假或者误导投资者的信息;法律、行政法规禁止的其他行为。

四、证券发行、交易活动禁止行为的规定

证券市场是一个极易滋生欺诈、操纵和内幕交易行为的高风险市场,在所有市场参与者中,投资者是最容易受不法行为侵害的对象。公正原则的立法宗旨就在于通过法律手段禁止内幕交易、操纵市场、欺诈客户等行为,保证投资者在证券市场获得公平、公正的待遇。因此,证券的发行、交易活动,必须遵守法律、行政法规;禁止欺诈、内幕交易和操纵证券市场的行为。

(一)禁止内幕交易

禁止证券交易内幕信息的知情人和非法获取内幕信息的人利用内幕信息从事证券交易活动。

证券交易内幕信息的知情人包括:

(1)发行人的董事、监事、高级管理人员。

(2)持有公司5%以上股份的股东及其董事、监事、高级管理人员,公司的实际控制人及其董事、监事、高级管理人员。

(3)发行人控股的公司及其董事、监事、高级管理人员。

(4)由于所任公司职务可以获取公司有关内幕信息的人员。

(5)证券监督管理机构工作人员以及由于法定职责对证券的发行、交易进行管理的其他人员。

(6)保荐人、承销的证券公司、证券交易所、证券登记结算机构、证券服务机构的有关人员。

(7)国务院证券监督管理机构规定的其他人。

证券交易活动中,涉及公司的经营、财务或者对该公司证券的市场价格有重大影响的尚未公开的信息,为内幕信息。下列信息皆属内幕信息:

(1)证券法第六十七条第二款所列重大事件。

(2)公司分配股利或者增资的计划。

(3)公司股权结构的重大变化。

(4)公司债务担保的重大变更。

(5)公司营业用主要资产的抵押、出售或者报废一次超过该资产的30%。

(6)公司的董事、监事、高级管理人员的行为可能依法承担重大损害赔偿责任。

(7)上市公司收购的有关方案。

(8)国务院证券监督管理机构认定的对证券交易价格有显著影响的其他重要信息。

证券交易内幕信息的知情人和非法获取内幕信息的人，在内幕信息公开前，不得买卖该公司的证券，或者泄露该信息，或者建议他人买卖该证券。持有或者通过协议、其他安排与他人共同持有公司5%以上股份的自然人、法人、其他组织收购上市公司的股份，证券法另有规定的，适用其规定。内幕交易行为给投资者造成损失的，行为人应当依法承担赔偿责任。

（二）禁止操纵证券交易价格

禁止任何人以下列手段操纵证券市场：

（1）单独或者通过合谋，集中资金优势、持股优势或者利用信息优势联合或者连续买卖，操纵证券交易价格或者证券交易量。

（2）与他人串通，以事先约定的时间、价格和方式相互进行证券交易，影响证券交易价格或者证券交易量。

（3）在自己实际控制的账户之间进行证券交易，影响证券交易价格或者证券交易量。

（4）以其他手段操纵证券市场。

操纵证券市场行为给投资者造成损失的，行为人应当依法承担赔偿责任。

（三）禁止传播虚假信息

禁止国家工作人员、传播媒介从业人员和有关人员编造、传播虚假信息，扰乱证券市场。禁止证券交易所、证券公司、证券登记结算机构、证券服务机构及其从业人员，证券业协会、证券监督管理机构及其工作人员，在证券交易活动中作出虚假陈述或者信息误导。各种传播媒介传播证券市场信息必须真实、客观，禁止误导。

（四）禁止证券欺诈

禁止证券公司及其从业人员从事下列损害客户利益的欺诈行为：

（1）违背客户的委托为其买卖证券。

（2）不在规定时间内向客户提供交易的书面确认文件。

（3）挪用客户所委托买卖的证券或者客户账户上的资金。

（4）未经客户的委托，擅自为客户买卖证券，或者假借客户的名义买卖证券。

（5）为牟取佣金收入，诱使客户进行不必要的证券买卖。

（6）利用传播媒介或者通过其他方式提供、传播虚假或者误导投资者的信息。

（7）其他违背客户真实意思表示，损害客户利益的行为。

欺诈客户行为给客户造成损失的，行为人应当依法承担赔偿责任。

（五）其他禁止行为

（1）禁止法人非法利用他人账户从事证券交易；禁止法人出借自己或者他人的证券账户。

（2）依法拓宽资金入市渠道，禁止资金违规流入股市。

（3）禁止任何人挪用公款买卖证券。

（4）国有企业和国有资产控股的企业买卖上市交易的股票，必须遵守国家有关规定。

证券交易所、证券公司、证券登记结算机构、证券服务机构及其从业人员对证券交易中发现的禁止的交易行为，应当及时向证券监督管理机构报告。

五、公开发行证券的有关规定

（一）证券发行的一般规定

证券发行是指经过批准符合发行条件的证券发行人，以筹集资金为目的，按照一定的程序将股票、公司债券以及其他证券销售给投资者的一系列行为的总称。

《中华人民共和国证券法》规定：公开发行证券，必须符合法律、行政法规规定的条件，并依法报经国务院证券监督管理机构或者国务院授权的部门核准；未经依法核准，任何单位和个人不得公开发行证券。

有下列情形之一的，为公开发行：向不特定对象发行证券的；向特定对象发行证券累计超过200人的；法律、行政法规规定的其他发行行为。非公开发行证券，不得采用广告、公开劝诱和变相公开方式。

发行人申请公开发行股票、可转换为股票的公司债券，依法采取承销方式的，或者公开发行法律、行政法规规定实行保荐制度的其他证券的，应当聘请具有保荐资格的机构担任保荐人。保荐人应当遵守业务规则和行业规范，诚实守信，勤勉尽责，对发行人的申请文件和信息披露资料进行审慎核查，督导发行人规范运作。保荐人的资格及其管理办法由国务院证券监督管理机构规定。

（二）股票的发行

1. 股票公开发行的条件

设立股份有限公司公开发行股票，应当符合《中华人民共和国公司法》规定的条件和经国务院批准的国务院证券监督管理机构规定的其他条件，向国务院证券监督管理机构报送募股申请和下列文件：

（1）公司章程。

（2）发起人协议。

（3）发起人姓名或者名称，发起人认购的股份数、出资种类及验资证明。

（4）招股说明书。

（5）代收股款银行的名称及地址。

（6）承销机构名称及有关的协议。

依照《中华人民共和国证券法》规定聘请保荐人的，还应当报送保荐人出具的发行保荐书。法律、行政法规规定设立公司必须报经批准的，还应当提交相应的批准文件。

2. 新股发行的条件

公司公开发行新股，应当符合下列条件：

（1）具备健全且运行良好的组织机构。

（2）具有持续盈利能力，财务状况良好。

（3）最近3年财务会计文件无虚假记载，无其他重大违法行为。

（4）经国务院批准的国务院证券监督管理机构规定的其他条件。

上市公司非公开发行新股，应当符合经国务院批准的国务院证券监督管理机构规定的条件，并报国务院证券监督管理机构核准。

公司公开发行新股,应当向国务院证券监督管理机构报送募股申请和下列文件:

(1)公司营业执照。

(2)公司章程。

(3)股东大会决议。

(4)招股说明书。

(5)财务会计报告。

(6)代收股款银行的名称及地址。

(7)承销机构名称及有关的协议。

依照证券法规定聘请保荐人的,还应当报送保荐人出具的发行保荐书。

3. 募集资金的用途

公司对公开发行股票所募集资金,必须按照招股说明书所列资金用途使用。改变招股说明书所列资金用途,必须经股东大会作出决议。擅自改变用途而未作纠正的,或者未经股东大会认可的,不得公开发行新股。

股票依法发行后,发行人经营与收益的变化,由发行人自行负责;由此变化引致的投资风险,由投资者自行负责。

(三)债券的发行

1. 公司债券发行的条件

公开发行公司债券,应当符合下列条件:

(1)股份有限公司的净资产不低于人民币3 000万元,有限责任公司的净资产不低于人民币6 000万元。

(2)累计债券余额不超过公司净资产的40%。

(3)最近3年平均可分配利润足以支付公司债券1年的利息。

(4)筹集的资金投向符合国家产业政策。

(5)债券的利率不超过国务院限定的利率水平。

(6)国务院规定的其他条件。

上市公司发行可转换为股票的公司债券,除应当符合上述规定的条件外,还应当符合证券法关于公开发行股票的条件,并报国务院证券监督管理机构核准。

有下列情形之一的,不得再次公开发行公司债券:

(1)前一次公开发行的公司债券尚未募足。

(2)对已公开发行的公司债券或者其他债务有违约或者延迟支付本息的事实,仍处于继续状态。

(3)违反证券法规定,改变公开发行公司债券所募资金的用途。

2. 公司债券发行审批须提交的文件

申请公开发行公司债券,应当向国务院授权的部门或者国务院证券监督管理机构报送下列文件:

(1)公司营业执照。

(2)公司章程。

(3)公司债券募集办法。

(4)资产评估报告和验资报告。

(5)国务院授权的部门或者国务院证券监督管理机构规定的其他文件。

依照《中华人民共和国证券法》规定聘请保荐人的,还应当报送保荐人出具的发行保荐书。

3. 筹集资金的用途

公开发行公司债券筹集的资金,必须用于核准的用途,不得用于弥补亏损和非生产性支出。

4. 公司债券的信用评级

公司债券的信用评级,应当委托经中国证监会认定、具有从事证券服务业务资格的资信评级机构进行。公司与资信评级机构应当约定,在债券有效存续期间,资信评级机构每年至少公告1次跟踪评级报告。

六、证券承销业务的种类和承销协议的主要内容

(一)证券承销业务的种类

证券承销业务采取代销或包销两种方式。证券代销是指证券公司代发行人发售证券,在承销期结束时,将未售出的证券全部退还给发行人的承销方式。证券包销是指证券公司将发行人的证券按照协议全部购入或者在承销期结束时将售后剩余证券全部自行购入的承销方式。包销又分为全额包销和余额包销两种方式。全额包销是指证券公司作为承销商先全额买断发行人发行的证券,再向投资者发售,由证券公司承担全部风险的承销方式。余额包销是指证券公司作为承销商按照约定的发行额和发行条件,在约定的期限内向投资者发售证券,到销售截止日,如投资者实际认购总额低于预定发行总额,未售出的证券由证券公司负责认购,并按约定的时间向发行人支付全部发行价款的承销方式。

(二)承销协议的主要内容

发行人向不特定对象发行的证券,法律、行政法规规定应当由证券公司承销的,发行人应当同证券公司签订承销协议。

证券公司承销证券,应当同发行人签订代销或者包销协议,协议应载明以下事项:

(1)当事人的名称、住所及法定代表人姓名。协议是特定当事人之间的约定,能在当事人之间产生特定的债权债务关系。名称、住所和法定代表人表明合同主体的身份,这是任何一个合同须载明的事项,否则无法明确特定当事人的权利和义务。

(2)代销、包销证券的种类、数量、金额及发行价格。这是承销协议的主体内容,是明确双方当事人之间具体权利和义务的关键部分,缺乏这些基本问题的约定则承销无效。

(3)代销、包销的期限及起止日期。

(4)代销、包销的付款方式及日期。付款方式及日期不同,会影响到双方当事人的权利、诉讼时效、诉讼地点及仲裁事项。如果没有载明付款日期,证券公司可于产生纠纷后随时要求发行人偿付;如果没有载明付款方式与地点,发行人应在证券公司所在地以公平合理的方式结算。

(5)代销、包销的费用和结算办法。这是合同的基本内容之一,是承销商的业务收入和

取得收入的方式,没有此项规定,则会导致合同无效。

(6)违约责任。一个完整的协议应包括违约责任部分。如果协议没有违约责任条款,并不影响协议的成立,违约责任将按照双方当事人的过错程度,由各自按法定方式承担。

(7)国务院证券监督管理机构规定的其他事项。

七、承销团及主承销人

(一)承销团

承销团又称联合承销,是指两个以上的证券经营机构组成承销人,为发行人发售证券的一种承销方式。根据证券法的规定,承销团应当由主承销商和参与承销的证券公司组成,向不特定对象发行的证券票面总值超过人民币 5 000 万元的,必须采取承销团的形式来销售,这实际上是关于巨额证券销售与承销团的规定。向社会公开发行的证券的票面总额达到 5 000万元的即为巨额销售,巨额销售涉及的金额大,销售成功后的利润大,但是,销售不成功的损失也大,为了保证销售者对巨额销售有足够的承受能力,证券法规定巨额销售必须要有相当资本实力的销售主体来承担,考虑到分散风险和稳定证券市场的因素,这种销售应当由两个或两个以上的证券公司来联合承销。

(二)主承销人

主承销人是指承销团在承销过程中,其他承销团成员均委托其中一家承销人为承销团负责人,该负责人即为主承销人。主承销人与其他各家承销人的关系属于民法上委托代理关系,主承销人的行为后果由承销团承担。

根据相关规定,主承销人应当具备的主要条件如下:

(1)具有法定最低限额以上的实收货币资本。

(2)主要负责人中 2/3 的人员有 3 年以上的证券管理工作经历,或者有 5 年以上的金融管理工作经验。

(3)有足够数量的证券专业操作人员,其中 70% 以上的人员在证券专业岗位工作 2 年以上。

(4)全部从业人员在以往 3 年内的承销过程中,没有因内幕交易、侵害客户利益、工作严重失误受到起诉或行政处分。

(5)没有违反国家有关证券市场管理法规和政策,没有受到过证监会给予的通报批评。

(6)承销机构及其主要负责人在前 3 年的承销过程中,无其他严重劣迹,特别是与欺诈、提供虚假信息有关的行为。

八、证券的销售期限

销售证券是一种从社会直接融资的活动,而直接融资对资金市场有可能发生较大的影响,包括负面影响,为了减少出现负面影响的机会,有必要对证券的销售期限作出合理的规定,从而达到维护证券市场秩序基本稳定的目的。《中华人民共和国证券法》规定,证券的代销、包销期限最长不得超过 90 日。

九、代销制度

证券代销是指证券公司代发行人发售证券，在承销期结束时，将未售出的证券全部退还给发行人的承销方式。

证券公司代销证券，应当同发行人签订代销协议，载明下列事项：

(1)当事人的名称、住所及法定代表人姓名。

(2)代销证券的种类、数量、金额及发行价格。

(3)代销的期限及起止日期。

(4)代销的付款方式及日期。

(5)代销的费用和结算办法。

(6)违约责任。

(7)国务院证券监督管理机构规定的其他事项。

证券的代销期限最长不得超过90日。证券公司在代销期内，对所代销的证券应当保证先行出售给认购人，证券公司不得为本公司事先预留所代销的证券。

股票发行采用代销方式，代销期限届满，向投资者出售的股票数量未达到拟公开发行股票数量70%的，为发行失败。发行人应当按照发行价并加算银行同期存款利息返还股票认购人。

证券公司代销证券的，应当在代销期满后的15日内，与发行人共同将证券代销情况报国务院证券监督管理机构备案。

十、证券交易的条件及方式

(一) 证券交易的条件

证券交易的条件是指在证券市场上公开进行交易的证券必须符合法律规定的相关条件才能买卖。按照证券法的规定，证券交易的条件主要包括以下内容：

(1)证券交易当事人依法买卖的证券，必须是依法发行并交付的证券。非依法发行的证券，不得买卖。

(2)依法发行的股票、公司债券及其他证券，法律对其转让期限有限制性规定的，在限定的期限内不得买卖。

(3)依法公开发行的股票、公司债券及其他证券，应当在依法设立的证券交易所上市交易或者在国务院批准的其他证券交易场所转让。

(二) 证券交易的方式

证券在证券交易所上市交易，应当采用公开的集中交易方式或者国务院证券监督管理机构批准的其他方式。其中采用公开的集中竞价交易方式时，实行价格优先、时间优先的原则。

(1)集中竞价。竞价交易是多个买主与卖主之间，出价最低的卖主与进价最高的买主达成交易。公开的集中竞价，则是所有有关购售该证券的买主和卖主集中在证券交易所内公开申报、竞价交易，每当买卖双方出价相吻合就构成一笔买卖，交易依买卖组连续进行，每个买卖组形成不同的价格。有关集中竞价交易的操作程序、成交办法、交易单位、交易价格升降单位、交易的清算交割日期等项证券交易运作规则，由证券交易所制定，报中国证监会批准。

(2)价格优先。价格优先是指同时有两个或两个以上的买(卖)方进行买卖同种证券时，买方中出价最高者，应处在优先购买的地位；而卖方中出价最低者，应处在优先卖出的地位。

(3)时间优先。时间优先是指出价相同时，以最先出价者优先成交。

证券交易当事人买卖的证券可以采用纸面形式或者国务院证券监督管理机构规定的其他形式。证券交易以现货和国务院规定的其他方式进行交易。

证券交易所、证券公司和证券登记结算机构的从业人员、证券监督管理机构的工作人员以及法律、行政法规禁止参与股票交易的其他人员，在任期或者法定限期内，不得直接或者以化名、借他人名义持有、买卖股票，也不得收受他人赠送的股票。任何人在成为上述所列人员时，其原已持有的股票，必须依法转让。

十一、股票上市的条件、申请和公告

(一) 股票上市条件

股份有限公司申请股票上市，应当符合下列条件：

(1)股票经国务院证券监督管理机构核准已公开发行。

(2)公司股本总额不少于人民币3 000万元。

(3)公开发行的股份达到公司股份总数的25%以上；公司股本总额超过人民币4亿元的，公开发行股份的比例为10%以上。

(4)公司最近3年无重大违法行为，财务会计报告无虚假记载。

证券交易所可以规定高于上述规定的上市条件，并报国务院证券监督管理机构批准。

(二) 股票上市申请

股份有限公司申请股票上市，必须经过一定的程序。按照《股票发行与交易管理暂行条例》与《中华人民共和国公司法》的规定，股票上市的程序如下：

1. 股票上市申请

发行人在股票发行完毕，召开股东大会，完成公司注册登记后，向证券交易所提出上市申请。

2. 审查批准

《股票发行与交易管理暂行条例》规定，符合公开发行股票条件的股份有限公司，申请其股票在证券交易所交易，应当向证券交易所的上市委员会提出申请；上市委员会应当自收到申请之日起20个工作日内作出审批，确定具体上市时间，审批文件报证监会备案，并抄报证券委。

《中华人民共和国公司法》规定，股份有限公司申请其股票上市交易，应当报经国务院或者国务院授权证券管理部门批准，依照有关法律、行政法规的规定报送有关文件。国务院或者国务院授权证券管理部门对符合规定条件的股票上市交易申请，予以批准；对不符合规定条件的，不予批准。

3. 申请股票上市应当报送的文件

申请股票上市交易，应当向证券交易所报送下列文件：

(1)上市报告书。

(2)申请股票上市的股东大会决议。

(3)公司章程。

(4)公司营业执照。

(5)依法经会计师事务所审计的公司最近3年的财务会计报告。

(6)法律意见书和上市保荐书。

(7)最近一次的招股说明书。

(8)证券交易所上市规则规定的其他文件。

4. 订立上市协议书

股份有限公司被批准股票上市后,即成为上市公司。在上市公司股票上市前,还要与证券交易所订立上市协议,确定上市的具体日期,明确双方的权利与义务并向证券交易所缴纳上市费。

(三) 股票上市公告

股票上市交易申请经证券交易所审核同意后,签订上市协议的公司应当在规定的期限内公告股票上市的有关文件,并将该文件置备于指定场所供公众查阅。签订上市协议的公司除公告上述规定的文件外,还应当公告下列事项:

(1)股票获准在证券交易所交易的日期。

(2)持有公司股份最多的前10名股东的名单和持股数额。

(3)公司的实际控制人。

(4)董事、监事、高级管理人员的姓名及其持有本公司股票和债券的情况。

十二、债券上市的条件和申请

(一) 债券上市的条件

《中华人民共和国证券法》规定,公司申请其债券上市,必须具备以下条件:

(1)公司债券的期限为1年以上。这是指公司债券自发行日到还本付息日的期间不短于1年。按照公司法的规定,发行公司债券,其募集办法中应当载明"还本付息的期限和方式",据此,可以计算和确定该公司债券的期限长短。

(2)公司债券实际发行额不少于人民币5 000万元。这是指发行人所申请上市的该种和该次发行的公司债券的发行额在5 000万元以上。按照公司法的规定,符合发行公司债券的公司可以多次发行公司债券,其累计发行额,即尚未到期的各次发行的各种债券(如期限长短不同,利率不同,可转换或不可转换等)的总发行额,不超过公司净资产的40%。

(3)公司申请其债券上市时仍符合法定的公司债券发行条件。这是指发行人一直处于具备公司债券发行条件的状态,也就是说发行人应当保持公司债券发行时的信誉状态,而使该公司债券持有人的利益能够得到实现,并且该公司债券的交易具有安全性。如果丧失发行公司债券具备的条件,那么该公司债券到期时在还本付息上将发生风险。

(二) 债券上市的申请

申请公司债券上市交易,应当向证券交易所报送下列文件:

(1)上市报告书。

(2)申请公司债券上市的董事会决议。

(3)公司章程。

(4)公司营业执照。

(5)公司债券募集办法。

(6)公司债券的实际发行数额。

(7)证券交易所上市规则规定的其他文件。

申请可转换为股票的公司债券上市交易,还应当报送保荐人出具的上市保荐书。

公司债券上市交易申请经证券交易所审核同意后,签订上市协议的公司应当在规定的期限内公告公司债券上市文件及有关文件,并将其申请文件置备于指定场所供公众查阅。

十三、证券交易暂停和终止的情形

(一) 股票暂停和终止的情形

上市公司有下列情形之一的,由证券交易所决定暂停其股票上市交易:

(1)公司股本总额、股权分布等发生变化不再具备上市条件。

(2)公司不按照规定公开其财务状况,或者对财务会计报告作虚假记载,可能误导投资者。

(3)公司有重大违法行为。

(4)公司最近3年连续亏损。

(5)证券交易所上市规则规定的其他情形。

上市公司有下列情形之一的,由证券交易所决定终止其股票上市交易:

(1)公司股本总额、股权分布等发生变化不再具备上市条件,在证券交易所规定的期限内仍不能达到上市条件。

(2)公司不按照规定公开其财务状况,或者对财务会计报告作虚假记载,且拒绝纠正。

(3)公司最近3年连续亏损,在其后一个年度内未能恢复盈利。

(4)公司解散或者被宣告破产。

(5)证券交易所上市规则规定的其他情形。

(二) 债券交易暂停和终止的情形

公司债券上市交易后,公司有下列情形之一的,由证券交易所决定暂停其公司债券上市交易:

(1)公司有重大违法行为。

(2)公司情况发生重大变化不符合公司债券上市条件。

(3)发行公司债券所募集的资金不按照核准的用途使用。

(4)未按照公司债券募集办法履行义务。

(5)公司最近2年连续亏损。

公司有上述第(1)项、第(4)项所列情形之一经查实后果严重的,或者有上述第(2)项、第(3)项、第(5)项所列情形之一,在限期内未能消除的,由证券交易所决定终止其公司债券上市交易。公司解散或者被宣告破产的，由证券交易所终止其公司债券上市交易。

对证券交易所作出的不予上市、暂停上市、终止上市决定不服的，可以向证券交易所设立的复核机构申请复核。

十四、信息公开制度及信息公开不实的法律后果

（一）信息公开的概念

信息公开也称信息披露，主要是指为发行人在发行市场、交易市场依法向证券监督管理机构以及投资者报告自身经营、财产以及财务等状况而设置的一种制度。

（二）信息公开的内容

（1）上市公告书。公司证券上市时应公告上市公告书。

（2）中期报告。中期报告是反映公司上半年生产经营状况及其他各方面基本情况的文件。上市公司和公司债券上市交易的公司，应当在每一会计年度的上半年结束之日起2个月内，向国务院证券监督管理机构和证券交易所报送记载以下内容的中期报告，并予公告：公司财务会计报告和经营情况；涉及公司的重大诉讼事项；已发行的股票、公司债券变动情况；提交股东大会审议的重要事项；国务院证券监督管理机构规定的其他事项。

（3）年度报告。年度报告是依法编制的反映公司整个会计年度的生产经营状况及其他各方面基本情况的法律文件。上市公司和公司债券上市交易的公司，应当在每一会计年度结束之日起4个月内，向国务院证券监督管理机构和证券交易所报送记载以下内容的年度报告，并予公告：公司概况；公司财务会计报告和经营情况；董事、监事、高级管理人员简介及其持股情况；已发行的股票、公司债券情况，包括持有公司股份最多的前10名股东名单和持股数额；公司的实际控制人；国务院证券监督管理机构规定的其他事项。

（4）临时报告。临时报告是反映公司重大事件的法律文件。重大事件是上市公司发生的可能对股票交易价格产生较大影响、而投资者尚未得知的事件。

（5）发生可能对上市公司股票交易价格产生较大影响的重大事件，投资者尚未得知时，上市公司应当立即将有关该重大事件的情况向国务院证券监督管理机构和证券交易所报送临时报告，并予公告，说明事件的起因、目前的状态和可能产生的法律后果。下列情况为上述所称重大事件：

①公司的经营方针和经营范围的重大变化。

②公司的重大投资行为和重大的购置财产的决定。

③公司订立重要合同，可能对公司的资产、负债、权益和经营成果产生重要影响。

④公司发生重大债务和未能清偿到期重大债务的违约情况。

⑤公司发生重大亏损或者重大损失。

⑥公司生产经营的外部条件发生的重大变化。

⑦公司的董事、1/3以上监事或者经理发生变动。

⑧持有公司5%以上股份的股东或者实际控制人，其持有股份或者控制公司的情况发生较大变化。

⑨公司减资、合并、分立、解散及申请破产的决定。

⑩涉及公司的重大诉讼,股东大会、董事会决议被依法撤销或者宣告无效。

⑪公司涉嫌犯罪被司法机关立案调查,公司董事、监事、高级管理人员涉嫌犯罪被司法机关采取强制措施。

⑫国务院证券监督管理机构规定的其他事项。

(三)信息公开的法律要求

1. 公开的文件不得有虚假记载、误导性陈述或者重大遗漏

发行人、上市公司公告的招股说明书、公司债券募集办法、财务会计报告、上市报告文件、年度报告、中期报告、临时报告以及其他信息披露资料,有虚假记载、误导性陈述或者重大遗漏,致使投资者在证券交易中遭受损失的,发行人、上市公司应当承担赔偿责任;发行人、上市公司的董事、监事、高级管理人员和其他直接责任人员以及保荐人、承销的证券公司,应当与发行人、上市公司承担连带赔偿责任,但是能够证明自己没有过错的除外;发行人、上市公司的控股股东、实际控制人有过错的,应当与发行人、上市公司承担连带赔偿责任。

2. 公告文件的公告和置备

依法必须披露的信息,应当在国务院证券监督管理机构指定的媒体发布,同时将其置备于公司住所、证券交易所,供社会公众查阅。

3. 对持续信息公开的监督

国务院证券监督管理机构对上市公司年度报告、中期报告、临时报告以及公告的情况进行监督,对上市公司分派或者配售新股的情况进行监督,对上市公司控股股东及其他信息披露义务人的行为进行监督。

证券监督管理机构、证券交易所、保荐人、承销的证券公司及有关人员,对公司依照法律、行政法规规定必须作出的公告,在公告前不得泄露其内容。

十五、内幕交易行为

内幕交易是指利用内幕信息进行证券交易活动。内幕交易包括下列行为:

(1)知情人员买入或者卖出所持有的该公司的证券。

(2)非法获取内幕信息的其他人员买入或者卖出所持有的该公司的证券。非法获取内幕信息的其他人员是指通过非法手段知悉了证券交易内幕信息的人员。他们如同知情人员一样,可以利用该内幕信息在成为公开信息之前进行证券交易,从该公司证券上涨或者下跌的差价中获得巨额利润,或者避免使自己受到损失。

(3)知情人员或者非法获取内幕信息的其他人员泄露该信息的行为。知情人员或者非法获取内幕信息的其他人员不仅自己买入或者卖出所持有的该公司的证券是内幕交易,而且他们将其知道的有关某一公司的内幕信息泄露给他人,也属于法律所禁止的内幕交易活动。因为有关某一公司的内幕信息泄露以后,获得该信息的人员可以利用该信息去买卖该公司的证券,牟取暴利。

(4)知情人员或者非法获取内幕信息的其他人员建议他人买卖证券的行为。知情人员或者非法获取内幕信息的其他人员建议他人买入或者卖出该公司的证券,虽然他人并不知

该信息，但由于建议是在知悉内幕信息的基础上作出的，获得建议的人员据此会牟利，因此也属于内幕交易行为。

十六、操纵证券市场行为

《中华人民共和国证券法》规定，禁止任何人以下列手段操纵证券市场：

(1)单独或者通过合谋，集中资金优势、持股优势或者利用信息优势联合或者连续买卖，操纵证券交易价格或者证券交易量。

(2)与他人串通，以事先约定的时间、价格和方式相互进行证券交易，影响证券交易价格或者证券交易量。

(3)在自己实际控制的账户之间进行证券交易，影响证券交易价格或者证券交易量。

(4)以其他手段操纵证券市场。

操纵证券市场行为给投资者造成损失的，行为人应当依法承担赔偿责任。

十七、虚假陈述、信息误导行为和欺诈客户行为

(一) 虚假陈述、信息误导行为

虚假陈述和信息误导是指行为人对证券发行、交易及其相关活动的事实、性质、前景、法律等事项作出不实、严重误导或者有重大遗漏的陈述或者诱导，致使投资者在不了解事实真相的情况下作出证券投资决定的欺诈行为。

虚假陈述和信息误导的行为人主要包括：国家工作人员、新闻传播媒介从业人员和有关人员；证券交易所、证券公司、证券登记结算机构、证券交易服务机构、社会中介机构及其从业人员，证券业协会、证券监督管理机构及其工作人员。

虚假陈述行为包括：

(1)发行人、证券经营机构在招募说明书、上市公告书、公司报告及其他文件中作出虚假陈述。

(2)律师事务所、会计师事务所、资产评估机构等专业性证券服务机构在其出具的法律意见书、审计报告、资产评估报告及参与制作的其他文件中作出虚假陈述。

(3)证券交易场所、证券业协会或者其他证券业自律性组织作出对证券市场产生影响的虚假陈述。

(4)发行人、证券经营机构、专业性证券服务机构、证券业自律性组织在向证券监管部门提交的各种文件、报告和说明中作出虚假陈述。

(5)在证券发行、交易相关活动中的其他虚假陈述。

(二) 欺诈客户行为

欺诈客户是指证券公司及其从业人员在证券交易及相关活动中，为了谋取不法利益，而违背客户的真实意思进行代理的行为，以及诱导客户进行不必要的证券交易的行为。

在证券交易中，禁止证券公司及其从业人员从事下列损害客户利益的欺诈行为：

(1)违背客户的委托为其买卖证券。

(2)不在规定时间内向客户提供交易的书面确认文件。

(3)挪用客户所委托买卖的证券或者客户账户上的资金。

(4)未经客户的委托,擅自为客户买卖证券,或者假借客户的名义买卖证券。

(5)为牟取佣金收入,诱使客户进行不必要的证券买卖。

(6)利用传播媒介或者通过其他方式提供、传播虚假或者误导投资者的信息。

(7)其他违背客户真实意思表示,损害客户利益的行为。

欺诈客户行为给客户造成损失的,行为人应当依法承担赔偿责任。

十八、上市公司收购的概念和方式

(一)上市公司收购的概念

上市公司收购是指投资者依法定程序公开收购股份有限公司已经发行上市的股份以达到对该公司控股或兼并目的的行为。实施收购行为的投资者称为收购人,作为收购目标的上市公司称为被收购公司。

(二)上市公司收购的方式

按照证券法的规定,投资者可以采取要约收购、协议收购及其他合法方式收购上市公司。

采取要约收购方式的,收购人在收购期限内,不得卖出被收购公司的股票,也不得采取要约规定以外的形式和超出要约的条件买入被收购公司的股票。

采取协议收购方式的,收购人可以依照法律、行政法规的规定同被收购公司的股东以协议方式进行股权转让。以协议方式收购上市公司时,达成协议后,收购人必须在3日内将该收购协议向国务院证券监督管理机构及证券交易所作出书面报告,并予公告。在公告前不得履行收购协议。

采取协议收购方式的,协议双方可以临时委托证券登记结算机构保管协议转让的股票,并将资金存放于指定的银行。

采取协议收购方式的,收购人收购或者通过协议、其他安排与他人共同收购一个上市公司已发行的股份达到30%时,继续进行收购的,应当向该上市公司所有股东发出收购上市公司全部或者部分股份的要约。但是,经国务院证券监督管理机构免除发出要约的除外。收购人依照上述规定以要约方式收购上市公司股份,应当遵守本法第八十九条至第九十三条的规定。

十九、上市公司收购的程序和规则

(一)报告和公告持股情况

通过证券交易所的证券交易,投资者持有或者通过协议、其他安排与他人共同持有一个上市公司已发行的股份达到5%时,应当在该事实发生之日起3日内,向国务院证券监督管理机构、证券交易所作出书面报告,通知该上市公司,并予公告;在上述期限内,不得再行买卖该上市公司的股票。

投资者持有或者通过协议、其他安排与他人共同持有一个上市公司已发行的股份达到5%后,其所持该上市公司已发行的股份比例每增加或者减少5%,应当依照上述规定进行报告和公告。在报告期限内和作出报告、公告后2日内,不得再行买卖该上市公司的股票。

（二）收购要约

所谓收购要约是指根据证券法的规定，通过证券交易所的证券交易，投资者持有或者通过协议、其他安排与他人共同持有一个上市公司已发行的股份达到30%时，继续进行收购的，应当依法向该上市公司所有股东发出收购上市公司全部或部分股份的要约。

依照上述规定发出收购要约，收购人必须公告上市公司收购报告书，并载明下列事项：

（1）收购人的名称、住所。

（2）收购人关于收购的决定。

（3）被收购的上市公司名称。

（4）收购目的。

（5）收购股份的详细名称和预定收购的股份数额。

（6）收购期限、收购价格。

（7）收购所需资金额及资金保证。

（8）公告上市公司收购报告书时持有被收购公司股份数占该公司已发行的股份总数的比例。

收购要约约定的收购期限不得少于30日，并不得超过60日。在收购要约确定的承诺期限内，收购人不得撤销其收购要约。收购人需要变更收购要约的，必须及时公告，载明具体变更事项。

（三）终止上市交易和应当收购

收购期届满，被收购公司股权分布不符合上市条件的，该上市公司的股票应当由证券交易所依法终止上市交易；其余仍持有被收购公司股票的股东，有权向收购人以收购要约的同等条件出售其股票，收购人应当收购。

（四）报告和公告收购情况

（1）收购行为完成后，被收购公司不再具备股份有限公司条件的，应当依法变更企业形式。

（2）在上市公司收购中，收购人持有的被收购的上市公司的股票，在收购行为完成后的12个月内不得转让。

（3）收购行为完成后，收购人与被收购公司合并，并将该公司解散的，被解散公司的原有股票由收购人依法更换。

（4）收购行为完成后，收购人应当在15日内将收购情况报告国务院证券监督管理机构和证券交易所，并予公告。

二十、违反证券发行规定的法律责任

（1）未经法定机关核准，擅自公开或者变相公开发行证券的，责令停止发行，退还所募资金并加算银行同期存款利息，处以非法所募资金金额1%以上5%以下的罚款；对擅自公开或者变相公开发行证券设立的公司，由依法履行监督管理职责的机构或者部门会同县级以上地方人民政府予以取缔。对直接负责的主管人员和其他直接责任人员给予警告，并处以3万元以上30万元以下的罚款。

(2)发行人不符合发行条件,以欺骗手段骗取发行核准,尚未发行证券的,处以30万元以上60万元以下的罚款;已经发行证券的,处以非法所募资金金额1%以上5%以下的罚款。对直接负责的主管人员和其他直接责任人员处以3万元以上30万元以下的罚款。发行人的控股股东、实际控制人指使从事上述违法行为的,依照上述的规定处罚。

(3)证券公司承销或者代理买卖未经核准擅自公开发行的证券的,责令停止承销或者代理买卖,没收违法所得,并处以违法所得1倍以上5倍以下的罚款;没有违法所得或者违法所得不足30万元的,处以30万元以上60万元以下的罚款。给投资者造成损失的,应当与发行人承担连带赔偿责任。对直接负责的主管人员和其他直接责任人员给予警告,撤销任职资格或者证券从业资格,并处以3万元以上30万元以下的罚款。

(4)证券公司承销证券,有下列行为之一的,责令改正,给予警告,没收违法所得,可以并处30万元以上60万元以下的罚款;情节严重的,暂停或者撤销相关业务许可。给其他证券承销机构或者投资者造成损失的,依法承担赔偿责任。对直接负责的主管人员和其他直接责任人员给予警告,可以并处3万元以上30万元以下的罚款;情节严重的,撤销任职资格或者证券从业资格:进行虚假的或者误导投资者的广告或者其他宣传推介活动;以不正当竞争手段招揽承销业务;其他违反证券承销业务规定的行为。

(5)保荐人出具有虚假记载、误导性陈述或者重大遗漏的保荐书,或者不履行其他法定职责的,责令改正,给予警告,没收业务收入,并处以业务收入1倍以上5倍以下的罚款;情节严重的,暂停或者撤销相关业务许可。对直接负责的主管人员和其他直接责任人员给予警告,并处以3万元以上30万元以下的罚款;情节严重的,撤销任职资格或者证券从业资格。

(6)发行人、上市公司或者其他信息披露义务人未按照规定披露信息,或者所披露的信息有虚假记载、误导性陈述或者重大遗漏的,责令改正,给予警告,并处以30万元以上60万元以下的罚款。对直接负责的主管人员和其他直接责任人员给予警告,并处以3万元以上30万元以下的罚款。

发行人、上市公司或者其他信息披露义务人未按照规定报送有关报告,或者报送的报告有虚假记载、误导性陈述或者重大遗漏的,责令改正,给予警告,并处以30万元以上60万元以下的罚款。对直接负责的主管人员和其他直接责任人员给予警告,并处以3万元以上30万元以下的罚款。

发行人、上市公司或者其他信息披露义务人的控股股东、实际控制人指使从事上述两种违法行为的,依照上述的规定处罚。

(7)发行人、上市公司擅自改变公开发行证券所募集资金的用途的,责令改正,对直接负责的主管人员和其他直接责任人员给予警告,并处以3万元以上30万元以下的罚款。

发行人、上市公司的控股股东、实际控制人指使从事上述违法行为的,给予警告,并处以30万元以上60万元以下的罚款。对直接负责的主管人员和其他直接责任人员依照上述的规定处罚。

二十一、违反证券交易规定的法律责任

(1)证券交易内幕信息的知情人或者非法获取内幕信息的人,在涉及证券的发行、交易或者其他对证券的价格有重大影响的信息公开前,买卖该证券,或者泄露该信息,或者建议他人买卖该证券的,责令依法处理非法持有的证券,没收违法所得,并处以违法所得1倍以上5倍以下的罚款;没有违法所得或者违法所得不足3万元的,处以3万元以上60万元以下的罚款。单位从事内幕交易的,还应当对直接负责的主管人员和其他直接责任人员给予警告,并处以3万元以上30万元以下的罚款。证券监督管理机构工作人员进行内幕交易的,从重处罚。

(2)违反证券法的规定,操纵证券市场的,责令依法处理非法持有的证券,没收违法所得,并处以违法所得1倍以上5倍以下的罚款;没有违法所得或者违法所得不足30万元的,处以30万元以上300万元以下的罚款。单位操纵证券市场的,还应当对直接负责的主管人员和其他直接责任人员给予警告,并处以10万元以上60万元以下的罚款。

(3)违反法律规定,在限制转让期限内买卖证券的,责令改正,给予警告,并处以买卖证券等值以下的罚款。对直接负责的主管人员和其他直接责任人员给予警告,并处以3万元以上30万元以下的罚款。

(4)违反证券法第七十八条第一款、第三款的规定,扰乱证券市场的,由证券监督管理机构责令改正,没收违法所得,并处以违法所得1倍以上5倍以下的罚款;没有违法所得或者违法所得不足3万元的,处以3万元以上20万元以下的罚款。

(5)违反证券法第七十八条第二款的规定,在证券交易活动中作出虚假陈述或者信息误导的,责令改正,处以3万元以上20万元以下的罚款;属于国家工作人员的,还应当依法给予行政处分。

(6)违反证券法规定,法人以他人名义设立账户或者利用他人账户买卖证券的,责令改正,没收违法所得,并处以违法所得1倍以上5倍以下的罚款;没有违法所得或者违法所得不足3万元的,处以3万元以上30万元以下的罚款。对直接负责的主管人员和其他直接责任人员给予警告,并处以3万元以上10万元以下的罚款。

证券公司为上述规定的违法行为提供自己或者他人的证券交易账户的,除依照上述的规定处罚外,还应当撤销直接负责的主管人员和其他直接责任人员的任职资格或者证券从业资格。

二十二、上市公司收购的法律责任

(1)收购人未按照证券法规定履行上市公司收购的公告、发出收购要约等义务的,责令改正,给予警告,并处以10万元以上30万元以下的罚款;在改正前,收购人对其收购或者通过协议、其他安排与他人共同收购的股份不得行使表决权。对直接负责的主管人员和其他直接责任人员给予警告,并处以3万元以上30万元以下的罚款。

(2)收购人或者收购人的控股股东,利用上市公司收购,损害被收购公司及其股东的合法权益的,责令改正,给予警告;情节严重的,并处以10万元以上60万元以下的罚款。给被收购公司及其股东造成损失的,依法承担赔偿责任。对直接负责的主管人员和其他直接责任人员给予警告,并处以3万元以上30万元以下的罚款。

二十三、违反证券机构管理、人员管理相关规定的法律责任及证券机构的法律责任

(1)未经批准,擅自设立证券公司或者非法经营证券业务的,由证券监督管理机构予以取缔,没收违法所得,并处以违法所得1倍以上5倍以下的罚款;没有违法所得或者违法所得不足30万元的,处以30万元以上60万元以下的罚款。对直接负责的主管人员和其他直接责任人员给予警告,并处以3万元以上30万元以下的罚款。

(2)违反证券法规定,聘任不具有任职资格、证券从业资格的人员的,由证券监督管理机构责令改正,给予警告,可以并处10万元以上30万元以下的罚款;对直接负责的主管人员给予警告,可以并处3万元以上10万元以下的罚款。

(3)法律、行政法规规定禁止参与股票交易的人员,直接或者以化名、借他人名义持有、买卖股票的,责令依法处理非法持有的股票,没收违法所得,并处以买卖股票等值以下的罚款;属于国家工作人员的,还应当依法给予行政处分。

(4)证券交易所、证券公司、证券登记结算机构、证券服务机构的从业人员或者证券业协会的工作人员,故意提供虚假资料,隐匿、伪造、篡改或者毁损交易记录,诱骗投资者买卖证券的,撤销证券从业资格,并处以3万元以上10万元以下的罚款;属于国家工作人员的,还应当依法给予行政处分。

(5)为股票的发行、上市、交易出具审计报告、资产评估报告或者法律意见书等文件的证券服务机构和人员,违反证券法第四十五条的规定买卖股票的,责令依法处理非法持有的股票,没收违法所得,并处以买卖股票等值以下的罚款。

(6)证券公司违反证券法规定,假借他人名义或者以个人名义从事证券自营业务的,责令改正,没收违法所得,并处以违法所得1倍以上5倍以下的罚款;没有违法所得或者违法所得不足30万元的,处以30万元以上60万元以下的罚款;情节严重的,暂停或者撤销证券自营业务许可。对直接负责的主管人员和其他直接责任人员给予警告,撤销任职资格或者证券从业资格,并处以3万元以上10万元以下的罚款。

(7)证券公司违背客户的委托买卖证券、办理交易事项,或者违背客户真实意思表示,办理交易以外的其他事项的,责令改正,处以1万元以上10万元以下的罚款。给客户造成损失的,依法承担赔偿责任。

(8)证券公司、证券登记结算机构挪用客户的资金或者证券,或者未经客户的委托,擅自为客户买卖证券的,责令改正,没收违法所得,并处以违法所得1倍以上5倍以下的罚款;没有违法所得或者违法所得不足10万元的,处以10万元以上60万元以下的罚款;情节严重的,责令关闭或者撤销相关业务许可。对直接负责的主管人员和其他直接责任人员给予警告,撤销任职资格或者证券从业资格,并处以3万元以上30万元以下的罚款。

(9)证券公司办理经纪业务,接受客户的全权委托买卖证券的,或者证券公司对客户买卖证券的收益或者赔偿证券买卖的损失作出承诺的,责令改正,没收违法所得,并处以5万元以上20万元以下的罚款,可以暂停或者撤销相关业务许可。对直接负责的主管人员和其他直接责任人员给予警告,并处以3万元以上10万元以下的罚款,可以撤销任职资格或者证券从业资格。

(10)证券公司及其从业人员违反证券法规定,私下接受客户委托买卖证券的,责令改

正，给予警告，没收违法所得，并处以违法所得1倍以上5倍以下的罚款；没有违法所得或者违法所得不足10万元的，处以10万元以上30万元以下的罚款。

（11）证券公司违反规定，未经批准经营非上市证券的交易的，责令改正，没收违法所得，并处以违法所得1倍以上5倍以下的罚款。

（12）证券公司成立后，无正当理由超过3个月未开始营业的，或者开业后自行停业连续3个月以上的，由公司登记机关吊销其公司营业执照。

（13）证券公司违反证券法第一百二十九条的规定，擅自设立、收购、撤销分支机构，或者合并、分立、停业、解散、破产，或者在境外设立、收购、参股证券经营机构的，责令改正，没收违法所得，并处以违法所得1倍以上5倍以下的罚款；没有违法所得或者违法所得不足10万元的，处以10万元以上60万元以下的罚款。对直接负责的主管人员给予警告，并处以3万元以上10万元以下的罚款。证券公司违反证券法第一百二十九条的规定，擅自变更有关事项的，责令改正，并处以10万元以上30万元以下的罚款。对直接负责的主管人员给予警告，并处以5万元以下的罚款。

（14）证券公司违反证券法规定，超出业务许可范围经营证券业务的，责令改正，没收违法所得，并处以违法所得1倍以上5倍以下的罚款；没有违法所得或者违法所得不足30万元的，处以30万元以上60万元以下罚款；情节严重的，责令关闭。对直接负责的主管人员和其他直接责任人员给予警告，撤销任职资格或者证券从业资格，并处以3万元以上10万元以下的罚款。

（15）证券公司对其证券经纪业务、证券承销业务、证券自营业务、证券资产管理业务，不依法分开办理，混合操作的，责令改正，没收违法所得，并处以30万元以上60万元以下的罚款；情节严重的，撤销相关业务许可。对直接负责的主管人员和其他直接责任人员给予警告，并处以3万元以上10万元以下的罚款；情节严重的，撤销任职资格或者证券从业资格。

（16）提交虚假证明文件或者采取其他欺诈手段隐瞒重要事实骗取证券业务许可的，或者证券公司在证券交易中有严重违法行为，不再具备经营资格的，由证券监督管理机构撤销证券业务许可。

（17）证券公司或者其股东、实际控制人违反规定，拒不向证券监督管理机构报送或者提供经营管理信息和资料，或者报送、提供的经营管理信息和资料有虚假记载、误导性陈述或者重大遗漏的，责令改正，给予警告，并处以3万元以上30万元以下的罚款，可以暂停或者撤销证券公司相关业务许可。对直接负责的主管人员和其他直接责任人员，给予警告，并处以3万元以下的罚款，可以撤销任职资格或者证券从业资格。证券公司为其股东或者股东的关联人提供融资或者担保的，责令改正，给予警告，并处以10万元以上30万元以下的罚款。对直接负责的主管人员和其他直接责任人员，处以3万元以上10万元以下的罚款。股东有过错的，在按照要求改正前，国务院证券监督管理机构可以限制其股东权利；拒不改正的，可以责令其转让所持证券公司股权。

（18）证券服务机构未勤勉尽责，所制作、出具的文件有虚假记载、误导性陈述或者重大遗漏的，责令改正，没收业务收入，暂停或者撤销证券服务业务许可，并处以业务收入1倍以上5倍以下的罚款。对直接负责的主管人员和其他直接责任人员给予警告，撤销证券从业资格，并处以3万元以上10万元以下的罚款。

(19)违反证券法规定,发行、承销公司债券的,由国务院授权的部门依照本法有关规定予以处罚。

(20)上市公司、证券公司、证券交易所、证券登记结算机构、证券服务机构,未按照有关规定保存有关文件和资料的,责令改正,给予警告,并处以3万元以上30万元以下的罚款;隐匿、伪造、篡改或者毁损有关文件和资料的,给予警告,并处以30万元以上60万元以下的罚款。

(21)未经国务院证券监督管理机构批准,擅自设立证券登记结算机构的,由证券监督管理机构予以取缔,没收违法所得,并处以违法所得1倍以上5倍以下的罚款。投资咨询机构、财务顾问机构、资信评级机构、资产评估机构、会计师事务所未经批准,擅自从事证券服务业务的,责令改正,没收违法所得,并处以违法所得1倍以上5倍以下的罚款。证券登记结算机构、证券服务机构违反证券法规定或者依法制定的业务规则的,由证券监督管理机构责令改正,没收违法所得,并处以违法所得1倍以上5倍以下的罚款;没有违法所得或者违法所得不足10万元的,处以10万元以上30万元以下的罚款;情节严重的,责令关闭或者撤销证券服务业务许可。

(22)国务院证券监督管理机构或者国务院授权的部门有下列情形之一的,对直接负责的主管人员和其他直接责任人员,依法给予行政处分:对不符合证券法规定的发行证券、设立证券公司等申请予以核准、批准的;违反规定采取证券法第一百八十条规定的现场检查、调查取证、查询、冻结或者查封等措施的;违反规定对有关机构和人员实施行政处罚的;其他不依法履行职责的行为。

(23)证券监督管理机构的工作人员和发行审核委员会的组成人员,不履行证券法规定的职责,滥用职权、玩忽职守,利用职务便利牟取不正当利益,或者泄露所知悉的有关单位和个人的商业秘密的,依法追究法律责任。

(24)证券交易所对不符合证券法规定条件的证券上市申请予以审核同意的,给予警告,没收业务收入,并处以业务收入1倍以上5倍以下的罚款。对直接负责的主管人员和其他直接责任人员给予警告,并处以3万元以上30万元以下的罚款。

(25)拒绝、阻碍证券监督管理机构及其工作人员依法行使监督检查、调查职权未使用暴力、威胁方法的,依法给予治安管理处罚。

(26)违反证券法规定,构成犯罪的,依法追究刑事责任。

(27)违反证券法规定,应当承担民事赔偿责任和缴纳罚款、罚金,其财产不足以同时支付时,先承担民事赔偿责任。

(28)违反法律、行政法规或者国务院证券监督管理机构的有关规定,情节严重的,国务院证券监督管理机构可以对有关责任人员采取证券市场禁入的措施。上述所称证券市场禁入,是指在一定期限内直至终身不得从事证券业务或者不得担任上市公司董事、监事、高级管理人员的制度。

(29)依照证券法收缴的罚款和没收的违法所得,全部上缴国库。

(30)当事人对证券监督管理机构或者国务院授权的部门的处罚决定不服的,可以依法申请行政复议,或者依法直接向人民法院提起诉讼。

第四节 基金法

考纲要求

大纲内容	要求
基金管理人、基金托管人和基金份额持有人的概念、权利和义务	掌握
设立基金管理公司的条件	了解
基金管理人的禁止行为	熟悉
公募基金运作的方式	了解
基金财产的独立性要求	掌握
基金财产债权债务独立性的意义	掌握
基金公开募集与非公开募集的区别	熟悉
非公开募集基金的合格投资者的要求	了解
非公开募集基金的投资范围	了解
非公开募集基金管理人的登记及非公开募集基金的备案要求	了解
相关的法律责任	了解

知识解读

《中华人民共和国证券投资基金法》(2003 年 10 月 28 日第十届全国人民代表大会常务委员会第五次会议通过,2012 年 12 月 28 日第十一届全国人民代表大会常务委员会第三十次会议修订,2015 年 4 月 24 日第二十届全国人民代表大会常务委员会第十四次会议决定对本法做出过修改:删去第十七条)

一、基金管理人、基金托管人和基金份额持有人的概念、权利和义务

(一) 基金管理人

1. 基金管理人的概念

基金管理人是指凭借专门的知识与经验,运用所管理基金的资产,根据法律、法规及基金章程或基金契约的规定,按照科学的投资组合原理进行投资决策,谋求所管理的基金资产不断增值,并使基金持有人获取尽可能多收益的机构。基金管理人由依法设立的基金管理公司或合伙企业担任。公开募集基金的基金管理人,由基金管理公司或者经国务院证券监督管理机构按照规定核准的其他机构担任。基金管理公司通常由证券公司、信托投资公司或其他机构等发起成立,具有独立法人地位。

2. 基金管理人的权利和义务

按照我国有关规定,基金管理人享有如下权利:

(1)按基金契约及其他有关规定,运作和管理基金资产。
(2)获取基金管理人报酬。
(3)依照有关规定,代表基金行使股东权利。
(4)有关法律法规规定的其他权利。
基金管理人的义务主要有:
(1)按照基金契约的规定运用基金资产投资并管理基金资产。
(2)及时、足额向基金持有人支付基金收益。
(3)保存基金的会计账册、记录15年以上。
(4)编制基金财务报告,及时公告,并向中国证监会报告。
(5)计算并公告基金资产净值及每一基金单位资产净值。
(6)基金契约规定的其他职责。

(二)基金托管人

1.基金托管人的概念

基金托管人,又称基金保管人,是指根据法律法规的要求,在证券投资基金运作中承担资产保管、交易监督、信息披露、资金清算与会计核算等相应职责的当事人。为了保证基金资产的安全,基金应按照资产管理和保管分开的原则进行运作,并由专门的基金托管人保管基金资产。基金托管人由依法设立的商业银行或者其他金融机构担任。

2.基金托管人的权利和义务

基金托管人的权利主要有:
(1)保管基金的资产。
(2)监督基金管理人的投资运作。
(3)获取基金托管费用。
基金托管人的义务主要有:
(1)保管基金资产。
(2)保管与基金有关的重大合同及有关凭证。
(3)负责基金投资于证券的清算交割,执行基金管理人的投资指令,负责基金名下的资金往来。

(三)基金份额持有人

1.基金份额持有人的概念

基金份额持有人是指依基金合同和招募说明书持有基金份额的自然人和法人,也就是基金的投资人。基金的一切投资活动都是为了增加投资者的收益,一切风险管理都是围绕保护投资者利益来考虑的。

2.基金份额持有人的权利和义务

根据《中华人民共和国证券投资基金法》第四十七条的规定,基金份额持有人享有下列权利:
(1)分享基金财产收益。
(2)参与分配清算后的剩余基金财产。

(3)依法转让或者申请赎回其持有的基金份额。

(4)按照规定要求召开基金份额持有人大会或者召集基金份额持有人大会。

(5)对基金份额持有人大会审议事项行使表决权。

(6)对基金管理人、基金托管人、基金服务机构损害其合法权益的行为依法提起诉讼。

(7)基金合同约定的其他权利。

公开募集基金的基金份额持有人有权查阅或者复制公开披露的基金信息资料;非公开募集基金的基金份额持有人对涉及自身利益的情况,有权查阅基金的财务会计账簿等财务资料。

基金份额持有人必须承担以下义务:

(1)遵守基金契约。

(2)缴纳基金认购款项及规定费用。

(3)承担基金亏损或终止的有限责任。

(4)不从事任何有损基金及其他基金投资人合法权益的活动。

(5)法律、法规及基金契约规定的其他义务。

基金份额持有人大会由基金管理人召集。基金份额持有人大会设立日常机构的,由该日常机构召集;该日常机构未召集的,由基金管理人召集。基金管理人未按规定召集或者不能召开的,由基金托管人召集。

代表基金份额10%以上的基金份额持有人就同一事项要求召开基金份额持有人大会,而基金份额持有人大会的日常机构、基金管理人、基金托管人都不召集的,代表基金份额10%以上的基金份额持有人有权自行召集,并报国务院证券监督管理机构备案。

二、设立基金管理公司的条件

根据《中华人民共和国证券投资基金法》以及《证券投资基金管理公司管理办法》的规定,设立基金管理公司,应当具备下列条件,并经国务院证券监督管理机构批准:

(1)有符合《中华人民共和国证券投资基金法》和《中华人民共和国公司法》规定的章程。

(2)注册资本不低于1亿元人民币,且必须为实缴货币资本。

(3)主要股东应当具有经营金融业务或者管理金融机构的良好业绩、良好的财务状况和社会信誉,资产规模达到国务院规定的标准,最近3年没有违法记录。

(4)取得基金从业资格的人员达到法定人数。

(5)董事、监事、高级管理人员具备相应的任职条件。

(6)有符合要求的营业场所、安全防范设施和与基金管理业务有关的其他设施。

(7)有良好的内部治理结构、完善的内部稽核监控制度、风险控制制度。

(8)法律、行政法规规定的和经国务院批准的国务院证券监督管理机构规定的其他条件。

此外,作为基金公司的主要股东也有规定:基金管理公司的主要股东是指持有基金管理公司股权比例最高且不低于25%的股东。主要股东除去应符合的相关条件,还应当具备下列条件:

(1)从事证券经营、证券投资咨询、信托资产管理或者其他金融资产管理业务。

(2)注册资本不低于3亿元人民币。

(3)具有较好的经营业绩,资产质量良好。

(4)持续经营3个以上完整的会计年度,公司治理健全,内部监控制度完善。

(5)最近3年没有因违法违规行为受到行政处罚或者刑事处罚。

(6)没有挪用客户资产等损害客户利益的行为。

(7)没有因违法违规行为正在被监管机构调查,或者正处于整改期间。

(8)具有良好的社会信誉,最近3年在金融监管、税务、工商等行政机关,以及自律管理、商业银行等机构无不良记录。

国务院证券监督管理机构应当自受理基金管理公司设立申请之日起6个月内依照《中华人民共和国证券投资基金法》相关规定的条件和审慎监管原则进行审查,作出批准或者不予批准的决定,并通知申请人;不予批准的,应当说明理由。

基金管理公司变更持有5%以上股权的股东,变更公司的实际控制人,或者变更其他重大事项,应当报经国务院证券监督管理机构批准。国务院证券监督管理机构应当自受理申请之日起60日内作出批准或者不予批准的决定,并通知申请人;不予批准的,应当说明理由。

三、基金管理人的禁止行为

公开募集基金的基金管理人的董事、监事和高级管理人员,应当熟悉证券投资方面的法律、行政法规,具有3年以上与其所任职务相关的工作经历;高级管理人员还应当具备基金从业资格。

公开募集基金的基金管理人的董事、监事、高级管理人员和其他从业人员,其本人、配偶、利害关系人进行证券投资,应当事先向基金管理人申报,并不得与基金份额持有人发生利益冲突。公开募集基金的基金管理人应当建立上述规定人员进行证券投资的申报、登记、审查、处置等管理制度,并报国务院证券监督管理机构备案。

公开募集基金的基金管理人的董事、监事、高级管理人员和其他从业人员,不得担任基金托管人或者其他基金管理人的任何职务,不得从事损害基金财产和基金份额持有人利益的证券交易及其他活动。

基金管理人除了任职有一定的条件要求以外,为了保护基金所有人的权利,法律还规定了基金管理人不能进行的一些行为。公开募集基金的基金管理人及其董事、监事、高级管理人员和其他从业人员不得有下列行为:

(1)将其固有财产或者他人财产混同于基金财产从事证券投资。

(2)不公平地对待其管理的不同基金财产。

(3)利用基金财产或者职务之便为基金份额持有人以外的人牟取利益。

(4)向基金份额持有人违规承诺收益或者承担损失。

(5)侵占、挪用基金财产。

(6)泄露因职务便利获取的未公开信息、利用该信息从事或者明示、暗示他人从事相关的交易活动。

(7)玩忽职守,不按照规定履行职责。

(8)法律、行政法规和国务院证券监督管理机构规定禁止的其他行为。

四、公募基金运作的方式

(一)基金按运作方式不同,分为封闭式基金和开放式基金

封闭式基金是指经核准的基金份额总额在基金合同期限内固定不变,基金份额可以在依法设立的证券交易场所交易,但基金份额持有人不得申请赎回的基金。开放式基金是指基金规模不是固定不变的,而是可以随时根据市场供求情况发行新份额或被投资人赎回的投资基金。开放式基金和封闭式基金共同构成了基金的两种基本运作方式。

(二)开放式基金与封闭式基金的主要区别

1. 存续期限不同

开放式基金没有固定期,投资者可随时向基金管理人赎回基金;而封闭式基金通常有固定的封闭期,一般为 10 年或 15 年,经受益人大会通过并经主管机关同意可以适当延长期限。

2. 规模可变性不同

开放式基金通常无发行规模限制,投资者可以随时提出认购或赎回申请,基金规模因此而增加或减少;而封闭式基金在招募说明书中列明其基金规模,发行后在存续期内总额固定,未经法定程序认可不能再增加发行。

3. 可赎回性不同

开放式基金具有法定的可赎回性。投资者可以在首次发行结束一段时间(该期限最长不得超过 3 个月)后,随时提出赎回申请;而封闭式基金在封闭期间不能赎回,挂牌上市的基金可以通过证券交易所进行转让交易,份额保持不变。

4. 交易价格计算标准不同

封闭式基金的交易价格受市场供求关系影响,常出现溢价或折价交易现象(通常为折价交易),并不必然反映基金的净资产值;而开放式基金的申购价一般是基金单位净资产值加一定的购买费,赎回价是基金净资产值减一定的赎回费,与市场供求情况的相关性不大。

5. 投资策略不同

为了应付投资者随时赎回兑现,开放式基金必须在投资组合上保留一部分现金和高流动性的金融商品;而封闭式基金的基金资本不会减少,有利于长期投资,基金资产的投资组合能在有效的预定计划内进行。

五、基金财产的独立性要求

(1)基金财产独立于基金管理人、基金托管人的固有财产,不得归入基金管理人、基金托管人的固有财产。基金管理人、基金托管人因依法解散、被依法撤销或者被依法宣告破产等原因进行清算的,基金财产不属于其清算财产。

(2)基金财产的债权,不得与基金管理人、基金托管人固有财产的债务相抵销;不同基金财产的债权债务,不得相互抵销。

(3)非因基金财产本身承担的债务，债权人不得对基金财产强制执行。

(4)基金托管人对其托管的基金应当独立设置账户，确保基金的完整与独立。

六、基金财产债权债务独立性的意义

在证券投资基金活动中，基金财产与信托财产一样，既与基金份额持有人未投资于基金的其他财产相区别，也与基金管理人和基金托管人的固有财产相区别。基金财产的独立性决定其既非基金份额持有人的债务的担保，也非基金管理人和基金托管人固有财产的债务的担保。因此，不论是基金份额持有人的债权人，还是基金管理人或者基金托管人的债权人，都无权要求其债务人用基金财产偿还债务，也不得对基金财产强制执行。只有基金财产本身应当承担的债务例外。

七、基金公开募集与非公开募集的区别

公募基金就是公开募集基金，而私募基金是通过非公开方式募集基金，这是私募基金与公募基金的主要区别。基金公开募集与非公开募集的区别还表现在以下方面：

(1)募集方式不同。在美国，共同基金和退休金基金等公募基金，一般是在公开媒体上大做广告以招徕客户；而对冲基金，证券法规定它在吸引客户时不得利用任何传播媒体做广告，其参加者主要是通过所谓依据在上流社会获得的所谓“投资可靠消息”或者直接认识某个对冲基金的管理者的形式。

(2)募集对象不同。公募基金面向不确定的广大的公众；而私募基金募集的对象是少数特定的投资者。

(3)信息披露要求不同。一般来说，公募基金对信息披露有非常严格的要求，其投资目标、投资组合等信息都要披露；而私募基金的要求则低得多。

八、非公开募集基金的合格投资者的要求

非公开募集基金应当向合格投资者募集，合格投资者累计不得超过200人。这里所称的合格投资者，是指达到规定资产规模或者收入水平，并且具备相应的风险识别能力和风险承担能力、其基金份额认购金额不低于规定限额的单位和个人。合格投资者的具体标准由国务院证券监督管理机构规定。

九、非公开募集基金的投资范围

非公开募集基金财产的证券投资，包括买卖公开发行的股份有限公司股票、债券、基金份额，以及国务院证券监督管理机构规定的其他证券及其衍生品种。

十、非公开募集基金管理人的登记及非公开募集基金的备案要求

(一) 非公开募集基金管理人的登记要求

担任非公开募集基金管理人，应当经国务院证券监督管理机构注册或者基金行业协会登记。基金管理人应当按照规定的条件向国务院证券监督管理机构申请注册，但基金管理

人募集的资金总额和基金份额持有人的人数低于规定数额的，豁免注册。基金管理人向国务院证券监督管理机构申请注册，应当报送基金管理人的人员从业资质、注册资本、风险控制制度、信息报告安排等基本情况。基金管理人应当加入基金行业协会，履行登记手续，报送基本情况，实行自律管理。国务院证券监督管理机构对基金管理人的注册和基金行业协会对基金管理人的登记，不表明对其投资管理能力的认可。未经注册或者登记，任何单位或者个人不得使用“基金”或“基金管理”字样或近似名称；但是，法律、行政法规另有规定的除外。

（二）非公开募集基金的备案要求

基金合同草案应当具备基金合同必备内容，应当清晰界定基金合同当事人的各项权利义务关系，明确基金份额持有人大会召开的规则及具体程序，清晰说明基金产品的特性等涉及投资人重大利益的事项。另外，此时向国务院证券监督管理机构提交的文本只能是基金合同草案，因其尚未正式成立和生效。基金合同的正式成立与生效时间依照有关规定确定，即投资人交纳认购的基金份额的款项时，基金合同成立；基金管理人依照有关规定向国务院证券监督管理机构办理基金备案手续，基金合同生效。

《私募投资基金监督管理暂行办法》第八条规定，各类私募基金募集完毕，私募基金管理人应当根据基金业协会的规定，办理基金备案手续，报送以下基本信息：

（1）主要投资方向及根据主要投资方向注明的基金类别。

（2）基金合同、公司章程或者合伙协议。资金募集过程中向投资者提供基金招募说明书的，应当报送基金招募说明书。以公司、合伙等企业形式设立的私募基金，还应当报送工商登记和营业执照正副本复印件。

（3）采取委托管理方式的，应当报送委托管理协议。委托托管机构托管基金资产的，还应当报送托管协议。

（4）基金业协会规定的其他信息。

基金业协会应当在私募基金备案材料齐备后的20个工作日内，以通过网站公告私募基金名单及其基本情况的方式，为私募基金办结备案手续。

《私募投资基金管理人登记和基金备案办法（试行）》第二十三条规定，私募基金运行期间，发生以下重大事项的，私募基金管理人应当在5个工作日内向基金业协会报告：

（1）基金合同发生重大变化。

（2）投资者数量超过法律法规规定。

（3）基金发生清盘或清算。

（4）私募基金管理人、基金托管人发生变更。

（5）对基金持续运行、投资者利益、资产净值产生重大影响的其他事件。

十一、与基金公开募集与非公开募集相关的法律责任

（1）违反证券投资基金法规定，未经批准擅自设立基金管理公司或者未经核准从事公开募集基金管理业务的，由证券监督管理机构予以取缔或者责令改正，没收违法所得，并处违法所得1倍以上5倍以下罚款；没有违法所得或者违法所得不足100万元的，并处10万元以

上100万元以下罚款。对直接负责的主管人员和其他直接责任人员给予警告，并处3万元以上30万元以下罚款。

基金管理公司违反证券投资基金法规定，擅自变更持有5%以上股权的股东、实际控制人或者其他重大事项的，责令改正，没收违法所得，并处违法所得1倍以上5倍以下罚款；没有违法所得或者违法所得不足50万元的，并处5万元以上50万元以下罚款。对直接负责的主管人员给予警告，并处3万元以上10万元以下罚款。

(2)违反证券投资基金法规定，擅自公开或者变相公开募集基金的，责令停止，返还所募资金和加计的银行同期存款利息，没收违法所得，并处所募资金金额1%以上5%以下罚款。对直接负责的主管人员和其他直接责任人员给予警告，并处5万元以上50万元以下罚款。

(3)违反证券投资基金法规定，非公开募集基金募集完毕，基金管理人未备案的，处10万元以上30万元以下罚款。对直接负责的主管人员和其他直接责任人员给予警告，并处3万元以上10万元以下罚款。

(4)违反证券投资基金法规定，向合格投资者之外的单位或者个人非公开募集资金或者转让基金份额的，没收违法所得，并处违法所得1倍以上5倍以下罚款；没有违法所得或者违法所得不足100万元的，并处10万元以上100万元以下罚款。对直接负责的主管人员和其他直接责任人员给予警告，并处3万元以上30万元以下罚款。

(5)违反证券投资基金法规定，擅自从事公开募集基金的基金服务业务的，责令改正，没收违法所得，并处违法所得1倍以上5倍以下罚款；没有违法所得或者违法所得不足30万元的，并处10万元以上30万元以下罚款。对直接负责的主管人员和其他直接责任人员给予警告，并处3万元以上10万元以下罚款。

第五节　期货交易管理条例

考纲要求

大纲内容	要求
期货的概念、特征及其种类	掌握
期货交易所的职责	熟悉
期货交易所会员管理、内部管理制度的相关规定	了解
期货公司设立的条件	了解
期货公司的业务许可制度	了解
期货交易的基本规则	了解
期货监督管理的基本内容	了解
期货相关法律责任的规定	了解

知识解读

《期货交易管理条例》(2007 年 3 月 6 日中华人民共和国国务院令第 489 号公布,根据 2016 年 2 月 6 日国务院令第 666 号《关于修改部分行政法规的决定》第三次修订,以下简称本条例)

一、期货概述

(一) 期货的概念

期货与现货相对。期货是现在进行买卖,但是在将来进行交收或交割的标的物,这个标的物可以是某种商品,例如黄金、原油、农产品,也可以是金融工具,还可以是金融指标。交收期货的日子可以是 1 星期之后,1 个月之后,3 个月之后,甚至 1 年之后。买卖期货的合同或者协议叫作期货合约。买卖期货的场所叫作期货市场。投资者可以对期货进行投资或投机。对期货的不恰当投机行为,例如无货沽空,可以导致金融市场的动荡。

(二) 期货的特征

期货交易建立在现货交易的基础上,是一般契约交易的发展。为了使期货合约这种特殊的商品便于在市场中流通,保证期货交易的顺利进行和健康发展,所有交易都是在有组织的期货市场中进行的。因此,期货交易便具有了以下一些基本特征:

(1)合约标准化。期货交易具有标准化和简单化的特征。期货交易通过买卖期货合约进行,且期货合约是标准化的合约。这种标准化是指进行期货交易的商品的品级、数量、质量等都是预先规定好的,只有价格是变动的。这是期货交易区别于现货远期交易的一个重要特征。期货合约标准化,大大简化了交易手续,降低了交易成本,最大程度地减少了交易双方因对合约条款理解不同而产生的争议与纠纷。

(2)场所固定化。期货交易具有组织化和规范化的特征。期货交易是在依法建立的期货交易所内进行的,一般不允许进行场外交易,因此期货交易是高度组织化的。期货交易所是买卖双方汇聚并进行期货交易的场所,是非营利组织,旨在提供期货交易的场所与交易设施,制定交易规则,充当交易的组织者,本身并不介入期货交易活动,也不干预期货价格的形成。

(3)结算统一化。期货交易具有付款方向一致性的特征。期货交易是由结算所专门进行结算的。所有在交易所内达成的交易,必须送到结算所进行结算,经结算处理后才算最后达成,才成为合法交易。交易双方互无关系,都只以结算所作为自己的交易对手,只对结算所负财务责任,即在付款方向上,都只对结算所,而不是交易双方之间互相往来款项。这种付款方向的一致性大大地简化了交易手续和实货交割程序,而且也为交易者在期货合约到期之前通过作"对冲"操作而免除到期交割义务创造了可能。

(4)交割定点化。实物交割只占一定比例,多以对冲了结。期货交易的"对冲"机制免除了交易者必须进行实物交割的责任。国外成熟的期货市场的运行经验表明,由于在期货市场进行实物交割的成本往往要高于直接进行现货交易成本,包括套期保值者在内的交易者多以对冲了结手中的持仓，最终进行实物交割的只占很小的比例。期货交割必须在指定的交割仓库进行。

（5）交易经纪化。期货交易具有集中性和高效性的特征。这种集中性是指期货交易不是由实际需要买进和卖出期货合约的买方和卖方在交易所内直接见面进行交易，而是由场内经纪人（即出市代表）代表所有买方和卖方在期货交易场内进行，交易者通过下达指令的方式进行交易，所有的交易指令最后都由场内出市代表负责执行。交易简便，寻找成交对象十分容易，交易效率高，表现出高效性的特征。集中性还表现为一般不允许进行场外私下交易。

（6）保证金制度化。期货交易具有高信用的特征。这种高信用特征是集中表现为期货交易的保证金制度。期货交易需要交纳一定的保证金。交易者在进入期货市场开始交易前，必须按照交易所的有关规定交纳一定的履约保证金，并应在交易过程中维持一个最低保证金水平，以便为所买卖的期货合约提供一种保证。保证金制度的实施，不仅使期货交易具有“以小博大”的杠杆原理，吸引众多交易者参与，而且使得结算所为交易所内达成并经结算后的交易提供履约担保，确保交易者能够履约。

（7）商品特殊化。期货交易对期货商品具有选择性，期货商品具有特殊性。许多适宜于用现货交易方式进行交易的商品，并不一定适宜于期货交易。这就是期货交易对于期货商品所表现出的选择性特征。

（三）期货的种类

作为衍生性金融商品，期货按其相关资产的种类，可分为商品期货与金融期货两大类。

1. 商品期货

商品期货的主要品种可以分为农产品期货（如棉花、大豆、小麦、玉米、白糖、咖啡、猪腩、菜籽油、天然橡胶、棕榈油等）、金属期货（如铜、铝、锡、锌、镍、黄金、白银等）和能源期货（如原油、汽油、燃料油等）。

2. 金融期货

金融期货的主要品种可以分为外汇期货、利率期货（包括中长期债券和短期利率）、股指期货（如英国的金融时报指数、日本的日经平均指数、香港的恒生指数等）和股票期货（如个股期货、25 只全球性股票期货等）。

二、期货交易所的职责

期货交易所不以营利为目的，按照其章程的规定实行自律管理。期货交易所以其全部财产承担民事责任。期货交易所应当依照本条例和国务院期货监督管理机构的规定，建立、健全各项规章制度，加强对交易活动的风险控制和对会员以及交易所工作人员的监督管理。期货交易所的负责人由国务院期货监督管理机构任免。期货交易所的管理办法由国务院期货监督管理机构制定。期货交易所履行下列职责：

（1）提供期货交易的场所、设施和服务。期货交易所首要的作用是交易功能，它有一个交易厅，这是一个专门的、有组织的场所；并提供交易厅内外各种方便多样的设施，如先进的通信设备等，确保交易能在交易厅内迅速、准确地进行。期货交易所向会员提供的服务是多方面的，最主要的是信息服务，及时把场内所形成的期货价格公布于众，增加市场的透明度和公开性。一般来讲，交易双方在达成交易后，必须及时向交易所有关部门报告，由有关部门迅速汇总并公布于众。这一过程由交易所计算机网络完成，最终在交易大厅内的电子显示屏（报价板）上公布。这种报价装置还可与其他地区或国家的交易所联网，随时报告各交易所的交易价格。此外，交易所每天的价格还可通过相应的传播媒介向社会及时公布。这可吸引更多的交易者和投资者参加交易，指导相同商品交易的场外交易者。

（2）设计期货合约、安排期货合约上市。期货交易所统一制定期货合约，将期货合约条款统一化和标准化。按照规定，期货合约中除交易价格在交易厅内以公开竞价交易方式形成外，其余内容都按统一的标准进行。这样做，不仅使期货市场具有高度流动性，提高了市场效率，更重要的是可减少甚至杜绝交易者之间因期货合约本身而引起的纠纷与争执。

（3）组织并监督期货交易、结算和交割。期货交易所应为期货交易制定规章制度和交易规则，并保证和监督这些制度、规则的实施，最大限度地规范交易行为。监督、管理交易所内进行的交易活动，调解交易纠纷，包括交易者之间的纠纷、客户与经纪公司之间的纠纷等。同时，期货交易所负责对每一个会员的交易进行结算，监督每一张合约的保证金变动，直至会员单位的持仓合约经对冲平仓或通过实物交割而了结期货交易为止。

（4）为期货交易提供集中履约担保。在即期或远期合约交易中，存在的最大问题是合约的履行得不到保证，主要原因是缺少必要的履约保证金制度。一方的毁约往往给对方带来一系列的经济问题，甚至是重大的经济损失。鉴于此，期货交易所从形成初期起，就采取了一系列的有效措施。如制定能对交易者起到必要的监督和保护作用的管理制度，资金上采取会员保证金制度等。期货交易机制要求交易所作为“买方的卖方和卖方的买方”，承担最终履约责任，这就大大降低了期货交易中的信用风险。

（5）按照章程和交易规则对会员进行监督管理。

（6）国务院期货监督管理机构规定的其他职责。

期货交易所不得直接或者间接参与期货交易。未经国务院期货监督管理机构审核并报国务院批准，期货交易所不得从事信托投资、股票投资、非自用不动产投资等与其职责无关的业务。

三、期货交易所会员管理制度的相关规定

期货交易所的会员是指根据有关法律、行政法规和规章的规定，经交易所批准，有权在交易所从事交易或者结算业务的在中华人民共和国境内登记注册的企业法人或者其他经济组织。期货交易所可以实行会员分级结算制度。实行会员分级结算制度的交易所的会员分为结算会员和非结算会员。根据业务范围不同，结算会员可分为交易结算会员、全面结算会员、特别结算会员和交易会员。会员从事交易所业务活动，应当遵守法律、行政法规、规章和交易所交易规则及其实施细则，诚实守信，规范运作，接受交易所自律管理。会员的董事、监事、高级管理人员以及从业人员应当遵守法律、行政法规、规章和交易所交易规则及其实施细则，忠实、勤勉履行职责，接受交易所自律管理。

四、期货交易所内部管理制度的相关规定

期货交易所的交易结算系统和交易结算业务应当满足期货保证金安全存管监控的要求，真实、准确和完整地反映会员保证金的变动情况；未经批准，期货交易所的其他工作人员和非会员理事不得以任何形式在期货交易所会员单位及其他与期货交易有关的营利性组织兼职；期货交易所的工作人员应当自觉遵守有关法律、行政法规、规章和政策，恪尽职守，勤勉尽责，诚实信用，具有良好的职业操守；期货交易所工作人员不得从事期货交易，不得泄露内幕消息或者利用内幕消息获得非法利益，不得从期货交易所会员、客户处谋取利益；期货交易所的工作人员履行职务，遇有与本人或者其亲属有利害关系的情形时，应当回避；期货交易所的所得收益按照国家有关规定管理和使用，但应当首先用于保证期货交易场所、设施的运行和改善。

期货交易所应当按照国家有关规定建立、健全下列风险管理制度：

(1)保证金制度。

(2)当日无负债结算制度。

(3)涨跌停板制度。

(4)持仓限额和大户持仓报告制度。

(5)风险准备金制度。

(6)国务院期货监督管理机构规定的其他风险管理制度。

实行会员分级结算制度的期货交易所，还应当建立、健全结算担保金制度。

五、期货公司设立的条件

期货公司是依照《中华人民共和国公司法》和本条例规定设立的经营期货业务的金融机构。设立期货公司，应当在公司登记机关登记注册，并经国务院期货监督管理机构批准。未经国务院期货监督管理机构批准，任何单位或者个人不得设立或者变相设立期货公司，经营期货业务。

申请设立期货公司，应当符合《中华人民共和国公司法》的规定，并具备下列条件：

(1)注册资本最低限额为人民币 3 000 万元。

(2)董事、监事、高级管理人员具备任职条件，从业人员具有期货从业资格。

(3)有符合法律、行政法规规定的公司章程。

(4)主要股东以及实际控制人具有持续盈利能力，信誉良好，最近 3 年无重大违法违规记录。

(5)有合格的经营场所和业务设施。

(6)有健全的风险管理和内部控制制度。

(7)国务院期货监督管理机构规定的其他条件。

国务院期货监督管理机构根据审慎监管原则和各项业务的风险程度，可以提高注册资本最低限额。注册资本应当是实缴资本。股东应当以货币或者期货公司经营必需的非货币财产出资，货币出资比例不得低于85%。国务院期货监督管理机构应当在受理期货公司设立申请之日起6个月内，根据审慎监管原则进行审查，作出批准或者不批准的决定。未经国

务院期货监督管理机构批准，任何单位和个人不得委托或者接受他人委托持有或者管理期货公司的股权。

《期货公司监督管理办法》第六条规定，申请设立期货公司，除应当符合《期货交易管理条例》第十六条规定的条件外，还应当具备下列条件：

（1）具有期货从业人员资格的人员不少于15人。

（2）具备任职资格的高级管理人员不少于3人。

第七条规定，持有5%以上股权的股东为法人或者其他组织的，应当具备下列条件：

（1）实收资本和净资产均不低于人民币3 000万元。

（2）净资产不低于实收资本的50%，或有负债低于净资产的50%，不存在对财务状况产生重大不确定影响的其他风险。

（3）没有较大数额的到期未清偿债务。

（4）近3年未因重大违法违规行为受到行政处罚或者刑事处罚。

（5）未因涉嫌重大违法违规正在被有权机关立案调查或者采取强制措施。

（6）近3年作为公司（含金融机构）的股东或者实际控制人，未有滥用股东权利、逃避股东义务等不诚信行为。

（7）不存在中国证监会根据审慎监管原则认定的其他不适合持有期货公司股权的情形。

第八条规定，持有期货公司5%以上股权的个人股东应当符合《期货公司监督管理办法》第七条第（3）项至第（7）项规定的条件，且其个人金融资产不低于人民币3 000万元。

第九条规定，持有期货公司5%以上股权的境外股东，除应当符合本办法第七条规定的条件外，还应当具备下列条件：

（1）依其所在国家或者地区法律设立、合法存续的金融机构。

（2）近3年各项财务指标及监管指标符合所在国家或者地区法律的规定和监管机构的要求。

（3）所在国家或者地区具有完善的期货法律和监督管理制度，其期货监管机构已与中国证监会签订监管合作备忘录，并保持有效的监管合作关系。

（4）期货公司外资持股比例或者拥有的权益比例，累计（包括直接持有和间接持有）不得超过我国期货业对外或者对我国香港特别行政区、澳门特别行政区和台湾地区开放所作的承诺。境外股东应当以可自由兑换货币或者合法取得的人民币出资。

第十条规定，期货公司有关联关系的股东持股比例合计达到5%的，持股比例最高的股东应当符合本办法第七条至第九条规定的条件。

第十一条规定，申请设立期货公司，应当向中国证监会提交下列申请材料：

（1）申请书。

（2）公司章程草案。

（3）经营计划。

（4）发起人名单及其审计报告或者个人金融资产证明。

（5）拟任用高级管理人员和从业人员名单、简历和相关资格证明。

（6）拟订的期货业务制度、内部控制制度和风险管理制度文本。

（7）场地、设备、资金证明文件。

(8)律师事务所出具的法律意见书。

(9)中国证监会规定的其他申请材料。

第十二条规定，外资持有股权的期货公司，应当按照法律、行政法规的规定，向国务院商务主管部门申请办理外商投资企业批准证书，并向外汇管理部门申请办理外汇登记、资本金账户开立以及有关资金结购汇手续。

第十三条规定，按照本办法设立的期货公司，可以依法从事商品期货经纪业务；从事金融期货经纪、境外期货经纪、期货投资咨询的，应当取得相应业务资格。从事资产管理业务的，应当依法登记备案。期货公司经批准可以从事中国证监会规定的其他业务。

六、期货公司的业务许可制度

期货公司业务实行许可制度，由国务院期货监督管理机构按照其商品期货、金融期货业务种类颁发许可证。期货公司除申请经营境内期货经纪业务外，还可以申请经营境外期货经纪、期货投资咨询以及国务院期货监督管理机构规定的其他期货业务。期货公司不得从事与期货业务无关的活动，法律、行政法规或者国务院期货监督管理机构另有规定的除外。期货公司不得从事或者变相从事期货自营业务。期货公司不得为其股东、实际控制人或者其他关联人提供融资，不得对外担保。

期货公司从事经纪业务，接受客户委托，以自己的名义为客户进行期货交易，交易结果由客户承担。

期货公司办理下列事项，应当经国务院期货监督管理机构批准：

(1)合并、分立、停业、解散或者破产。

(2)变更业务范围。

(3)变更注册资本且调整股权结构。

(4)新增持有5%以上股权的股东或者控股股东发生变化。

(5)国务院期货监督管理机构规定的其他事项。

上述第(3)项、第(5)项所列事项，国务院期货监督管理机构应当自受理申请之日起20日内作出批准或者不批准的决定；上述所列其他事项，国务院期货监督管理机构应当自受理申请之日起2个月内作出批准或者不批准的决定。

《期货公司监督管理办法》第十二条规定，外资持有股权的期货公司，应当按照法律、行政法规的规定，向国务院商务主管部门申请办理外商投资企业批准证书，并向外汇管理部门申请办理外汇登记、资本金账户开立以及有关资金结购汇手续。

期货公司或者其分支机构有《中华人民共和国行政许可法》第七十条规定的情形或者下列情形之一的，国务院期货监督管理机构应当依法办理期货业务许可证注销手续：

(1)营业执照被公司登记机关依法注销。

(2)成立后无正当理由超过3个月未开始营业，或者开业后无正当理由停业连续3个月以上。

(3)主动提出注销申请。

(4)国务院期货监督管理机构规定的其他情形。

期货公司在注销期货业务许可证前，应当结清相关期货业务，并依法返还客户的保证金和其他资产。期货公司分支机构在注销经营许可证前,应当终止经营活动,妥善处理客户资产。

期货公司应当建立、健全并严格执行业务管理规则、风险管理制度,遵守信息披露制度,保障客户保证金的存管安全,按照期货交易所的规定,向期货交易所报告大户名单、交易情况。

从事期货投资咨询业务的其他期货经营机构应当取得国务院期货监督管理机构批准的业务资格,具体管理办法由国务院期货监督管理机构制定。

期货公司拟以公司名义开展资产管理业务的,首先需要向期货业协会申请办理资产管理业务登记,其后应向期货保证金监控中心申请开通资管业务权限,最后向证券投资基金业协会申请产品备案(亦可先向证券投资基金业协会申请产品备案,然后向期货保证金监控中心申请开通资管业务权限)。

七、期货交易的基本规则

在期货交易所进行期货交易的,应当是期货交易所会员。符合规定条件的境外机构,可以在期货交易所从事特定品种的期货交易。具体办法由国务院期货监督管理机构制定。

期货公司接受客户委托为其进行期货交易,应当事先向客户出示风险说明书,经客户签字确认后,与客户签订书面合同。期货公司不得未经客户委托或者不按照客户委托内容,擅自进行期货交易。期货公司不得向客户作获利保证;不得在经纪业务中与客户约定分享利益或者共担风险。

下列单位和个人不得从事期货交易,期货公司不得接受其委托为其进行期货交易:

(1)国家机关和事业单位。

(2)国务院期货监督管理机构、期货交易所、期货保证金安全存管监控机构和期货业协会的工作人员。

(3)证券、期货市场禁止进入者。

(4)未能提供开户证明材料的单位和个人。

(5)国务院期货监督管理机构规定不得从事期货交易的其他单位和个人。

客户可以通过书面、电话、互联网或者国务院期货监督管理机构规定的其他方式,向期货公司下达交易指令。客户的交易指令应当明确、全面。期货公司不得隐瞒重要事项或者使用其他不正当手段诱骗客户发出交易指令。

期货交易所应当及时公布上市品种合约的成交量、成交价、持仓量、最高价与最低价、开盘价与收盘价和其他应当公布的即时行情,并保证即时行情的真实、准确。期货交易所不得发布价格预测信息。未经期货交易所许可,任何单位和个人不得发布期货交易即时行情。

期货交易应当严格执行保证金制度。期货交易所向会员、期货公司向客户收取的保证金,不得低于国务院期货监督管理机构、期货交易所规定的标准,并应当与自有资金分开,专户存放。期货交易所向会员收取的保证金,属于会员所有,除用于会员的交易结算外,严禁挪作他用。期货公司向客户收取的保证金,属于客户所有,除下列可划转的情形外,严禁挪作他用:

(1)依据客户的要求支付可用资金。

①大户报告制度是交易所建立限仓制度后建立的。

(2)为客户交存保证金,支付手续费、税款。

(3)国务院期货监督管理机构规定的其他情形。

期货公司应当为每一个客户单独开立专门账户、设置交易编码,不得混码交易。

期货公司经营期货经纪业务又同时经营其他期货业务的,应当严格执行业务分离和资金分离制度,不得混合操作。

期货交易所、期货公司、非期货公司结算会员应当按照国务院期货监督管理机构、财政部门的规定提取、管理和使用风险准备金,不得挪用。

期货交易的收费项目、收费标准和管理办法由国务院有关主管部门统一制定并公布。

期货交易的结算,由期货交易所统一组织进行。期货交易所实行当日无负债结算制度。期货交易所应当在当日及时将结算结果通知会员。期货公司根据期货交易所的结算结果对客户进行结算,并应当将结算结果按照与客户约定的方式及时通知客户。客户应当及时查询并妥善处理自己的交易持仓。

期货交易所会员的保证金不足时,应当及时追加保证金或者自行平仓。会员未在期货交易所规定的时间内追加保证金或者自行平仓的,期货交易所应当将该会员的合约强行平仓,强行平仓的有关费用和发生的损失由该会员承担。客户保证金不足时,应当及时追加保证金或者自行平仓。客户未在期货公司规定的时间内及时追加保证金或者自行平仓的,期货公司应当将该客户的合约强行平仓,强行平仓的有关费用和发生的损失由该客户承担。

期货交易的交割,由期货交易所统一组织进行。交割仓库由期货交易所指定。期货交易所不得限制实物交割总量,并应当与交割仓库签订协议,明确双方的权利和义务。交割仓库不得有下列行为:

(1)出具虚假仓单。

(2)违反期货交易所业务规则,限制交割商品的入库、出库。

(3)泄露与期货交易有关的商业秘密。

(4)违反国家有关规定参与期货交易。

(5)国务院期货监督管理机构规定的其他行为。

会员在期货交易中违约的,期货交易所先以该会员的保证金承担违约责任;保证金不足的,期货交易所应当以风险准备金和自有资金代为承担违约责任,并由此取得对该会员的相应追偿权。客户在期货交易中违约的,期货公司先以该客户的保证金承担违约责任;保证金不足的,期货公司应当以风险准备金和自有资金代为承担违约责任,并由此取得对该客户的相应追偿权。

实行会员分级结算制度的期货交易所,应当向结算会员收取结算担保金。期货交易所只对结算会员结算,收取和追收保证金,以结算担保金、风险准备金、自有资金代为承担违约责任,以及采取其他相关措施;对非结算会员的结算、收取和追收保证金、代为承担违约责任,以及采取其他相关措施,由结算会员执行。

期货交易所、期货公司和非期货公司结算会员应当保证期货交易、结算、交割资料的完整和安全。

任何单位或者个人不得编造、传播有关期货交易的虚假信息,不得恶意串通、联手买卖或者以其他方式操纵期货交易价格。

任何单位或者个人不得违规使用信贷资金、财政资金进行期货交易。银行业金融机构从事期货交易融资或者担保业务的资格，由国务院银行业监督管理机构批准。

国有以及国有控股企业进行境内外期货交易，应当遵循套期保值的原则，严格遵守国务院国有资产监督管理机构以及其他有关部门关于企业以国有资产进入期货市场的有关规定。

境外期货项下购汇、结汇以及外汇收支，应当符合国家外汇管理有关规定。境内单位或者个人从事境外期货交易的办法，由国务院期货监督管理机构会同国务院商务主管部门、国有资产监督管理机构、银行业监督管理机构、外汇管理部门等有关部门制订，报国务院批准后施行。

八、期货监督管理的基本内容

国务院期货监督管理机构对期货市场实施监督管理，依法履行下列职责：

（1）制定有关期货市场监督管理的规章、规则，并依法行使审批权。

（2）对品种的上市、交易、结算、交割等期货交易及其相关活动，进行监督管理。

（3）对期货交易所、期货公司及其他期货经营机构、非期货公司结算会员、期货保证金安全存管监控机构、期货保证金存管银行、交割仓库等市场相关参与者的期货业务活动，进行监督管理。

（4）制定期货从业人员的资格标准和管理办法，并监督实施。

（5）监督检查期货交易的信息公开情况。

（6）对期货业协会的活动进行指导和监督。

（7）对违反期货市场监督管理法律、行政法规的行为进行查处。

（8）开展与期货市场监督管理有关的国际交流、合作活动。

（9）法律、行政法规规定的其他职责。

国务院期货监督管理机构依法履行职责，可以采取下列措施：

（1）对期货交易所、期货公司及其他期货经营机构、非期货公司结算会员、期货保证金安全存管监控机构和交割仓库进行现场检查。

（2）进入涉嫌违法行为发生场所调查取证。

（3）询问当事人和与被调查事件有关的单位和个人，要求其对与被调查事件有关的事项作出说明。

（4）查阅、复制与被调查事件有关的财产权登记等资料。

（5）查阅、复制当事人和与被调查事件有关的单位和个人的期货交易记录、财务会计资料以及其他相关文件和资料；对可能被转移、隐匿或者毁损的文件和资料，可以予以封存。

（6）查询与被调查事件有关的单位的保证金账户和银行账户。

（7）在调查操纵期货交易价格、内幕交易等重大期货违法行为时，经国务院期货监督管理机构主要负责人批准，可以限制被调查事件当事人的期货交易，但限制的时间不得超过15个交易日；案情复杂的，可以延长至30个交易日。

（8）法律、行政法规规定的其他措施。

期货交易所、期货公司及其他期货经营机构、期货保证金安全存管监控机构，应当向国务院期货监督管理机构报送财务会计报告、业务资料和其他有关资料。对期货公司及其他期货经营机构报送的年度报告，国务院期货监督管理机构应当指定专人进行审核，并制作审核报告。审核人员应当在审核报告上签字。审核中发现问题的，国务院期货监督管理机构应当及时采取相应措施。必要时，国务院期货监督管理机构可以要求非期货公司结算会员、交割仓库，以及期货公司股东、实际控制人或者其他关联人报送相关资料。

国务院期货监督管理机构依法履行职责，进行监督检查或者调查时，被检查、调查的单位和个人应当配合，如实提供有关文件和资料，不得拒绝、阻碍和隐瞒；其他有关部门和单位应当给予支持和配合。

国家根据期货市场发展的需要，设立期货投资者保障基金。期货投资者保障基金的筹集、管理和使用的具体办法，由国务院期货监督管理机构会同国务院财政部门制定。

国务院期货监督管理机构应当建立、健全保证金安全存管监控制度，设立期货保证金安全存管监控机构。客户和期货交易所、期货公司及其他期货经营机构、非期货公司结算会员以及期货保证金存管银行，应当遵守国务院期货监督管理机构有关保证金安全存管监控的规定。

期货保证金安全存管监控机构依照有关规定对保证金安全实施监控，进行每日稽核，发现问题应当立即报告国务院期货监督管理机构。国务院期货监督管理机构应当根据不同情况，依照本条例有关规定及时处理。

国务院期货监督管理机构对期货交易所和期货保证金安全存管监控机构的董事、监事、高级管理人员，实行资格管理制度。

国务院期货监督管理机构应当制定期货公司持续性经营规则，对期货公司的净资本与净资产的比例，净资本与境内期货经纪、境外期货经纪等业务规模的比例，流动资产与流动负债的比例等风险监管指标作出规定；对期货公司及其分支机构的经营条件、风险管理、内部控制、保证金存管、关联交易等方面提出要求。

期货公司及其分支机构不符合持续性经营规则或者出现经营风险的，国务院期货监督管理机构可以对期货公司及其董事、监事和高级管理人员采取谈话、提示、记入信用记录等监管措施或者责令期货公司限期整改，并对其整改情况进行检查验收。期货公司逾期未改正，其行为严重危及期货公司的稳健运行、损害客户合法权益，或者涉嫌严重违法违规正在被国务院期货监督管理机构调查的，国务院期货监督管理机构可以区别情形，对其采取下列措施：

(1)限制或者暂停部分期货业务。

(2)停止批准新增业务。

(3)限制分配红利，限制向董事、监事、高级管理人员支付报酬、提供福利。

(4)限制转让财产或者在财产上设定其他权利。

(5)责令更换董事、监事、高级管理人员或者有关业务部门、分支机构的负责人员，或者限制其权利。

(6)限制期货公司自有资金或者风险准备金的调拨和使用。

(7)责令控股股东转让股权或者限制有关股东行使股东权利。

对经过整改符合有关法律、行政法规规定以及持续性经营规则要求的期货公司，国务院期货监督管理机构应当自验收完毕之日起 3 日内解除对其采取的有关措施。对经过整改仍未达到持续性经营规则要求，严重影响正常经营的期货公司，国务院期货监督管理机构有权撤销其部分或者全部期货业务许可、关闭其分支机构。

期货公司违法经营或者出现重大风险，严重危害期货市场秩序、损害客户利益的，国务院期货监督管理机构可以对该期货公司采取责令停业整顿、指定其他机构托管或者接管等监管措施。经国务院期货监督管理机构批准，可以对该期货公司直接负责的董事、监事、高级管理人员和其他直接责任人员采取以下措施：

(1)通知出境管理机关依法阻止其出境。

(2)申请司法机关禁止其转移、转让或者以其他方式处分财产，或者在财产上设定其他权利。

期货公司的股东有虚假出资或者抽逃出资行为的，国务院期货监督管理机构应当责令其限期改正，并可责令其转让所持期货公司的股权。在股东按照上述要求改正违法行为、转让所持期货公司的股权前，国务院期货监督管理机构可以限制其股东权利。

当期货市场出现异常情况时，国务院期货监督管理机构可以采取必要的风险处置措施。

期货公司的交易软件、结算软件，应当满足期货公司审慎经营和风险管理以及国务院期货监督管理机构有关保证金安全存管监控规定的要求。期货公司的交易软件、结算软件不符合要求的，国务院期货监督管理机构有权要求期货公司予以改进或者更换。国务院期货监督管理机构可以要求期货公司的交易软件、结算软件的供应商提供该软件的相关资料，供应商应当予以配合。国务院期货监督管理机构对供应商提供的相关资料负有保密义务。

期货公司涉及重大诉讼、仲裁，或者股权被冻结或者用于担保，以及发生其他重大事件时，期货公司及其相关股东、实际控制人应当自该事件发生之日起 5 日内向国务院期货监督管理机构提交书面报告。

会计师事务所、律师事务所、资产评估机构等中介服务机构向期货交易所和期货公司等市场相关参与者提供相关服务时，应当遵守期货法律、行政法规以及国家有关规定，并按照国务院期货监督管理机构的要求提供相关资料。

国务院期货监督管理机构应当与有关部门建立监督管理的信息共享和协调配合机制。国务院期货监督管理机构可以和其他国家或者地区的期货监督管理机构建立监督管理合作机制，实施跨境监督管理。

国务院期货监督管理机构、期货交易所、期货保证金安全存管监控机构和期货保证金存管银行等相关单位的工作人员，应当忠于职守，依法办事，公正廉洁，保守国家秘密和有关当事人的商业秘密，不得利用职务便利牟取不正当的利益。

九、期货相关法律责任的规定

(一) 期货公司的法律责任

期货公司有下列行为之一的，责令改正，给予警告，没收违法所得，并处违法所得 1 倍以上 3 倍以下的罚款；没有违法所得或者违法所得不满 10 万元的，并处 10 万元以上 30 万元以下的罚款；情节严重的，责令停业整顿或者吊销期货业务许可证：

(1)接受不符合规定条件的单位或者个人委托的。

(2)允许客户在保证金不足的情况下进行期货交易的。

(3)未经批准,擅自办理本条例第十九条所列事项的。

(4)违反规定从事与期货业务无关的活动的。

(5)从事或者变相从事期货自营业务的。

(6)为其股东、实际控制人或者其他关联人提供融资,或者对外担保的。

(7)违反国务院期货监督管理机构有关保证金安全存管监控规定的。

(8)不按照规定向国务院期货监督管理机构履行报告义务或者报送有关文件、资料的。

(9)交易软件、结算软件不符合期货公司审慎经营和风险管理以及国务院期货监督管理机构有关保证金安全存管监控规定的要求的。

(10)不按照规定提取、管理和使用风险准备金的。

(11)伪造、涂改或者不按照规定保存期货交易、结算、交割资料的。

(12)任用不具备资格的期货从业人员的。

(13)伪造、变造、出租、出借、买卖期货业务许可证或者经营许可证的。

(14)进行混码交易的。

(15)拒绝或者妨碍国务院期货监督管理机构监督检查的。

(16)违反国务院期货监督管理机构规定的其他行为。

期货公司有上述所列行为之一的,对直接负责的主管人员和其他直接责任人员给予警告,并处1万元以上5万元以下的罚款;情节严重的,暂停或者撤销期货从业人员资格。

期货公司之外的其他期货经营机构有上述第(8)项、第(12)项、第(13)项、第(15)项、第(16)项所列行为的,依照上述规定处罚。

期货公司的股东、实际控制人或者其他关联人未经批准擅自委托他人或者接受他人委托持有或者管理期货公司股权的,拒不配合国务院期货监督管理机构的检查,拒不按照规定履行报告义务、提供有关信息和资料,或者报送、提供的信息和资料有虚假记载、误导性陈述或者重大遗漏的,依照上述规定处罚。

期货公司有下列欺诈客户行为之一的,责令改正,给予警告,没收违法所得,并处违法所得1倍以上5倍以下的罚款;没有违法所得或者违法所得不满10万元的,并处10万元以上50万元以下的罚款;情节严重的,责令停业整顿或者吊销期货业务许可证:

(1)向客户作获利保证或者不按照规定向客户出示风险说明书的。

(2)在经纪业务中与客户约定分享利益、共担风险的。

(3)不按照规定接受客户委托或者不按照客户委托内容擅自进行期货交易的。

(4)隐瞒重要事项或者使用其他不正当手段,诱骗客户发出交易指令的。

(5)向客户提供虚假成交回报的。

(6)未将客户交易指令下达到期货交易所的。

(7)挪用客户保证金的。

(8)不按照规定在期货保证金存管银行开立保证金账户,或者违规划转客户保证金的。

(9)国务院期货监督管理机构规定的其他欺诈客户的行为。

期货公司有上述所列行为之一的,对直接负责的主管人员和其他直接责任人员给予警告,并处1万元以上10万元以下的罚款;情节严重的,暂停或者撤销期货从业人员资格。

任何单位或者个人编造并且传播有关期货交易的虚假信息，扰乱期货交易市场的，依照上述规定处罚。

期货公司及其他期货经营机构、非期货公司结算会员、期货保证金存管银行提供虚假申请文件或者采取其他欺诈手段隐瞒重要事实骗取期货业务许可的，撤销其期货业务许可，没收违法所得。

期货公司的交易软件、结算软件供应商拒不配合国务院期货监督管理机构调查，或者未按照规定向国务院期货监督管理机构提供相关软件资料，或者提供的软件资料有虚假、重大遗漏的，责令改正，处3万元以上10万元以下的罚款。对直接负责的主管人员和其他直接责任人员给予警告，并处1万元以上5万元以下的罚款。

（二）期货交易所的法律责任

期货交易所有下列行为之一的，责令改正，给予警告，没收违法所得，并处以违法所得1倍以上5倍以下的罚款；没有违法所得或者违法所得不满10万元的，处10万元以上50万元以下的罚款；情节严重的，责令停业整顿：

（1）未经批准，擅自办理本条例第十三条所列事项的。

（2）允许会员在保证金不足的情况下进行期货交易的。

（3）直接或者间接参与期货交易，或者违反规定从事与其职责无关的业务的。

（4）违反规定收取保证金，或者挪用保证金的。

（5）伪造、涂改或者不按照规定保存期货交易、结算、交割资料的。

（6）未建立或者未执行当日无负债结算、涨跌停板、持仓限额和大户持仓报告制度的。

（7）拒绝或者妨碍国务院期货监督管理机构监督检查的。

（8）违反国务院期货监督管理机构规定的其他行为。

期货交易所有上述所列行为之一的，对直接负责的主管人员和其他直接责任人员给予纪律处分，并处以1万元以上10万元以下的罚款。

非期货公司结算会员有上述第（2）项、第（4）项至第（8）项所列行为之一的，依照上述规定处罚、处分。

期货保证金安全存管监控机构有上述第（3）项、第（7）项、第（8）项所列行为的，依照上述规定处罚、处分。

（三）单位或个人的法律责任

任何单位或者个人有下列行为之一，操纵期货交易价格的，责令改正，没收违法所得，并处违法所得1倍以上5倍以下的罚款；没有违法所得或者违法所得不满20万元的，处20万元以上100万元以下的罚款：

（1）单独或者合谋，集中资金优势、持仓优势或者利用信息优势联合或者连续买卖合约，操纵期货交易价格的。

（2）蓄意串通，按事先约定的时间、价格和方式相互进行期货交易，影响期货交易价格或者期货交易量的。

（3）以自己为交易对象，自买自卖，影响期货交易价格或者期货交易量的。

（4）为影响期货市场行情囤积现货的。

期货交易所向会员收取保证金

(5)国务院期货监督管理机构规定的其他操纵期货交易价格的行为。

单位有上述所列行为之一的，对直接负责的主管人员和其他直接责任人员给予警告，并处1万元以上10万元以下的罚款。

(四) 中介服务机构的法律责任

会计师事务所、律师事务所、资产评估机构等中介服务机构未勤勉尽责，所出具的文件有虚假记载、误导性陈述或者重大遗漏的，责令改正，没收业务收入，暂停或者撤销相关业务许可，并处业务收入1倍以上5倍以下的罚款。对直接负责的主管人员和其他直接责任人员给予警告，并处3万元以上10万元以下的罚款。

国务院期货监督管理机构、期货交易所、期货保证金安全存管监控机构和期货保证金存管银行等相关单位的工作人员，泄露知悉的国家秘密或者会员、客户商业秘密，或者徇私舞弊、玩忽职守、滥用职权、收受贿赂的，依法给予行政处分或者纪律处分。

第六节 证券公司监督管理条例

考纲要求

大纲内容	要求
证券公司依法审慎经营、履行诚信义务的规定	熟悉
禁止证券公司股东和实际控制人滥用权利、损害客户权益的规定	熟悉
证券公司股东出资的规定	了解
关于成为持有证券公司5%以上股权的股东、实际控制人资格的规定	了解
证券公司设立时业务范围的规定	掌握
证券公司变更公司章程重要条款的规定	熟悉
证券公司合并、分立、停业、解散或者破产的相关规定	了解
证券公司及其境内分支机构的设立、变更、注销登记的规定	了解
有关证券公司组织机构的规定	熟悉
证券公司及其境内分支机构经营业务的规定	掌握
证券公司为客户开立证券账户管理的有关规定	掌握
关于客户资产保护的相关规定	熟悉
证券公司客户交易结算资金管理的规定	熟悉
证券公司信息报送的主要内容和要求	了解
证券监督管理机构对证券公司进行监督管理的主要措施(月度、年度报告、信息披露、检查、责令限期整改的情形及可采取的措施)	了解
证券公司主要违法违规情形及其处罚措施	了解

知识解读

《证券公司监督管理条例》(2008 年 4 月 23 日国务院令第 522 号公布,根据 2014 年 7 月 29 日《国务院关于修改部分行政法规的决定》国务院会第 653 号修订,以下简称本条例)

一、证券公司依法审慎经营、履行诚信义务的规定

(一)证券公司依法审慎经营

证券公司及其境内分支机构经营的业务应当经国务院证券监督管理机构批准,不得经营未经批准的业务。两个以上的证券公司受同一单位、个人控制或者相互之间存在控制关系的,不得经营相同的证券业务,但国务院证券监督管理机构另有规定的除外。

证券公司应当按照审慎经营的原则,建立健全风险管理与内部控制制度,防范和控制风险。证券公司应当对分支机构实行集中统一管理,不得与他人合资、合作经营管理分支机构,也不得将分支机构承包、租赁或者委托给他人经营管理。

《证券公司客户资产管理业务管理办法》规定,证券公司应当建立公平交易制度及异常交易日常监控机制,公平对待所管理的不同资产,对不同投资组合之间发生的同向交易和反向交易进行监控,并定期向证券公司住所地、资产管理分公司所在地中国证监会派出机构及中国证券业协会报告。

(二)证券公司依法履行诚信义务

(1)证券公司与客户签订证券交易委托、证券资产管理、融资融券等业务合同,应当事先指定专人向客户讲解有关业务规则和合同内容,并将风险揭示书交由客户签字确认。业务合同的必备条款和风险揭示书的标准格式,由中国证券业协会制定,并报国务院证券监督管理机构备案。

(2)证券公司从事证券资产管理业务、融资融券业务,应当按照规定编制对账单,按月寄送客户。证券公司与客户对对账单送交时间或者方式另有约定的,从其约定。

(3)证券公司应当建立信息查询制度,保证客户在证券公司营业时间内能够随时查询其委托记录、交易记录、证券和资金余额,以及证券公司业务经办人员和证券经纪人的姓名、执业证书、证券经纪人证书编号等信息。客户认为有关信息记录与实际情况不符的,可以向证券公司或者国务院证券监督管理机构投诉。证券公司应当指定专门部门负责处理客户投诉。国务院证券监督管理机构应当根据客户的投诉,采取相应措施。

(4)证券公司不得违反规定委托其他单位或者个人进行客户招揽、客户服务、产品销售活动。

(5)证券公司向客户提供投资建议,不得对证券价格的涨跌或者市场走势做出确定性的判断。证券公司及其从业人员不得利用向客户提供投资建议而谋取不正当利益。

(6)证券公司应当建立并实施有效的管理制度,防范其从业人员直接或者以化名、他人名义持有、买卖股票,收受他人赠送的股票。

(7)证券公司应当按照规定提取一般风险准备金,用于弥补经营亏损。

二、禁止证券公司股东和实际控制人滥用权利、损害客户权益的规定

证券公司的股东和实际控制人不得滥用权利，占用证券公司或者客户的资产，损害证券公司或者客户的合法权益。

(1)控股股东、实际控制人应当建立制度，明确对上市公司重大事项的决策程序及保证上市公司独立性的具体措施，确立相关人员在从事上市公司相关工作中的职责、权限和责任追究机制。控股股东、实际控制人依照国家法律法规或有权机关授权履行国有资本出资人职责的，从其规定。

(2)控股股东、实际控制人应当维护上市公司资产完整，不得侵害上市公司对其法人财产的占有、使用、收益和处分的权利。

(3)控股股东、实际控制人应当维护上市公司人员独立，不得通过以下方式影响上市公司人员的独立性：

①通过行使相关法律法规及上市公司章程规定的股东权利以外的方式，影响上市公司人事任免或者限制上市公司董事、监事、高级管理人员以及其他在证券公司任职的人员履行职责。

②任命上市公司总经理、副总经理、财务负责人或董事会秘书在本公司或本公司控制的企业担任除董事、监事以外的经营管理类职务。

③要求上市公司为其无偿提供服务。

④指使上市公司董事、监事、高级管理人员以及其他在上市公司任职的人员实施损害上市公司利益的决策或者行为。

(4)控股股东、实际控制人应当维护上市公司财务独立。

(5)控股股东、实际控制人应当维护上市公司机构独立。

(6)控股股东、实际控制人应当维护上市公司业务独立。

(7)控股股东、实际控制人与上市公司发生关联交易，应当遵循关联交易程序公平与实质公平的原则，并签署书面协议，不得造成上市公司对其利益的输送。

三、证券公司股东出资的规定

(1)证券公司的股东应当用货币或者证券公司经营必需的非货币财产出资。证券公司股东的非货币财产出资总额不得超过证券公司注册资本的30%。

(2)证券公司股东的出资，应当经具有证券、期货相关业务资格的会计师事务所验资并出具证明；出资中的非货币财产，应当经具有证券相关业务资格的资产评估机构评估。

(3)在证券公司经营过程中，证券公司的债权人将其债权转为证券公司股权的，不受(1)的限制。

四、关于成为持有证券公司5%以上股权的股东、实际控制人资格的规定

有下列情形之一的单位或者个人，不得成为持有证券公司5%以上股权的股东、实际控制人：

(1)因故意犯罪被判处刑罚，刑罚执行完毕未逾3年。

（2）净资产低于实收资本的50%，或者或有负债达到净资产的50%。

（3）不能清偿到期债务。

（4）国务院证券监督管理机构认定的其他情形。

证券公司的其他股东应当符合国务院证券监督管理机构的相关要求。

任何单位或者个人有下列情形之一的，应当事先告知证券公司，由证券公司报国务院证券监督管理机构批准：

（1）认购或者受让证券公司的股权后，其持股比例达到证券公司注册资本的5%。

（2）以持有证券公司股东的股权或者其他方式，实际控制证券公司5%以上的股权。

未经国务院证券监督管理机构批准，任何单位或者个人不得委托他人或者接受他人委托持有或者管理证券公司的股权。证券公司的股东不得违反国家规定，约定不按照出资比例行使表决权。

五、证券公司设立时业务范围的规定

设立证券公司，应当具备《中华人民共和国公司法》《中华人民共和国证券法》和本条例规定的条件，并经国务院证券监督管理机构批准。

证券公司设立时，其业务范围应当与其财务状况、内部控制制度、合规制度和人力资源状况相适应；证券公司在经营过程中，经其申请，国务院证券监督管理机构可以根据其财务状况、内部控制水平、合规程度、高级管理人员业务管理能力、专业人员数量，对其业务范围进行调整。

六、证券公司变更公司章程重要条款的规定

证券公司增加注册资本且股权结构发生重大调整，减少注册资本，变更业务范围或者公司章程中的重要条款，合并、分立，设立、收购或者撤销境内分支机构，在境外设立、收购、参股证券经营机构，应当经国务院证券监督管理机构批准。

上述所称公司章程中的重要条款，是指规定下列事项的条款：

（1）证券公司的名称、住所。

（2）证券公司的组织机构及其产生办法、职权、议事规则。

（3）证券公司对外投资、对外提供担保的类型、金额和内部审批程序。

（4）证券公司的解散事由与清算办法。

（5）国务院证券监督管理机构要求证券公司章程规定的其他事项。

上述所称证券公司分支机构，是指从事业务经营活动的分公司、证券营业部等证券公司下属的非法人单位。

七、证券公司合并、分立、停业、解散或者破产的相关规定

（1）证券公司合并、分立的，涉及客户权益的重大资产转让应当经具有证券相关业务资格的资产评估机构评估。

（2）证券公司停业、解散或者破产的，应当经国务院证券监督管理机构批准，并按照有关规定安置客户、处理未了结的业务。

八、证券公司及其境内分支机构的设立、变更、注销登记的规定

国务院证券监督管理机构应当对下列申请进行审查，并在下列期限内，作出批准或者不予批准的书面决定：

（1）对在境内设立证券公司或者在境外设立、收购或者参股证券经营机构的申请，自受理之日起6个月。

（2）对增加注册资本且股权结构发生重大调整，减少注册资本，合并、分立或者要求审查股东、实际控制人资格的申请，自受理之日起3个月。

（3）对变更业务范围、公司章程中的重要条款或者要求审查高级管理人员任职资格的申请，自受理之日起45个工作日。

（4）对设立、收购、撤销境内分支机构，或者停业、解散、破产的申请，自受理之日起30个工作日。

（5）对要求审查董事、监事任职资格的申请，自受理之日起20个工作日。

国务院证券监督管理机构审批证券公司及其分支机构的设立申请，应当考虑证券市场发展和公平竞争的需要。

公司登记机关应当依照法律、行政法规的规定，凭国务院证券监督管理机构的批准文件，办理证券公司及其境内分支机构的设立、变更、注销登记。证券公司在取得公司登记机关颁发或者换发的证券公司或者境内分支机构的营业执照后，应当向国务院证券监督管理机构申请颁发或者换发经营证券业务许可证。经营证券业务许可证应当载明证券公司或者境内分支机构的证券业务范围。未取得经营证券业务许可证，证券公司及其境内分支机构不得经营证券业务。证券公司停止全部证券业务、解散、破产或者撤销境内分支机构的，应当在国务院证券监督管理机构指定的报刊上公告，并按照规定将经营证券业务许可证交国务院证券监督管理机构注销。

九、有关证券公司组织机构的规定

证券公司应当依照《中华人民共和国公司法》《中华人民共和国证券法》和本条例的规定，建立健全组织机构，明确决策、执行、监督机构的职权。

（1）证券公司可以设独立董事。证券公司的独立董事，不得在本证券公司担任董事会外的职务，不得与本证券公司存在可能妨碍其做出独立、客观判断的关系。

（2）证券公司经营证券经纪业务、证券资产管理业务、融资融券业务和证券承销与保荐业务中2种以上业务的，其董事会应当设薪酬与提名委员会、审计委员会和风险控制委员会，行使公司章程规定的职权。证券公司董事会设薪酬与提名委员会、审计委员会的，委员会负责人由独立董事担任。

（3）证券公司设董事会秘书，负责股东会和董事会会议的筹备、文件的保管以及股东资料的管理，按照规定或者根据国务院证券监督管理机构、股东等有关单位或者个人的要求，依法提供有关资料，办理信息报送或者信息披露事项。董事会秘书为证券公司高级管理人员。

（4）证券公司设立行使证券公司经营管理职权的机构，应当在公司章程中明确其名称、

组成、职责和议事规则,该机构的成员为证券公司高级管理人员。

(5)证券公司设合规负责人,对证券公司经营管理行为的合法合规性进行审查、监督或者检查。

①合规负责人为证券公司高级管理人员,由董事会决定聘任,并应当经国务院证券监督管理机构认可。合规负责人不得在证券公司兼任负责经营管理的职务。

②合规负责人发现违法违规行为,应当向公司章程规定的机构报告,同时按照规定向国务院证券监督管理机构或者有关自律组织报告。

③证券公司解聘合规负责人,应当有正当理由,并自解聘之日起3个工作日内将解聘的事实和理由书面报告国务院证券监督管理机构。

(6)证券公司的董事、监事、高级管理人员应当在任职前取得经国务院证券监督管理机构核准的任职资格。证券公司不得聘任、选任未取得任职资格的人员担任上述规定的职务;已经聘任、选任的,有关聘任、选任的决议、决定无效。

(7)证券公司的法定代表人或者高级管理人员离任的,证券公司应当对其进行审计,并自其离任之日起2个月内将审计报告报送国务院证券监督管理机构;证券公司的法定代表人或者经营管理的主要负责人离任的,应当聘请具有证券、期货相关业务资格的会计师事务所对其进行审计。上述规定的审计报告未报送国务院证券监督管理机构,离任人员不得在其他证券公司任职。

十、证券公司及其境内分支机构经营业务的规定

(1)证券公司及其境内分支机构从事《中华人民共和国证券法》第一百二十五条规定的证券业务,应当遵守《中华人民共和国证券法》和本条例的规定。证券公司及其境内分支机构经营的业务应当经国务院证券监督管理机构批准,不得经营未经批准的业务。2个以上的证券公司受同一单位、个人控制或者相互之间存在控制关系的,不得经营相同的证券业务,但国务院证券监督管理机构另有规定的除外。

(2)证券公司应当按照审慎经营的原则,建立健全风险管理与内部控制制度,防范和控制风险。证券公司应当对分支机构实行集中统一管理,不得与他人合资、合作经营管理分支机构,也不得将分支机构承包、租赁或者委托给他人经营管理。

十一、证券公司为客户开立证券账户管理的有关规定

(1)证券公司受证券登记结算机构委托,为客户开立证券账户,应当按照证券账户管理规则,对客户申报的姓名或者名称、身份的真实性进行审查。同一客户开立的资金账户和证券账户的姓名或者名称应当一致。证券公司为证券资产管理客户开立的证券账户,应当自开户之日起3个交易日内报证券交易所备案。证券公司不得将客户的资金账户、证券账户提供给他人使用。

(2)证券公司从事证券资产管理业务、融资融券业务,销售证券类金融产品,应当按照规定程序,了解客户的身份、财产与收入状况、证券投资经验和风险偏好,并以书面和电子方式予以记载、保存。证券公司应当根据所了解的客户情况推荐适当的产品或者服务。具体规则由中国证券业协会制定。

(3)证券公司与客户签订证券交易委托、证券资产管理、融资融券等业务合同,应当事先指定专人向客户讲解有关业务规则和合同内容,并将风险揭示书交由客户签字确认。业务合同的必备条款和风险揭示书的标准格式,由中国证券业协会制定,并报国务院证券监督管理机构备案。

(4)证券公司从事证券资产管理业务、融资融券业务,应当按照规定编制对账单,按月寄送客户。证券公司与客户对对账单送交时间或者方式另有约定的,从其约定。

(5)证券公司应当建立信息查询制度,保证客户在证券公司营业时间内能够随时查询其委托记录、交易记录、证券和资金余额,以及证券公司业务经办人员和证券经纪人的姓名、执业证书、证券经纪人证书编号等信息。客户认为有关信息记录与实际情况不符的,可以向证券公司或者国务院证券监督管理机构投诉。证券公司应当指定专门部门负责处理客户投诉。国务院证券监督管理机构应当根据客户的投诉,采取相应措施。

十二、关于客户资产保护的相关规定

(1)明确规定证券公司客户资产的存管、托管制度:

①从事证券经纪业务的证券公司应当将客户的交易结算资金存放在指定商业银行,以每个客户的名义单独立户管理,客户交易结算资金的存取,应当通过指定商业银行办理。

②从事证券资产管理业务的证券公司应当将客户的委托资产交由指定商业银行等资产托管机构托管。

③从事融资融券业务的证券公司应当参照客户交易结算资金第三方存管的办法,对客户资金担保账户内的资金进行管理。这样,就建立了防范证券公司挪用客户资产的机制。

(2)明确了证券公司客户资产的性质。客户的交易结算资金、委托资产属于客户,应当与证券公司、指定商业银行、资产托管机构的自有资产相互独立、分别管理。任何单位或者个人不得有下列行为:

①非因客户本身的债务,对客户的交易结算资金、委托资产申请查封、冻结或者强制执行。

②除法定情形外,动用客户的交易结算资金、委托资金。

③以客户的资产向他人提供融资或者担保,强令、指使、协助、接受证券公司以客户的资产提供融资或者担保。

(3)对交易信息、资金信息的寄送、查询做了具体规定。证券公司应当建立信息查询制度,保证客户可以随时查询有关信息;指定商业银行应当保证客户能够随时查询客户的交易结算资金的余额及变动情况;证券公司从事资产管理业务、融资融券业务,应当按照规定编制对账单寄送客户。

十三、证券公司客户交易结算资金管理的规定

(1)客户的交易结算资金、证券资产管理客户的委托资产属于客户,应当与证券公司、指定商业银行、资产托管机构的自有资产相互独立、分别管理。

(2)非因客户本身的债务或者法律规定的其他情形,任何单位或者个人不得对客户的交易结算资金、委托资产申请查封、冻结或者强制执行。

(3)除下列情形外,不得动用客户的交易结算资金或者委托资金:

①客户进行证券的申购、证券交易的结算或者客户提款。

②客户支付与证券交易有关的佣金、费用或者税款。

③法律规定的其他情形。

十四、证券公司信息报送的主要内容和要求

(1)指定商业银行、资产托管机构和证券登记结算机构应当对存放在本机构的客户的交易结算资金、委托资金和客户担保账户内的资金、证券的动用情况进行监督,并按照规定定期向国务院证券监督管理机构报送客户的交易结算资金、委托资金和客户担保账户内的资金、证券的存管或者动用情况的有关数据。

(2)指定商业银行、资产托管机构和证券登记结算机构对超出本条例第五十三条、第五十四条、第六十条规定的范围,动用客户的交易结算资金、委托资金和客户担保账户内的资金、证券的申请、指令,应当拒绝;发现客户的交易结算资金、委托资金和客户担保账户内的资金、证券被违法动用或者有其他异常情况的,应当立即向国务院证券监督管理机构报告,并抄报有关监督管理机构。

十五、证券监督管理机构对证券公司进行监督管理的主要措施

(一)月度、年度报告

证券公司应当自每一会计年度结束之日起4个月内,向国务院证券监督管理机构报送年度报告;自每月结束之日起7个工作日内,报送月度报告。发生影响或者可能影响证券公司经营管理、财务状况、风险控制指标或者客户资产安全的重大事件的,证券公司应当立即向国务院证券监督管理机构报送临时报告,说明事件的起因、目前的状态、可能产生的后果和拟采取的相应措施。

证券公司年度报告中的财务会计报告、风险控制指标报告以及国务院证券监督管理机构规定的其他专项报告,应当经具有证券、期货相关业务资格的会计师事务所审计。证券公司年度报告应当附有该会计师事务所出具的内部控制评审报告。

证券公司的董事、高级管理人员应当对证券公司年度报告签署确认意见;经营管理的主要负责人和财务负责人应当对月度报告签署确认意见。在证券公司年度报告、月度报告上签字的人员,应当保证报告的内容真实、准确、完整;对报告内容持有异议的,应当注明自己的意见和理由。

(二)信息披露

证券公司应当依法向社会公开披露其基本情况、参股及控股情况、负债及或有负债情况、经营管理状况、财务收支状况、高级管理人员薪酬和其他有关信息。具体办法由国务院证券监督管理机构制定。

国务院证券监督管理机构可以要求下列单位或者个人,在指定的期限内提供与证券公司经营管理和财务状况有关的资料、信息:

(1)证券公司及其董事、监事、工作人员。

(2)证券公司的股东、实际控制人。

(3)证券公司控股或者实际控制的企业。

(4)证券公司的开户银行、指定商业银行、资产托管机构、证券交易所、证券登记结算机构。

(5)为证券公司提供服务的证券服务机构。

证券公司以及有关单位和个人披露、报送或者提供的资料、信息应当真实、准确、完整，不得有虚假记载、误导性陈述或者重大遗漏。

(三) 检查的情形

国务院证券监督管理机构有权采取下列措施，对证券公司的业务活动、财务状况、经营管理情况进行检查：

(1)询问证券公司的董事、监事、工作人员，要求其对有关检查事项作出说明。

(2)进入证券公司的办公场所或者营业场所进行检查。

(3)查阅、复制与检查事项有关的文件、资料，对可能被转移、隐匿或者毁损的文件、资料、电子设备予以封存。

(4)检查证券公司的计算机信息管理系统，复制有关数据资料。

国务院证券监督管理机构为查清证券公司的业务情况、财务状况，经国务院证券监督管理机构负责人批准，可以查询证券公司及与证券公司有控股或者实际控制关系企业的银行账户。

(四) 责令限期整改的情形

国务院证券监督管理机构对治理结构不健全、内部控制不完善、经营管理混乱、设立账外账或者进行账外经营、拒不执行监督管理决定、违法违规的证券公司，应当责令其限期改正，并可以采取下列措施：

(1)责令增加内部合规检查的次数并提交合规检查报告。

(2)对证券公司及其有关董事、监事、高级管理人员、境内分支机构负责人给予谴责。

(3)责令处分有关责任人员，并报告结果。

(4)责令更换董事、监事、高级管理人员或者限制其权利。

(5)对证券公司进行临时接管，并进行全面核查。

(6)责令暂停证券公司或者其境内分支机构的部分或者全部业务、限期撤销境内分支机构。

证券公司被暂停业务、限期撤销境内分支机构的，应当按照有关规定安置客户、处理未了结的业务。对证券公司的违法违规行为，合规负责人已经依法履行制止和报告职责的，免除责任。

(五) 证券监督管理机构对证券公司可以采取的监管措施

(1)任何单位或者个人未经批准，持有或者实际控制证券公司5%以上股权的，国务院证券监督管理机构应当责令其限期改正；改正前，相应股权不具有表决权。

(2)任何人未取得任职资格，实际行使证券公司董事、监事、高级管理人员或者境内分支机构负责人职权的，国务院证券监督管理机构应当责令其停止行使职权，予以公告，并可以按照规定对其采取证券市场禁入的措施。

（3）证券公司董事、监事、高级管理人员或者境内分支机构负责人不再具备任职资格条件的，证券公司应当解除其职务并向国务院证券监督管理机构报告；证券公司未解除其职务的，国务院证券监督管理机构应当责令其解除。

十六、证券公司主要违法违规情形及其处罚措施

（1）证券公司有下列情形之一的，依照《中华人民共和国证券法》第一百九十八条的规定处罚：

①聘任不具有任职资格的人员担任境内分支机构的负责人。

②未按照国务院证券监督管理机构依法做出的决定，解除不再具备任职资格条件的董事、监事、高级管理人员、境内分支机构负责人的职务。

（2）证券公司从事证券经纪业务，客户资金不足而接受其买入委托，或者客户证券不足而接受其卖出委托的，依照《中华人民共和国证券法》第二百零五条的规定处罚。

（3）证券公司将客户的资金账户、证券账户提供给他人使用的，依照《中华人民共和国证券法》第二百零八条的规定处罚。

（4）证券公司诱使客户进行不必要的证券交易，或者从事证券资产管理业务时，使用客户资产进行不必要的证券交易的，依照《中华人民共和国证券法》第二百一十条的规定处罚。

（5）证券公司或者其境内分支机构超出国务院证券监督管理机构批准的范围经营业务的，依照《中华人民共和国证券法》第二百一十九条的规定处罚。

（6）证券公司在证券自营账户与证券资产管理账户之间或者不同的证券资产管理账户之间进行交易，且无充分证据证明已依法实现有效隔离的，依照《中华人民共和国证券法》第二百二十条的规定处罚。

（7）证券公司违反本条例的规定，有下列情形之一的，责令改正，给予警告，没收违法所得，并处以违法所得1倍以上5倍以下的罚款；没有违法所得或者违法所得不足10万元的，处以10万元以上30万元以下的罚款；情节严重的，暂停或者撤销其相关证券业务许可。对直接负责的主管人员和其他直接责任人员，给予警告，并处以3万元以上10万元以下的罚款；情节严重的，撤销任职资格或者证券从业资格：

①违反规定委托其他单位或者个人进行客户招揽、客户服务或者产品销售活动。

②向客户提供投资建议，对证券价格的涨跌或者市场走势做出确定性的判断。

③违反规定委托他人代为买卖证券。

④从事证券自营业务、证券资产管理业务，投资范围或者投资比例违反规定。

⑤从事证券资产管理业务，接受一个客户的单笔委托资产价值低于规定的最低限额。

（8）证券公司违反本条例的规定，有下列情形之一的，责令改正，给予警告，没收违法所得，并处以违法所得1倍以上5倍以下的罚款；没有违法所得或者违法所得不足3万元的，处以3万元以上30万元以下的罚款。对直接负责的主管人员和其他直接责任人员单处或者并处警告、3万元以上10万元以下的罚款；情节严重的，撤销任职资格或者证券从业资格：

①未按照规定对离任的法定代表人或者高级管理人员进行审计，并报送审计报告。

②与他人合资、合作经营管理分支机构，或者将分支机构承包、租赁或者委托给他人经营管理。

③未按照规定将证券自营账户或者证券资产管理客户的证券账户报证券交易所备案。

④未按照规定程序了解客户的身份、财产与收入状况、证券投资经验和风险偏好。

⑤推荐的产品或者服务与所了解的客户情况不相适应。

⑥未按照规定指定专人向客户讲解有关业务规则和合同内容，并以书面方式向其揭示投资风险。

⑦未按照规定与客户签订业务合同，或者未在与客户签订的业务合同中载入规定的必备条款。

⑧未按照规定编制并向客户送交对账单，或者未按照规定建立并有效执行信息查询制度。

⑨未按照规定指定专门部门处理客户投诉。

⑩未按照规定提取一般风险准备金。

⑪未按照规定存放、管理客户的交易结算资金、委托资金和客户担保账户内的资金、证券。

⑫聘请、解聘会计师事务所，未按照规定向国务院证券监督管理机构备案，解聘会计师事务所未说明理由。

(9)证券公司未按照规定为客户开立账户的，责令改正；情节严重的，处以20万元以上50万元以下的罚款，并对直接负责的董事、高级管理人员和其他直接责任人员，处以1万元以上5万元以下的罚款。

(10)违反本条例的规定，有下列情形之一的，责令改正，给予警告，没收违法所得，并处以违法所得1倍以上5倍以下的罚款；没有违法所得或者违法所得不足10万元的，处以10万元以上60万元以下的罚款；情节严重的，撤销相关业务许可。对直接负责的主管人员和其他直接责任人员给予警告，撤销任职资格或者证券从业资格，并处以3万元以上30万元以下的罚款：

①未经批准，委托他人或者接受他人委托持有或者管理证券公司的股权，或者认购、受让或者实际控制证券公司的股权。

②证券公司股东、实际控制人强令、指使、协助、接受证券公司以证券经纪客户或者证券资产管理客户的资产提供融资或者担保。

③证券公司、资产托管机构、证券登记结算机构违反规定动用客户的交易结算资金、委托资金和客户担保账户内的资金、证券。

④资产托管机构、证券登记结算机构对违反规定动用委托资金和客户担保账户内的资金、证券的申请、指令予以同意、执行。

⑤资产托管机构、证券登记结算机构发现委托资金和客户担保账户内的资金、证券被违法动用而未向国务院证券监督管理机构报告。

(11)指定商业银行有下列情形之一的，由国务院证券监督管理机构责令改正，给予警告，没收违法所得，并处以违法所得1倍以上5倍以下的罚款；没有违法所得或者违法所得不足10万元的，处以10万元以上60万元以下的罚款。对直接负责的主管人员和其他直接责任人员给予警告，并处以3万元以上30万元以下的罚款：

①违反规定动用客户的交易结算资金。

②对违反规定动用客户的交易结算资金的申请、指令予以同意或者执行。

③发现客户的交易结算资金被违法动用而未向国务院证券监督管理机构报告。

指定商业银行有前款规定的行为，情节严重的，由国务院证券监督管理机构会同国务院银行业监督管理机构责令其暂停或者终止客户的交易结算资金存管业务；对直接负责的主管人员和其他直接责任人员，国务院证券监督管理机构可以建议国务院银行业监督管理机构依法处罚。

（12）违反本条例的规定，有下列情形之一的，责令改正，给予警告，并处以3万元以上20万元以下的罚款；对直接负责的主管人员和其他直接责任人员，给予警告，可以处以3万元以下的罚款：

①证券公司未按照本条例第六十六条的规定公开披露信息，或者公开披露的信息中有虚假记载、误导性陈述或者重大遗漏。

②证券公司控股或者实际控制的企业、资产托管机构、证券服务机构未按照规定向国务院证券监督管理机构报送、提供有关信息、资料，或者报送、提供的信息、资料中有虚假记载、误导性陈述或者重大遗漏。

（13）违反本条例的规定，有下列情形之一的，责令改正，给予警告，没收违法所得，并处以违法所得等值罚款；没有违法所得或者违法所得不足3万元的，处以3万元以下的罚款；情节严重的，撤销任职资格或者证券从业资格：

①合规负责人未按照规定向国务院证券监督管理机构或者有关自律组织报告违法违规行为。

②证券经纪人从事业务未向客户出示证券经纪人证书。

③证券经纪人同时接受多家证券公司的委托，进行客户招揽、客户服务等活动。

④证券经纪人接受客户的委托，为客户办理证券认购、交易等事项。

（14）证券公司违反规定收取费用的，由有关主管部门依法给予处罚。

同步自测

一、选择题（以下备选项中只有一项符合题目要求，不选、错选均不得分）

1. 我国现有的证券市场的法律法规体系分为四个层次，第二个层次是指由（ B ）制定并颁布的行政法规。

A. 全国人民代表大会　　B. 国务院

C. 全国人民代表大会常务委员会　　D. 证券监管部门

2. 甲上市公司的股东乙公司准备购买一套生产设备，乙公司请求甲公司为自己提供担保，甲董事会共有11名董事，乙公司法定代表人为甲公司的董事之一，其他董事与乙公司均无关联关系。当甲公司董事会审议此请求时，可获通过的最低标准为（ D ）。

被担保人不得参加表决

A. 所有出席会议董事2/3以上通过

B. 所有出席会议董事过半数通过

C. 除乙公司法定代表人外，所有出席会议董事过半数通过

D. 除乙公司法定代表人外，所有出席会议董事2/3以上通过

3. 下列关于有限责任公司股东出资责任的说法中，正确的是（　　）
A. 公司成立后发现作为设立公司出资的非货币财产的实际价额显著低于公司章程所定价额的，股东补足其差额，其他股东无需承担连带责任
B. 公司注册资本为在公司登记机关登记的全体股东实缴的出资额
C. 股东不按照规定缴纳出资的，向公司足额缴纳出资额后，无需承担其他责任
D. 股东以非货币财产出资的，该非货币财产应当评估作价，核实财产，不得高估或低估作价

4.《中华人民共和国公司法》规定，股份有限公司将法定公积金转为股本时，留存的该项公积金不得少于转增前公司注册资本的（　　）。
A. 10%　　B. 15%
C. 20%　　D. 25%

5.《中华人民共和国公司法》规定，有限责任公司设立监事会，其成员（　　）。
A. 必须多于 2 人　　B. 不得少于 2 人
C. 必须多于 3 人　　D. 不得少于 3 人

6. 公司发起人、股东在公司成立后，抽逃其出资的，由公司登记机关责令改正，处以所抽逃出资金额（　　）的罚款。
A. 5% 以上 15% 以下　　B. 2% 以上 10% 以下
C. 5% 以上 20% 以下　　D. 10% 以上 20% 以下

7. 上市公司在 1 年内购买、出售重大资产或者担保金额超过公司资产总额（　　）的，应当由股东大会作出决议，并经出席会议的股东所持表决权的 2/3 以上通过。
A. 25%　　B. 30%
C. 35%　　D. 40%

8. 根据《中华人民共和国公司法》的规定，下列说法中正确的是（　　）。
A. 有限责任公司的注册资本可以按照规定的比例在 3 年内分期缴清出资
B. 有限责任公司的最低注册资本额为人民币 5 万元
C. 投资公司的注册资本在 5 年内缴足即可
D. 有限责任公司的注册资本为在公司登记机关登记的全体股东认缴的出资额

9. 张某等 10 人于 2014 年 1 月共同发起设立了一家股份有限公司，注册资本为 1 000 万元，董事会成员 6 人，约定分两年缴付出资额 510 万元，根据《中华人民共和国公司法》的规定，下列选项中，应当在 2 个月内召开临时股东大会的情形是（　　）。
A. 董事人数减少 1 人
B. 总经理认为有必要召开临时股东大会
C. 单独持有公司股份 5% 的股东请求召开临时股东大会
D. 2014 年年末公司未弥补的亏损为 180 万元

10. 公司合并的，应当自作出合并决议之日起（　　）日内通知债权人，并于 30 日内在报纸上公告。
A. 5　　B. 15
C. 10　　D. 20

11. 下列关于公司合并的说法中，错误的是（　　）。
A. 公司合并可以采取吸收合并或者新设合并
B. 两个以上公司合并设立一个新的公司为新设合并，合并各方解散
C. 一个公司吸收其他公司为吸收合并，被吸收的公司解散
D. 公司合并时，合并各方的债权、债务，由合并前的公司承继

12.《中华人民共和国公司法》规定，有限责任公司的股东不可以用（　　）出资。
A. 货币　　B. 实物
C. 知识产权　　D. 股东的信用

13. 收购上市公司的行为结束后，收购人应当在（　　）日内将收购情况报告国务院证券监督管理机构和证券交易所，并予以公告。
A. 10　　B. 15
C. 20　　D. 30

14. 证券公司股东的非货币财产出资总额不得超过证券公司注册资本的（　　）。
A. 25%　　B. 30%
C. 35%　　D. 40%

15. 根据《中华人民共和国证券法》的规定，（　　）不属于证券交易内幕信息的知情人。
A. 证券登记结算机构的有关人员　　B. 发行人的监事
C. 持有公司3%股份的股东　　D. 证券监督管理机构的工作人员

16. 下列关于证券承销的说法中，错误的是（　　）。
A. 证券代销是指证券公司代发行人发售证券，在承销期结束时，将未售出的证券全部退还给发行人的承销方式
B. 证券公司承销证券，应当先行出售给认购人，而不是为本公司预留
C. 证券公司承销证券，应当同发行人签订代销协议
D. 证券包销是指证券公司将发行人的证券按照协议全部购入或者在承销期结束时将售后剩余证券全部自行购入的承销方式

17. 证券的代销、包销期限最长不得超过（　　）日。
A. 30　　B. 45
C. 60　　D. 90

18. 期货交易所会员未在期货交易所规定的时间内追加保证金或者自行平仓的，期货交易所应当将该会员的合约强行平仓，强行平仓的有关费用和发生的损失由（　　）承担。
A. 期货交易所　　B. 会员
C. 证券公司　　D. 其他客户

19. 下列属于金融期货的是（　　）。
A. 外汇期货　　B. 农产品期货
C. 金属期货　　D. 能源期货

20. 证券公司可以设独立董事，下列关于独立董事的说法中，正确的是（　　）。
A. 证券公司的独立董事，不得在本证券公司担任董事会外的职务
B. 证券公司经营证券经纪业务、投资咨询业务的，应当建立独立董事制度

C. 证券公司薪酬与提名委员会,审计委员会的负责人不应由独立董事担任

D. 证券公司独立董事与公司其他董事任期相同,不得连任

二、组合型选择题(以下备选项中只有一项最符合题目要求,不选、错选均不得分)

1. 下列形式具备法人资格的有(　　)。

Ⅰ. 有限责任公司　　Ⅱ. 股份有限公司

Ⅲ. 分公司　　Ⅳ. 子公司

A. Ⅰ、Ⅱ、Ⅲ　　B. Ⅰ、Ⅱ、Ⅳ

C. Ⅱ、Ⅲ、Ⅳ　　D. Ⅰ、Ⅱ、Ⅲ、Ⅳ

2. 根据《中华人民共和国公司法》的规定,下列叙述中正确的有(　　)。

Ⅰ. 股份有限公司的设立,可以采取发起设立或者募集设立的方式

Ⅱ. 设立股份有限公司,发起人须全部在中国境内有住所

Ⅲ. 设立股份有限公司,应当有 2 人以上 200 人以下为发起人

Ⅳ. 股份有限公司发起人承担公司筹办事务

A. Ⅰ、Ⅱ、Ⅲ　　B. Ⅰ、Ⅱ、Ⅳ

C. Ⅰ、Ⅲ、Ⅳ　　D. Ⅱ、Ⅲ、Ⅳ

3. 下列关于股份有限公司责任的说法中,正确的有(　　)。

Ⅰ. 股份有限公司的股东以自身财产对公司债务承担责任

Ⅱ. 股份有限公司以全部资产对公司债务承担责任

Ⅲ. 股份有限公司的股东以认购股份对公司债务承担责任

Ⅳ. 股份有限公司以未分配利润对公司债务承担责任

A. Ⅰ、Ⅱ　　B. Ⅲ、Ⅳ

C. Ⅱ、Ⅲ　　D. Ⅱ、Ⅳ

4. 根据《中华人民共和国公司法》的规定,股东会行使的职权有(　　)。

Ⅰ. 修改公司章程　　Ⅱ. 决定公司的经营方针和投资计划

Ⅲ. 审议批准董事会的报告　　Ⅳ. 对发行公司债券作出决议

A. Ⅰ、Ⅱ、Ⅲ、Ⅳ　　B. Ⅱ、Ⅲ、Ⅳ

C. Ⅰ、Ⅱ、Ⅲ　　D. Ⅰ、Ⅱ、Ⅳ

5.《中华人民共和国公司法》规定,当出现(　　)情形时,应当在 2 个月内召开临时股东大会。

Ⅰ. 董事人数不足法定人数或公司章程所定人数的 2/3 时

Ⅱ. 公司未弥补的亏损达实收股本总额 1/3 时

Ⅲ. 单独或者合计持有公司股份 10% 以上的股东请求时

Ⅳ. 董事会认为必要时

A. Ⅰ、Ⅱ　　B. Ⅰ、Ⅳ

C. Ⅰ、Ⅱ、Ⅲ　　D. Ⅰ、Ⅱ、Ⅲ、Ⅳ

6. 下列关于有限责任公司监事会的说法中,错误的有(　　)。

Ⅰ. 设监事会的,其成员不得少于 5 人

Ⅱ. 股东人数较少或者规模较小的,可以不设监事会

Ⅲ.监事会应当包括不高于总人数1/3的公司职工代表
Ⅳ.董事、高级管理人员可以兼任监事
A. Ⅰ、Ⅱ
B. Ⅰ、Ⅱ、Ⅳ
C. Ⅲ、Ⅳ
D. Ⅰ、Ⅲ、Ⅳ

7.股份有限公司股东大会通过的下列决议中,必须经出席会议的股东所持表决权的2/3以上通过的有( )。
Ⅰ.修改公司章程
Ⅱ.增加或者减少注册资本的决议
Ⅲ.公司合并、分立、解散
Ⅳ.出售公司生产经营设备
A. Ⅱ、Ⅲ、Ⅳ
B. Ⅰ、Ⅲ、Ⅳ
C. Ⅰ、Ⅱ、Ⅲ
D. Ⅰ、Ⅱ、Ⅳ

8.证券的发行、交易活动,必须实行( )的原则。
Ⅰ.公开
Ⅱ.平等
Ⅲ.公平
Ⅳ.公正
A. Ⅰ、Ⅱ、Ⅳ
B. Ⅱ、Ⅲ、Ⅳ
C. Ⅰ、Ⅲ、Ⅳ
D. Ⅰ、Ⅱ、Ⅲ

9.根据《中华人民共和国证券法》的规定,对内幕交易行为人可能采取的行政处罚措施包括( )。
Ⅰ.责令处理非法持有的证券
Ⅱ.没收违法所得,并处罚款
Ⅲ.警告
Ⅳ.单处罚款
A. Ⅰ、Ⅱ、Ⅳ
B. Ⅱ、Ⅲ、Ⅳ
C. Ⅰ、Ⅲ、Ⅳ
D. Ⅰ、Ⅱ、Ⅲ

10. A公司为上市证券公司,该公司的下列行为中,不属于操纵证券市场的手段有( )。
Ⅰ.单独或者通过合谋,利用信息优势联合或者连续买卖,操纵证券交易量
Ⅱ.将证券自营业务和证券资产管理业务分开操作
Ⅲ.在自己实际控制账户之间进行证券交易,影响证券交易价格或者证券交易量,买卖并不持有的证券
Ⅳ.挪用客户所委托买卖的证券或者客户账户上的资金
A. Ⅱ、Ⅳ
B. Ⅰ、Ⅱ
C. Ⅲ、Ⅳ
D. Ⅰ、Ⅱ、Ⅲ

11.下列关于证券交易的说法中,正确的有( )。
Ⅰ.证券交易所、证券公司、证券登记结算机构必须依法为客户开立的账户保密
Ⅱ.证券交易的收费项目、收费标准和管理办法由国务院有关主管部门统一规定
Ⅲ.证券交易当事人依法买卖的证券,必须是依法发行并交付的证券
Ⅳ.依法发行的股票、公司债券及其他证券,法律对其转让期限有限制性规定的,在限定的期限内可以买卖
A. Ⅰ、Ⅱ、Ⅲ、Ⅳ
B. Ⅰ、Ⅱ
C. Ⅰ、Ⅱ、Ⅲ
D. Ⅲ、Ⅳ

12. 证券公司违反规定假借他人名义或者以个人名义从事证券自营业务的,应(　　)。

Ⅰ.责令改正,没收违法所得

Ⅱ.处以违法所得1倍以上5倍以下的罚款

Ⅲ.没有违法所得或者违法所得不足30万元的,处以30万元以上60万元以下的罚款

Ⅳ.情节严重的,暂停或者撤销证券自营业务许可

A. Ⅰ、Ⅲ、Ⅳ　　B. Ⅰ、Ⅱ、Ⅲ、Ⅳ

C. Ⅰ、Ⅱ、Ⅳ　　D. Ⅱ、Ⅲ

13. 有权对存放在本机构的客户的交易结算资金、委托资金和客户担保账户内的资金、证券的动用情况进行监督的机构有(　　)。

Ⅰ. 指定商业银行　　Ⅱ. 证券登记结算机构

Ⅲ. 资产托管机构　　Ⅳ. 证券交易所

A. Ⅰ、Ⅳ　　B. Ⅱ、Ⅳ

C. Ⅰ、Ⅱ、Ⅲ　　D. Ⅱ、Ⅲ、Ⅳ

14. 公司合并的种类包括(　　)。

Ⅰ. 吸收合并　　Ⅱ. 新设合并

Ⅲ. 派生合并　　Ⅳ. 创设合并

A. Ⅰ、Ⅱ、Ⅲ　　B. Ⅱ、Ⅲ、Ⅳ

C. Ⅰ、Ⅱ、Ⅳ　　D. Ⅰ、Ⅲ、Ⅳ

15. 下列属于证券公司章程中重要条款的是(　　)。

Ⅰ. 证券公司的解散事由　　Ⅱ. 证券公司的清算办法

Ⅲ. 证券公司组织机构及其产生办法　　Ⅳ. 聘任律师事务所程序

A. Ⅰ、Ⅱ、Ⅲ　　B. Ⅰ、Ⅱ、Ⅲ、Ⅳ

C. Ⅰ、Ⅱ　　D. Ⅲ、Ⅳ

答案详解

一、选择题

1. B。【解析】我国现有的证券市场的法律法规体系分为四个层次:第一个层次是指由全国人民代表大会或全国人民代表大会常务委员会制定并颁布的法律;第二个层次是指由国务院制定并颁布的行政法规;第三个层次是指由证券监管部门和相关部门制定的部门规章及规范性文件;第四个层次是指由证券交易所、中国证券业协会及中国证券登记结算有限公司等自律组织制定的行业自律规则。

2. C。【解析】在决议表决时,被担保人不得参加表决。决议的表决由出席会议的其他股东所持表决权的过半数通过,方为有效。

3. D。【解析】有限责任公司成立后,发现作为设立公司出资的非货币财产的实际价额显著低于公司章程所定价额的,应当由交付该出资的股东补足其差额;公司设立时的其他股东承担连带责任。故A项说法错误。有限责任公司的注册资本为在公司登记机关登记的全体股东认缴的出资额。故B项说法错误。股东不按规定缴纳出资的,除应当向公司足额缴纳外,还应当向已按期足额缴纳出资的股东承担违约责任。故C项说法错误。

4. D。【解析】《中华人民共和国公司法》规定,公司的公积金用于弥补公司的亏损、扩大公司生产经营或者转为增加公司资本。但是,资本公积金不

得用于弥补公司的亏损。法定公积金转为资本时，所留存的该项公积金不得少于转增前公司注册资本的25%。

5. D。【解析】《中华人民共和国公司法》规定，有限责任公司设监事会，其成员不得少于3人；股东人数较少或者规模较小的有限责任公司，可以设1至2名监事，不设监事会。

6. A。【解析】《中华人民共和国公司法》第二百条规定，公司的发起人、股东在公司成立后，抽逃其出资的，由公司登记机关责令改正，处以所抽逃出资金额5%以上15%以下的罚款。

7. B。【解析】根据《中华人民共和国公司法》第一百二十一条的规定，上市公司在1年内购买、出售重大资产或者担保金额超过公司资产总额30%的，应当由股东大会作出决议，并经出席会议的股东所持表决权的2/3以上通过。

8. D。【解析】《中华人民共和国公司法》第二十六条规定，有限责任公司的注册资本为在公司登记机关登记的全体股东认缴的出资额。法律、行政法规以及国务院决定对有限责任公司注册资本实缴、注册资本最低限额另有规定的，从其规定。

9. D。【解析】有下列情形之一的，应当在2个月内召开临时股东大会：(1)董事人数不足《中华人民共和国公司法》规定人数或者公司章程所定人数的2/3时。(2)公司未弥补的亏损达实收股本总额1/3时。(3)单独或者合计持有公司10%以上股份的股东请求时。(4)董事会认为必要时。(5)监事会提议召开时。(6)公司章程规定的其他情形。

10. C。【解析】《中华人民共和国公司法》第一百七十三条规定，公司应当自作出合并决议之日起10日内通知债权人，并于30日内在报纸上公告。

11. D。【解析】公司合并时，合并各方的债权、债务，应当由合并后存续的公司或者新设的公司承继。

12. D。【解析】《中华人民共和国公司法》第二十七条规定，股东可以用货币出资，也可以用实物、知识产权、土地使用权等可以用货币估价并可以依法转让的非货币财产作价出资；但是，法律、行政法规规定不得作为出资的财产除外。股东的信用不得作为出资财产。

13. B。【解析】《中华人民共和国证券法》第一百条规定，收购行为完成后，收购人应当在15日内将收购情况报告国务院证券监督管理机构和证券交易所，并予公告。

14. B。【解析】《证券公司监督管理条例》第九条规定，证券公司的股东应当用货币或者证券公司经营必需的非货币财产出资。证券公司股东的非货币财产出资总额不得超过证券公司注册资本的30%。

15. C。【解析】证券交易内幕信息的知情人包括：(1)发行人的董事、监事、高级管理人员。(2)持有公司5%以上股份的股东及其董事、监事、高级管理人员，公司的实际控制人及其董事、监事、高级管理人员。(3)发行人控股的公司及其董事、监事、高级管理人员。(4)由于所任公司职务可以获取公司有关内幕信息的人员。(5)证券监督管理机构工作人员以及由于法定职责对证券的发行、交易进行管理的其他人员。(6)保荐人、承销的证券公司、证券交易所、证券登记结算机构、证券服务机构的有关人员。(7)国务院证券监督管理机构规定的其他人。

16. C。【解析】证券公司承销证券，应当同发行人签订代销或者包销协议。

17. D。【解析】《中华人民共和国证券法》规定，证券的代销、包销期限最长不得超过90日。

18. B。【解析】期货交易所会员的保证金不足时，应当及时追加保证金或者自行平仓。会员未在期货交易所规定的时间内追加保证金或者自行平仓的，期货交易所应当将该会员的合约强行平仓，强行平仓的有关费用和发生的损失由该会员承担。

19. A。【解析】金融期货的主要品种可以分为外汇期货、利率期货(包括中长期债券和短期利率)和股指期货(如英国的金融时报指数、日本的日经平均指数、香港的恒生指数等)和股票期货。其他三项属于商品期货。

20. A。【解析】证券公司可以设独立董事。证券公司的独立董事，不得在本证券公司担任董事会外的职务，不得与本证券公司存在可能妨碍其做出独立、客观判断的关系。

二、组合型选择题

1. B。【解析】分公司不具有法人资格，其民事责任由总公司承担。

2. C。【解析】《中华人民共和国公司法》第七十八条规定，设立股份有限公司，应当有2人以上200以下为发起人，其中须有半数以上的发起人在中国境内有住所。故Ⅱ项说法错误。

3. C。【解析】《中华人民共和国公司法》第三条规定，公司是企业法人，有独立的法人财产，享有法人财产权。公司以其全部财产对公司的债务承担责任。有限责任公司的股东以其认缴的出资额为限对公司承担责任；股份有限公司的股东以其认购的股份为限对公司承担责任。

4. A。【解析】《中华人民共和国公司法》第三十七条规定，股东会行使下列职权：决定公司的经营方针和投资计划；选举和更换非由职工代表担任的董事、监事，决定有关董事、监事的报酬事项；审议批准董事会的报告；审议批准监事会或者监事的报告；审议批准公司的年度财务预算方案、决算方案；审议批准公司的利润分配方案和弥补亏损方案；对公司增加或者减少注册资本作出决议；对发行公司债券作出决议；对公司合并、分立、解散、清算或者变更公司形式作出决议；修改公司章程；公司章程规定的其他职权。

5. D。【解析】《中华人民共和国公司法》第一百条规定，股东大会应当每年召开一次年会。有下列情形之一的，应当在2个月内召开临时股东大会：董事人数不足本法规定人数或者公司章程所定人数的2/3时；公司未弥补的亏损达实收股本总额1/3时；单独或者合计持有公司10%以上股份的股东请求时；董事会认为必要时；监事会提议召开时；公司章程规定的其他情形。

6. D。【解析】《中华人民共和国公司法》规定，有限责任公司设监事会，其成员不得少于3人。股东人数较少或者规模较小的有限责任公司，可以设1至2名监事，不设监事会。监事会应当包括股东代表和适当比例的公司职工代表，其中职工代表的比例不得低于1/3，具体比例由公司章程规定。董事、高级管理人员不得兼任监事。

7. C。【解析】股东大会作出修改公司章程、增加或者减少注册资本的决议，以及公司合并、分立、解散或者变更公司形式的决议，必须经出席会议的股东所持表决权的2/3以上通过。

8. C。【解析】证券的发行、交易活动，必须实行公开、公平、公正的原则。

9. D。【解析】《中华人民共和国证券法》第二百零二条规定，证券交易内幕信息的知情人或者非法获取内幕信息的人，在涉及证券的发行、交易或者其他对证券的价格有重大影响的信息公开前，买卖该证券，或者泄露该信息，或者建议他人买卖该证券的，责令依法处理非法持有的证券，没收违法所得，并处以违法所得1倍以上5倍以下的罚款；没有违法所得或者违法所得不足3万元的，处以3万元以上60万元以下的罚款。单位从事内幕交易的，还应当对直接负责的主管人员和其他直接责任人员给予警告，并处以3万元以上30万元以下的罚款。证券监督管理机构工作人员进行内幕交易的，从重处罚。

10. A。【解析】禁止任何人以下列手段操纵证券市场：(1)单独或者通过合谋，集中资金优势、持股优势或者利用信息优势联合或者连续买卖，操纵证券交易价格或者证券交易量。(2)与他人串通，以事先约定的时间、价格和方式相互进行证券交易，影响证券交易价格或者证券交易量。(3)在自己实际控制的账户之间进行证券交易，影响证券交易价格或者证券交易量。(4)以其他手段操纵证券市场。

11. C。【解析】证券交易的条件是指在证券市场上公开进行交易的证券必须符合法律规定的相关条件才能买卖。按照证券法的规定，证券交易的条件主要包括以下内容：(1)证券交易当事人依法买卖的证券，必须是依法发行并交付的证券。非依法发行的证券，不得买卖。(2)依法发行的股票、公司债券及其他证券，法律对其转让期限有限制性规定的，在限定的期限内不得买卖。(3)依法公开发行的股票、公司债券及其他证券，应当在依法设立的证券交易所上市交易或者在国务院批准的其他证券交易场所转让。

12. B。【解析】证券公司违反证券法规定，假借他人名义或者以个人名义从事证券自营业务的，责令改正，没收违法所得，并处以违法所得1倍以上5倍以下的罚款；没有违法所得或者违法所得不足30万元的,处以30万元以上60万元以下的罚款;情节严重的,暂停或者撤销证券自营业务许可。对直接负责的主管人员和其他直接责任人员给予警告,撤销任职资格或者证券从业资格,并处以3万元以上10万元以下的罚款。

13. C。【解析】《证券公司监督管理条例》第六十二条第一款规定,指定商业银行、资产托管机构和证券登记结算机构应当对存放在本机构的客户的交易结算资金、委托资金和客户担保账户内的资金、证券的动用情况进行监督,并按照规定定期向国务院证券监督管理机构报送客户的交易结算资金、委托资金和客户担保账户内的资金、证券的存管或者动用情况的有关数据。

14. C。【解析】公司合并可以采取吸收合并和新设合并两种方式。其中,新设合并又称为创设合并。

15. A。【解析】证券公司章程中的重要条款,是指规定下列事项的条款:(1)证券公司的名称、住所。(2)证券公司的组织机构及其产生办法、职权、议事规则。(3)证券公司对外投资、对外提供担保的类型、金额和内部审批程序。(4)证券公司的解散事由与清算办法。(5)国务院证券监督管理机构要求证券公司章程规定的其他事项。

第二章 证券从业人员管理

第一节 从业资格

考纲要求

大纲内容	要求
从事证券业务的专业人员范围	了解
专业人员从事证券业务的资格条件	了解
从业人员申请执业证书的条件和程序	熟悉
从业人员监督管理的相关规定	了解
违反从业人员资格管理相关规定的法律责任	熟悉
证券经纪业务营销人员执业资格管理的有关规定	掌握
证券投资基金销售人员从业资格管理的有关规定	掌握
证券投资咨询人员分类及其从业资格管理的有关规定	掌握
证券投资顾问的注册登记要求	掌握
证券分析师的注册登记要求	掌握
保荐代表人的资格管理规定	熟悉
客户资产管理业务投资主办人执业注册的有关要求	掌握
财务顾问主办人应当具备的条件	熟悉

知识解读

一、从事证券业务的专业人员范围

《证券业从业人员资格管理办法》第一条规定，为了加强证券业从业人员资格管理，促进证券市场规范发展，保护投资者合法权益，根据《中华人民共和国证券法》，制定本办法。

第二条规定，在依法从事证券业务的机构（以下简称"机构"）中从事证券业务的专业人员，应当按照本办法规定，取得证券从业资格和执业证书。

第三条规定，本办法所称机构是指：

（1）证券公司。

(2)基金管理公司、基金托管机构、基金销售机构。

(3)证券投资咨询机构。

(4)证券资信评估机构。

(5)中国证监会规定的其他从事证券业务的机构。

第四条规定,从事证券业务的专业人员是指:

(1)证券公司中从事自营、经纪、承销、投资咨询、受托投资管理等业务的专业人员,包括相关业务部门的管理人员。

(2)基金管理公司、基金托管机构中从事基金销售、研究分析、投资管理、交易、监察稽核等业务的专业人员,包括相关业务部门的管理人员;基金销售机构中从事基金宣传、推销、咨询等业务的专业人员,包括相关业务部门的管理人员。

(3)证券投资咨询机构中从事证券投资咨询业务的专业人员及其管理人员。

(4)证券资信评估机构中从事证券资信评估业务的专业人员及其管理人员。

(5)中国证监会规定需要取得证券从业资格和执业证书的其他人员。

第五条规定,中国证券业协会依据本办法负责从业人员从业资格考试、执业证书发放以及执业注册登记等工作。

第六条规定,中国证监会对中国证券业协会有关证券业从业人员资格管理的工作进行指导和监督。

二、专业人员从事证券业务的资格条件

《关于证券业从业人员资格考试测试制度改革有关问题的通知》规定:

1. 类别

证券业从业资格考试测试划分为一般从业资格考试、专项业务类资格考试和管理类资格考试三种类别。

一般从业资格考试,即“入门资格考试”,主要面向即将进入证券业从业的人员,具体测试考生是否具备证券从业人员执业所需专业基础知识,是否掌握基本证券法律法规和职业道德要求。

专项业务类资格考试,即“专业资格考试”,主要面向已经进入证券业从业的人员,主要测试考生是否具备从事证券业务的专业人员履行法定职责所必备的专业知识、专业技能和专业操守。

管理类资格考试,即“管理资质测试”,主要面向拟任证券经营机构高级管理人员,主要测试考生是否掌握在证券经营机构履行经营管理职责所必备的管理流程和管理标准。

2. 科目

入门资格考试科目设定两门,名称分别为《证券市场基本法律法规》和《金融市场基础知识》。

各专业资格考试设相应考试科目1门。保荐代表人胜任能力考试、证券分析师胜任能力考试和证券投资顾问胜任能力考试的考试科目分别对应为《投资银行业务》《发布证券研究报告业务》和《证券投资顾问业务》。

各管理资质测试的考试科目均设1门,分别为《证券公司高级管理人员资质测试》《证券评级业务高级管理人员资质测试》和《证券公司合规管理人员胜任能力测试》。

3. 合格标准

入门资格考试注重考查必需的专业基础知识和基本法律法规，以应知为主，通过入门资格考试人员应基本具备证券业务素质和证券业务操守。

专业资格考试突出考查必备的业务流程、业务标准和业务技能，以应会为主，通过专业资格考试人员应基本胜任业务工作。

管理资质测试集中考查法定的管理流程和管理标准，以合规为主，通过管理资质测试人员应掌握主要的监管规定和监管要求。

4. 合格成绩有效期

各类资格考试测试满分均为100分；达到60分及60分以上的考试测试成绩，视为合格成绩。

合格成绩的有效期实行分类管理：

（1）入门资格考试合格成绩长期有效。

（2）考生取得专业资格考试合格成绩后，应当每年参加并完成中国证券业协会组织的相应业务培训；未按要求完成相应业务培训的，其合格成绩不再有效。

（3）管理资质测试的合格成绩有效期维持3年不变。

5. 报名条件

年满18周岁、具有高中以上文化程度和完全民事行为能力的人员，都可报名参加入门资格考试。

入门资格考试合格的，均可参加专业资格考试和管理资质测试。

三、从业人员申请执业证书的条件和程序

（一）从业人员申请执业证书的条件

《证券业从业人员资格管理办法》第十条规定，取得从业资格的人员，符合下列条件的，可以通过机构申请执业证书：

（1）已被机构聘用。

（2）最近3年未受过刑事处罚。

（3）不存在《中华人民共和国证券法》第一百三十二条（因违法行为或者违纪行为被开除的证券交易所、证券登记结算机构、证券服务机构、证券公司的从业人员和被开除的国家机关工作人员，不得招聘为证券公司的从业人员）规定的情形。

（4）未被中国证监会认定为证券市场禁入者，或者已过禁入期的。

（5）品行端正，具有良好的职业道德。

（6）法律、行政法规和中国证监会规定的其他条件。

申请执业证券投资咨询以及证券资信评估业务的，申请人应当同时符合《中华人民共和国证券法》第一百七十条（投资咨询机构、财务顾问机构、资信评级机构从事证券服务业务的人员，必须具备证券专业知识和从事证券业务或者证券服务业务2年以上经验。认定其证券从业资格的标准和管理办法，由国务院证券监督管理机构制定）规定的情形，以及其他相关规定。

（二）从业人员申请执业证书的程序

《证券业从业人员资格管理实施细则（试行）》第七条规定，执业证书的申请通过中国证券业协会执业证书管理系统进行。

第八条规定，申请人应当向所在机构提交下列申请材料：

（1）执业证书申请表。

（2）身份证复印件。

（3）学历证明复印件。

（4）协会规定的其他材料。

第九条规定，申请执业证书的程序包括：

（1）申请人登录协会执业证书管理系统，填写执业证书申请表，连同打印的书面申请表及第八条规定的其他申请材料提交所在机构。

（2）机构资格管理员对执业证书申请表进行初审并确认，书面申请表由机构保管备查，电子申请表提交协会。

（3）协会对机构提交的执业证书申请表进行审核，必要时可要求机构提交书面申请表及有关证明材料，协会在收到完整申请材料后30日内审核完毕。

第十条规定，对于符合条件的申请人，协会通过执业证书管理系统向中国证监会有关部门备案后，颁发执业证书，并在协会的互联网站公告。执业证书由所在机构向协会统一领取。对不予颁发执业证书的人员，协会以书面方式通知所在机构并说明原因。

四、从业人员监督管理的相关规定

《证券业从业人员资格管理实施细则（试行）》第二十一条规定，协会对执业人员自取得执业证书之日起每两年检查一次。

《证券业从业人员资格管理办法》第十三条规定，取得执业证书的人员，连续3年不在机构从业的，由协会注销其执业证书；重新执业的，应当参加协会组织的执业培训，并重新申请执业证书。

第十四条规定，从业人员取得执业证书后，辞职或者不为原聘用机构所聘用的，或者因其他原因与原聘用机构解除劳动合同的，原聘用机构应当在上述情形发生后10日内向协会报告，由协会变更该人员执业注册登记。

取得执业证书的从业人员变更聘用机构的，新聘用机构应当在上述情形发生后10日内向协会报告，由协会变更该人员执业注册登记。

第十五条规定，机构不得聘用未取得执业证书的人员对外开展证券业务。

第十六条规定，从业人员在执业过程中违反有关证券法律、行政法规以及中国证监会有关规定，受到聘用机构处分的，该机构应当在处分后10日内向协会报告。

第十七条规定，协会、机构应当定期组织取得执业证书的人员进行后续职业培训，提高从业人员的职业道德和专业素质。

第十八条规定，协会依据本办法及中国证监会有关规定制定的从业资格考试办法、考试大纲、执业证书管理办法以及执业行为准则等，应当报中国证监会核准。

第十九条规定，协会应当建立从业人员资格管理数据库，进行资格公示和执业注册登记管理。

五、违反从业人员资格管理相关规定的法律责任

《证券业从业人员资格管理办法》第二十条规定，参加资格考试的人员，违反考场规则，扰乱考场秩序的，在2年内不得参加资格考试。

第二十一条规定，取得从业资格的人员提供虚假材料，申请执业证书的，不予颁发执业证书；已颁发执业证书的，由协会注销其执业证书。

第二十二条规定，机构办理执业证书申请过程中，弄虚作假、徇私舞弊、故意刁难有关当事人的，或者不按规定履行报告义务的，由协会责令改正；拒不改正的，由协会对机构及其直接责任人员给予纪律处分；情节严重的，由中国证监会单处或者并处警告、3万元以下罚款。

第二十三条规定，机构聘用未取得执业证书的人员对外开展证券业务的，由协会责令改正；拒不改正的，给予纪律处分；情节严重的，由中国证监会单处或者并处警告、3万元以下罚款。

第二十四条规定，从业人员拒绝协会调查或者检查的，或者所聘用机构拒绝配合调查的，由协会责令改正；拒不改正的，给予纪律处分；情节严重的，由中国证监会给予从业人员暂停执业3个月至12个月，或者吊销其执业证书的处罚；对机构单处或者并处警告、3万元以下罚款。

第二十五条规定，被中国证监会依法吊销执业证书或者因违反《证券业从业人员资格管理办法》被协会注销执业证书的人员，协会可在3年内不受理其执业证书申请。

第二十六条规定，协会工作人员不按《证券业从业人员资格管理办法》规定履行职责，徇私舞弊、玩忽职守或者故意刁难有关当事人的，协会应当给予纪律处分。

六、证券经纪业务营销人员执业资格管理的有关规定

根据《证券公司监督管理条例》和中国证监会《关于证券公司经纪业务营销活动有关事项的通知》对证券公司经纪业务营销活动的规范要求，中国证券业协会要求证券公司加强证券经纪业务营销人员（以下简称“营销人员”）的管理。具体要求如下：

（1）通过证券经纪人专项考试取得证券从业资格的证券公司员工，经所在机构向协会申请执业注册，可以取得证券经纪营销执业证书成为营销人员，此类人员不得从事证券经纪业务营销活动以外的证券经营业务活动。

（2）申请人需登录中国证券业协会执业证书管理系统填写《执业注册申请表》，经所在机构审核后通过该系统向中国证监会提交申请。

（3）营销人员应遵守证券业务的相关法律、法规和行政规章，遵守从业人员执业行为准则，并按要求参加从业人员年检。

（4）营销人员应按照中国证券业协会对从业人员的统一要求参加后续职业培训，规范执业行为，不断提高业务水平、职业道德水平和综合素质。

《证券经纪人执业注册登记暂行办法》第十五条规定，协会对证券经纪人自其取得证券经纪人证书之日起每年检查一次。

七、证券投资基金销售人员从业资格管理的有关规定

《证券投资基金销售人员从业资质管理规则》第二条规定，证券投资基金销售人员是指下列基金销售人员：

（1）基金销售机构总部及主要分支机构负责基金销售业务的部门中从事基金销售业务管理的人员，包括部门基金业务负责人。

（2）基金销售机构从事基金宣传推介活动、基金理财业务咨询等活动的人员。

第三条规定，基金销售机构是指办理基金销售业务的基金管理公司和经中国证监会认定的取得基金销售业务资格的其他机构，包括商业银行、证券公司、证券投资咨询机构、专业基金销售机构等。

第四条规定，基金销售人员应按照《证券投资基金销售人员从业资质管理规则》的要求取得从业资质证明，基金销售人员从业资质可以通过以下方式获取：

（1）通过证券业从业人员资格考试中的"证券市场基础知识"和"证券投资基金"两科考试，由所在机构统一进行注册申请，符合条件的可获得中国证券业执业证书。

（2）通过基金销售人员从业考试即"证券投资基金销售基础知识"一科的，可直接获得基金销售人员从业考试成绩合格证。

第五条规定，基金销售人员应符合下列资质要求：

（1）基金管理公司的全部基金销售人员应取得第四条第（1）项规定的中国证券业执业证书。

（2）证券公司总部及营业网点、商业银行总行及其一级分行、专业基金销售机构和证券投资咨询机构总部及营业网点从事基金销售业务管理的人员应取得第四条第（1）项规定的中国证券业执业证书。

（3）证券公司总部及营业网点、商业银行总行、各级分行及营业网点、专业基金销售机构和证券投资咨询机构总部及营业网点从事基金宣传推介、基金理财业务咨询等活动的人员应取得基金销售人员从业考试成绩合格证。

第六条规定，基金销售人员在开展基金宣传推介、基金理财业务咨询等活动时应通过适当的方式向基金投资人出示从业资质证明。

第七条规定，对于通过证券业从业人员资格考试的基金销售人员，基金销售机构应遵照《证券业从业人员资格管理办法》《证券业从业人员资格管理实施细则》和本规则的要求，统一办理执业注册、后续培训和执业年检。

第八条规定，对于取得基金销售人员从业考试成绩合格证的人员，基金销售机构可参照中国证券业协会证券从业人员后续职业培训大纲的要求，组织与基金销售相关的职业培训。

取得基金销售人员从业考试成绩合格证的人员可以参加所在机构组织的培训，也可以参加协会远程系统的培训或所在辖区地方证券业协会组织的培训。

第九条规定，基金销售机构对基金销售人员的销售行为、流动情况、获取从业资质和业务培训等进行日常管理，建立健全基金销售人员管理档案，登记基金销售人员的基本资料和培训情况等。

第十条规定，基金销售机构应通过网站或其他方式向社会公示本机构所属的取得基金销售从业资质的人员信息，公示的内容包括但不限于姓名、从业资质证明及编号、所在营业网点等信息。

第十一条规定,中国证券业协会对各基金销售机构基金销售人员的持证上岗情况以及执业行为等进行监督检查。对于违反本规则及中国证券业协会其他自律规则的,中国证券业协会将进行调查并视情节轻重对基金销售机构和基金销售人员予以纪律处分,相关惩罚记录记入基金销售人员和所在机构的诚信数据库。不予纠正或情节严重的,报告中国证监会。

八、证券投资咨询人员分类及其从业资格管理的有关规定

(一) 证券投资咨询人员分类

《关于证券投资咨询机构申请咨询从业资格及证券投资咨询人员申请咨询执业资格的通知》规定,申请咨询执业资格的证券投资咨询人员,包括:

(1)专业证券投资咨询机构的咨询人员。

(2)证券经营机构研究部门的咨询人员。

(二) 证券投资咨询人员从业资格管理的规定

(1)申请从事证券投资咨询业务应当具备下列条件:

①已取得证券从业资格。

②被证券投资咨询机构或可从事证券投资咨询业务的证券公司聘用。

③具有中华人民共和国国籍。

④具有完全民事行为能力。

⑤具有大学本科以上学历(教育部认可的)。

⑥具有从事证券业务2年以上的经历。

⑦未受过刑事处罚。

⑧未被中国证监会认定为证券市场禁入者,或者已过禁入期的。

⑨品行端正,具有良好的职业道德。

⑩法律、行政法规和中国证监会规定的其他条件。

(2)《证券、期货投资咨询管理暂行办法》第二条规定,证券、期货投资咨询,是指从事证券、期货投资咨询业务的机构及其投资咨询人员以下列形式为证券、期货投资人或者客户提供证券、期货投资分析和预测或者建议等直接或者间接有偿咨询服务的活动:

①接受投资人或者客户委托,提供证券、期货投资咨询服务。

②举办有关证券、期货投资咨询的讲座、报告会、分析会等。

③在报刊上发表证券、期货投资咨询的文章、评论、报告,以及通过电台、电视台等公众传播媒体提供证券、期货投资咨询服务。

④通过电话、传真、电脑网络等电信设备系统,提供证券、期货投资咨询服务。

⑤中国证监会认定的其他形式。

第十四条规定,证券、期货投资咨询人员申请取得证券、期货投资咨询从业资格,按照下列程序审批:

①申请人向经中国证监会授权的所在地地方证管办(证监会)提出申请(所在地地方证管办(证监会)未经中国证监会授权的,申请人向中国证监会直接提出申请,下同),地方证管办(证监会)经审核同意后,提出初审意见。

②地方证管办(证监会)将审核同意的申请文件报送中国证监会,经中国证监会审批后,向申请人颁发资格证书,并将批准文件抄送地方证管办(证监会)。

第十五条规定,证券、期货投资咨询人员申请取得证券、期货投资咨询从业资格,应当提交下列文件:

①中国证监会统一印制的申请表。

②身份证。

③学历证书。

④参加证券、期货从业人员资格考试的成绩单。

⑤所在单位或者户口所在地街道办事处开具的以往行为说明材料。

⑥中国证监会要求报送的其他材料。

第二十四条规定,证券、期货投资咨询机构及其投资咨询人员,不得从事下列活动:

①代理投资人从事证券、期货买卖。

②向投资人承诺证券、期货投资收益。

③与投资人约定分享投资收益或者分担投资损失。

④为自己买卖股票及具有股票性质、功能的证券以及期货。

⑤利用咨询服务与他人合谋操纵市场或者进行内幕交易。

⑥法律、法规、规章所禁止的其他证券、期货欺诈行为。

九、证券投资顾问和证券分析师的注册登记要求

(一) 《关于证券投资顾问和证券分析师注册登记有关事宜的通知》的内容

(1)证券公司、证券投资咨询机构应当按照《证券投资顾问业务暂行规定》和《发布证券研究报告暂行规定》的要求,根据选择的证券投资顾问、发布证券研究报告业务类别,做好证券投资咨询执业人员分类管理,并向中国证券业协会(以下简称证券业协会)申请办理证券投资顾问、证券分析师的注册登记。

注册登记为证券投资顾问的人员,其申请从事的证券业务类别为证券投资咨询业务(投资顾问);注册登记为证券分析师的人员,其申请从事的证券业务类别为证券投资咨询业务(分析师)。

(2)从事证券投资顾问、发布证券研究报告业务的证券公司、证券投资咨询机构,应当在2011年1月1日前,为公司从事证券投资顾问、发布证券研究报告业务的现有证券投资咨询执业人员集中办理注册登记。

证券公司应当将公司总部、证券营业部中签订劳动合同、取得证券投资咨询执业资格且实际从事证券投资顾问业务的人员,申请注册登记为证券投资顾问;将研究部门或者研究子公司中签订劳动合同、取得证券投资咨询执业资格且实际从事发布证券研究报告业务的人员,申请注册登记为证券分析师。

证券投资咨询机构应当将签订劳动合同、取得证券投资咨询执业资格且实际从事证券投资顾问业务的人员,申请注册登记为证券投资顾问。证券投资咨询机构在建立健全业务管理制度、合规管理和内部控制机制的前提下,可以将其专门研究部门中签订劳动合同、取

得证券投资咨询执业资格且实际从事发布证券研究报告业务的人员，申请注册登记为证券分析师。

同一人员不得同时申请注册登记为证券投资顾问和证券分析师。

(3)证券公司、证券投资咨询机构为现有证券投资咨询执业人员，集中办理证券投资顾问、证券分析师的注册登记，应当向证券业协会报送下列书面申请材料：

①公司证券投资咨询业务许可证明复印件。

②申请注册为证券投资顾问的人员基本信息表，包括人员姓名、身份证号码、证券投资咨询执业资格证书编号、所在业务部门、工作地点等信息。

③申请注册为证券分析师的人员基本信息表，包括人员姓名、身份证号码、证券投资咨询执业资格证书编号、所在业务部门、工作地点等信息。

④公司证券投资顾问人员管理制度、证券分析师人员管理制度及人员分类情况说明。

⑤公司关于所提供材料真实、准确、完整的承诺书。

⑥证券业协会要求提供的其他材料或者证明文件。

证券公司、证券投资咨询机构向证券业协会提交书面申请时，应当同步在中国证券业执业证书管理系统，录入有关人员的申请材料和相关信息。

(4)2011 年 1 月 1 日后，证券公司、证券投资咨询机构可以依据证券投资咨询相关法规、《证券业从业人员资格管理办法》等规定的证券投资咨询执业资格条件，按照本通知附件明确的注册登记程序及要求，为从事证券投资顾问、发布证券研究报告业务的新增人员，在证券业协会办理证券投资顾问、证券分析师注册登记。

(5)证券投资顾问或者证券分析师变更岗位，不再从事证券投资顾问或者发布证券研究报告业务的，所在证券公司、证券投资咨询机构应当在该事项发生之日起 10 个工作日内，向证券业协会办理申请注销有关人员的证券投资顾问或者证券分析师注册登记。

证券投资顾问变更岗位从事发布证券研究报告业务，或者证券分析师变更岗位从事证券投资顾问业务，所在的证券公司或者证券投资咨询机构应当在 10 个工作日内，向证券业协会申请注销有关人员的原注册登记，并为该人员办理新的注册登记。有关人员变更注册登记完成后，方可从事相关业务。

(6)证券投资顾问、证券分析师离职，其所在证券公司、证券投资咨询机构应当在劳动合同解除之日起 10 个工作日内，通过中国证券业执业证书管理系统提交离职备案。证券业协会依据公司提交的该人员离职备案材料，办理注销该人员的证券投资顾问或者证券分析师注册登记。

(7)证券公司、证券投资咨询机构应当对其所报送的证券投资顾问、证券分析师注册登记申请材料严格把关，防止出现材料虚假、不实、重大遗漏等情形。

(8)证券投资顾问、证券分析师离职或者变更岗位，所在证券公司、证券投资咨询机构未及时办理离职备案等相关手续的，证券业协会将采取谈话提醒、责令整改、行业内通报批评等措施。

(9)证券公司、证券投资咨询机构报送材料存在虚假、不实、重大遗漏情形的，证券业协会将要求其撤回申请材料或者注销相关人员注册登记，并视情节对相关机构采取纪律处分或者自律管理措施，记入诚信档案。

(10)证券投资顾问、证券分析师违反法律法规、中国证监会规定或者自律规范的,证券公司或者证券投资咨询机构应当严肃追究有关人员的责任,及时在中国证券业执业证书管理系统中填报人员处理情况信息,并及时向证券业协会提交注销有关人员注册登记的申请或者离职备案材料。

(11)证券公司、证券投资咨询机构及其证券投资顾问、证券分析师违反法律法规、中国证监会规定或者自律规范等规定的注册登记相关制度的,证券业协会将视情节采取行业内通报批评、注销相关人员注册登记等措施,并将有关处理情况通报中国证监会。

(12)证券业协会将通过中国证券业协会网站公示证券投资顾问、证券分析师的注册登记有关信息,方便投资者查询,接受社会监督。

(二)证券投资顾问与证券分析师注册登记程序及要求

1. 首次注册程序

(1)对于首次申请证券投资咨询执业资格,并注册登记为证券投资顾问或证券分析师的人员(以下简称"申请人"),证券公司、证券投资咨询机构的资格管理员应将其姓名、身份证号码录入中国证券业执业证书管理系统(以下简称"系统"),系统将自动生成系统编码和密码(申请人的初始密码有特定规律,第一、三、五位为字母,第二、四、六位为数字)。

(2)申请人在系统的主页上输入系统编码和密码,即可进入系统填写执业注册申请表。申请人要根据自己从事证券投资咨询业务的具体类别选择注册登记为证券投资顾问或证券分析师。申请人通过系统向证券公司、证券投资咨询机构提交执业注册申请时,应同时提交以下书面材料:执业注册申请表;身份证复印件;学历证书复印件;具有 2 年以上证券业务或证券服务业务经历的工作证明;未受过刑事处罚的证明;证券业协会规定的其他材料。

证券公司、证券投资咨询机构应当妥善保管上述书面材料,以备证券业协会检查。

(3)证券公司、证券投资咨询机构对申请人提交的申请表进行审核,确认其是否符合证券投资咨询执业资格条件,将符合要求的申请通过系统提交证券业协会。

(4)证券业协会收到证券公司、证券投资咨询机构提交的注册申请后,通过系统进行审核,必要时可要求有关机构提交书面材料。中国证券业协会在收到完整申请材料后 30 日内审核完毕。对不予注册登记的人员,证券业协会通过系统通知其所在机构,并说明原因。

(5)注册登记为证券投资顾问或证券分析师的人员,其所在机构、执业证书编号、从事证券投资咨询业务类型等信息将在证券业协会网站公示。

2. 变更注册程序

(1)提出变更请求。证券公司、证券投资咨询机构资格管理员登录系统,进入变更申请菜单,点击"录入",在屏幕下方填写"申请人姓名"和"身份证号码",并选择"变更类别",点击"增加"。录入完毕后,屏幕上显示出所有已经录入的待变更注册申请人信息,资格管理员选择相应人员,确认后点击下方的"提交"。

(2)对变更申请进行审核。证券业协会确认申请人原所在证券公司、证券投资咨询机构已经提交离职备案和诚信执业情况说明后,受理其变更注册请求。之后,申请人所在证券公司、证券投资咨询机构资格管理员可在系统中查询申请人的系统编码和密码,并通知申请人登录系统,修改执业注册申请表中的相关信息。申请人修改相关信息后,将执业注册申请表提交给证券公司、证券投资咨询机构审核。申请人符合注册登记条件的，证券公司、证券投资咨询机构将相关申请提交证券业协会。

（3）证券业协会收到证券公司、证券投资咨询机构提交的注册申请后，通过系统进行审核，必要时可要求机构提交书面材料。证券业协会在收到完整申请材料后30日内审核完毕。对不予注册的人员，证券业协会通过系统通知其所在机构，并说明原因。

（4）证券投资顾问或证券分析师完成变更注册登记后，证券业协会将在网站更新有关公示信息。

（三）《关于证券投资顾问和证券分析师注册管理有关事宜的补充通知》的内容

（1）根据《关于证券投资顾问和证券分析师注册登记有关事宜的通知》，证券投资顾问、证券分析师变更注册的，原所在证券公司、证券投资咨询机构要向证券业协会提交离职备案和诚信执业情况说明。其中，诚信执业情况说明应当包含以下内容：

①个人基本信息，包括姓名、身份证号、执业证书编号等。

②工作具体信息，包括证券投资顾问或证券分析师入职时间、所在部门、工作岗位、从事业务、证券分析师研究的行业和领域、证券投资顾问工作地点、工作时间以及劳动合同中约定的竞业禁止等情况。

③诚信信息，包括证券投资顾问或证券分析师在机构从业期间，是否因违反法律法规、中国证监会规定、行业自律规则和机构内部管理制度，被监管机关采取行政监督管理措施或给予行政处罚，被行业自律组织给予纪律处分，被所在机构给予内部处分，或被司法机关采取刑事强制措施或给予刑事处罚。

（2）证券投资顾问或证券分析师与任职机构之间的劳动合同已经到期，或经双方协议解除的，证券投资顾问或证券分析师的任职机构应当及时为其办理离职手续，出具诚信执业情况说明，并通过中国证券业执业证书管理系统提交离职备案。

（3）证券投资顾问或证券分析师存在以下情形的，中国证券业协会不予办理执业注册变更登记：

①原任职机构未出具诚信执业情况说明的。

②证券投资顾问或证券分析师未与原机构就培训费用补偿、竞业禁止等争议事项达成一致，原任职机构未进行离职备案的。

③原任职机构出具诚信执业情况说明，经协会核实，确认其存在不能诚信执业的事由。

④证券投资顾问或证券分析师与原机构签订的劳动合同中已就竞业禁止依法作出约定，新机构提交执业注册变更申请时在竞业禁止范围内。

⑤因违法违规被中国证监会或司法机关立案调查。

⑥中国证监会或协会规定的其他情形。

（4）证券投资咨询机构选择从事发布证券研究报告业务，首次将所属从业人员注册登记为证券分析师的，应当按照有关规定和要求，具备专门的研究部门、充足的研究团队、一定的研究能力积累以及相应的业务管理制度、合规管理和内部控制机制，并向协会提交以下书面材料：

①机构开展发布证券研究报告业务的自我评估报告，报告应包含以下内容：本机构基本

情况，包括本机构人员基本情况、机构组织架构、研究部门和合规管理部门设置，研究能力和专业积累评估，业务管理制度、合规管理和内部控制机制等。

②注册地证监局按照有关审慎监管要求对本机构开展发布证券研究报告业务出具的无异议函。

③证券业协会要求的其他相关材料。

(5)证券公司或证券投资咨询机构存在下列情形的，协会责令其改正；情节严重的，协会应对其实施自律管理措施，或给予其相应的纪律处分：

①未按照执业注册管理相关规定，为所属证券投资顾问或证券分析师提交离职备案。

②无正当理由拒绝为本机构已离职的证券投资顾问或证券分析师出具诚信执业情况说明。

③未认真审查所聘用证券投资顾问或证券分析师的任职状况或诚信执业情况。

④未完成从业人员证券投资顾问或证券分析师注册登记，即允许其从事证券投资顾问业务或发布证券研究报告业务。

⑤将与本机构不存在真实劳动关系的人员注册登记为证券投资顾问或证券分析师。

⑥中国证监会或证券业协会规定的其他情形。

十、保荐代表人的资格管理规定

(一)《证券发行上市保荐业务管理办法》的相关规定

第二条规定，发行人应当就下列事项聘请具有保荐机构资格的证券公司履行保荐职责：

(1)首次公开发行股票并上市。

(2)上市公司发行新股、可转换公司债券。

(3)中国证监会认定的其他情形。

第十一条规定，个人申请保荐代表人资格，应当具备下列条件：

(1)具备3年以上保荐相关业务经历。

(2)最近3年内在本办法第二条规定的境内证券发行项目中担任过项目协办人。

(3)参加中国证监会认可的保荐代表人胜任能力考试且成绩合格有效。

(4)诚实守信，品行良好，无不良诚信记录，最近3年未受到中国证监会的行政处罚。

(5)未负有数额较大到期未清偿的债务。

(6)中国证监会规定的其他条件。

第十二条规定，个人申请保荐代表人资格，应当通过所任职的保荐机构向中国证监会提交下列材料：

(1)申请报告。

(2)个人简历、身份证明文件和学历学位证书。

(3)证券业从业人员资格考试、保荐代表人胜任能力考试成绩合格的证明。

(4)证券业执业证书。

(5)从事保荐相关业务的详细情况说明，以及最近3年内担任境内证券发行项目协办人的工作情况说明。

(6)保荐机构出具的推荐函,其中应当说明申请人遵纪守法、业务水平、组织能力等情况。

(7)保荐机构对申请文件真实性、准确性、完整性承担责任的承诺函,并应由其董事长或者总经理签字。

(8)中国证监会要求的其他材料。

第十三条规定,证券公司和个人应当保证申请文件真实、准确、完整。申请期间,申请文件内容发生重大变化的,应当自变化之日起2个工作日内向中国证监会提交更新资料。

第十四条规定,中国证监会依法受理、审查申请文件。对保荐机构资格的申请,自受理之日起45个工作日内做出核准或者不予核准的书面决定;对保荐代表人资格的申请,自受理之日起20个工作日内做出核准或者不予核准的书面决定。

第十六条规定,个人取得保荐代表人资格后,应当持续符合本办法第十一条第(4)、(5)、(6)项规定的条件。保荐代表人被吊销、注销证券业执业证书,或者受到中国证监会行政处罚的,中国证监会撤销其保荐代表人资格;不再符合其他条件的,中国证监会责令其限期整改,逾期仍然不符合要求的,中国证监会撤销其保荐代表人资格。

个人通过中国证监会认可的保荐代表人胜任能力考试或者取得保荐代表人资格后,应当定期参加中国证券业协会或者中国证监会认可的其他机构组织的保荐代表人年度业务培训。保荐代表人未按要求参加保荐代表人年度业务培训的,中国证监会撤销其保荐代表人资格;通过保荐代表人胜任能力考试而未取得保荐代表人资格的个人,未按要求参加保荐代表人年度业务培训的,其保荐代表人胜任能力考试成绩不再有效。

第十九条规定,保荐代表人的注册登记事项包括:

(1)保荐代表人的姓名、性别、出生日期、身份证号码。

(2)保荐代表人的联系电话、通信地址。

(3)保荐代表人的任职机构、职务。

(4)保荐代表人的学习和工作经历。

(5)保荐代表人的执业情况。

(6)中国证监会要求的其他事项。

第二十条规定,保荐机构、保荐代表人注册登记事项发生变化的,保荐机构应当自变化之日起5个工作日内向中国证监会书面报告,由中国证监会予以变更登记。

第二十一条规定,保荐机构、保荐代表人从原保荐机构离职,调入其他保荐机构的,应通过新任职机构向中国证监会申请变更登记,并提交下列材料:

(1)变更登记申请报告。

(2)证券业执业证书。

(3)保荐代表人出具的其在原保荐机构保荐业务交接情况的说明。

(4)新任职机构出具的接收函。

(5)新任职机构对申请文件真实性、准确性、完整性承担责任的承诺函,并应由其董事长或者总经理签字。

(6)中国证监会要求的其他材料。

第二十二条规定,保荐机构应当于每年4月份向中国证监会报送年度执业报告。年度执业报告应当包括以下内容：

（1）保荐机构、保荐代表人年度执业情况的说明。

（2）保荐机构对保荐代表人尽职调查工作日志检查情况的说明。

（3）保荐机构对保荐代表人的年度考核、评定情况。

（4）保荐机构、保荐代表人其他重大事项的说明。

（5）保荐机构对年度执业报告真实性、准确性、完整性承担责任的承诺函，并应由其法定代表人签字。

（6）中国证监会要求的其他事项。

（二）《关于进一步完善保荐代表人管理的通知》的相关规定

1. 注册及变更保荐机构流程

个人申请保荐代表人资格或保荐代表人变更保荐机构的，应当符合《证券发行上市保荐业务管理办法》规定的条件，并通过所任职的保荐机构向中国证券业协会提交申请，具体流程如下：

（1）保荐机构在协会从业人员管理平台中为申请人提交变更执业证书类型申请后，由该申请人登录平台，填写电子申请表，并提交保荐机构。

（2）保荐机构对申请表进行实质审核，在确认申请信息真实、准确、完整、合规后，将申请表提交至协会外网进行外部公示。

（3）保荐代表人资格注册公示期限为5个工作日，期间未接到投诉举报的，协会正式受理其资格申请；接到投诉举报或保荐机构在审核期间变更申请材料的，协会中止受理并进行调查。调查结束后，不符合注册条件的，协会驳回申请，符合注册条件的，恢复审核，期限重新开始计算。

（4）协会对申请注册保荐代表人或变更保荐机构的人员进行抽查面谈，并通过从业人员管理平台通知被抽查人员所在机构的保荐事务联络人。

（5）对真实、准确、完整、合规的申请，协会于受理之日起20个工作日内审核完毕；对不符合条件的申请人，协会驳回申请并说明理由。

2. 信息备案及材料保存要求

保荐机构通过协会从业人员管理平台中执业行为管理栏目对保荐代表人、保荐机构及保荐项目等信息进行日常维护。

（1）保荐机构应指定保荐事务联络人，登录协会从业人员管理平台，对保荐机构相关信息进行维护，并与协会进行日常沟通。联络人信息发生变化的，应当自变更之日起3个工作日内向协会提交更新资料。

（2）保荐机构应通过协会从业人员管理平台对执业行为管理信息进行日常更新及维护，并保证所填信息及时、准确、完整。

（3）保荐机构应当妥善保管申请人的书面申请材料及相关证明材料，以备协会检查。

3. 违规事项处理

（1）保荐代表人执业证书申请材料存在虚假记载、误导性陈述或者重大遗漏的，协会不予审核；已取得证书的，协会注销其保荐代表人执业证书。有上述情形的，协会自作出不予审核决定之日或注销证书之日起 3 年之内不再受理该申请人的执业注册申请。

(2)保荐机构未能按协会要求及时、准确进行保荐信息维护的，协会将暂停该机构的保荐代表人资格申请并要求其进行整改。

(3)保荐机构提供虚假的保荐代表人注册登记材料的，协会视情节轻重，对该机构采取自律管理措施或纪律处分。

十一、客户资产管理业务投资主办人执业注册的有关要求

《证券公司客户资产管理业务规范》第三十条规定，证券公司客户资产管理业务投资主办人应当在协会进行执业注册。

第三十一条规定，申请投资主办人注册的人员应当具备下列条件：

(1)已取得证券从业资格。

(2)具有 3 年以上证券投资、研究、投资顾问或类似从业经历。

(3)具备良好的诚信记录及职业操守，且最近 3 年内没有受到监管部门的行政处罚。

(4)协会规定的其他条件。

第三十二条规定，投资主办人通过所在证券公司向协会进行执业注册，并提交下列材料：

(1)申请人具有 3 年以上证券投资、研究、投资顾问或类似从业经历的证明。

(2)申请人对申请材料的真实、准确和完整的承诺。

(3)协会要求报送的其他材料。

证券公司初次办理的，还应当提交机构信息备案表和公司客户资产管理业务许可证明复印件。

第三十三条规定，协会在收到完整申请材料后 20 日内完成注册。有下列情形之一的人员，不得注册为投资主办人：

(1)不符合本规范第三十一条规定的条件。

(2)被监管机构采取重大行政监管措施未满 2 年。

(3)被协会采取纪律处分未满 2 年。

(4)未通过证券业从业人员年检。

(5)尚处于法律法规规定或劳动合同约定的竞业禁止期内。

(6)其他情形。

第三十四条规定，协会对投资主办人自执业注册完成之日起每 2 年检查一次。有下列情形之一的，不予通过年检：

(1)不符合一般证券业从业人员有关规定。

(2)2 年内没有管理客户委托资产。

(3)被监管机构采取重大行政监管措施未满 2 年。

(4)被协会采取纪律处分未满 2 年。

(5)其他情形。

未通过年检的人员，协会注销其投资主办人资格，并将相关情况记入从业人员诚信档案。

第三十五条规定，投资主办人与原证券公司解除劳动合同的，原证券公司应当在 10 日

内向协会进行离职备案。

第三十六条规定，投资主办人从事投资管理活动，应当遵循诚实守信、勤勉尽责、独立客观、专业审慎的原则，自觉维护所在证券公司及行业的声誉，公平对待客户，保护投资者合法权益。

第三十七条规定，投资主办人不得进行内幕交易、操纵证券价格等损害证券市场秩序的行为，或其他违反规定的操作。

第三十八条规定，投资主办人应当按照所在证券公司的规定和劳动合同的约定履行保密义务。

十二、财务顾问主办人应当具备的条件

财务顾问及其负责重组项目的签名人员，简称财务顾问主办人。

《上市公司并购重组财务顾问业务管理办法》（中国证监会令第54号，2008年6月3日）第十条规定，财务顾问主办人应当具备下列条件：

（1）具有证券从业资格。

（2）具备中国证监会规定的投资银行业务经历。

（3）参加中国证监会认可的财务顾问主办人胜任能力考试且成绩合格。

（4）所任职机构同意推荐其担任本机构的财务顾问主办人。

（5）未负有数额较大到期未清偿的债务。

（6）最近24个月无违反诚信的不良记录。

（7）最近24个月未因执业行为违反行业规范而受到行业自律组织的纪律处分。

（8）最近36个月未因执业行为违法违规受到处罚。

（9）中国证监会规定的其他条件。

第二节 执业行为

考纲要求

大纲内容	要求
证券业从业人员执业行为准则	掌握
中国证券业协会诚信管理的有关规定	熟悉
证券市场禁入措施的实施对象、内容、期限及程序	掌握
证券经纪人与证券公司之间的委托关系	了解
证券公司对证券经纪业务营销人员管理的有关规定	掌握
证券经纪业务营销人员执业行为范围、禁止性规定	掌握
销售证券投资基金、代销金融产品的行为规范	掌握
证券投资咨询人员的禁止性行为规定和法律责任	掌握

（续表）

大纲内容	要求
投资顾问相关人员发布证券研究报告应遵循的执业规范	掌握
保荐代表人执业行为规范	掌握
保荐代表人违反有关规定的法律责任或被采取的监管措施	掌握
资产管理投资主办人执业行为管理的有关要求	熟悉
财务顾问主办人执业行为规范	熟悉
证券业财务与会计人员执业行为规范	熟悉

知识解读

一、证券业从业人员执业行为准则

《证券业从业人员执业行为准则》(2014 年 12 月修订)的规定：

(1)从业人员应自觉遵守法律、行政法规，接受并配合中国证监会的监督与管理，接受并配合协会的自律管理，遵守交易场所有关规则、所在机构的规章制度以及行业公认的职业道德和行为准则。

(2)从业人员在执业过程中应当维护客户和其他相关方的合法利益，诚实守信，勤勉尽责，维护行业声誉。

(3)从业人员应依照相应的业务规范和执业标准为客户提供专业服务，了解客户需求、财务状况及风险承受能力，为客户推荐合适的产品或服务，充分揭示其推荐产品或服务涉及的责任、义务及相关风险，包括但不限于法律风险、政策风险、市场风险等。

(4)从业人员应具备从事相关业务活动所需的专业知识和技能，取得相应的从业资格，通过所在机构向协会申请执业注册，接受协会和所在机构组织的后续职业培训，维持专业胜任能力。

(5)从业人员应保守国家秘密、所在机构的商业秘密、客户的商业秘密及个人隐私，对客户服务结束或者离开所在机构后，仍应按照有关规定或合同约定承担上述保密义务。

(6)从业人员应当公平对待所有客户，不得从事与履行职责有利益冲突的业务。遇到自身利益或相关方利益与客户的利益发生冲突或可能发生冲突时，应及时向所在机构报告；当无法避免时，应确保客户的利益得到公平的对待。

(7)机构或者其管理人员对从业人员发出指令涉嫌违法违规的，从业人员应及时按照所在机构内部程序向高级管理人员或者董事会报告。机构未妥善处理的，从业人员应及时向中国证监会或者协会报告。

(8)从业人员应当尊重同业人员，公平竞争，不得贬损同行或以其他不正当竞争手段争揽业务。

(9)从业人员不得从事以下活动：

①从事内幕交易或利用未公开信息交易活动，泄露利用工作便利获取的内幕信息或其

他未公开信息,或明示、暗示他人从事内幕交易活动。

②利用资金优势、持股优势和信息优势,单独或者合谋串通,影响证券交易价格或交易量,误导和干扰市场。

③编造、传播虚假信息或做出虚假陈述或信息误导,扰乱证券市场。

④损害社会公共利益、所在机构或者他人的合法权益。

⑤从事与其履行职责有利益冲突的业务。

⑥接受利益相关方的贿赂或对其进行贿赂,如接受或赠送礼物、回扣、补偿或报酬等,或从事可能导致与投资者或所在机构之间产生利益冲突的活动。

⑦买卖法律明文禁止买卖的证券。

⑧利用工作之便向任何机构和个人输送利益,损害客户和所在机构利益。

⑨违规向客户作出投资不受损失或保证最低收益的承诺。

⑩隐匿、伪造、篡改或者毁损交易记录。

⑪中国证监会、协会禁止的其他行为。

(10)从业人员应主动倡导理性成熟的投资理念,坚持长期投资、价值投资导向,自觉弘扬行业文化,加强自身职业道德修养,规范自身行为,履行社会责任,遵守社会公德,服务社会和投资者。

二、中国证券业协会诚信管理的有关规定

《中国证券业协会诚信管理办法》(2014 年 12 月 8 日协会第五届常务理事会第二十九次会议修订通过,2015 年 1 月 5 日发布)第六条第二款规定,诚信信息的收集、记录和使用,应当遵循真实、准确、公正、规范的原则。

(一)诚信信息的采集与管理

第七条规定,诚信信息是指会员、从业人员在经营、执业活动中是否遵纪守法、诚实守信的信息和对评价其诚信状况有影响的其他信息。诚信信息包括基本信息、奖励信息、处罚处分信息及协会自律规则规定的其他信息。

第八条规定,诚信基本信息与协会会员信息管理系统、从业人员信息管理系统基本信息保持一致。

第九条规定,奖励信息包括受奖励单位或个人、表彰单位、表彰内容、荣誉称号或奖励等级、表彰时间和文号等。下列主体做出的表彰、奖励、评比应记入奖励信息:

(1)中国证券业协会、中证资本市场发展监测中心有限责任公司及地方性证券业协会。

(2)协会认为有必要记录其奖励信息的其他单位。

第十条规定,处罚处分信息包括受处罚处分机构或个人名称、受处罚处分机构责任人、处罚处分时间、效力期限、处罚处分原因、做出处罚处分决定的机构、处罚处分类别、文号等。下列信息应记入处罚处分信息:

(1)中国证券业协会、中证资本市场发展监测中心有限责任公司、地方性证券业协会等证券市场行业组织实施的自律惩戒措施。

(2)协会认为有必要记录的其他情况。

会员对本单位从业人员做出的处罚处分不作为处罚处分信息，但应记入诚信信息备注栏。

第十一条规定，协会与中国证监会及其派出机构，全国性证券交易所，全国性证券登记结算机构，地方证券业协会，会员及其他相关机构建立诚信信息交流渠道。

第十二条规定，协会通过以下途径采集诚信信息：

(1)基本信息通过协会会员信息管理系统和从业人员信息管理系统采集。

(2)协会做出的奖励信息、自律惩戒信息，由协会录入诚信信息系统。

(3)协会以外主体做出的、符合本办法第九条规定条件的奖励信息等其他信息，会员应自收到对本单位及本单位从业人员奖励决定文书之日起10个工作日内向协会诚信管理系统申报，协会审核后记入诚信信息系统；协会认为申报信息不符合本办法规定的，应当退回会员并说明不予记入诚信信息系统的原因。

(4)协会以外主体做出的、符合本办法第十条规定的处罚处分信息，由协会通过诚信信息共享等途径采集并录入诚信信息系统。

(5)会员对本单位从业人员做出的处罚处分信息，会员应自处罚处分决定生效之日起10个工作日内向协会诚信管理系统申报，协会审核后记入诚信信息系统备注栏；协会认为申报信息不应记入诚信信息系统的，应当退回会员并说明不予记入诚信信息系统的原因。

第十三条规定，协会应公正、客观地记录从不同信息渠道获取的诚信信息，保持诚信信息的原始完整性，不得有选择地记录诚信信息。

第十四条规定，记入诚信信息管理系统的诚信信息所对应的决定或者行为经法定程序撤销、变更的，协会应及时删除、修改相应诚信信息；经本办法第十二条第(3)、(5)项规定途径采集的信息所对应的决定或者行为经法定程序撤销、变更的，会员应自收到撤销、变更决定文书之日起10个工作日内向协会诚信管理系统申报。

(二) 诚信信息的保存与效力期限

第十五条规定，诚信信息以电子文档形式保存。诚信信息有纸质证明文件的，证明文件以电子和纸质两种形式保存。

第十六条规定，诚信信息电子文档长期保存。纸质证明文件保存期与相关诚信信息效力期限一致。

第十七条规定，诚信信息的效力期限为：

(1)基本信息长期有效。

(2)奖励信息、处罚处分信息效力期限为3年，但因证券期货违法行为被行政处罚、市场禁入的信息，效力期限为5年。

效力期限自奖励、处罚处分决定生效之日起算。奖励、处罚处分本身有执行期间的，效力期限自执行期间届满之日起算。

第十八条规定，超过效力期限的诚信信息转入历史记录库。转入历史记录库的信息不再提供查询服务，但法律法规及协会另有规定的除外。

(三) 诚信信息的使用与查询

第十九条规定，协会日常自律管理、审核从业人员执业注册或变更申请、推荐有关人选或组织行业评比、吸纳会员、从业人员参加协会专业委员会以及对会员、从业人员进行诚信评估、做出自律惩戒决定等，应当查阅有关会员或从业人员的诚信信息并将其作为处理依据之一。

第二十条规定，效力期限内的诚信信息根据性质分为公开信息和有限公开信息。公开信息在协会网站公布，内容包括协会会员和从业人员信息管理系统公开的会员和从业人员基本信息、会员和从业人员效力期限内受奖励次数、协会对会员和从业人员做出的公开谴责自律惩戒决定，协会认为有必要公开的其他诚信信息。任何机构或个人可以通过协会网站查询公开诚信信息。

第二十一条规定，效力期限内除公开信息以外的信息为有限公开信息。下列机构或个人可以依照本办法查询有限公开诚信信息：

(1)证券监管机构可以通过与协会的信息交流渠道查询协会诚信信息。

(2)法律、法规规定的国家有关主管机关依照职权进行调查时，可以向协会申请在调查范围内查询相关诚信信息。

(3)上海、深圳证券交易所可以通过与协会的信息交流渠道查询其会员诚信信息。

(4)地方证券业协会可以通过与协会的信息交流渠道查询其辖区内会员及从业人员的诚信信息。

(5)会员可以通过专用信息系统查询本单位及本单位在职从业人员的诚信信息；会员查询非本单位从业人员有限公开诚信信息，应通过专用信息系统向协会提交查询申请、查询对象身份证明文件扫描件。查询申请应注明查询原因、用途。

(6)从业人员可登录协会从业人员管理系统查询本人的诚信信息。

(7)其他机构、个人可持查询申请书、本机构、本人及查询对象的身份证明文件向协会申请查询会员、从业人员的诚信信息。查询申请书应注明查询原因、用途。

第二十二条规定，查询申请符合本办法第二十一条规定条件、材料齐备的，协会应自收到查询申请之日起10个工作日内出具诚信报告。查询申请人在获得协会出具的诚信报告前，应签署合法使用所查询诚信信息并保密的承诺书。

查询申请不符合本办法第二十一条规定，或查询信息涉及国家秘密、其他公民、法人或其他组织的商业秘密及个人隐私的，协会对查询申请不予准许，并向申请人说明理由。

第二十三条规定，协会应当保留诚信信息查询记录，但下列情形除外：

(1)查询公开诚信信息的。

(2)会员、从业人员按规定权限查询本单位及本单位从业人员或本人诚信信息的。

查询记录应当包括诚信信息的查询者、查询对象、查询原因、查询内容、查询时间等情况。

查询记录自该记录生成之日起保存5年。

第二十四条规定，会员或从业人员认为本单位或本人诚信信息有错误或对本单位或本人诚信信息持有异议的，可按下列规定申请更正或提交书面异议报告：

(1)会员认为基本信息有错误的，通过专用信息系统自行更正，协会进行核对。

(2)会员认为本单位奖励信息、处罚处分信息有错误或对其持有异议的，从业人员认为本人诚信信息有错误或对其持有异议的，可以通过会员或直接向协会提出书面更正申请，并提供相关证明材料。协会根据情况做出下述处理:属于记录错误的,予以更正;属于对原始信息内容有异议的,协会根据会员、从业人员提交的原始信息做出机构同意更正的书面答复意见进行更正;原始信息做出机构不同意更正或没有书面答复意见,会员、从业人员仍认为相关信息有错误的,协会不予更正并告知申请人。

协会应当在15个工作日内处理会员、从业人员的书面更正申请。

第二十五条规定,任何单位和个人不得超出查询目的使用、泄露或提供他人使用、以营利为目的使用、加工或处理诚信信息,不得将诚信信息用于非法目的。

第二十六条规定,协会对记载诚信信息的书面材料予以立卷保存,对诚信信息数据库的数据予以备份。

(四)诚信状况评估与检查

第二十七条规定,协会根据行业诚信建设发展需要,制定会员、从业人员诚信状况评估标准,对会员、从业人员诚信状况开展评估。

第二十八条规定,会员、从业人员诚信状况评估可采取自评、他评或两者相结合的方式。

第二十九条规定,会员在诚信评估周期内的诚信制度建设、诚信活动开展、受奖励、受处分处罚以及其他影响诚信状况的情况纳入诚信状况评估。从业人员受奖励、受处分处罚以及其他影响诚信状况的情况纳入诚信状况评估。

第三十条规定,协会可根据行业诚信建设需要,对会员、从业人员诚信情况进行检查,对于违反诚信规定的会员、从业人员,采取自律惩戒措施。

(五)诚信自律管理与责任

第三十一条规定,协会工作人员未按照本办法规定及时、真实、准确、完整地记录诚信信息,造成不良后果的,按照协会内部规章对相关责任人员予以处分。

第三十二条规定,会员、从业人员对自己报送的诚信信息的真实性、准确性、完整性负责。会员、从业人员报送的诚信信息有虚假内容的,协会应采取谈话提醒、警示及其他自律管理措施;情节严重的,协会应给予纪律处分。

第三十三条规定,会员无正当理由不按规定报送、更新诚信信息的,协会应予以提示;提示后仍不按规定报送、更新的,协会应采取自律惩戒措施。

第三十四条规定,协会工作人员和其他知情者对有限公开诚信信息及历史记录库中诚信信息负有保密义务,并承担相应的保密责任。

协会工作人员有下列行为之一的,应追究其责任:

(1)违反保密职责,泄露有限公开诚信信息及历史记录库中诚信信息或超范围使用诚信信息。

(2)擅自修改诚信信息或有选择地记录诚信信息。

第三十五条规定,协会对违反规定超出查询目的泄露或提供他人使用、以营利为目的使用、加工或处理诚信信息,或将诚信信息用于非法目的的会员、从业人员和其他应当接受协会自律管理的机构和个人,应采取警示等自律惩戒措施;情节严重的,应采取行业内通报批评、公开谴责等纪律处分措施;违反法律、法规、行政规章规定且情节严重的,应依法移送相关监管部门或司法机关追究法律责任。

三、证券市场禁入措施的实施对象、内容、期限及程序

（一）实施对象

《证券市场禁入规定》(2006 年 3 月 7 日中国证监会第一百七十三次主席办公会议审议通过,根据 2015 年 5 月 18 日中国证监会《关于修改〈证券市场禁入规定〉的决定》修订)第三条规定,下列人员违反法律、行政法规或者中国证监会有关规定,情节严重的,中国证监会可以根据情节严重的程度,采取证券市场禁入措施:

(1)发行人、上市公司、非上市公众公司的董事、监事、高级管理人员,其他信息披露义务人或者其他信息披露义务人的董事、监事、高级管理人员。

(2)发行人、上市公司、非上市公众公司的控股股东、实际控制人,或者发行人、上市公司、非上市公众公司控股股东、实际控制人的董事、监事、高级管理人员。

(3)证券公司的董事、监事、高级管理人员及其内设业务部门负责人、分支机构负责人或者其他证券从业人员。

(4)证券公司的控股股东、实际控制人或者证券公司控股股东、实际控制人的董事、监事、高级管理人员。

(5)证券服务机构的董事、监事、高级管理人员等从事证券服务业务的人员和证券服务机构的实际控制人或者证券服务机构实际控制人的董事、监事、高级管理人员。

(6)证券投资基金管理人、证券投资基金托管人的董事、监事、高级管理人员及其内设业务部门、分支机构负责人或者其他证券投资基金从业人员。

(7)中国证监会认定的其他违反法律、行政法规或者中国证监会有关规定的有关责任人员。

（二）证券市场禁入措施的内容期限及程序

第四条规定,被中国证监会采取证券市场禁入措施的人员,在禁入期间内,除不得继续在原机构从事证券业务或者担任原上市公司、非上市公众公司董事、监事、高级管理人员职务外,也不得在其他任何机构中从事证券业务或者担任其他上市公司、非上市公众公司董事、监事、高级管理人员职务。

被采取证券市场禁入措施的人员,应当在收到中国证监会作出的证券市场禁入决定后立即停止从事证券业务或者停止履行上市公司、非上市公众公司董事、监事、高级管理人员职务,并由其所在机构按规定的程序解除其被禁止担任的职务。

第五条规定,违反法律、行政法规或者中国证监会有关规定,情节严重的,可以对有关责任人员采取 3 至 5 年的证券市场禁入措施;行为恶劣、严重扰乱证券市场秩序、严重损害投资者利益或者在重大违法活动中起主要作用等情节较为严重的,可以对有关责任人员采取 5 至10 年的证券市场禁入措施;有下列情形之一的,可以对有关责任人员采取终身的证券市场禁入措施:

(1)严重违反法律、行政法规或者中国证监会有关规定,构成犯罪的。

(2)从事保荐、承销、资产管理、融资融券等证券业务及其他证券服务业务,负有法定职责的人员,故意不履行法律、行政法规或者中国证监会规定的义务,并造成特别严重后果的。

（3）违反法律、行政法规或者中国证监会有关规定，采取隐瞒、编造重要事实等特别恶劣手段，或者涉案数额特别巨大的。

（4）违反法律、行政法规或者中国证监会有关规定，从事欺诈发行、内幕交易、操纵市场等违法行为，严重扰乱证券、期货市场秩序并造成严重社会影响，或者获取违法所得等不当利益数额特别巨大，或者致使投资者利益遭受特别严重损害的。

（5）违反法律、行政法规或者中国证监会有关规定，情节严重，应当采取证券市场禁入措施，且存在故意出具虚假重要证据，隐瞒、毁损重要证据等阻碍、抗拒证券监督管理机构及其工作人员依法行使监督检查、调查职权行为的。

（6）因违反法律、行政法规或者中国证监会有关规定，5 年内被中国证监会给予除警告之外的行政处罚 3 次以上，或者 5 年内曾经被采取证券市场禁入措施的。

（7）组织、策划、领导或者实施重大违反法律、行政法规或者中国证监会有关规定的活动的。

（8）其他违反法律、行政法规或者中国证监会有关规定，情节特别严重的。

第六条规定，违反法律、行政法规或者中国证监会有关规定，情节严重的，可以单独对有关责任人员采取证券市场禁入措施，或者一并依法进行行政处罚；涉嫌犯罪的，依法移送公安机关、人民检察院，并可同时采取证券市场禁入措施。

第七条规定，有下列情形之一的，可以对有关责任人员从轻、减轻或者免予采取证券市场禁入措施：

（1）主动消除或者减轻违法行为危害后果的。

（2）配合查处违法行为有立功表现的。

（3）受他人指使、胁迫有违法行为，且能主动交待违法行为的。

（4）其他可以从轻、减轻或者免予采取证券市场禁入措施的。

第八条规定，共同违反法律、行政法规或者中国证监会有关规定，需要采取证券市场禁入措施的，对负次要责任的人员，可以比照应负主要责任的人员，适当从轻、减轻或者免予采取证券市场禁入措施。

第九条规定，中国证监会采取证券市场禁入措施前，应当告知当事人采取证券市场禁入措施的事实、理由及依据，并告知当事人有陈述、申辩和要求举行听证的权利。

第十条规定，被采取证券市场禁入措施者因同一违法行为同时被认定有罪或者进行行政处罚的，如果对其所作有罪认定或行政处罚决定被依法撤销或者变更，并因此影响证券市场禁入措施的事实基础或者合法性、适当性的，依法撤销或者变更证券市场禁入措施。

第十一条规定，被中国证监会采取证券市场禁入措施的人员，中国证监会将通过中国证监会网站或指定媒体向社会公布，并记入被认定为证券市场禁入者的诚信档案。

第十二条规定，中国证监会依法宣布个人或者单位的直接责任人员为期货市场禁止进入者的，可以参照本规定执行。

四、证券经纪人与证券公司之间的委托关系

《证券经纪人管理暂行规定》第二条规定，证券公司可以通过公司员工或者委托公司以外的人员从事客户招揽和客户服务等活动。委托公司以外的人员的，应当按照《证券公司监

督管理条例》规定的证券经纪人形式进行，不得采取其他形式。

前款所称证券经纪人，是指接受证券公司的委托，代理其从事客户招揽和客户服务等活动的证券公司以外的自然人。

第四条规定，证券经纪人为证券从业人员，应当通过证券从业人员资格考试，并具备规定的证券从业人员执业条件。证券经纪人只能接受一家证券公司的委托，并应当专门代理证券公司从事客户招揽和客户服务等活动。

第五条规定，证券公司应当在与证券经纪人签订委托合同前，对其资格条件进行严格审查。对不具备规定条件的人员，证券公司不得与其签订委托合同。

第六条规定，证券公司与证券经纪人签订委托合同，应当遵循平等、自愿、诚实信用的原则，公平地确定双方的权利和义务。委托合同应当载明下列事项：

(1)证券公司的名称和证券经纪人的姓名。

(2)证券经纪人的代理权限。

(3)证券经纪人的代理期间。

(4)证券经纪人服务的证券营业部。

(5)证券经纪人的执业地域范围。

(6)证券经纪人的基本行为规范。

(7)证券经纪人的报酬计算与支付方式。

(8)双方权利义务。

(9)违约责任。

证券经纪人的执业地域范围，应当与其服务的证券公司的管理能力及证券营业部的客户管理水平和客户服务的合理区域相适应。

第七条规定，证券公司应当对证券经纪人进行不少于60个小时的执业前培训，其中法律法规和职业道德的培训时间不少于20个小时。证券公司应当对证券经纪人执业前培训的效果进行测试。

第八条规定，证券公司应当在与证券经纪人签订委托合同、对其进行执业前培训并经测试合格后，为其向中国证券业协会（以下简称协会）进行执业注册登记。执业注册登记事项包括证券经纪人的姓名、身份证号码、代理权限、代理期间、服务的证券营业部、执业地域范围和公司查询与投诉电话等。

证券公司应当在为证券经纪人进行执业注册登记后，按照协会的规定打印证券经纪人证书，并加盖公司公章，颁发给证券经纪人。证券经纪人证书由协会统一印制、编号。

第九条规定，证券经纪人证书载明事项发生变动的，证券公司应当将该证书收回，向协会变更该人员的执业注册登记，并按照本规定第八条第二款办理新证书的打印和颁发事宜。

证券公司终止与证券经纪人的委托关系的，应当收回其证券经纪人证书，并自委托关系终止之日起5个工作日内向协会注销该人员的执业注册登记。证券公司因故未能收回证券经纪人证书的，应当自委托关系终止之日起10个工作日内，通过中国证监会指定报纸和公司网站等媒体公告该证书作废。

第十条规定，取得证券经纪人证书后，证券经纪人方可执业。证券经纪人应当在执业过程中向客户出示证券经纪人证书，明示其与证券公司的委托代理关系，并在委托合同约定的代理权限、代理期间、执业地域范围内从事客户招揽和客户服务等活动。

五、证券公司对证券经纪业务营销人员管理的有关规定

(一)《证券经纪人管理暂行规定》的相关规定

第三条规定,证券公司应当建立健全证券经纪人管理制度,采取有效措施,对证券经纪人及其执业行为实施集中统一管理,保障证券经纪人具备基本的职业道德和业务素质,防止证券经纪人在执业过程中从事违法违规或者超越代理权限、损害客户合法权益的行为。

第十二条规定,证券经纪人从事客户招揽和客户服务等活动,应当遵守法律、行政法规、监管机构和行政管理部门的规定、自律规则以及职业道德,自觉接受所服务的证券公司的管理,履行委托合同约定的义务,向客户充分提示证券投资的风险。

第十四条规定,证券公司应当按照协会的规定,组织对证券经纪人的后续职业培训。

第十五条规定,证券公司应当建立健全证券经纪人执业支持系统,向证券经纪人提供其执业所需的有关资料和信息。

第十六条规定,证券公司应当建立健全信息查询制度,保证客户能够通过现场、电话或者互联网络的方式随时查询证券经纪人的姓名、代理权限、代理期间、服务的证券营业部、执业地域范围及证券经纪人证书编号等信息,能够通过现场或者互联网络的方式查看证券经纪人的照片。

证券公司应当按月或者按季将证券经纪人所招揽和服务客户账户的交易情况及资产余额等信息,以信函、电子邮件、手机短信或者其他适当方式提供给客户。证券公司与客户另有约定的,从其约定。

第十七条规定,证券公司应当建立健全客户回访制度,指定人员定期通过面谈、电话、信函或者其他方式对证券经纪人招揽和服务的客户进行回访,了解证券经纪人的执业情况,并作出完整记录。负责客户回访的人员不得从事客户招揽和客户服务活动。

第十八条规定,证券公司应当建立健全异常交易和操作监控制度,采取技术手段,对证券经纪人所招揽和服务客户的账户进行有效监控,发现异常情况的,立即查明原因并按照规定处理。

第十九条规定,证券公司应当建立健全客户投诉和纠纷处理机制,明确处理流程,妥善处理客户投诉和与客户之间的纠纷,持续做好客户投诉和纠纷处理工作。证券公司应当保证在营业时间内,有专门人员受理客户投诉、接待客户来访。证券公司的客户投诉渠道和纠纷处理流程,应当在公司网站和证券营业部的营业场所公示。

证券经纪人被投诉情况以及证券公司对客户投诉、纠纷和不稳定事件的防范和处理效果,作为衡量证券公司内部管理能力和客户服务水平的重要指标,纳入其分类评价范围。

第二十条规定,证券公司应当将证券经纪人的执业行为纳入公司合规管理范围,并建立科学合理的证券经纪人绩效考核制度,将证券经纪人执业行为的合规性纳入其绩效考核范围。

证券公司应当将证券营业部对证券经纪人管理的有效性纳入其绩效考核范围。

第二十一条规定,证券经纪人在执业过程中发生违反证券公司内部管理制度、自律规则或者法律、行政法规、监管机构和行政管理部门规定行为的,证券公司应当按照有关规定和

委托合同的约定，追究其责任，并及时向公司住所地和该证券经纪人服务的证券营业部所在地证监会派出机构报告。证券经纪人不再具备规定的执业条件的，证券公司应当解除委托合同。

证券经纪人的行为涉嫌违反法律、行政法规、监管机构和行政管理部门规定的，证券公司应当及时报告有关监管机构或者行政管理部门；涉嫌刑事犯罪的，证券公司应当及时向有关司法机关举报。

第二十二条规定，证券公司应当建立健全证券经纪人档案，实现证券经纪人执业过程留痕。证券经纪人档案应当记载证券经纪人的个人基本信息、证券从业资格状态、代理权限、代理期间、服务的证券营业部、执业地域范围、执业前及后续职业培训情况、执业活动情况、客户投诉及处理情况、违法违规及超越代理权限行为的处理情况和绩效考核情况等信息。

第二十三条规定，证券公司应当在每年 1 月 31 日之前，向住所地证监会派出机构报送证券经纪人管理年度报告。年度报告应当至少包括下列内容：

（1）本年度与证券经纪人有关的管理制度、内控机制和技术系统的运行和改进情况。

（2）本年度证券经纪人数量的变动情况，报告期末证券经纪人的数量及在证券营业部的分布情况。

（3）本年度证券经纪人委托合同执行情况、证券经纪人报酬支付和合法权益保障情况。

（4）本年度证券经纪人执业前培训和后续职业培训的内容、方式、时间和接受培训的人数以及下一年度的培训计划。

（5）本年度与证券经纪人有关的客户投诉和纠纷及其处理情况，当前可能出现集中投诉的事项、形成原因及拟采取的化解措施。

第二十四条规定，协会负责制定有关自律规则，组织或者办理证券经纪人的资格考试、注册登记、证书印制与后续职业培训，并可以对证券公司委托、管理证券经纪人的情况和证券经纪人的执业行为进行监督检查，对违反自律规则的证券公司和证券经纪人予以纪律处分。协会建立证券经纪人数据库，向社会公众提供证券经纪人执业注册登记信息的查询服务。

第二十五条规定，中国证监会及其派出机构依法对证券经纪人进行监督管理。对违法违规的证券经纪人，依法采取监管措施或者予以行政处罚。对违反规定或者因管理不善导致证券经纪人违法违规、客户大量投诉、出现重大纠纷、不稳定事件的证券公司，可以要求其提高经纪业务风险资本准备计算比例和有关证券营业部的分支机构风险资本准备计算金额，并依法采取限制其证券经纪人规模等监管措施或者予以行政处罚。

证券公司和证券经纪人的失信行为信息，记入证券期货市场诚信信息数据库系统。

第二十六条规定，证券公司应当将与证券经纪人有关的管理制度、证券经纪人制度启动实施方案报公司住所地证监会派出机构备案。经住所地证监会派出机构现场核查，确认其相关管理制度、内控机制和技术系统已经建立并能有效运行，证券经纪人制度启动实施方案合理可行，证券经纪业务已经满足合规要求后，证券公司方可委托证券经纪人从事客户招揽和客户服务等活动。

证券营业部在启动实施证券经纪人制度前，应当将证券公司与证券经纪人有关的管理制度和证券经纪人制度启动实施方案报所在地证监会派出机构备案，并接受所在地证监会派出机构的监管。

与证券经纪人有关的管理制度，应当至少包括证券经纪人的资格管理、委托合同管理、执业前和后续职业培训、证书管理、行为规范、报酬计算与支付方式以及本规定第十五条至第二十二条规定的事项等内容；证券经纪人制度启动实施方案，应当至少包括实施该制度的证券营业部的选择标准和确定程序、实施该制度的基本步骤等内容。

第二十七条规定，证券公司的员工从事证券经纪业务营销活动，参照本规定执行。证券公司的证券经纪业务营销人员数量应当与公司的管理能力相适应。

（二）《关于加强证券公司从事经纪业务营销活动人员资格管理的通知》的相关规定

根据《证券公司监督管理条例》和中国证监会《关于证券公司经纪业务营销活动有关事项的通知》对证券公司经纪业务营销活动的规范要求，中国证券业协会要求证券公司加强证券经纪业务营销人员（下称营销人员）的管理。现就有关工作的具体要求通知如下：

（1）通过证券经纪人专项考试取得证券从业资格的证券公司员工，经所在机构向协会申请执业注册，可以取得证券经纪营销执业证书成为营销人员，此类人员不得从事证券经纪业务营销活动以外的证券经营业务活动。

（2）申请人需登录中国证券业协会执业证书管理系统填写《执业注册申请表》，经所在机构审核后通过该系统向中国证券业协会提交申请。

（3）营销人员应遵守证券业务的相关法律、法规和行政规章，遵守从业人员执业行为准则，并按要求参加从业人员年检。

（4）营销人员应按照中国证券业协会对从业人员的统一要求参加后续职业培训，规范执业行为，不断提高业务水平、职业道德水平和综合素质。

六、证券经纪业务营销人员执业行为范围、禁止性规定

（一）执业行为范围

1.《证券经纪人管理暂行规定》的相关规定

第十一条规定，证券经纪人在执业过程中，可以根据证券公司的授权，从事下列部分或者全部活动：

（1）向客户介绍证券公司和证券市场的基本情况。

（2）向客户介绍证券投资的基本知识及开户、交易、资金存取等业务流程。

（3）向客户介绍与证券交易有关的法律、行政法规、中国证监会规定、自律规则和证券公司的有关规定。

（4）向客户传递由证券公司统一提供的研究报告及与证券投资有关的信息。

（5）向客户传递由证券公司统一提供的证券类金融产品宣传推介材料及有关信息。

（6）法律、行政法规和中国证监会规定证券经纪人可以从事的其他活动。

第十二条规定，证券经纪人从事客户招揽和客户服务等活动，应当遵守法律、行政法规、监管机构和行政管理部门的规定、自律规则以及职业道德，自觉接受所服务的证券公司的管理，履行委托合同约定的义务，向客户充分提示证券投资的风险。

2.《中国证券业协会证券经纪人执业规范(试行)》的相关规定

第十条规定,证券经纪人只能接受一家证券公司的委托,专门代理其从事客户招揽和客户服务等活动。证券经纪人不能同时在其他机构任职或者同时接受其他机构委托。

第十一条规定,证券经纪人应当在委托合同约定的代理权限、代理期间、执业地域范围内从事客户招揽和客户服务等活动。

第十二条规定,证券经纪人在与客户交往中应热情诚恳、稳重大方,语言和行为举止文明礼貌,自觉树立良好的职业形象。

第十三条规定,证券经纪人在从事客户招揽和客户服务等活动时,应征得客户的同意,如客户不愿或不便接受其宣传、推介或服务,应尊重客户的意愿。

第十四条规定,证券经纪人在从事客户招揽和客户服务等活动时,应当主动向客户出示证券经纪人证书,明示其与所服务证券公司的委托代理关系以及代理权限、代理期间和执业地域范围。

第十五条规定,证券经纪人在所服务证券公司授权范围内从事客户招揽和客户服务等活动时,应符合以下要求:

(1)清晰、准确、客观地向客户介绍证券市场和证券公司的基本情况以及与证券投资和交易有关的政策法规、基础知识、业务流程,帮助客户树立正确的投资理念,增强风险意识。

(2)如实向客户传递所服务证券公司统一提供的研究报告及与证券投资有关的信息、证券类金融产品推介材料及有关信息,不夸大、歪曲、隐瞒、遗漏有关内容。

(3)向客户充分提示证券投资的风险,提示客户不要超越自身风险承担能力从事证券投资活动。

第十六条规定,证券经纪人应当诚实、公正、公平地对待客户,在执业过程中遇到自身利益或相关方利益与客户的利益发生冲突或可能发生冲突的情形时,及时向所服务证券公司报告并采取措施予以避免;当无法避免时,确保客户的利益得到优先对待。

第十七条规定,证券经纪人应当引导客户到证券公司的证券营业场所办理开户等业务。

第十八条规定,证券经纪人应当按照规定严格保守其在执业过程中获悉的客户及所服务证券公司的商业秘密,无法律依据不得向所服务证券公司以外的机构和个人提供客户的信息。

第十九条规定,证券经纪人对待客户应当耐心、细致,认真听取客户的意见、建议,并根据客户合理意见改进服务;遇有可能发生纠纷的情况时,应及时向所服务证券公司报告并协助解决。

(二)禁止性规定

《证券经纪人管理暂行规定》第十三条规定,证券经纪人应当在本规定第十一条规定和证券公司授权的范围内执业,不得有下列行为:

(1)替客户办理账户开立、注销、转移,证券认购、交易或者资金存取、划转、查询等事宜。

(2)提供、传播虚假或者误导客户的信息,或者诱使客户进行不必要的证券买卖。

(3)与客户约定分享投资收益,对客户证券买卖的收益或者赔偿证券买卖的损失作出承诺。

(4)采取贬低竞争对手、进入竞争对手营业场所劝导客户等不正当手段招揽客户。

(5)泄露客户的商业秘密或者个人隐私。

(6)为客户之间的融资提供中介、担保或者其他便利。

(7)为客户提供非法的服务场所或者交易设施,或者通过互联网络、新闻媒体从事客户招揽和客户服务等活动。

(8)委托他人代理其从事客户招揽和客户服务等活动。

(9)损害客户合法权益或者扰乱市场秩序的其他行为。

《中国证券业协会证券经纪人执业规范(试行)》第二十条规定,证券经纪人应在《证券经纪人管理暂行规定》第十一条规定和所服务证券公司授权的范围内执业,除不得有《证券经纪人管理暂行规定》第十三条禁止的行为外,也不得有以下行为:

(1)以所服务证券公司或证券营业部的名义,与客户或他人签订任何合同、协议。

(2)代客户在相关合同、协议、文件等资料上签字。

(3)在执业过程中索取或收受客户款项和财物。

(4)向客户提供非由所服务证券公司统一提供的研究报告及与证券投资有关的信息、证券类金融产品宣传推介材料及有关信息。

(5)违背职业道德的其他行为。

七、销售证券投资基金、代销金融产品的行为规范

(一)销售证券投资基金的行为规范

《证券投资基金销售管理办法》第五十四条规定,办理基金销售业务或者办理基金销售相关业务,并向基金销售机构收取以基金交易(含开户)为基础的相关佣金的机构应当向中国证监会派出机构进行注册或者经中国证监会认定。

未经注册并取得基金销售业务资格或者未经中国证监会认定的机构,不得办理基金的销售或者相关业务。任何个人不得以个人名义办理基金的销售或者相关业务。

第五十五条规定,基金销售机构应当建立健全并有效执行基金销售业务制度,加强对基金销售业务合规运作的检查和监督,确保基金销售业务的执行符合中国证监会对基金销售机构内部控制的有关要求。

第五十六条规定,基金销售机构应当确保基金销售信息管理平台安全、高效运行,且符合中国证监会对基金销售业务信息管理平台的有关要求。

第五十七条规定,未经基金销售机构聘任,任何人员不得从事基金销售活动,中国证监会另有规定的除外。

宣传推介基金的人员、基金销售信息管理平台系统运营维护人员等从事基金销售业务的人员应当取得基金销售业务资格。基金销售机构应当建立健全并有效执行基金销售人员的持续培训制度,加强对基金销售人员行为规范的检查和监督。

第五十八条规定,基金销售机构应当建立完善的基金份额持有人账户和资金账户管理制度,以及基金份额持有人资金的存取程序和授权审批制度。

第五十九条规定,基金销售机构在销售基金和相关产品的过程中,应当坚持投资人利益优先原则,注重根据投资人的风险承受能力销售不同风险等级的产品,把合适的产品销售给

合适的基金投资人。

第六十条规定,基金销售机构应当建立基金销售适用性管理制度,至少包括以下内容:

(1)对基金管理人进行审慎调查的方式和方法。

(2)对基金产品的风险等级进行设置、对基金产品进行风险评价的方式和方法。

(3)对基金投资人风险承受能力进行调查和评价的方式和方法。

(4)对基金产品和基金投资人进行匹配的方法。

第六十一条规定,基金销售机构所使用的基金产品风险评价方法及其说明应当向基金投资人公开。

第六十二条规定,基金管理人在选择基金销售机构时应当对基金销售机构进行审慎调查,基金销售机构选择销售基金产品应当对基金管理人进行审慎调查。

第六十三条规定,基金销售机构应当加强投资者教育,引导投资者充分认识基金产品的风险特征,保障投资者合法权益。

第六十四条规定,基金销售机构办理基金销售业务时应当根据反洗钱法规相关要求识别客户身份,核对客户的有效身份证件,登记客户身份基本信息,确保基金账户持有人名称与身份证明文件中记载的名称一致,并留存有效身份证件的复印件或者影印件。

基金销售机构销售基金产品时委托其他机构进行客户身份识别的,应当通过合同、协议或者其他书面文件,明确双方在客户身份识别、客户身份资料和交易记录保存与信息交换、大额交易和可疑交易报告等方面的反洗钱职责和程序。

第六十五条规定,基金销售机构应当建立健全档案管理制度,妥善保管基金份额持有人的开户资料和与销售业务有关的其他资料。客户身份资料自业务关系结束当年计起至少保存15年,与销售业务有关的其他资料自业务发生当年计起至少保存15年。

第六十六条规定,基金销售机构办理基金的销售业务,应当由基金销售机构与基金管理人签订书面销售协议,明确双方的权利义务,并至少包括以下内容:

(1)销售费用分配的比例和方式。

(2)基金持有人联系方式等客户资料的保存方式。

(3)对基金持有人的持续服务责任。

(4)反洗钱义务履行及责任划分。

(5)基金销售信息交换及资金交收权利义务。

未经签订书面销售协议,基金销售机构不得办理基金的销售。

第六十七条规定,基金销售机构应当将基金销售业务资格的证明文件置备于基金销售网点的显著位置或者在其网站予以公示。

第六十八条规定,基金募集申请在完成向中国证监会注册前,基金销售机构不得办理基金销售业务,不得向公众分发、公布基金宣传推介材料或者发售基金份额。

第六十九条规定,基金销售机构选择合作的基金销售相关机构应当符合监管部门的资质要求,并建立完善的合作基金销售相关机构选择标准和业务流程,充分评估相关风险,明确双方的权利义务。

第七十条规定,基金份额登记机构是指办理基金份额的登记过户、存管和结算等业务的机构。基金份额登记机构可办理投资人基金账户的建立和管理、基金份额注册登记、基金销售业务的确认、清算和结算、代理发放红利、建立并保管基金份额持有人名册等业务。

第七十一条规定，基金份额登记机构应当确保基金份额的登记过户、存管和结算业务处理安全、准确、及时、高效。主要职责包括：

(1)建立并管理投资人基金份额账户。

(2)负责基金份额的登记。

(3)基金交易确认。

(4)代理发放红利。

(5)建立并保管基金份额持有人名册。

(6)登记代理协议规定的其他职责。

第七十二条规定，基金管理人变更基金份额登记机构的，应当在变更前将变更方案报中国证监会备案。

第七十三条规定，基金销售机构、基金份额登记机构应当通过中国证监会指定的技术平台进行数据交换，并完成基金注册登记数据在中国证监会指定机构的集中备份存储。数据交换应当符合中国证监会的有关规范。

第七十四条规定，开放式基金合同生效后，基金销售机构应当按照法律、行政法规、中国证监会的规定和基金合同、销售协议的约定，办理基金份额的申购、赎回，不得擅自停止办理基金份额的发售或者拒绝接受投资人的申购、赎回申请。基金管理人暂停或者开放申购、赎回等业务的，应当在公告中说明具体原因和依据。

第七十五条规定，基金销售机构不得在基金合同约定之外的日期或者时间办理基金份额的申购、赎回或者转换。

投资人在基金合同约定之外的日期和时间提出申购、赎回或者转换申请的，作为下一个交易日交易处理，其基金份额申购、赎回价格为下次办理基金份额申购、赎回时间所在开放日的价格。

第七十六条规定，投资人申购基金份额时，必须全额交付申购款项，但中国证监会规定的特殊基金品种除外；投资人按规定提交申购申请并全额交付款项的，申购申请即为成立；申购申请是否生效以基金份额登记机构确认为准。

第七十七条规定，基金销售机构应当提供有效途径供基金投资人查询基金合同、招募说明书等基金销售文件。

第七十八条规定，基金销售机构应当按照基金合同、招募说明书和基金销售服务协议的约定向投资人收取销售费用，并如实核算、记账；未经基金合同、招募说明书、基金销售服务协议约定，不得向投资人收取额外费用；未经招募说明书载明并公告，不得对不同投资人适用不同费率。

第七十九条规定，基金销售机构及基金销售相关机构应当依法为投资人保守秘密。

第八十条规定，基金销售机构和基金销售相关机构通过互联网开展基金销售活动的，应当报相关部门进行网络内容服务商备案，其信息系统应当符合中国证监会基金销售业务信息管理平台的有关要求，并在向投资人开通前将基金销售网站地址报中国证监会备案。

第八十一条规定，基金销售机构公开发售以基金为投资标的的理财产品等活动的管理规定，由中国证监会另行规定。

第八十二条规定，基金销售机构从事基金销售活动，不得有下列情形：

(1)以排挤竞争对手为目的，压低基金的收费水平。

(2)采取抽奖、回扣或者送实物、保险、基金份额等方式销售基金。

(3)以低于成本的销售费用销售基金。

(4)承诺利用基金资产进行利益输送。

(5)进行预约认购或者预约申购(基金定期定额投资业务除外)，未按规定公告擅自变更基金的发售日期。

(6)挪用基金销售结算资金。

(7)《证券投资基金销售管理办法》第三十五条规定的情形。

(8)中国证监会规定禁止的其他情形。

第八十三条规定，基金管理人应当自与基金销售机构签订销售协议之日起7日内，将销售协议报送其主要经营活动所在地中国证监会派出机构。

第八十四条规定，基金销售机构应当建立相关人员的离任审计或者离任审查制度。独立基金销售机构的董事长、总经理离任或者执行事务合伙人退伙的，应当根据中国证监会的规定进行审计。独立基金销售机构的其他高级管理人员，保险经纪公司、保险代理公司和证券投资咨询机构负责基金销售业务的高级管理人员，其他基金销售机构负责基金销售业务的部门负责人离任的，应当根据中国证监会的规定进行审查。

第八十五条规定，基金销售机构负责基金销售业务的监察稽核人员应当及时检查基金销售业务的合法合规情况，并于年度结束一个季度内完成上年度监察稽核报告，予以存档备查。

第八十六条规定，基金销售机构应当根据中国证监会的要求履行信息报送义务。中国证监会及其派出机构对基金销售机构从事基金销售活动的情况进行定期或者不定期检查，基金销售机构应当予以配合。

第八十七条规定，基金销售机构违反本办法规定的，中国证监会及其派出机构可以责令改正，出具警示函暂停办理相关业务；对直接负责的主管人员和其他直接责任人员，可以采取监管谈话、出具警示函、暂停履行职务、认定为不适宜担任相关职务者等行政监管措施。

第八十八条规定，商业银行、证券公司、期货公司、保险机构、证券投资咨询机构、独立基金销售机构，以及中国证监会认定的其他机构进行基金销售业务资格注册时，隐瞒有关情况或者提供虚假材料的，中国证监会派出机构不予接受；已经接受的，不予注册，并处以警告。

第八十九条规定，基金销售机构从事基金销售活动，存在下列情形之一的，将依据《中华人民共和国证券投资基金法》对相关机构和人员进行处罚：

(1)未经中国证监会注册或认定，擅自从事基金销售业务的。

(2)未向投资人充分揭示投资风险并误导其购买与其风险承担能力不相当的基金产品。

(3)挪用基金销售结算资金或者基金份额的。

(4)未建立应急等风险管理制度和灾难备份系统，或者泄露与基金份额持有人、基金投资运作相关的非公开信息的。

基金销售机构存在上述情形，情节严重的，责令暂停或者终止基金销售业务；构成犯罪的，依法移送司法机构，追究刑事责任。

第九十条规定，基金销售机构从事基金销售活动，有下列情形之一的，责令改正，单处或者并处警告、3万元以下罚款；对直接负责的主管人员和其他直接责任人员，单处或者并处警告、3万元以下罚款：

(1)基金销售机构与未取得基金销售业务资格或经中国证监会资质认定的机构或者个人合作，开办基金销售业务的。

(2)未按照《证券投资基金销售管理办法》第二十九条的规定开立与基金销售有关的账户。

(3)未按照《证券投资基金销售管理办法》第三十四条的规定使用基金宣传推介材料。

(4)违反《证券投资基金销售管理办法》第五十七条的规定，允许未经聘任的人员销售基金或者未经中国证监会认可的人员宣传推介基金。

(5)未按照《证券投资基金销售管理办法》第六十六条的规定签订书面销售协议。

(6)违反《证券投资基金销售管理办法》第六十八条的规定，擅自向公众分发、公布基金宣传推介材料。

(7)违反《证券投资基金销售管理办法》第七十四条的规定，擅自停止办理基金份额发售或者拒绝投资人的申购、赎回。

(8)违反《证券投资基金销售管理办法》第七十五条的规定，确定基金份额申购、赎回价格。

(9)未按照《证券投资基金销售管理办法》第七十八条的规定收取销售费用并核算、记账。

(10)从事《证券投资基金销售管理办法》第八十二条规定禁止的行为。

(11)未按照《证券投资基金销售管理办法》第八十五条的规定进行自查，并编制监察稽核报告。

(12)未按照《证券投资基金销售管理办法》第八十六条的规定履行信息报送义务或者配合中国证监会及其派出机构进行监督检查。

基金销售机构存在上述情形，情节严重的，责令暂停或者终止基金销售业务；构成犯罪的，依法移送司法机构，追究刑事责任。

第九十一条规定，基金销售机构获得基金销售业务资格后1年内未开展基金销售业务，将终止基金销售业务资格。

第九十二条规定，基金销售机构被责令暂停基金销售业务的，暂停期间不得从事下列活动：

(1)签订新的销售协议。

(2)宣传推介基金。

(3)发售基金份额。

(4)办理基金份额申购。

基金销售机构被责令终止基金销售业务的，应当停止基金销售活动。

基金销售机构被责令暂停或者终止基金销售业务的，基金管理人应当配合中国证监会指定的中介机构妥善处理有关投资人基金份额的申购、赎回、转托管等业务，并可按照销售协议的约定，依法要求销售机构赔偿有关损失。

第九十三条规定，基金销售支付结算机构从事基金销售支付结算活动，存在下列情形之一的，将依据《中华人民共和国证券投资基金法》对相关机构和人员进行处罚：

（1）未经中国证监会认可，擅自开办基金销售支付结算业务的。

（2）未按照规定划付基金销售结算资金的。

（3）挪用基金销售结算资金或者基金份额的。

（4）未建立应急等风险管理制度和灾难备份系统，或者泄露与基金份额持有人、基金投资运作相关的非公开信息的。

基金销售支付结算机构存在上述情形，情节严重的，责令暂停或者终止基金销售支付结算业务；构成犯罪的，依法移送司法机构，追究刑事责任。

第九十四条规定，基金销售支付结算机构被暂停或者终止基金销售支付结算业务的，基金销售机构和监督机构应当配合中国证监会指定的中介机构妥善处理有关投资人基金份额的申购、赎回、转托管等业务，并可按相关协议的约定，依法追偿有关损失。

（二）代销金融产品的行为规范

《证券公司代销金融产品管理规定》第三条规定，证券公司代销金融产品，应当按照《证券公司监督管理条例》和中国证监会的规定，取得代销金融产品业务资格。证券公司住所地证监会派出机构按照证券公司增加常规业务种类的条件和程序，对证券公司代销金融产品业务资格申请进行审批。

第四条规定，证券公司可以代销在境内发行，并经国家有关部门或者其授权机构批准或者备案的各类金融产品。法律、行政法规和国家有关部门禁止代销的除外。

第五条规定，证券公司代销金融产品，应当遵守法律、行政法规和中国证监会的规定，遵循平等、自愿、公平、诚实信用和适当性原则，避免利益冲突，不得损害客户合法权益。

第六条规定，证券公司代销金融产品，应当建立委托人资格审查、金融产品尽职调查与风险评估、销售适当性管理等制度。

证券公司应当对代销金融产品业务实行集中统一管理，明确内设部门和分支机构在代销金融产品业务中的职责。禁止证券公司分支机构擅自代销金融产品。

第七条规定，接受代销金融产品的委托前，证券公司应当对委托人进行资格审查。经审查，确认委托人依法设立并可以发行金融产品后，方可接受其委托。

第八条规定，证券公司应当审慎选择代销的金融产品，充分了解金融产品的发行依据、基本性质、投资安排、风险收益特征、管理费用等信息。证券公司确认金融产品依法发行、有明确的投资安排和风险管控措施、风险收益特征清晰且可以对其风险状况做出合理判断的，方可代销。

第九条规定，证券公司应当与委托人签订书面代销合同。代销合同应当约定双方的权利义务，并明确约定以下事项：

（1）向客户进行信息披露、风险揭示以及后续服务的相关安排。

（2）受理客户咨询、查询、投诉的相关安排和后续处理机制。

（3）出现委托人对客户违约情况下的处置预案和应急安排。

（4）因金融产品设计、运营和委托人提供的信息不真实、不准确、不完整而产生的责任由委托人承担,证券公司不承担任何担保责任。

第十条规定,证券公司应当在代销合同签署后5个工作日内,向证券公司住所地的证监会派出机构报备金融产品说明书、宣传推介材料和拟向客户提供的其他文件、资料。

第十一条规定,证券公司应当对所代销金融产品的风险状况进行评估,并划分风险等级,确定适合购买的客户类别和范围。

第十二条规定,证券公司向客户推介金融产品,应当了解客户的身份、财产和收入状况、金融知识和投资经验、投资目标、风险偏好等基本情况,评估其购买金融产品的适当性。

证券公司认为客户购买金融产品不适当或者无法判断适当性的,不得向其推介;客户主动要求购买的,证券公司应当将判断结论书面告知客户,提示其审慎决策,并由客户签字确认。

委托人明确约定购买人范围的,证券公司不得超出委托人确定的购买人范围销售金融产品。

第十三条规定,证券公司应当采取适当方式,向客户披露委托人提供的金融产品合同、当事人情况介绍、金融产品说明书等材料,全面、公正、准确地介绍金融产品有关信息,充分说明金融产品的信用风险、市场风险、流动性风险等主要风险特征,并披露其与金融合同当事人之间是否存在关联关系。

代销的金融产品流动性较低、透明度较低、损失可能超过购买支出或者不易理解的,证券公司应当以简明、易懂的文字,向客户作出有针对性的书面说明,同时详细披露金融产品的风险特征与客户风险承受能力的匹配情况,并要求客户签字确认。

证券公司应当向客户说明,因金融产品设计、运营和委托人提供的信息不真实、不准确、不完整而产生的责任由委托人承担,证券公司不承担任何担保责任。

第十四条规定,证券公司代销金融产品,不得有下列行为:

(1)采取夸大宣传、虚假宣传等方式误导客户购买金融产品。

(2)采取抽奖、回扣、赠送实物等方式诱导客户购买金融产品。

(3)与客户分享投资收益、分担投资损失。

(4)使用除证券公司客户交易结算资金专用存款账户外的其他账户,代委托人接收客户购买金融产品的资金。

(5)其他可能损害客户合法权益的行为。

证券公司从事代销金融产品活动的人员不得接受委托人给予的财物或其他利益。

八、证券投资咨询人员的禁止性行为规定和法律责任

(一)禁止性行为规定

《证券、期货投资咨询管理暂行办法》(1997年12月25日国务院、国务院证券委员会发布)第二十四条规定,证券、期货投资咨询机构及其投资咨询人员,不得从事下列活动:

(1)代理投资人从事证券、期货买卖。

(2)向投资人承诺证券、期货投资收益。

(3)与投资人约定分享投资收益或者分担投资损失。

(4)为自己买卖股票及具有股票性质、功能的证券以及期货。

(5)利用咨询服务与他人合谋操纵市场或者进行内幕交易。

(6)法律、法规、规章所禁止的其他证券、期货欺诈行为。

《证券、期货投资咨询管理暂行办法实施细则》第七条规定,《证券、期货投资咨询管理暂行办法》第七条第一款规定证券经营机构、期货经纪机构从事证券、期货投资咨询业务,除符合《证券、期货投资咨询管理暂行办法》第六条规定的条件外,还应当设立独立的从事证券、期货投资咨询业务的部门,其业务、人员、场所、设施应当与证券经营机构、期货经纪机构的其他部门分开,咨询人员不得在机构其他部门兼职。

第九条规定,从事证券、期货投资咨询业务的机构和人员不得出租、出借、转让、涂改业务资格证书。违反前款规定的,由中国证监会暂停或者撤销其从业资格。

第十条规定,对于不具有从事证券、期货投资咨询业务资格,擅自从事证券、期货投资咨询业务的机构或者人员,证券监管部门除依《证券、期货投资咨询管理暂行办法》规定处罚外,在 3 年内不受理该机构或者人员从事证券、期货投资咨询业务资格的申请。

《中华人民共和国证券法》第一百七十一条规定,投资咨询机构及其从业人员从事证券服务业务不得有下列行为:

(1)代理委托人从事证券投资。

(2)与委托人约定分享证券投资收益或者分担证券投资损失。

(3)买卖本咨询机构提供服务的上市公司股票。

(4)利用传播媒介或者通过其他方式提供、传播虚假或者误导投资者的信息。

(5)法律、行政法规禁止的其他行为。

有前款所列行为之一,给投资者造成损失的,依法承担赔偿责任。

(二)法律责任

《证券、期货投资咨询管理暂行办法》第三十六条规定,证券、期货投资咨询人员违反本办法第十八条、第十九条、第二十条、第二十一条、第二十二条、第二十四条的规定或者未按本办法规定向证券主管部门履行报告、年检义务的,由地方证管办(证监会)单处或者并处警告、没收违法所得、1 万元以上 3 万元以下罚款;情节严重的,地方证管办(证监会)应当向中国证监会报告,由中国证监会作出暂停或者撤销其业务资格的处罚;构成犯罪的,依法追究刑事责任。

九、投资顾问相关人员发布证券研究报告应遵循的执业规范

《发布证券研究报告执业规范》第二条规定,证券公司、证券投资咨询机构发布证券研究报告,应当遵循独立、客观、公平、审慎原则,加强合规管理,提升研究质量和专业服务水平。

第三条规定,证券公司、证券投资咨询机构发布证券研究报告,应当建立健全研究对象覆盖、信息收集、调研、证券研究报告制作、质量控制、合规审查、证券研究报告发布以及相关销售服务等关键环节的管理制度,加强流程管理和内部控制。

第四条规定,证券公司、证券投资咨询机构应当从组织设置、人员职责上,将证券研究报告制作发布环节与销售服务环节分开管理,以维护证券研究报告制作发布的独立性。

制作发布证券研究报告的相关人员，应当独立于证券研究报告相关销售服务人员；证券研究报告相关销售服务人员不得在证券研究报告发布前干涉和影响证券研究报告的制作过程、研究观点和发布时间。

第五条规定，证券公司、证券投资咨询机构发布证券研究报告，应当加强研究对象覆盖范围管理。将上市公司纳入研究对象覆盖范围并作出证券估值或投资评级，或者将该上市公司移出研究对象覆盖范围的，应当由研究部门或者研究子公司独立作出决定并履行内部审核程序。

第六条规定，证券公司、证券投资咨询机构应当建立证券研究报告的信息来源管理制度，加强信息收集环节的管理，维护信息来源的合法合规性。

第七条规定，证券研究报告可以使用的信息来源包括：

(1)政府部门、行业协会、证券交易所等机构发布的政策、市场、行业以及企业相关信息。

(2)上市公司按照法定信息披露义务通过指定媒体公开披露的信息。

(3)上市公司及其子公司通过公司网站、新闻媒体等公开渠道发布的信息，以及上市公司通过股东大会、新闻发布会、产品推介会等非正式公告方式发布的信息。

(4)证券公司、证券投资咨询机构通过上市公司调研或者市场调查，从上市公司及其子公司、供应商、经销商等处获取的信息，但内幕信息和未公开重大信息除外。

(5)证券公司、证券投资咨询机构从信息服务机构等第三方合法取得的市场、行业及企业相关信息。

(6)经公众媒体报道的上市公司及其子公司的其他相关信息。

(7)其他合法合规信息来源。

第八条规定，证券公司、证券投资咨询机构发布证券研究报告，应当审慎使用信息，不得将无法确认来源合法合规性的信息写入证券研究报告，不得将无法认定真实性的市场传言作为确定性研究结论的依据。

第九条规定，证券公司、证券投资咨询机构发布证券研究报告，不得以任何形式使用或者泄露国家保密信息、上市公司内幕信息以及未公开重大信息。

第十条规定，证券公司、证券投资咨询机构应当建立调研活动的管理制度，加强对调研活动的管理。发布证券研究报告相关人员进行上市公司调研活动，应当符合以下要求：

(1)事先履行所在证券公司、证券投资咨询机构的审批程序。

(2)不得向证券研究报告相关销售服务人员、特定客户和其他无关人员泄露研究部门或研究子公司未来一段时间的整体调研计划、调研底稿，以及调研后发布证券研究报告的计划、研究观点的调整信息。

(3)不得主动寻求上市公司相关内幕信息或者未公开重大信息。

(4)被动知悉上市公司内幕信息或者未公开重大信息的，应当对有关信息内容进行保密，并及时向所在机构的合规管理部门报告本人已获知有关信息的事实，在有关信息公开前不得发布涉及该上市公司的证券研究报告。

(5)在证券研究报告中使用调研信息的，应当保留必要的信息来源依据。

第十一条规定，证券公司、证券投资咨询机构制作证券研究报告应当秉承专业的态度，采用严谨的研究方法和分析逻辑，基于合理的数据基础和事实依据，审慎提出研究结论。

第十二条规定，证券公司、证券投资咨询机构制作证券研究报告应当坚持客观原则，避免使用夸大、诱导性的标题或者用语，不得对证券估值、投资评级作出任何形式的保证。

证券公司、证券投资咨询机构应提示投资者自主作出投资决策并自行承担投资风险，任何形式的分享证券投资收益或者分担证券投资损失的书面或口头承诺均为无效。

第十三条规定，证券研究报告中对证券及证券相关产品提出投资评级的，应当披露所使用的投资评级分类及其含义。

第十四条规定，证券公司、证券投资咨询机构应当建立发布证券研究报告工作底稿制度。工作底稿包括必要的信息资料、调研纪要、分析模型等内容，纳入发布证券研究报告相关业务档案予以保存和管理。

第十五条规定，证券分析师应当对其署名的证券研究报告的内容和观点负责。

参与制作证券研究报告，但尚未注册为证券分析师的研究部门或者研究子公司相关证券从业人员，如果已通过证券投资咨询从业资格考试，经署名证券分析师和研究部门或研究子公司同意，可以用“研究助理”等名义在证券研究报告中列示。

第十六条规定，证券公司、证券投资咨询机构应当建立健全证券研究报告发布前的质量控制机制，明确质量审核程序和审核人员职责，加强质量审核管理。

证券研究报告应当由署名证券分析师之外的证券分析师或者专职质量审核人员进行质量审核。

质量审核应当涵盖信息处理、分析逻辑、研究结论等内容，重点关注研究方法和研究结论的专业性和审慎性。

第十七条规定，证券公司、证券投资咨询机构应当建立健全证券研究报告发布前的合规审查机制，明确合规审查程序和合规审查人员职责。

证券研究报告应当由公司合规部门或者研究部门、研究子公司的合规人员进行合规审查。

合规审查应当涵盖人员资质、信息来源、风险提示等内容，重点关注证券研究报告可能涉及的利益冲突事项。

第十八条规定，证券公司、证券投资咨询机构在证券研究报告发布前，可以就证券研究报告涉及上市公司相关信息的真实性向该上市公司进行确认，但不得透露该证券研究报告的发布时间、观点和结论。

第十九条规定，证券公司、证券投资咨询机构应当通过公司规定的证券研究报告发布系统平台向发布对象统一发布证券研究报告，以保障发布证券研究报告的公平性。

在证券研究报告发布之前，制作发布证券研究报告的相关人员不得向证券研究报告相关销售服务人员、客户及其他无关人员泄露研究对象覆盖范围的调整、制作与发布研究报告的计划，证券研究报告的发布时间、观点和结论，以及涉及盈利预测、投资评级、目标价格等内容的调整计划。

第二十条规定，证券公司、证券投资咨询机构发布证券研究报告，应当按照《发布证券研究报告暂行规定》及《证券公司信息隔离墙指引》的有关规定，建立健全信息隔离墙制度，并遵循下列静默期安排：

(1)担任发行人股票首次公开发行的保荐机构、主承销商或者财务顾问，自确定并公告发行价格之日起40日内，不得发布与该发行人有关的证券研究报告。

（2）担任上市公司股票增发、配股、发行可转换公司债券等再融资项目的保荐机构、主承销商或者财务顾问，自确定并公告公开发行价格之日起10日内，不得发布与该上市公司有关的证券研究报告。

（3）担任上市公司并购重组财务顾问，在证券公司、证券投资咨询机构的合规部门将该上市公司列入相关限制名单期间，按照合规管理要求限制发布与该上市公司有关的证券研究报告。

第二十一条规定，证券公司、证券投资咨询机构应当建立合理的发布证券研究报告相关人员绩效考核和激励机制，以维护发布证券研究报告行为的独立性。

证券公司、证券投资咨询机构应当综合考虑研究质量、客户评价、工作量等多种因素，设立发布证券研究报告相关人员的考核激励标准。发布证券研究报告相关人员的薪酬标准不得与外部媒体评价单一指标直接挂钩。

与发布证券研究报告业务存在利益冲突的部门不得参与对发布证券研究报告相关人员的考核。证券分析师跨越信息隔离墙参与公司承销保荐、财务顾问业务等项目的，其个人薪酬不得与相关项目的业务收入直接挂钩。

第二十二条规定，证券公司、证券投资咨询机构的研究部门或者研究子公司接受特定客户委托，按照协议约定就尚未覆盖的具体股票提供含有证券估值或投资评级的研究成果或者投资分析意见的，自提供之日起6个月内不得就该股票发布证券研究报告。

证券公司、证券投资咨询机构的研究部门或者研究子公司不得就已经覆盖的具体股票接受委托提供仅供特定客户使用的、与最新已发布证券研究报告结论不一致的研究成果或者投资分析意见。

证券公司、证券投资咨询机构的研究部门或者研究子公司接受特定客户委托的，应当要求委托方同时提供对委托事项的合规意见。

第二十三条规定，证券公司、证券投资咨询机构应当明确要求证券分析师不得在公司内部部门或外部机构兼任有损其独立性与客观性的其他职务，包括担任上市公司的独立董事。

第二十四条规定，证券公司、证券投资咨询机构授权公众媒体及其他机构刊载或者转发涉及具体上市公司的证券研究报告，应当慎重评估，充分论证必要性，并符合以下要求：

（1）严格按照《发布证券研究报告暂行规定》第二十一条规定，与相关公众媒体及其他机构作出协议约定，明确由被授权机构承担相关刊载或者转发责任。

（2）采取有效措施提供相应的后续解读服务，防止误导公众投资者。

（3）通过公司网站等途径披露本公司授权公众媒体及其他机构刊载或者转发证券研究报告有关情况，提醒公众投资者慎重使用未经授权刊载或者转发的本公司证券研究报告。

（4）具备相应的应对措施，妥善处理投资者投诉。

第二十五条规定，证券公司、证券投资咨询机构应当采取下列措施，防止公众媒体或者其他机构未经授权私自刊载或者转发公司的证券研究报告：

（1）加强证券研究报告发布环节管理，要求公司相关人员不得将证券研究报告私自提供给未经公司授权的公众媒体或者其他机构，提示客户不要将证券研究报告转发给他人。

（2）建立跟踪监测机制，发现公司证券研究报告被私自刊载或者转发的，及时采取维权措施。

(3)加强投资者教育和客户沟通,提示客户及公众投资者慎重使用公众媒体刊载的证券研究报告。

十、保荐代表人执业行为规范

《证券发行上市保荐业务管理办法》第三十八条规定,保荐机构应当建立健全保荐工作的内部控制体系,切实保证保荐业务负责人、内核负责人、保荐业务部门负责人、保荐代表人、项目协办人及其他保荐业务相关人员勤勉尽责,严格控制风险,提高保荐业务整体质量。

第四十一条规定,保荐机构应当建立健全工作底稿制度,为每一项建立独立的保荐工作底稿。

保荐代表人必须为其具体负责的每一项目建立尽职调查工作日志,作为保荐工作底稿的一部分存档备查;保荐机构应当定期对尽职调查工作日志进行检查。

保荐工作底稿应当真实、准确、完整地反映整个保荐工作的全过程,保存期不少于10年。

第四十二条规定,保荐机构的保荐业务负责人、内核负责人负责监督、执行保荐业务各项制度并承担相应的责任。

第四十八条规定,保荐机构应当指定2名保荐代表人具体负责1家发行人的保荐工作,出具由法定代表人签字的专项授权书,并确保保荐机构有关部门和人员有效分工协作。保荐机构可以指定1名项目协办人。

第四十九条规定,证券发行后,保荐机构不得更换保荐代表人,但因保荐代表人离职或者被撤销保荐代表人资格的,应当更换保荐代表人。

保荐机构更换保荐代表人的,应当通知发行人,并在5个工作日内向中国证监会、证券交易所报告,说明原因。原保荐代表人在具体负责保荐工作期间未勤勉尽责的,其责任不因保荐代表人的更换而免除或者终止。

第五十条规定,保荐机构法定代表人、保荐业务负责人、内核负责人、保荐代表人和项目协办人应当在发行保荐书上签字,保荐机构法定代表人、保荐代表人应同时在证券发行募集文件上签字。

第五十一条规定,保荐机构应将履行保荐职责时发表的意见及时告知发行人,同时在保荐工作底稿中保存,并可依照本办法规定公开发表声明、向中国证监会或者证券交易所报告。

第五十二条规定,持续督导工作结束后,保荐机构应当在发行人公告年度报告之日起的10个工作日内向中国证监会、证券交易所报送保荐总结报告书。保荐机构法定代表人和保荐代表人应当在保荐总结报告书上签字。保荐总结报告书应当包括下列内容:

(1)发行人的基本情况。

(2)保荐工作概述。

(3)履行保荐职责期间发生的重大事项及处理情况。

(4)对发行人配合保荐工作情况的说明及评价。

(5)对证券服务机构参与证券发行上市相关工作情况的说明及评价。

(6)中国证监会要求的其他事项。

第五十三条规定,保荐代表人及其他保荐业务相关人员属于内幕信息的知情人员,应当遵守法律、行政法规和中国证监会的规定,不得利用内幕信息直接或者间接为保荐机构、本人或者他人谋取不正当利益。

第五十四条规定，保荐机构及其保荐代表人履行保荐职责可对发行人行使下列权利：

（1）要求发行人按照本办法规定和保荐协议约定的方式，及时通报信息。

（2）定期或者不定期对发行人进行回访，查阅保荐工作需要的发行人材料。

（3）列席发行人的股东大会、董事会和监事会。

（4）对发行人的信息披露文件及向中国证监会、证券交易所提交的其他文件进行事前审阅。

（5）对有关部门关注的发行人相关事项进行核查，必要时可聘请相关证券服务机构配合。

（6）按照中国证监会、证券交易所信息披露规定，对发行人违法违规的事项发表公开声明。

（7）中国证监会规定或者保荐协议约定的其他权利。

十一、保荐代表人违反有关规定的法律责任或被采取的监管措施

《证券发行上市保荐业务管理办法》第六十二条规定，中国证监会可以对保荐机构及其保荐代表人从事保荐业务的情况进行定期或者不定期现场检查，保荐机构及其保荐代表人应当积极配合检查，如实提供有关资料，不得拒绝、阻挠、逃避检查，不得谎报、隐匿、销毁相关证据材料。

第六十三条规定，中国证监会建立保荐信用监管系统，对保荐机构和保荐代表人进行持续动态的注册登记管理，记录其执业情况、违法违规行为、其他不良行为以及对其采取的监管措施等，必要时可以将记录予以公布。

第六十四条规定，自保荐机构向中国证监会提交保荐文件之日起，保荐机构及其保荐代表人承担相应的责任。

第六十五条规定，保荐机构资格申请文件存在虚假记载、误导性陈述或者重大遗漏的，中国证监会不予核准；已核准的，撤销其保荐机构资格。

保荐代表人资格申请文件存在虚假记载、误导性陈述或者重大遗漏的，中国证监会不予核准；已核准的，撤销其保荐代表人资格。对提交该申请文件的保荐机构，中国证监会自撤销之日起6个月内不再受理该保荐机构推荐的保荐代表人资格申请。

第六十六条规定，保荐机构、保荐代表人、保荐业务负责人和内核负责人违反本办法，未诚实守信、勤勉尽责地履行相关义务的，中国证监会责令改正，并对其采取监管谈话、重点关注、责令进行业务学习、出具警示函、责令公开说明、认定为不适当人选等监管措施；依法应给予行政处罚的，依照有关规定进行处罚；情节严重涉嫌犯罪的，依法移送司法机关，追究其刑事责任。

第六十七条规定，保荐机构出现下列情形之一的，中国证监会自确认之日起暂停其保荐机构资格3个月；情节严重的，暂停其保荐机构资格6个月，并可以责令保荐机构更换保荐业务负责人、内核负责人；情节特别严重的，撤销其保荐机构资格：

（1）向中国证监会、证券交易所提交的与保荐工作相关的文件存在虚假记载、误导性陈述或者重大遗漏。

(2)内部控制制度未有效执行。

(3)尽职调查制度、内部核查制度、持续督导制度、保荐工作底稿制度未有效执行。

(4)保荐工作底稿存在虚假记载、误导性陈述或者重大遗漏。

(5)唆使、协助或者参与发行人及证券服务机构提供存在虚假记载、误导性陈述或者重大遗漏的文件。

(6)唆使、协助或者参与发行人干扰中国证监会及其发行审核委员会的审核工作。

(7)通过从事保荐业务谋取不正当利益。

(8)严重违反诚实守信、勤勉尽责义务的其他情形。

第六十八条规定,保荐代表人出现下列情形之一的,中国证监会可根据情节轻重,自确认之日起3个月到12个月内不受理相关保荐代表人具体负责的推荐;情节特别严重的,撤销其保荐代表人资格:

(1)尽职调查工作日志缺失或者遗漏、隐瞒重要问题。

(2)未完成或者未参加辅导工作。

(3)未参加持续督导工作,或者持续督导工作未勤勉尽责。

(4)因保荐业务或其具体负责保荐工作的发行人在保荐期间内受到证券交易所、中国证券业协会公开谴责。

(5)唆使、协助或者参与发行人干扰中国证监会及其发行审核委员会的审核工作。

(6)严重违反诚实守信、勤勉尽责义务的其他情形。

第六十九条规定,保荐代表人出现下列情形之一的,中国证监会撤销其保荐代表人资格;情节严重的,对其采取证券市场禁入的措施:

(1)在与保荐工作相关文件上签字推荐发行人证券发行上市,但未参加尽职调查工作,或者尽职调查工作不彻底、不充分,明显不符合业务规则和行业规范。

(2)通过从事保荐业务谋取不正当利益。

(3)本人及其配偶持有发行人的股份。

(4)唆使、协助或者参与发行人及证券服务机构提供存在虚假记载、误导性陈述或者重大遗漏的文件。

(5)参与组织编制的与保荐工作相关文件存在虚假记载、误导性陈述或者重大遗漏。

第七十条规定,保荐机构、保荐代表人因保荐业务涉嫌违法违规处于立案调查期间的,中国证监会暂不受理该保荐机构的推荐;暂不受理相关保荐代表人具体负责的推荐。

第七十一条规定,发行人出现下列情形之一的,中国证监会自确认之日起暂停保荐机构的保荐机构资格3个月,撤销相关人员的保荐代表人资格:

(1)证券发行募集文件等申请文件存在虚假记载、误导性陈述或者重大遗漏。

(2)公开发行证券上市当年即亏损。

(3)持续督导期间信息披露文件存在虚假记载、误导性陈述或者重大遗漏。

第七十二条规定,发行人在持续督导期间出现下列情形之一的,中国证监会可根据情节轻重,自确认之日起3个月到12个月内不受理相关保荐代表人具体负责的推荐;情节特别严重的,撤销相关人员的保荐代表人资格:

(1)证券上市当年累计50%以上募集资金的用途与承诺不符。

(2)公开发行证券并在主板上市当年营业利润比上年下滑50%以上。

(3)首次公开发行股票并上市之日起12个月内控股股东或者实际控制人发生变更。

(4)首次公开发行股票并上市之日起12个月内累计50%以上资产或者主营业务发生重组。

(5)上市公司公开发行新股、可转换公司债券之日起12个月内累计50%以上资产或者主营业务发生重组,且未在证券发行募集文件中披露。

(6)实际盈利低于盈利预测达20%以上。

(7)关联交易显失公允或者程序违规,涉及金额较大。

(8)控股股东、实际控制人或其他关联方违规占用发行人资源,涉及金额较大。

(9)违规为他人提供担保,涉及金额较大。

(10)违规购买或出售资产、借款、委托资产管理等,涉及金额较大。

(11)董事、监事、高级管理人员侵占发行人利益受到行政处罚或者被追究刑事责任。

(12)违反上市公司规范运作和信息披露等有关法律法规,情节严重的。

(13)中国证监会规定的其他情形。

第七十三条规定,保荐代表人被暂不受理具体负责的推荐或者被撤销保荐代表人资格的,保荐业务负责人、内核负责人应承担相应的责任,对已受理的该保荐代表人具体负责推荐的项目,保荐机构应当撤回推荐;情节严重的,责令保荐机构就各项保荐业务制度限期整改,责令保荐机构更换保荐业务负责人、内核负责人,逾期仍然不符合要求的,撤销其保荐机构资格。

第七十四条规定,保荐机构、保荐业务负责人或者内核负责人在1个自然年度内被采取本办法第六十六条规定监管措施累计5次以上,中国证监会可暂停保荐机构的保荐机构资格3个月,责令保荐机构更换保荐业务负责人、内核负责人。

保荐代表人在2个自然年度内被采取本办法第六十六条规定监管措施累计2次以上,中国证监会可6个月内不受理相关保荐代表人具体负责的推荐。

第七十五条规定,对中国证监会采取的监管措施,保荐机构及其保荐代表人提出申辩的,如有充分证据证明下列事实且理由成立,中国证监会予以采纳:

(1)发行人或其董事、监事、高级管理人员故意隐瞒重大事实,保荐机构和保荐代表人已履行勤勉尽责义务。

(2)发行人已在证券发行募集文件中做出特别提示,保荐机构和保荐代表人已履行勤勉尽责义务。

(3)发行人因不可抗力致使业绩、募集资金运用等出现异常或者未能履行承诺。

(4)发行人及其董事、监事、高级管理人员在持续督导期间故意违法违规,保荐机构和保荐代表人主动予以揭示,已履行勤勉尽责义务。

(5)保荐机构、保荐代表人已履行勤勉尽责义务的其他情形。

十二、资产管理投资主办人执业行为管理的有关要求

《证券公司客户资产管理业务规范》第三十条规定,证券公司客户资产管理业务投资主办人应当在协会进行执业注册。

第三十一条规定，申请投资主办人注册的人员应当具备下列条件：

（1）已取得证券从业资格。

（2）具有3年以上证券投资、研究、投资顾问或类似从业经历。

（3）具备良好的诚信记录及职业操守，且最近3年内没有受到监管部门的行政处罚。

（4）协会规定的其他条件。

第三十二条规定，投资主办人通过所在证券公司向协会进行执业注册，并提交下列材料：

（1）申请人具有3年以上证券投资、研究、投资顾问或类似从业经历的证明。

（2）申请人对申请材料的真实、准确和完整的承诺。

（3）协会要求报送的其他材料。

证券公司初次办理的，还应当提交机构信息备案表和公司客户资产管理业务许可证明复印件。

第三十三条规定，协会在收到完整申请材料后20日内完成注册。有下列情形之一的人员，不得注册为投资主办人：

（1）不符合本规范第三十一条规定的条件。

（2）被监管机构采取重大行政监管措施未满2年。

（3）被协会采取纪律处分未满2年。

（4）未通过证券从业人员年检。

（5）尚处于法律法规规定或劳动合同约定的竞业禁止期内。

（6）其他情形。

第三十四条规定，协会对投资主办人自执业注册完成之日起每2年检查一次。有下列情形之一的，不予通过年检：

（1）不符合一般证券从业人员有关规定。

（2）2年内没有管理客户委托资产。

（3）被监管机构采取重大行政监管措施未满2年。

（4）被协会采取纪律处分未满2年。

（5）其他情形。

未通过年检的人员，协会注销其投资主办人资格，并将相关情况记入从业人员诚信档案。

第三十五条规定，投资主办人与原证券公司解除劳动合同的，原证券公司应当在10日内向协会进行离职备案。

第三十六条规定，投资主办人从事投资管理活动，应当遵循诚实守信、勤勉尽责、独立客观、专业审慎的原则，自觉维护所在证券公司及行业的声誉，公平对待客户，保护投资者合法权益。

第三十七条规定，投资主办人不得进行内幕交易、操纵证券价格等损害证券市场秩序的行为，或其他违反规定的操作。

第三十八条规定，投资主办人应当按照所在证券公司的规定和劳动合同的约定履行保密义务。

第四十三条规定，协会依据本规范对证券公司开展资产管理业务的情况进行执业检查。

证券公司违反本规范的，协会视情况对其采取谈话提醒、警示、责令整改、行业内通报批评、公开谴责等自律管理措施或纪律处分并记入证券公司诚信档案。

投资主办人违反本规范的，协会视情况对其采取谈话提醒、警示、行业内通报批评、公开谴责等自律管理措施或纪律处分并记入从业人员诚信档案。

协会发现证券公司、投资主办人违反法律、行政法规或中国证监会规定的，移交中国证监会或其他有权机关处理。

十三、财务顾问主办人执业行为规范

《上市公司并购重组财务顾问业务管理办法》第十四条规定，财务顾问申请人应当提交有关财务顾问主办人的下列证明文件：

(1)证券从业资格证书。

(2)中国证监会规定的投资银行业务经历的证明文件。

(3)中国证监会认可的财务顾问主办人胜任能力考试且成绩合格的证书。

(4)财务顾问申请人推荐其担任本机构的财务顾问主办人的推荐函。

(5)不存在数额较大到期未清偿的债务的说明。

(6)最近24个月无违反诚信的不良记录的说明。

(7)最近24个月未受到行业自律组织的纪律处分的说明。

(8)最近36个月未因执业行为违法违规受到处罚的说明。

(9)中国证监会规定的其他文件。

第十五条规定，财务顾问申请人应当保证申请文件真实、准确、完整。申请期间，文件内容发生重大变化的，财务顾问申请人应当自变化之日起5个工作日内向中国证监会提交更新资料。

第十六条规定，中国证监会对财务顾问申请人的上市公司并购重组财务顾问业务资格申请进行审查、做出决定。

中国证监会及时公布和更新财务顾问及其财务顾问主办人的名单。

第十七条规定，证券公司、证券投资咨询机构或者其他财务顾问机构受聘担任上市公司独立财务顾问的，应当保持独立性，不得与上市公司存在利害关系；存在下列情形之一的，不得担任独立财务顾问：

(1)持有或者通过协议、其他安排与他人共同持有上市公司股份达到或者超过5%，或者选派代表担任上市公司董事。

(2)上市公司持有或者通过协议、其他安排与他人共同持有财务顾问的股份达到或者超过5%，或者选派代表担任财务顾问的董事。

(3)最近2年财务顾问与上市公司存在资产委托管理关系、相互提供担保，或者最近1年财务顾问为上市公司提供融资服务。

(4)财务顾问的董事、监事、高级管理人员、财务顾问主办人或者其直系亲属有在上市公司任职等影响公正履行职责的情形。

(5)在并购重组中为上市公司的交易对方提供财务顾问服务。

(6)与上市公司存在利害关系、可能影响财务顾问及其财务顾问主办人独立性的其他情形。

第二十条规定,财务顾问应当与委托人签订委托协议,明确双方的权利和义务,就委托人配合财务顾问履行其职责的义务、应提供的材料和责任划分、双方的保密责任等事项做出约定。财务顾问接受上市公司并购重组多方当事人委托的,不得存在利益冲突或者潜在的利益冲突。

接受委托的,财务顾问应当指定 2 名财务顾问主办人负责,同时,可以安排 1 名项目协办人参与。

第二十七条规定,财务顾问的法定代表人或者其授权代表人、部门负责人、内部核查机构负责人、财务顾问主办人和项目协办人应当在财务顾问专业意见上签名,并加盖财务顾问单位公章。

第二十八条规定,财务顾问代表委托人向中国证监会提交申请文件后,应当配合中国证监会的审核,并承担以下工作:

(1)指定财务顾问主办人与中国证监会进行专业沟通,并按照中国证监会提出的反馈意见作出回复。

(2)按照中国证监会的要求对涉及本次并购重组活动的特定事项进行尽职调查或者核查。

(3)组织委托人及其他专业机构对中国证监会的意见进行答复。

(4)委托人未能在行政许可的期限内公告相关并购重组报告全文的,财务顾问应当督促委托人及时公开披露中国证监会提出的问题及委托人未能如期公告的原因。

(5)自申报至并购重组事项完成前,对于上市公司和其他并购重组当事人发生较大变化对本次并购重组构成较大影响的情况予以高度关注,并及时向中国证监会报告。

(6)申报本次担任并购重组财务顾问的收费情况。

(7)中国证监会要求的其他事项。

第二十九条规定,财务顾问应当建立健全内部报告制度,财务顾问主办人应当就中国证监会在反馈意见中提出的问题按照内部程序向部门负责人、内部核查机构负责人等相关负责人报告,并对中国证监会提出的问题进行充分的研究、论证,审慎回复。回复意见应当由财务顾问的法定代表人或者其授权代表人、财务顾问主办人和项目协办人签名,并加盖财务顾问单位公章。

第三十二条规定,财务顾问应当建立健全内部检查制度,确保财务顾问主办人切实履行持续督导责任,按时向中国证监会派出机构提交持续督导工作的情况报告。

在持续督导期间,财务顾问解除委托协议的,应当及时向中国证监会派出机构作出书面报告,说明无法继续履行持续督导职责的理由,并予以公告。委托人应当在 1 个月内另行聘请财务顾问对其进行持续督导。

第三十四条规定,财务顾问及其财务顾问主办人应当严格履行保密责任,不得利用职务之便买卖相关上市公司的证券或者牟取其他不当利益,并应当督促委托人、委托人的董事、监事和高级管理人员及其他内幕信息知情人严格保密，不得进行内幕交易。

财务顾问应当按照中国证监会的要求，配合提供上市公司并购重组相关内幕信息知情人买卖、持有相关上市公司证券的文件，并向中国证监会报告内幕信息知情人的违法违规行为，配合中国证监会依法进行的调查。

第三十八条规定，中国证监会建立监管信息系统，对财务顾问及其财务顾问主办人进行持续动态监管，并将以下事项记入其诚信档案：

(1)财务顾问及其财务顾问主办人被中国证监会采取监管措施的。

(2)在持续督导期间，上市公司或者其他委托人违反公司治理有关规定、相关资产状况及上市公司经营成果等与财务顾问的专业意见出现较大差异的。

(3)中国证监会认定的其他事项。

第三十九条规定，财务顾问及其财务顾问主办人出现下列情形之一的，中国证监会对其采取监管谈话、出具警示函、责令改正等监管措施：

(1)内部控制机制和管理制度、尽职调查制度以及相关业务规则存在重大缺陷或者未得到有效执行的。

(2)未按照本办法规定发表专业意见的。

(3)在受托报送申报材料过程中，未切实履行组织、协调义务、申报文件制作质量低下的。

(4)未依法履行持续督导义务的。

(5)未按照本办法的规定向中国证监会报告或者公告的。

(6)违反其就上市公司并购重组相关业务活动所作承诺的。

(7)违反保密制度或者未履行保密责任的。

(8)采取不正当竞争手段进行恶性竞争的。

(9)唆使、协助或者伙同委托人干扰中国证监会审核工作的。

(10)中国证监会认定的其他情形。

责令改正的，财务顾问及其财务顾问主办人在改正期间，或者按照要求完成整改并经中国证监会验收合格之前，不得接受新的上市公司并购重组财务顾问业务。

第四十条规定，上市公司就并购重组事项出具盈利预测报告的，在相关并购重组活动完成后，凡不属于上市公司管理层事前无法获知且事后无法控制的原因，上市公司或者购买资产实现的利润未达到盈利预测报告或者资产评估报告预测金额80%的，中国证监会责令财务顾问及其财务顾问主办人在股东大会及中国证监会指定报刊上公开说明未实现盈利预测的原因并向股东和社会公众投资者道歉；利润实现数未达到盈利预测50%的，中国证监会可以同时对财务顾问及其财务顾问主办人采取监管谈话、出具警示函、责令定期报告等监管措施。

第四十一条规定，财务顾问不再符合本办法规定条件的，应当在5个工作日内向中国证监会报告并依法进行公告，由中国证监会责令改正。责令改正期满后，仍不符合本办法规定条件的，中国证监会撤销其从事上市公司并购重组财务顾问业务的资格。

财务顾问主办人发生变化的，财务顾问应当在5个工作日内向中国证监会报告。财务顾问主办人不再符合本办法规定条件的，中国证监会将其从财务顾问主办人名单中去除，财务顾问不得聘请其作为财务顾问主办人从事相关业务。

第四十二条规定，财务顾问及其财务顾问主办人或者其他责任人员所发表的专业意见存在虚假记载、误导性陈述或者重大遗漏的，中国证监会责令改正并依据《中华人民共和国证券法》第二百二十三条的规定予以处罚。

第四十三条规定，财务顾问及其财务顾问主办人在相关并购重组信息未依法公开前，泄露该信息、买卖或者建议他人买卖该公司证券，利用相关并购重组信息散布虚假信息、操纵证券市场或者进行证券欺诈活动的，中国证监会依据《中华人民共和国证券法》第二百零二条、第二百零三条、第二百零七条等相关规定予以处罚；涉嫌犯罪的，依法移送司法机关追究刑事责任。

第四十四条规定，中国证券业协会对财务顾问及其财务顾问主办人违反自律规范的行为，依法进行调查，给予纪律处分。

十四、证券业财务与会计人员执业行为规范

《证券业财务与会计人员执业行为规范》第二条规定，本规范所称财务与会计人员是指证券公司、证券投资基金管理公司或中国证监会规定的其他应当接受中国证券业协会自律管理的机构中从事会计核算、财务管理、资金管理等活动的财务与会计人员。

第三条规定，财务与会计人员应熟悉并遵守国家财务、会计、税务和其他相关法律法规，遵守所在机构的各项规章制度。

第四条规定，财务与会计人员应取得会计从业资格证书和证券从业资格证书。

第五条规定，财务与会计人员在执业工作中应当做到勤勉尽责、客观诚信和廉洁自律。

第六条规定，财务与会计人员应当客观、公允、及时地判断和反映各项经济活动，依据法律法规、自律规则和机构规程做好会计确认、计量、记录和报告工作。

第七条规定，财务与会计人员应当具备从事证券业财务或会计工作所必需的专业知识和业务能力，不断优化本职工作，快速理解并适应证券业新业务。

会计人员应通过学习和参加培训等途径，不断提高会计理论水平、会计实务能力和职业判断能力。

第八条规定，财务与会计人员应依法进行财务处理和会计核算，杜绝编造虚假会计信息等违法活动；认真履行职责，抵制违反财经纪律的行为，促进所在机构合规经营，防范和化解财务会计风险。

第九条规定，财务与会计人员应严格保守企业商业秘密，不得泄露和违法使用在工作过程中知悉的商业秘密。法律法规和监管部门规定应当披露的情形除外。

第十条规定，财务与会计人员应当树立服务意识，运用掌握的会计信息，不断提高财务信息质量，积极主动地为企业决策提供相关信息。

第十一条规定，财务与会计人员应当协助所在机构业务部门建立健全财务制度和业务流程，改善内部管理，提高经济效益。

第十二条规定，财务与会计人员应积极参加所在机构和行业自律组织举办的业务培训，所接受后续职业培训学时不得少于协会最低要求。

第十四条规定，财务与会计人员禁止从事以下行为：

（1）承担与本职岗位有冲突的工作。

（2）违反内部工作流程和岗位职责管理规定，将本人工作委托他人代为履行。

（3）违规向其他人员提供自己保管的印章、凭证、钥匙等物品或泄露密码信息。

（4）未经授权动用本单位的资金、财产。

（5）擅自修改或危害本单位的财务系统。

（6）损害、侵占、挪用和滥用本单位及其所管理的资金、财产。

（7）损坏、隐匿或丢弃凭证、账簿、印章等财务资料。

（8）法律法规或自律规则规定的其他行为。

第十五条规定，财务与会计人员在工作过程中发现存在违法犯罪、违反行业自律规则或违反本单位内部制度行为的，应当加以制止，并依法向本单位的管理层、行业自律组织、监管机构报告，或向国家司法机关举报。

第十六条规定，财务与会计人员应当正确处理财务会计工作与业务发展、客户利益保护与所在单位利益之间的关系，对存在潜在冲突的情形，应主动向所在机构的管理层说明，并提出合理处理利益冲突的建议。

第二十二条规定，财务与会计人员不按照《中华人民共和国会计法》等规定进行会计核算和财务处理的，所在机构应视情节轻重给予处分；情节严重的，所在机构应向协会报告，协会将记入从业人员诚信信息系统。

第二十三条规定，财务与会计人员违反本规范的，协会可视具体情节给予其警告、行业内通报批评、公开谴责等纪律处分，并将相关信息记入从业人员诚信信息系统。

财务与会计人员对协会纪律处分决定不服的，可以向协会申请复议。

第二十四条规定，财务与会计人员违反法律法规规定，需要给予行政处罚或应当追究刑事责任的，所在机构应当及时将其移交行政或司法机关处理。

第二十五条规定，机构违反法律法规或自律规则，侵犯证券业财务与会计人员合法权益的，协会可依据《中国证券业协会会员管理办法》等给予其纪律处分。

同步自测

一、选择题（以下备选项中只有一项符合题目要求，不选、错选均不得分）

1. 下列机构中，属于《证券业从业人员资格管理办法》规定的从事证券业务的机构的是（ D ）。

A. 信托投资公司　　B. 金融资产管理公司

C. 商业银行　　D. 证券资信评估机构

2. 已经取得证券业执业证书的人员，连续（ B ）年不在机构从业的，由中国证券业协会注销其执业证书。

A. 2　　B. 3

C. 4　　D. 5

3. 申请证券执业证书时，申请人的书面申请表及有关材料由(　　)负责妥善保管。

A. 申请人所在的机构　　B. 申请人

C. 中国证监会　　D. 中国证券业协会

4. 下列人员中，不符合参加证券从业人员考试资格条件的是(　　)。

A. 甲某，年满 20 周岁，本科文化　　B. 乙某，年满 18 周岁，大专文化

C. 丙某，年满 20 周岁，初中文化　　D. 丁某，年满 20 周岁，高中文化

5. 中国证券业协会对违反规定超出查询目的泄露或提供他人使用、以营利为目的使用、加工或处理诚信信息，或将诚信信息用于非法目的的会员，情节严重的，给予(　　)等处分。

A. 警示　　B. 行业内通报批评、公开谴责

C. 移送相关监管部门　　D. 移送司法机关

6. 个人申请保荐代表人资格，应当通过所任职的保荐机构向中国证监会提交的材料不包括(　　)。

A. 申请报告

B. 证券业从业人员资格考试、保荐代表人胜任能力考试成绩合格的证明

C. 证券业执业证书

D. 以前所有的工作情况说明

7. 奖励信息、处罚处分信息的效力期限一般为(　　)年。

A. 1　　B. 2

C. 3　　D. 5

8. 违反法律、行政法规或者中国证监会有关规定，情节严重的，可以对有关责任人员采取(　　)年的证券市场禁入措施。

A. 1 ~ 3　　B. 2 ~ 5

C. 3 ~ 5　　D. 1 ~ 5

9. 下列关于证券分析师的说法中，错误的是(　　)。

A. 在发布的证券研究报告上署名的人员，应当具有证券投资咨询执业资格

B. 在发布的证券研究报告上署名的人员，应在中国证券业协会注册登记为证券分析师

C. 申请成为证券分析师必须具有 2 年以上证券从业经历

D. 投资分析师可以同时注册为证券投资顾问

10. 注册登记为证券投资顾问的人员和注册登记为证券分析师的人员分别申请从事的证券业务类别为(　　)。

A. 证券投资咨询业务(投资顾问)和证券投资咨询业务(分析师)

B. 证券投资业务和证券投资咨询业务

C. 证券承销业务和证券投资业务

D. 证券一般业务和咨询类业务

11. 证券公司应当在代销合同签署后(　　)个工作日内,向证券公司住所地的证监会派出机构报备金融产品说明书、宣传推介材料和拟向客户提供的其他文件、资料。

A. 3　　B. 5

C. 10　　D. 15

12. 申请投资主办人注册的人员应当具备的条件不包括(　　)。

A. 取得证券从业资格

B. 取得证券经纪人资格

C. 具备良好的诚信记录及职业操守

D. 具有 3 年以上证券投资、研究、投资顾问或类似从业经历

13. 财务顾问主办人应满足最近(　　)个月未因执业行为违法违规受到处罚。

A. 12　　B. 24

C. 36　　D. 48

14. 担任上市公司股票增发、配股、发行可转换公司债券等再融资项目的保荐机构、主承销商或者财务顾问,自确定并公告公开发行价格之日起(　　)日内,不得发布与该上市公司有关的证券研究报告。

A. 5　　B. 40

C. 10　　D. 30

15. 证券公司代销金融产品,应当遵循的原则不包括(　　)。

A. 平等原则　　B. 自愿原则

C. 专业性原则　　D. 适当性原则

16. 被中国证券业协会采取纪律处分未满(　　)年,不得注册为投资主办人。

A. 1　　B. 2

C. 3　　D. 5

17. 保荐工作底稿应当真实、准确、完整地反映整个保荐工作的全过程,保存期不少于(　　)年。

A. 10　　B. 20

C. 15　　D. 25

18. 关于证券投资顾问与证券分析师的注册登记,中国证券业协会在收到完整申请材料后(　　)日内审核完毕。对不予注册登记的人员,中国证券业协会通过系统通知其所在机构,并说明原因。

A. 7　　B. 15

C. 30　　D. 45

19. 财务与会计人员应当正确处理财务会计工作与业务发展、客户利益保护与所在单位利益之间的关系,对存在潜在冲突的情形(　　)。

A. 应主动向监管机关报告　　B. 暂不需关注

C. 应持续关注　　D. 应主动向所在机构的管理层说明

二、组合型选择题(以下备选项中只有一项最符合题目要求,不选、错选均不得分)

1. 从事证券业务的专业人员包括(　　)。

Ⅰ. 证券公司中从事自营、经纪、承销、投资咨询、受托投资管理等业务的专业人员

Ⅱ. 基金管理公司、基金托管机构中从事基金销售、研究分析、投资管理、交易、监察稽核等业务的专业人员

Ⅲ. 证券投资咨询机构中从事证券投资咨询业务的专业人员及其管理人员

Ⅳ. 证券资信评估机构中从事证券资信评估业务的专业人员及其管理人员

A. Ⅰ、Ⅱ、Ⅲ　　B. Ⅱ、Ⅲ、Ⅳ

C. Ⅰ、Ⅱ、Ⅳ　　D. Ⅰ、Ⅱ、Ⅲ、Ⅳ

2. 下列属于证券业从业人员申请执业证书条件的有(　　)。

Ⅰ. 已被机构聘用

Ⅱ. 最近 3 年未受过刑事处罚

Ⅲ. 未被中国证监会认定为证券市场禁入者,或者已过禁入期的

Ⅳ. 品行端正,具有良好的职业道德

A. Ⅰ、Ⅱ　　B. Ⅰ、Ⅳ

C. Ⅰ、Ⅱ、Ⅲ、Ⅳ　　D. Ⅰ、Ⅱ、Ⅲ

3. 申请从事证券投资咨询业务应具备的条件中,正确的有(　　)。

Ⅰ. 已取得证券从业资格　　Ⅱ. 具有高中以上学历

Ⅲ. 具有从事证券业务 2 年以上的经历　　Ⅳ. 具有中华人民共和国国籍

A. Ⅰ、Ⅱ、Ⅲ　　B. Ⅱ、Ⅲ、Ⅳ

C. Ⅰ、Ⅲ、Ⅳ　　D. Ⅰ、Ⅱ、Ⅳ

4. 证券投资咨询人员可以分为(　　)。

Ⅰ. 专业证券投资咨询机构的咨询人员　　Ⅱ. 证券经营机构研究部门的咨询人员

Ⅲ. 取得证券业从业资格证的人员　　Ⅳ. 证券公司负责人

A. Ⅰ、Ⅱ　　B. Ⅰ、Ⅳ

C. Ⅰ、Ⅱ、Ⅲ　　D. Ⅱ、Ⅲ、Ⅳ

5. 证券分析师存在(　　)情形的,中国证券业协会不予办理执业注册变更登记。

Ⅰ. 原任职机构未出具诚信执业情况说明的

Ⅱ. 未与原机构就培训费用补偿等争议事项达成一致,因而原任职机构未为其办理离职备案的

Ⅲ. 与原机构签订的劳动合同中已就竞业禁止依法作出约定,新机构提交执业注册变更申请时不在竞业禁止范围内的

Ⅳ. 因违法违规被司法机关立案调查的

A. Ⅰ、Ⅱ、Ⅲ　　B. Ⅰ、Ⅲ、Ⅳ

C. Ⅱ、Ⅲ、Ⅳ　　D. Ⅰ、Ⅱ、Ⅳ

6. 关于证券公司客户资产业务投资主办人,甲说被中国证券业协会采取纪律处分未满 2 年,不能申请注册为投资主办人,乙说上一年没有管理客户委托资产通过年检,丙说未通过年检会被注销资格,丁说投资主办人与公司解除劳动合同,公司需要在 5 日内向中国证券业

协会备案。以上说法中正确的人有( )。

Ⅰ.甲　　Ⅱ.乙

Ⅲ.丙　　Ⅳ.丁

A.Ⅱ、Ⅲ、Ⅳ　　B.Ⅰ、Ⅲ

C.Ⅰ、Ⅲ、Ⅳ　　D.Ⅱ、Ⅳ

7.个人申请保荐代表人资格应具备的条件包括( )。

Ⅰ.具备3年以上保荐相关业务经历

Ⅱ.最近3年内在境内证券发行项目中担任过项目协办人

Ⅲ.参加中国证监会认可的保荐代表人胜任能力考试且成绩合格有效

Ⅳ.未负有数额较大到期未清偿的债务

A.Ⅰ、Ⅱ、Ⅳ　　B.Ⅰ、Ⅱ、Ⅲ、Ⅳ

C.Ⅰ、Ⅲ、Ⅳ　　D.Ⅱ、Ⅲ、Ⅳ

8.财务顾问主办人应具备的条件包括( )。

Ⅰ.参加中国证监会认可的财务顾问主办人胜任能力考试且成绩合格

Ⅱ.所任职机构同意推荐其担任本机构的财务顾问主办人

Ⅲ.负有数额较大到期未清偿的债务

Ⅳ.具有证券从业资格

A.Ⅰ、Ⅱ　　B.Ⅰ、Ⅲ

C.Ⅰ、Ⅱ、Ⅲ　　D.Ⅰ、Ⅱ、Ⅳ

9.按照《证券业从业人员执业行为准则》的规定,下列属于证券业从业人员不得从事的活动的有( )。

Ⅰ.从事内幕交易

Ⅱ.买卖法律明文禁止买卖的证券

Ⅲ.接受或赠送礼物、回扣、补偿或报酬等

Ⅳ.向客户做出投资不受损失或保证最低收益的承诺

A.Ⅰ、Ⅱ、Ⅲ　　B.Ⅰ、Ⅱ、Ⅳ

C.Ⅰ、Ⅱ、Ⅲ、Ⅳ　　D.Ⅱ、Ⅲ、Ⅳ

10.证券业从业人员的诚信信息的收集、记录和使用,应当遵循的原则有( )。

Ⅰ.真实　　Ⅱ.准确

Ⅲ.公正　　Ⅳ.合法

A.Ⅰ、Ⅱ、Ⅲ　　B.Ⅰ、Ⅲ、Ⅳ

C.Ⅱ、Ⅲ、Ⅳ　　D.Ⅰ、Ⅱ、Ⅲ、Ⅳ

11.证券业从业人员的诚信信息包括( )。

Ⅰ.基本信息　　Ⅱ.奖励信息

Ⅲ.人员财务信息　　Ⅳ.处罚处分信息

A.Ⅲ、Ⅳ　　B.Ⅰ、Ⅱ、Ⅲ

C.Ⅰ、Ⅱ、Ⅳ　　D.Ⅱ、Ⅲ、Ⅳ

12. 证券公司代销金融产品的,应当与委托人签订书面代销合同,代销合同应当约定双方权利义务,并明确约定的事项包括( )。

Ⅰ. 向客户进行信息披露、风险揭示以及后续服务的相关安排

Ⅱ. 受理客户咨询、查询、投诉的相关安排和后续处理机制

Ⅲ. 出现委托人对客户违约情况下的处置预案和应急安排

Ⅳ. 因金融产品设计、运营和委托人提供的信息不真实、不准确、不完整而产生的责任由委托人承担,证券公司不承担任何担保责任

A. Ⅰ、Ⅲ、Ⅳ　　B. Ⅰ、Ⅱ

C. Ⅰ、Ⅱ、Ⅲ、Ⅳ　　D. Ⅱ、Ⅲ、Ⅳ

13. 中国证监会可以对保荐机构、保荐代表人、保荐业务负责人采取的监管措施包括( )。

Ⅰ. 监管谈话、重点关注　　Ⅱ. 责令进行业务学习、出具警示函

Ⅲ. 没收违法所得、没收非法财物　　Ⅳ. 责令公开说明、认定为不适当人选

A. Ⅱ、Ⅲ、Ⅳ　　B. Ⅰ、Ⅱ、Ⅲ

C. Ⅰ、Ⅲ、Ⅳ　　D. Ⅰ、Ⅱ、Ⅳ

14. 下列属于证券业财务与会计人员禁止从事的行为的有( )。

Ⅰ. 承担与本职岗位有冲突的工作

Ⅱ. 未经授权动用本单位的资金、财产

Ⅲ. 擅自修改或危害本单位的财务系统

Ⅳ. 损坏、隐匿或丢弃凭证、账簿、印章等财务资料

A. Ⅱ、Ⅲ　　B. Ⅰ、Ⅲ

C. Ⅰ、Ⅱ、Ⅲ、Ⅳ　　D. Ⅰ、Ⅱ、Ⅳ

15. 证券、期货投资咨询机构及其投资咨询人员,不得从事的活动包括( )。

Ⅰ. 代理投资人从事证券、期货买卖

Ⅱ. 向投资人承诺证券、期货投资收益

Ⅲ. 利用咨询服务与他人合谋操纵市场或者进行内幕交易

Ⅳ. 为自己买卖股票及具有股票性质、功能的证券以及期货

A. Ⅱ、Ⅲ、Ⅳ　　B. Ⅰ、Ⅱ、Ⅲ

C. Ⅰ、Ⅱ、Ⅲ、Ⅳ　　D. Ⅰ、Ⅱ、Ⅳ

答案详解

一、选择题

1. D。【解析】《证券业从业人员资格管理办法》第三条规定,本办法所称机构是指:(1)证券公司。(2)基金管理公司、基金托管机构、基金销售机构。(3)证券投资咨询机构。(4)证券资信评估机构。(5)中国证监会规定的其他从事证券业务的机构。

2. B。【解析】《证券业从业人员资格管理办法》第十三条规定,取得执业证书的人员,连续3年不在机构从业的,由中国证券业协会注销其执业证书;重新执业的,应当参加中国证券业协会组织的执业培训,并重新申请执业证书。

3. A。【解析】机构应妥善保管申请人的书面申请表及有关材料。

4. C。【解析】参加资格考试的人员，应当年满 18 周岁，具有高中以上文化程度和完全民事行为能力。故 C 项的丙某不符合参加证券业从业人员考试资格的条件。

5. B。【解析】《中国证券协会诚信管理办法》第三十五条规定，中国证券业协会对违反规定超出查询目的泄露或提供他人使用、以营利为目的使用、加工或处理诚信信息，或将诚信信息用于非法目的的会员、从业人员和其他应当接受中国证券业协会自律管理的机构和个人，应采取警示等自律惩戒措施；情节严重的，应采取行业内通报批评、公开谴责等纪律处分措施；违反法律、法规、行政规章规定且情节严重的，应依法移送相关监管部门或司法机关追究法律责任。

6. D。【解析】A、B、C 项均是个人申请保荐代表人资格，应当通过所任职的保荐机构向中国证监会提交的材料。除此之外还应提交：个人简历、身份证明文件和学历学位证书；从事保荐相关业务的详细情况说明，以及最近 3 年内担任境内证券发行项目协办人的工作情况说明；保荐机构出具的推荐函，其中应当说明申请人遵纪守法、业务水平、组织能力等情况；保荐机构对申请文件真实性、准确性、完整性承担责任的承诺函，并应由其董事长或者总经理签字；中国监会要求的其他材料。

7. C。【解析】根据《中国证券业协会诚信管理办法》第十七条的规定，奖励信息、处罚处分信息效力期限为 3 年，但因证券期货违法行为被行政处罚、市场禁入的信息，效力期限为 5 年。

8. C。【解析】根据《证券市场禁入规定》第五条的规定，违反法律、行政法规或者中国证监会有关规定，情节严重的，可以对有关责任人员采取 3 至 5 年的证券市场禁入措施；行为恶劣、严重扰乱证券市场秩序、严重损害投资者利益或者在重大违法活动中起主要作用等情节较为严重的，可以对有关责任人员采取 5 至 10 年的证券市场禁入措施。

9. D。【解析】同一人员不得同时申请注册登记为证券投资顾问和证券分析师。

10. A。【解析】注册登记为证券投资顾问的人员，其申请从事的证券业务类别为证券投资咨询业务（投资顾问）；注册登记为证券分析师的人员，其申请从事的证券业务类别为证券投资咨询业务（分析师）。

11. B。【解析】《证券公司代销金融产品管理规定》第十条规定，证券公司应当在代销合同签署后 5 个工作日内，向证券公司住所地证监会派出机构报备金融产品说明书、宣传推介材料和拟向客户提供的其他文件、资料。

12. B。【解析】《证券公司客户资产管理业务规范》第三十一条规定，申请投资主办人注册的人员应当具备下列条件：(1)已取得证券从业资格。(2)具有 3 年以上证券投资、研究、投资顾问或类似从业经历。(3)具备良好的诚信记录及职业操守，且最近 3 年内没有受到监管部门的行政处罚。(4)中国证券业协会规定的其他条件。

13. C。【解析】《上市公司并购重组财务顾问业务管理办法》第十条规定，财务顾问主办人应当具备下列条件：(1)具有证券从业资格。(2)具备中国证监会规定的投资银行业务经历。(3)参加中国证监会认可的财务顾问主办人胜任能力考试且成绩合格。(4)所任职机构同意推荐其担任本机构的财务顾问主办人。(5)未负有数额较大到期未清偿的债务。(6)最近 24 个月无违反诚信的不良记录。(7)最近 24 个月未因执业行为违反行业规范而受到行业自律组织的纪律处分。(8)最近 36 个月未因执业行为违法违规受到处罚。(9)中国证监会规定的其他条件。

14. C。【解析】担任上市公司股票增发、配股、发行可转换公司债券等再融资项目的保荐机构、主承销商或者财务顾问，自确定并公告公开发行价格之日起 10 日内，不得发布与该上市公司有关的证券研究报告。

15. C。【解析】《证券公司代销金融产品管理规定》第五条规定，证券公司代销金融产品，应当遵守法律、行政法规和中国证监会的规定，遵循平等、自愿、公平、诚实信用和适当性原则，避免利益冲突，不得损害客户合法权益。

16. B。【解析】根据《证券公司客户资产管理业务规范》第三十三条的规定，有下列情形之一的人员，不得注册为投资主办人：(1)不符合本规范第三十一条规定的条件。(2)被监管机构采取重大行政监管措施未满 2 年。(3)被中国证券业协会采取纪律处分未满 2 年。(4)未通过证券从业人员年检。(5)尚处于法律法规规定或劳动合同约定的竞业禁止期内。(6)其他情形。

17. A。【解析】保荐工作底稿应当真实、准确、完整地反映整个保荐工作的全过程，保存期不少于10年。

18. C。【解析】中国证券业协会收到证券公司、证券投资咨询机构提交的注册申请后，通过系统进行审核，必要时可要求有关机构提交书面材料。中国证券业协会在收到完整申请材料后30日内审核完毕。对不予注册登记的人员，中国证券业协会通过系统通知其所在机构，并说明原因。

19. D。【解析】《证券业财务与会计人员执业行为规范》第十六条规定，财务与会计人员应当正确处理财务会计工作与业务发展、客户利益保护与所在单位利益之间的关系，对存在潜在冲突的情形，应主动向所在机构的管理层说明，并提出合理处理利益冲突的建议。

二、组合型选择题

1. D。【解析】除题中四项外，中国证监会规定需要取得证券从业资格和执业证书的其他人员也是从事证券业务的专业人员。

2. C。【解析】题中四项均是证券业从业人员申请执业证书的条件。

3. C。【解析】申请从事证券投资咨询业务应具备的条件之一是具有大学本科以上学历(教育部认可的)。故Ⅱ项说法错误。

4. A。【解析】申请咨询执业资格的证券投资咨询人员包括：(1)专业证券投资咨询机构的咨询人员。(2)证券经营机构研究部门的咨询人员。

5. D。【解析】证券投资顾问或证券分析师存在以下情形的，中国证券业协会不予办理执业注册变更登记：(1)原任职机构未出具诚信执业情况说明的。(2)证券投资顾问或证券分析师未与原机构就培训费用补偿、竞业禁止等争议事项达成一致，原任职机构未进行离职备案的。(3)原任职机构出具诚信执业情况说明，经中国证券业协会核实，确认其存在不能诚信执业的事由。(4)证券投资顾问或证券分析师与原机构签订的劳动合同中已就竞业禁止依法作出约定，新机构提交执业注册变更申请时在竞业禁止范围内。(5)因违法违规被中国证监会或司法机关立案调查。(6)中国证监会或中国证券业协会规定的其他情形。

6. B。【解析】未通过年检的人员，中国证券业协会注销其投资主办人资格，并将相关情况记入从业人员诚信档案。投资主办人与原证券公司解除劳动合同的，原证券公司应当在10日内向中国证券业协会进行离职备案。

7. B。【解析】《证券发行上市保荐业务管理办法》第十一条规定，个人申请保荐代表人资格，应当具备下列条件：(1)具备3年以上保荐相关业务经历。(2)最近3年内本办法第二条规定的在境内证券发行项目中担任过项目协办人。(3)参加中国证监会认可的保荐代表人胜任能力考试且成绩合格有效。(4)诚实守信，品行良好，无不良诚信记录，最近3年未受到中国证监会的行政处罚。(5)未负有数额较大到期未清偿的债务。(6)中国证监会规定的其他条件。

8. D。【解析】财务顾问主办人应具备的条件之一是未负有数额较大到期未清偿的债务。故Ⅲ项错误。

9. C。【解析】按照《证券业从业人员执业行为准则》的规定，题中四项均为从业人员不得从事的活动。

10. A。【解析】《中国证券业协会诚信管理办法》第六条第二款规定，诚信信息的收集、记录和使用，应当遵循真实、准确、公正、规范的原则。

11. C。【解析】根据《中国证券业协会诚信管理办法》第七条的规定，诚信信息包括基本信息、奖励信息、处罚处分信息及协会自律规则规定的其他信息。

12. C。【解析】证券公司应当与委托人签订书面代销合同。代销合同应当约定双方的权利义务，并明确约定以下事项：(1)向客户进行信息披露、风险揭示以及后续服务的相关安排。(2)受理客户咨询、查询、投诉的相关安排和后续处理机制。(3)出现委托人对客户违约情况下的处置预案和应急安排。(4)因金融产品设计、运营和委托人提供的信息不真实、不准确、不完整而产生的责任由委托人承担，证券公司不承担任何担保责任。

13. D。【解析】《证券发行上市保荐业务管理办法》第六十六条规定，保荐机构、保荐代表人、保荐业务负责人和内核负责人违反《证券发行上市保荐业务管理办法》,未诚实守信、勤勉尽责地履行相关义务的,中国证监会责令改正,并对其采取监管谈话、重点关注、责令进行业务学习、出具警示函、责令公开说明、认定为不适当人选等监管措施;依法应给予行政处罚的,依照有关规定进行处罚;情节严重涉嫌犯罪的,依法移送司法机关,追究其刑事责任。

14. C。【解析】题中四个选项都属于证券业财务与会计人员的禁止行为。

15. C。【解析】《证券、期货投资咨询管理暂行办法》第二十四条规定,证券、期货投资咨询机构及其投资咨询人员,不得从事下列活动:(1)代理投资人从事证券、期货买卖。(2)向投资人承诺证券、期货投资收益。(3)与投资人约定分享投资收益或者分担投资损失。(4)为自己买卖股票及具有股票性质、功能的证券以及期货。(5)利用咨询服务与他人合谋操纵市场或者进行内幕交易。(6)法律、法规、规章所禁止的其他证券、期货欺诈行为。

第三章 证券公司业务规范

第一节 证券经纪

考纲要求

大纲内容	要求
证券公司经纪业务的主要法律法规	了解
证券经纪业务的特点	熟悉
证券公司建立健全经纪业务管理制度的相关规定	掌握
证券公司经纪业务中账户管理、三方存管、交易委托、交易清算、指定交易及托管、查询及咨询等环节的基本规则、业务风险及规范要求	熟悉
经纪业务的禁止行为	掌握
监管部门对经纪业务的监管措施	熟悉

知识解读

一、证券公司经纪业务的主要法律法规

证券经纪业务的法律法规主要包括三个方面：一是证券经纪业务管理方面的法律法规，如《中华人民共和国证券法》《关于加强证券经纪业务管理的规定》《证券公司内部控制指引》和《证券公司合规管理试行规定》等；二是证券经纪业务营业部管理方面的法律法规，如《证券业从业人员资格管理办法》《证券公司董事、监事和高级管理人员任职资格监管办法》和《证券从业人员行为守则（试行）》等；三是融资融券方面的法律法规，如《证券公司融资融券业务试点管理办法》《关于开展证券公司融资融券业务试点工作的指导意见》和《中国证券登记结算有限责任公司融资融券试点登记结算业务实施细则》等。

二、证券经纪业务概述

（一）证券经纪业务的概念

证券经纪业务简言之就是代理买卖有价证券的行为，又称代理买卖证券业务。它是证券公司最基本的一项业务，具体是指证券公司通过其设立的营业场所（即证券营业部）和在证券交易所的席位，接受客户委托，按照客户的要求代理客户买卖证券的业务。在证券经纪

业务中，证券公司不向客户垫付资金，不分享客户买卖证券的差价，不承担客户的价格风险，只收取一定比例的佣金作为业务收入。证券经纪业务可分为柜台代理买卖和证券交易所代理买卖两种。从我国证券经纪业务的实际内容来看，柜台代理买卖比较少。因此，证券经纪业务目前主要是指证券公司按照客户的委托，代理其在证券交易所买卖证券的有关业务。

（二）证券经纪业务构成要素

（1）委托人。在证券经纪业务中，委托人是指依国家法律法规的规定，可以进行证券买卖的自然人或法人。

（2）证券经纪商。证券经纪商是指接受客户委托、代客买卖证券并以此收取佣金的中间人。证券经纪商不承担交易中的价格风险，向客户提供服务以收取佣金作为报酬。由于证券交易方式的特殊性、交易规则的严密性和操作程序的复杂性，决定了广大投资者不能直接进入证券交易所买卖证券，而只能由经过批准并具备一定条件的证券经纪商进入交易所进行交易，投资者则需委托证券经纪商代理买卖来完成交易过程。

（3）证券交易所。在中国，证券交易所是依据国家有关法律，经国务院批准设立的提供证券集中竞价交易场所的不以营利为目的的法人。

（4）证券交易的对象。证券交易对象是委托合同中的标的物，即委托的事项或交易的对象。

（三）证券经纪业务的特点

（1）业务对象的广泛性。所有上市交易的股票和债券都是证券经纪业务的对象，因此证券经纪业务的对象具有广泛性。

（2）证券经纪商的中介性。证券经纪业务是一种代理活动，证券经纪商不以自己的资金进行证券买卖，也不承担交易中证券价格涨跌的风险，而是充当证券买方和卖方的代理人，发挥着沟通买卖双方和按一定的要求和规则迅速、准确地执行指令并代办手续，同时尽量使买卖双方按自己意愿成交的媒介作用，因此具有中介性的特点。

（3）客户指令的权威性。在证券经纪业务中，客户是委托人，证券经纪商是受托人。证券经纪商要严格按照委托人的要求办理委托事务，这是证券经纪商对委托人的首要义务。委托人的指令具有权威性，证券经纪商必须严格地按照委托人指定的证券、数量、价格和有效时间买卖证券，不能自作主张，擅自改变委托人的意愿。

（4）客户资料的保密性。在证券经纪业务中，委托人的资料关系到其资产安全和投资决策的实施，证券经纪商有义务为客户保密，但法律另有约定的除外。保密的资料包括：客户开户的基本情况，如股东账户和资金账户的账号和密码；客户委托的有关事项，如买卖哪种证券、买卖证券的数量和价格等；客户股东账户中的库存证券种类和数量、资金账户中的资金余额等。如因证券经纪商泄露客户资料而造成客户损失，证券经纪商应承担赔偿责任。

（四）证券经纪业务的营运管理

证券经纪业务营运管理的主要内容包括账户管理（证券账户和资金账户）、证券委托买卖、清算交割、投资者教育与适当性管理、证券投资顾问服务等。

（五）证券经纪关系的确立

证券经纪关系的建立过程包括：证券经纪商向客户讲解有关业务规则、协议内容和揭示风险,并请客户签署《风险揭示书》和《客户须知》;客户与证券经纪商签订《证券交易委托代理协议》,与其选择的指定商业银行、证券经纪商签订《客户交易结算资金存管合同》;客户在证券营业部开立证券交易资金账户等。

三、证券公司建立健全经纪业务管理制度的相关规定

《关于加强证券经纪业务管理的规定》中关于证券公司建立健全经纪业务管理制度的相关规定如下:

证券公司应当建立健全证券经纪业务管理制度,对证券经纪业务实施集中统一管理,防范公司与客户之间的利益冲突,切实履行反洗钱义务,防止出现损害客户合法权益的行为。

证券公司从事证券经纪业务,应当客观说明公司业务资格、服务职责、范围等情况,不得提供虚假、误导性信息,不得采取不正当竞争手段开展业务,不得诱导无投资意愿或者无风险承受能力的投资者参与证券交易活动。

证券公司应当建立健全证券经纪业务客户管理与客户服务制度,加强投资者教育,保护客户合法权益。

(1)建立健全客户账户管理制度。证券公司与客户签订证券交易委托代理协议,应当为客户开立资金账户,代理证券登记结算机构为首次进入证券市场的客户开立证券账户,并按规定办理客户交易结算资金(以下简称"客户资金")存管手续。客户的资金账户应当在证券营业部现场开立,证券账户应当在证券营业部或者证券登记结算机构现场开立,法律法规及中国证监会另有规定的从其规定。

(2)建立健全客户适当性管理制度,为客户提供适当的产品和服务。证券公司应当根据客户财务与收入状况、证券专业知识、证券投资经验和风险偏好、年龄等情况,在与客户签订证券交易委托代理协议时,对客户进行初次风险承受能力评估,以后至少每2年根据客户证券投资情况等进行一次后续评估,并对客户进行分类管理,分类结果应当以书面或者电子方式记载、留存。

《证券公司投资者适当性制度指引》第三条规定,证券公司制定的投资者适当性制度至少包括以下内容:了解客户的标准、程序和方法;了解金融产品或金融服务的标准、程序和方法;评估适当性的标准、程序和方法;执行投资者适当性制度的保障措施。

(3)建立健全客户交易安全监控制度,保护客户资产安全。证券公司应当配合监管部门、证券交易所对客户异常交易行为进行监督、控制、调查,根据监管部门及证券交易所要求,及时、真实、准确、完整地提供客户账户资料及相关交易情况说明。发现盗买盗卖等异常交易行为疑点时,应当及时通知客户并核实确认、留存证据;基本确认盗买盗卖等异常交易行为的,应当立即采取措施控制资产,并协助客户向公安机关报案。

证券公司应当要求客户在开立资金账户时自行设置密码,提醒客户适时修改密码和增强密码强度,并在证券营业部经营场所、公司网站、网上证券客户端及自助证券交易客户端提示客户加强身份证件、账号、密码的保护。

(4)建立健全客户回访制度,及时发现并纠正不规范行为。证券公司应当统一组织回访客户,对新开户客户应当在1个月内完成回访,对原有客户的回访比例应当不低于上年末客户总数(不含休眠账户及中止交易账户客户)的10%,回访内容应当包括但不限于客户身份

核实、客户账户变动确认、证券营业部及证券从业人员是否违规代客户操作账户、是否向客户充分揭示风险、是否存在全权委托行为等情况。客户回访应当留痕，相关资料应当保存不少于3年。

（5）建立健全客户投诉处理制度，妥善处理客户投诉和与客户的纠纷。证券公司及证券营业部应当在公司网站及营业场所显著位置公示客户投诉电话、传真、电子信箱，保证投诉电话至少在营业时间内有人值守。证券公司及证券营业部应当建立客户投诉书面或者电子档案，保存时间不少于3年。每年4月底前，证券公司和证券营业部应当汇总上一年度证券经纪业务投诉及处理情况，分别报证券公司住所地及证券营业部所在地证监局备案。

（6）建立健全客户资料管理制度，保证客户资料安全完整。证券公司应当为每个客户单独建立纸质或者电子档案，客户档案应当包括客户及代理人名称、地址、通信联系方式、客户和代理人的身份证明文件复印件、证券账户卡复印件、证券交易委托代理协议、客户资金存管协议、授权委托书、风险揭示书及中国证监会规定的其他信息。证券公司应当妥善保管客户档案和资料，为客户保密。

证券公司应当建立健全证券经纪业务人员管理和科学合理的绩效考核制度，规范证券经纪业务人员行为。

（1）从事技术、风险监控、合规管理的人员不得从事营销、客户账户及客户资金存管等业务活动；营销人员不得经办客户账户及客户资金存管业务；技术人员不得承担风险监控及合规管理职责。

（2）与客户权益变动相关业务的经办人员之间，应当建立制衡机制。涉及客户资金账户及证券账户的开立、信息修改、注销，建立及变更客户资金存管关系，客户证券账户转托管和撤销指定交易等与客户权益直接相关的业务应当一人操作、一人复核，复核应当留痕。涉及限制客户资产转移、改变客户证券账户和资金账户的对应关系、客户账户资产变动记录的差错确认与调整等非常规性业务操作，应当事先审批，事后复核，审批及复核均应留痕。

（3）证券公司应当以提供网上查询、书面查询或者在营业场所公示等方式，保证客户在证券公司营业时间内能够随时查询证券公司经纪业务经办人员和证券经纪人的姓名、执业证书、证券经纪人证书编号等信息。

（4）证券公司对证券经纪业务人员的绩效考核和激励，不应简单与客户开户数、客户交易量挂钩，应当将被考核人员行为的合规性、服务的适当性、客户投诉的情况等作为考核的重要内容，考核结果应当以书面或者电子方式记载、保存。

证券公司应当建立健全证券营业部管理制度，保障证券营业部规范、平稳、安全运营。

（1）证券营业部应当将《证券经营机构营业许可证》放置在营业场所显著位置，并在许可范围内从事经营活动。

（2）证券营业部应当建立健全印章管理制度，对各类印章登记造册，建立各类印章的使用、保管、交接等内控流程。

（3）证券营业部应当建立健全营业场所安全保障机制，保证与当地公安、消防等有关部门的联系畅通，维护交易秩序稳定；制定重大突发事件应急处理预案，定期组织自查，按规定进行演练，自查及演练情况应当以书面方式记载、留存，保存时间不少于3年。

（4）证券营业部负责人对证券营业部的业务规范、安全、稳定运营负直接责任。证券公司应当每年对证券营业部负责人进行年度考核，年度考核情况应当以书面方式记载、留存。

（5）证券营业部负责人应当每3年至少强制离岗一次，强制离岗时间应当连续不少于10个工作日。证券营业部负责人强制离岗期间，证券公司应当对证券营业部进行现场稽核，稽核报告应当以书面方式记载、留存。

（6）证券营业部负责人离任的，证券公司应当进行审计。离任审计结束前，被审计人员不得离职；发现违法违规经营问题的，证券公司应当进行内部责任追究，并报当地监管部门或者司法机关依法处理，且该违规人员至少2年内不得转任其他证券营业部负责人或者证券公司同等职务及以上管理人员。证券公司应当在审计结束后3个月内，将证券营业部负责人离任审计报告报证券营业部所在地及公司住所地证监局备案。

（7）上述第（4）至（6）项所述年度考核、稽核、审计的内容包括证券营业部的下列事项：有无挪用客户资产、有无接受客户全权委托、有无向客户提供不适当的产品和服务、有无违规融资及担保、有无向客户承诺收益、有无超范围经营、有无违规为客户办理账户业务、有无重大信息安全事故、有无重大突发事件、有无未了结客户纠纷等，以及证券营业部负责人在上述事项中的责任情况等。

证券公司应当统一建立、管理证券经纪业务客户账户管理、客户资金存管、代理交易、代理清算交收、证券托管、交易风险监控等信息系统，各项业务数据应当集中存放。证券公司应当统一分配和授予证券经纪业务信息系统权限及参数；证券公司不得向证券营业部授予虚增虚减客户资金、证券及账户，客户间资金及证券转移，修改清算数据的系统权限；证券营业部新建信息系统，应当由证券公司统一组织实施。

证券营业部及证券业从业人员发生违反法律、行政法规、监管机构和其他行政管理部门规定以及自律规则、证券公司证券经纪业务管理制度行为的，证券公司应当追究其责任。证券公司年度合规报告中，应当包括证券经纪业务合规情况、发现的主要问题及内部责任追究等有关内容。

证券公司及证券营业部违反本规定的，中国证监会及其派出机构将视情况依法采取责令改正、监管谈话、出具警示函、暂不受理与行政许可有关的文件、责令处分有关人员、暂停核准新业务、限制业务活动等监管措施。违反法律法规的，依法进行行政处罚。构成犯罪的，移送司法机关处理。

四、证券公司经纪业务中账户管理、三方存管、交易委托、交易清算、指定交易及托管、查询及咨询等环节的基本规则、业务风险及规范要求

（一）账户的管理

账户管理主要包括：账户的开立、信息变更、注销；证券账户的合并、挂失补办、不合格账户、休眠账户及风险处置休眠账户的管理；账户信息比对与报送；客户账户档案管理等。

1. 客户身份识别

（1）客户账户管理业务的客户身份识别。

（2）账户身份信息变更时客户身份的重新识别。营业部在办理账户身份信息变更业务时，应当重新识别客户身份。

(3)客户身份持续识别与账户客户信息维护。

2. 证券账户的管理

证券账户管理包括证券账户的开立、证券账户挂失补办、证券账户注册资料查询与变更、证券账户合并与注销、非交易过户等。

中国证券登记结算有限责任公司设置投资者证券总账户(一码通账户)及子账户。子账户包括人民币普通股票账户(A股账户)、人民币特种股票账户(B股账户)、全国中小企业股份转让系统账户(股转系统账户)、封闭式基金账户、开放式基金账户以及中国证券登记结算有限责任公司根据业务需要设立的其他证券账户。

3. 资金账户的管理

资金账户(证券资金台账)管理包括资金账户的开户和销户、开通客户交易委托品种、交易委托方式及操作权限、选择客户资金存管的指定商业银行、开通或变更客户交易结算资金第三方存管、指定或撤销指定交易、证券转托管、资金账户挂失与解挂、客户资料修改、密码管理等。

4.《证券登记结算管理办法》的相关规定

(1)投资者通过证券账户持有证券,证券账户用于记录投资者持有证券的余额及其变动情况。

(2)证券应当记录在证券持有人本人的证券账户内,但依据法律、行政法规和中国证监会的规定,证券记录在名义持有人证券账户内的,从其规定。证券登记结算机构为依法履行职责,可以要求名义持有人提供其名下证券权益拥有人的相关资料。

(3)投资者开立证券账户应当向证券登记结算机构提出申请。投资者申请开立证券账户应当保证其提交的开户资料真实、准确、完整。

(4)证券登记结算机构可以直接为投资者开立证券账户,也可以委托证券公司代为办理。证券登记结算机构为投资者开立证券账户,应当遵循方便投资者和优化配置账户资源的原则。

(5)证券公司代理开立证券账户,应当向证券登记结算机构申请取得开户代理资格。证券公司代理开立证券账户,应当根据证券登记结算机构的业务规则,对投资者提供的有效身份证明文件原件及其他开户资料的真实性、准确性、完整性进行审核,并应当妥善保管相关开户资料,保管期限不得少于20年。

(6)投资者不得将本人的证券账户提供给他人使用。

(7)证券登记结算机构应当根据业务规则,对开户代理机构开立证券账户的活动进行监督。开户代理机构违反业务规则的,证券登记结算机构可以根据业务规则暂停、取消其开户代理资格,并提请中国证监会按照相关规定采取暂停或撤销其相关证券业务许可;对直接负责的主管人员和其他直接责任人员,单处或并处警告、罚款、撤销任职资格或证券从业资格等处罚措施。

(8)证券公司应当掌握其客户的资料及资信状况,并对其客户证券账户的使用情况进行监督。证券公司发现其客户在证券账户使用过程中存在违规行为的,应当按照证券登记结算机构的业务规则处理,并及时向证券登记结算机构和证券交易所报告。涉及法人以他人名义设立证券账户或者利用他人证券账户买卖证券的,还应当向中国证监会报告,由中国证监会依法予以处罚。

(9)投资者在证券账户开立和使用过程中存在违规行为的,证券登记结算机构应当依法对违规证券账户采取限制使用、注销等处置措施。

客户的交易结算资金应当存放在商业银行。

（二）证券的托管和存管

《证券登记结算管理办法》关于证券的托管和存管的相关规定如下：

（1）投资者应当委托证券公司托管其持有的证券，证券公司应当将其自有证券和所托管的客户证券交由证券登记结算机构存管，但法律、行政法规和中国证监会另有规定的除外。

（2）证券登记结算机构为证券公司设立客户证券总账和自有证券总账，用以统计证券公司交存的客户证券和自有证券。证券公司应当委托证券登记结算机构维护其客户及自有证券账户，但法律、行政法规和中国证监会另有规定的除外。

（3）投资者买卖证券，应当与证券公司签订证券交易、托管与结算协议。证券登记结算机构应当制定和公布证券交易、托管与结算协议中与证券登记结算业务有关的必备条款。必备条款应当包括但不限于以下内容：

①证券公司根据客户的委托，按照证券交易规则提出交易申报，根据成交结果完成其与客户的证券和资金的交收，并承担相应的交收责任；客户应当同意集中交易结束后，由证券公司委托证券登记结算机构办理其证券账户与证券公司证券交收账户之间的证券划付。

②实行质押式回购交易的，投资者和证券公司应当按照业务规则的规定向证券登记结算机构提交用于回购的质押券。投资者和证券公司之间债权债务关系不影响证券登记结算机构按照业务规则对证券公司提交的质押券行使质押权。

③客户出现资金交收违约时，证券公司可以委托证券登记结算机构将客户净买入证券划付到其证券处置账户内，并要求客户在约定期限内补足资金。客户出现证券交收违约时，证券公司可以将相当于证券交收违约金额的资金暂不划付给该客户。

（4）证券公司应当将其与客户之间建立、变更和终止证券托管关系的事项报送证券登记结算机构。证券登记结算机构应当对上述事项加以记录。

（5）客户要求证券公司将其持有证券转由其他证券公司托管的，相关证券公司应当依据证券交易所及证券登记结算机构有关业务规则予以办理，不得拒绝，但有关法律、行政法规和中国证监会另有规定的除外。

（6）证券公司和证券登记结算机构应当采取有效措施，保证其托管的证券的安全，禁止挪用、盗卖。

（7）证券的质押、锁定、冻结或扣划，由托管证券的证券公司和证券登记结算机构按照证券登记结算机构的相关规定办理。

（三）证券和资金的清算交收

（1）证券公司参与证券和资金的集中清算交收，应当向证券登记结算机构申请取得结算参与人资格，与证券登记结算机构签订结算协议，明确双方的权利义务。没有取得结算参与人资格的证券公司，应当与结算参与人签订委托结算协议，委托结算参与人代其进行证券和资金的集中清算交收。证券登记结算机构应当制定并公布结算协议和委托结算协议范本。

（2）证券登记结算机构应当选择符合条件的商业银行作为结算银行，办理资金划付业务。结算银行的条件，由证券登记结算机构制定。

（3）证券和资金结算实行分级结算原则。证券登记结算机构负责办理证券登记结算机构与结算参与人之间的集中清算交收；结算参与人负责办理结算参与人与客户之间的清算交收。

(4)证券登记结算机构应当设立证券集中交收账户和资金集中交收账户,用以办理与结算参与人的证券和资金的集中清算交收。结算参与人应当根据证券登记结算机构的规定,申请开立证券交收账户和资金交收账户用以办理证券和资金的交收。同时经营证券自营业务和经纪业务的结算参与人,应当申请开立自营证券、资金交收账户和客户证券、资金交收账户分别用以办理自营业务的证券、资金交收和经纪业务的证券、资金交收。

(5)证券登记结算机构采取多边净额结算方式的,应当根据业务规则作为结算参与人的共同对手方,按照货银对付的原则,以结算参与人为结算单位办理清算交收。

(6)证券登记结算机构与参与多边净额结算的结算参与人签订的结算协议应当包括下列内容:

①对于结算参与人负责结算的证券交易合同,该合同双方结算参与人向对手方结算参与人收取证券或资金的权利,以及向对手方结算参与人支付资金或证券的义务一并转让给证券登记结算机构。

②受让前项权利和义务后,证券登记结算机构享有原合同双方结算参与人对其对手方结算参与人的权利,并应履行原合同双方结算参与人对其对手方结算参与人的义务。

(7)证券登记结算机构进行多边净额清算时,应当将结算参与人的证券和资金轧差计算出应收应付净额,并在清算结束后将清算结果及时通知结算参与人。证券登记结算机构采取其他结算方式的,应当按照相关业务规则进行清算。

(8)集中交收前,结算参与人应当向客户收取其应付的证券和资金,并在结算参与人证券交收账户、结算参与人资金交收账户留存足额证券和资金。结算参与人与客户之间的证券划付,应当委托证券登记结算机构代为办理。

(9)集中交收过程中,证券登记结算机构应当在交收时点,向结算参与人收取其应付的资金和证券,同时交付其应收的证券和资金。交收完成后不可撤销。结算参与人未能足额履行应付证券或资金交收义务的,不能取得相应的资金或证券。对于同时经营自营业务以及经纪业务或资产管理业务的结算参与人,如果其客户资金交收账户资金不足的,证券登记结算机构可以动用该结算参与人自营资金交收账户内的资金完成交收。

(10)集中交收后,结算参与人应当向客户交付其应收的证券和资金。结算参与人与客户之间的证券划付,应当委托证券登记结算机构代为办理。

(11)证券登记结算机构应当在结算业务规则中对结算参与人与证券登记结算机构之间的证券和资金的集中交收以及结算参与人与客户之间的证券和资金的交收期限分别做出规定。结算参与人应当在规定的交收期限内完成证券和资金的交收。

(12)因证券登记结算机构的原因导致清算结果有误的,结算参与人在履行交收责任后可以要求证券登记结算机构予以纠正,并承担结算参与人遭受的直接损失。

(四)风险防范和交收违约处理

1. 风险防范和控制措施

(1)证券登记结算机构应当采取下列措施,加强证券登记结算业务的风险防范和控制:

①制定完善的风险防范制度和内部控制制度。

②建立完善的技术系统,制定由结算参与人共同遵守的技术标准和规范。

③建立完善的结算参与人和结算银行准入标准和风险评估体系。

④对结算数据和技术系统进行备份,制定业务紧急应变程序和操作流程。

(2)证券登记结算机构应当与证券交易所相互配合,建立证券市场系统性风险的防范制度。证券登记结算机构应当与证券交易所签订业务合作协议,明确双方的权利义务。

(3)证券登记结算机构应当按照结算风险共担的原则,组织结算参与人建立证券结算互保金,用于在结算参与人交收违约时保障交收的连续进行。证券结算互保金的筹集、使用、管理和补缴办法,由证券登记结算机构在业务规则中规定。

(4)证券登记结算机构可以视结算参与人的风险状况,采取要求结算参与人提供交收担保等风险控制措施。结算参与人提供交收担保的具体标准,由证券登记结算机构根据结算参与人的风险程度确定和调整。证券登记结算机构应当将结算参与人提交的交收担保物与其自有资产隔离,严格按结算参与人分户管理,不得挪用。

(5)结算参与人可以在其资金交收账户内,存放证券结算备付金用于完成交收。证券登记结算机构应当将结算参与人存放的结算备付金与其自有资金隔离,严格按结算参与人分户管理,不得挪用。

(6)证券登记结算机构应当对质押式回购实行质押品保管库制度,将结算参与人提交的用于融资回购担保的质押券转移到质押品保管库。

(7)证券登记结算机构收取的下列资金和证券,只能按业务规则用于已成交的证券交易的清算交收,不得被强制执行:

①证券登记结算机构收取的证券结算风险基金、证券结算互保金,以及交收担保物、回购质押券等用于担保交收的资金和证券。

②证券登记结算机构根据《证券登记结算管理办法》设立的证券集中交收账户、资金集中交收账户、专用清偿账户内的证券和资金以及根据业务规则设立的其他专用交收账户内的证券和资金。

③结算参与人证券交收账户、结算参与人证券处置账户等结算账户内的证券以及结算参与人资金交收账户内根据成交结果确定的应付资金。

④根据成交结果确定的投资者进入交收程序的应付证券和资金。

⑤证券登记结算机构在银行开设的结算备付金等专用存款账户、新股发行验资专户内的资金,以及发行人拟向投资者派发的债息、股息和红利等。

(8)证券登记结算机构可以根据组织管理证券登记结算业务的需要,按照有关规定申请授信额度,或将专用清偿账户中的证券用于申请质押贷款,以保障证券登记结算活动的持续正常进行。

2. 集中交收的违约处理

(1)证券登记结算机构应当设立专用清偿账户,用于在结算参与人发生违约时存放暂不交付或扣划的证券和资金。

(2)结算参与人发生资金交收违约时,应当按照以下程序办理:

①违约结算参与人应当向证券登记结算机构发送证券交收划付指令,在该结算参与人当日全部应收证券中指定相当于已交付资金等额的证券种类、数量及对应的证券账户,由证券登记结算机构交付结算参与人;并指定相当于不足金额的证券种类和数量,由证券登记结算机构暂不交付给结算参与人。

②证券登记结算机构在规定期限内收到有效证券交收划付指令的,应当依据结算业务

规则将相应证券交付结算参与人，将暂不交付的证券划入专用清偿账户，并通知该结算参与人在规定的期限内补足资金或提交交收担保。

证券登记结算机构在规定期限内未收到有效证券交收划付指令的，属于结算参与人重大交收违约情形，证券登记结算机构应当将拟交付给结算参与人的全部证券划入专用清偿账户，暂不交付结算参与人，并通知结算参与人在规定的期限内补足资金或提交交收担保。暂不交付的证券、补充资金或交收担保不足以弥补违约金额的，证券登记结算机构可以扣划该结算参与人的自营证券，并在转入专用清偿账户后通知结算参与人。

（3）结算参与人发生资金交收违约的，证券登记结算机构应当按照下列顺序动用资金，完成与对手方结算参与人的资金交收：

①违约结算参与人的担保物中的现金部分。

②证券结算互保金中违约结算参与人交纳的部分。

③证券结算互保金中其他结算参与人交纳的部分。

④证券结算风险基金。

⑤其他资金。

（4）结算参与人发生证券交收违约时，证券登记结算机构有权暂不交付相当于违约金额的应收资金。证券登记结算机构应当将暂不划付的资金划入专用清偿账户，并通知该结算参与人。结算参与人应当在规定的期限内补足证券，或者提供证券登记结算机构认可的担保。

（5）结算参与人发生证券交收违约的，证券登记结算机构可以动用下列证券，完成与对手方结算参与人的证券交收：

①违约结算参与人提交的用以冲抵的相同证券。

②委托证券公司以专用清偿账户中的资金买入的相同证券。

③其他来源的相同证券。

（6）违约结算参与人未在规定的期间内补足资金、证券的，证券登记结算机构可以处分违约结算参与人所提供的担保物、质押品保管库中的回购质押券、卖出专用清偿账户内的证券。上述处置所得，用于补足违约结算参与人欠付的资金、证券和支付相关费用；有剩余的，应当归还该相关违约结算参与人；不足偿付的，证券登记结算机构应当向相关违约结算参与人追偿。在规定期限内无法追偿的证券或资金，证券登记结算机构可以依法动用证券结算互保金和证券结算风险基金予以弥补。依法动用证券结算互保金和证券结算风险基金弥补损失后，证券登记结算机构应当继续向违约结算参与人追偿。

（7）结算参与人发生资金交收违约或证券交收违约的，证券登记结算机构可以按照有关规定收取违约金。证券登记结算机构收取的违约金应当计入证券结算风险基金。

（8）结算参与人发生重大交收违约情形的，证券登记结算机构可以按照以下程序办理：

①暂停、终止办理其部分、全部结算业务，以及中止、撤销结算参与人资格，并提请证券交易所采取停止交易措施。

②提请中国证监会按照相关规定采取暂停或撤销其相关证券业务许可；对直接负责的主管人员和其他直接责任人员，单处或并处警告、罚款、撤销任职资格或证券从业资格的处罚措施。

证券登记结算机构提请证券交易所采取停止交易措施的具体办法由证券登记结算机构商证券交易所制订，报中国证监会批准。

（9）证券登记结算机构依法动用证券结算互保金和证券结算风险基金，以及对违约结算参与人采取第（8）条规定的处置措施的，应当在证券登记结算机构年度报告中列示。

3. 结算参与人与客户交收的违约处理

(1)结算参与人可以根据证券登记结算机构的规定,向证券登记结算机构申请开立证券处置账户,用以存放暂不交付给客户的证券。

(2)结算参与人可以视客户的风险状况,采取包括要求客户提供交收担保在内的风险控制措施。客户提供交收担保的具体标准,由结算参与人与客户在证券交易、托管与结算协议中明确。

(3)客户出现资金交收违约时,结算参与人可以发出指令,委托证券登记结算机构将客户净买入证券划付到其证券处置账户内,并要求客户在约定期限内补足资金。

(4)客户出现证券交收违约时,结算参与人可以将相当于证券交收违约金额的资金暂不划付给该客户。

(5)违约客户未在规定的期间内补足资金、证券的,结算参与人可以将证券处置账户内的相应证券卖出,或用暂不交付的资金补购相应证券。上述处置所得,用于补足违约客户欠付的资金、证券和支付相关费用;有剩余的,应当归还该客户;尚有不足的,结算参与人有权继续向客户追偿。

(6)结算参与人未及时将客户应收资金支付给客户或未及时委托证券登记结算机构将客户应收证券从其证券交收账户划付到客户证券账户的,结算参与人应当对客户承担违约责任,给客户造成损失的,结算参与人应当承担对客户的赔偿责任。

(7)客户对结算参与人交收违约的,结算参与人不能因此拒绝履行对证券登记结算机构的交收义务,也不得影响已经完成和正在进行的证券和资金的集中交收及证券登记结算机构代为办理的证券划付。

五、证券经纪业务的禁止行为

证券市场遵循"三公"原则,禁止任何内幕交易、操纵市场、欺诈客户、虚假陈述等损害市场和投资者的行为。根据《中华人民共和国证券法》和中国证券业协会《证券业从业人员执业行为准则》的规定,证券公司在从事证券经纪业务过程中禁止下列行为:

(1)挪用客户所委托买卖的证券或者客户账户上的资金;或将客户的资金和证券借与他人,或者作为担保物或质押物;或违规向客户提供资金或有价证券。

(2)侵占、损害客户的合法权益。

(3)未经客户的委托,擅自为客户买卖证券,或者假借客户的名义买卖证券;违背客户的委托为其买卖证券;接受客户的全权委托而决定证券买卖、选择证券种类、决定买卖数量或者买卖价格;代理买卖法律规定不得买卖的证券。

(4)以任何方式对客户证券买卖的收益或者赔偿证券买卖的损失作出承诺。

(5)为牟取佣金收入,诱使客户进行不必要的证券买卖。

(6)在批准的营业场所之外私下接受客户委托买卖证券。

(7)编造、传播虚假或者误导投资者的信息;散布、泄露或利用内幕信息。

(8)从事或协同他人从事欺诈、内幕交易、操纵证券交易价格等非法活动。

(9)贬损同行或以其他不正当竞争手段争揽业务。

(10)隐匿、伪造、篡改或者毁损交易记录。

(11)泄露客户资料。

六、监管部门对经纪业务的监管措施

(1)证券公司的内部控制。证券公司应当建立内部稽核制度,加强对所属营业部业务经营的稽核监督、检查。通过定期或不定期、全面或单项、现场或非现场的稽核检查,及时发现和纠正存在的问题。同时,严格从业人员的管理,加大违规行为内部责任追究力度,杜绝违反法规、规则和操作规程及其他损害客户利益的事件发生。

(2)中国证券业协会的自律管理。中国证券业协会是证券业的自律性组织,是社会团体法人。证券公司应当加入中国证券业协会,成为中国证券业协会的会员。中国证券业协会应教育和组织会员遵守证券法律、行政法规,并监督、检查会员行为,对违反法律、行政法规或者中国证券业协会章程的,也应按照规定给予纪律处分。

(3)证券交易所的监督。证券交易所是证券经纪业务的一线监管机构。根据我国《证券交易所管理办法》的规定,证券交易所应当在其业务规则中对会员代理客户买卖证券业务作出详细规定,并实施一定的监管。同时,证券交易所每年应当对会员的财务状况、内部风险控制制度以及遵守国家有关法规和证券交易所业务规则等情况进行抽样或者全面检查,并将检查结果报告中国证监会。

(4)证券监管机构的监管。中国证监会及其派出监管机构依法对证券公司的经纪业务进行监管,主要监管措施包括以下几方面:

①证券公司向监管机构的报告制度。

②信息披露。

③检查制度。

第二节 证券投资咨询

考纲要求

大纲内容	要求
证券投资咨询、证券投资顾问、证券研究报告的概念和基本关系	掌握
证券、期货投资咨询业务的管理规定	掌握
证券公司、证券投资咨询机构及其执业人员向社会公众开展证券投资咨询业务活动的有关规定	掌握
利用"荐股软件"从事证券投资咨询业务的相关规定	掌握
监管部门和自律组织对证券投资咨询业务的监管措施和自律管理措施	了解
证券公司证券投资顾问业务的内部控制规定	掌握
监管部门对证券投资顾问业务的有关规定	掌握
监管部门对发布证券研究报告业务的有关规定	掌握

知识解读

一、证券投资咨询、证券投资顾问、证券研究报告的概念和基本关系

(一)证券投资咨询、证券投资顾问、证券研究报告的概念

1. 证券投资咨询

证券、期货投资咨询是指从事证券、期货投资咨询业务的机构及其投资咨询人员以下列形式为证券、期货投资人或者客户提供证券、期货投资分析和预测或者建议等直接或者间接有偿咨询服务的活动:

(1)接受投资人或者客户委托,提供证券、期货投资咨询服务。

(2)举办有关证券、期货投资咨询的讲座、报告会、分析会等。

(3)在报刊上发表证券、期货投资咨询的文章、评论、报告,以及通过电台、电视台等公众传播媒体提供证券、期货投资咨询服务。

(4)通过电话、传真、电脑网络等电信设备系统,提供证券、期货投资咨询服务。

(5)中国证监会认定的其他形式。

2. 证券投资顾问

证券投资顾问业务是证券投资咨询业务的一种基本形式,指证券公司、证券投资咨询机构接受客户委托,按照约定,向客户提供涉及证券及证券相关产品的投资建议服务,辅助客户作出投资决策,并直接或者间接获取经济利益的经营活动。投资建议服务内容包括投资的品种选择、投资组合以及理财规划建议等。

3. 证券研究报告

证券研究报告是指证券公司、证券投资咨询公司基于独立、客观的立场,对证券及证券相关产品的价值、市场走势或者影响其市场价格的因素进行分析,含有对具体证券及证券相关产品的价值分析、投资评级意见等内容的文件。主要包括涉及具体证券及证券相关产品的上市公司价值分析报告、行业研究报告、投资策略报告等。

(二)证券投资咨询、证券投资顾问、证券研究报告的基本关系

1. 证券投资顾问业务与证券经纪业务的差异和边界

(1)证券经纪业务与证券投资顾问业务具有不同的要素和功能。证券经纪业务的基本要素是市场席位进入、账户管理、结算清算,包括接受开户、接收下单、传递交易、验资验股、参与撮合等系列过程,以及客户资金和证券的存管、清算、交收等事项,其功能是帮助客户完成交易并保障证券交易通畅。证券投资顾问业务的基本要素是提供证券投资建议、收取服务报酬,其功能是辅助投资者进行投资决策,帮助客户实现资产增值。

(2)证券经纪业务与投资顾问业务的边界问题。中国证监会《证券公司业务范围审批暂行规定》第三条规定,证券公司对其证券经纪业务客户提供证券投资咨询服务,不就该项服务与客户单独签订合同、单独收取费用,且收取的证券经纪业务佣金不超过规定上限的,无须取得证券投资咨询业务资格,但应当比照执行证券投资咨询业务的规则。

(3)证券经纪服务与投资顾问服务的融合情形。实践中,证券经纪服务和投资顾问服务在收费上会有融合。约定佣金中包含顾问服务报酬,是间接获取投资顾问服务收入的一种普遍方式。

(4)《证券投资顾问业务暂行规定》规定,证券公司从事证券经纪业务,附带向客户提供证券及证券相关产品投资建议服务,不就该项服务与客户单独作出协议约定、单独收取证券投资顾问服务费用的,其投资建议服务行为参照执行本规定有关要求。

2. 证券投资顾问与证券经纪人具有不同的法律定位

根据《证券经纪人管理暂行规定》,证券经纪人是指接受证券公司的委托,代理其从事客户招揽和客户服务等活动的证券公司以外的自然人;经纪人的客户服务限于向客户传递由证券公司统一提供的研究报告及证券投资有关的信息。

证券经纪人不是证券公司的正式员工。证券投资顾问是证券公司、证券投资咨询机构中取得证券投资咨询执业资格、向客户提供证券投资顾问服务的正式员工。证券投资顾问要了解客户需求、评估客户风险承受能力,提供有针对性的顾问建议服务。

证券经纪人拓展服务范围,提供证券投资顾问服务,应当加入一家具备证券投资业务资格的证券公司或者证券投资咨询机构,成为证券公司或者证券投资咨询机构的正式员工,并通过所在机构取得证券投资咨询执业资格。

3. 发布证券研究报告与证券经纪业务的关系

证券研究报告的功能是向客户提供证券估值和投资评级等投资分析意见,是证券公司维护客户、帮助客户实现账户增值的重要手段。发布证券研究报告与证券经纪业务在立法或者规则上相互独立。在实践操作中,两者存在紧密联系。

从境外证券市场的情况看,研究报告是券商服务专业机构客户的基本手段。如国际投资银行对机构客户的服务主要采取"研究报告 + 机构客户销售 + 交易通道"的模式。研究报告由国际投资银行的投资分析师基于独立的立场撰写制作,发送给客户;机构客户销售人员属于投资顾问人员,负责与机构客户交流或者转述已发布研究报告的观点。研究报告同时发送给公司的其他投资顾问团队,由投资顾问团队转化为具体的投资建议,提供给公司经纪客户中约定提供投资顾问服务的客户。

"研究报告 + 机构客户销售 + 交易通道"模式,可以方便地为客户提供综合的一站式服务,但需要合理区分客户支付的研究服务报酬和交易通道服务报酬,使客户明白消费并明确责任,规范行为,保护投资者权益。

4. 证券投资顾问服务和发布证券研究报告的关系

证券投资顾问服务和发布证券研究报告的区别,主要体现在以下方面:

(1)立场不同。证券投资顾问基于特定客户的立场,遵循忠实客户利益原则,向客户提供适当的证券投资建议;证券分析师基于独立、客观的立场,对证券及证券相关产品的价值进行研究分析,撰写发布研究报告。

(2)服务方式和内容不同。证券投资顾问在了解客户的基础上,依据合同约定,向特定客户提供适当的、有针对性的操作性投资建议,关注品种选择、组合管理建议以及买卖时机等;证券研究报告操作上向不特定的客户发布,提供证券估值等研究成果,关注证券定价,不关注买卖时机选择等具体的操作性投资建议。

(3)服务对象有所不同。证券投资顾问一般服务于普通投资者,强调针对客户类型、风险偏好等提供适当的服务;证券研究报告一般服务于基金、QFII等能够理解研究报告和有效处理有关信息的专业投资者,强调公平对待证券研究报告接收人。

(4)市场影响有所不同。证券投资顾问服务与特定客户的证券投资及其利益密切相关,但通常不会显著影响证券定价;证券研究报告向多个机构客户同时发布,对证券价格可能产生较大影响。

证券投资顾问服务和发布证券研究报告的联系包括:在服务流程上,证券研究报告一般是证券投资顾问服务的重要基础,证券投资顾问团队依据证券研究报告以及其他公开证券信息,整合形成有针对性的证券投资顾问建议,再按照协议约定向客户提供。

中国证监会发布的《证券投资顾问业务暂行规定》和《发布证券研究报告暂行规定》基于上述不同的特征,对两类基本业务形式作出界定,分别提出制度规范要求。同时,两个规定也体现出两类业务的联系。《证券投资顾问业务暂行规定》第十六条规定,证券投资顾问向客户提供投资建议,应当具有合理的依据;投资建议的依据包括证券研究报告或者基于证券研究报告、理论模型以及分析方法形成的投资分析意见等。第十七条规定,证券公司、证券投资咨询机构应当为证券投资顾问服务提供证券研究支持。

二、证券、期货投资咨询业务的管理规定

申请证券、期货投资咨询从业资格的机构,应当具备下列条件:

(1)分别从事证券或者期货投资咨询业务的机构,有5名以上取得证券、期货投资咨询从业资格的专职人员;同时从事证券和期货投资咨询业务的机构,有10名以上取得证券、期货投资咨询从业资格的专职人员;其高级管理人员中,至少有1名取得证券或者期货投资咨询从业资格。

(2)有100万元人民币以上的注册资本。

(3)有固定的业务场所和与业务相适应的通信及其他信息传递设施。

(4)有公司章程。

(5)有健全的内部管理制度。

(6)具备中国证监会要求的其他条件。

申请证券、期货投资咨询从业资格的机构,按照下列程序审批:

(1)申请人向经中国证监会授权的所在地地方证管办(证监会)提出申请(所在地地方证管办(证监会)未经中国证监会授权的,申请人向中国证监会直接提出申请,下同),地方证管办(证监会)经审核同意后,提出初审意见。

(2)地方证管办(证监会)将审核同意的申请文件报送中国证监会,经中国证监会审批后,向申请人颁发业务许可证,并将批准文件抄送地方证管办(证监会)。

(3)中国证监会将以公告形式向社会公布获得业务许可的申请人的情况。

申请证券、期货投资咨询从业资格的机构,应当提交下列文件:

(1)中国证监会统一印制的申请表。

(2)公司章程。

(3)企业法人营业执照。

(4)机构高级管理人员和从事证券、期货投资咨询业务人员名单及其学历、工作经历和从业资格证书。

(5)开展投资咨询业务的方式和内部管理规章制度。

(6)业务场所使用证明文件、机构通信地址、电话和传真机号码。

(7)由注册会计师提供的验资报告。

(8)中国证监会要求提供的其他文件。

证券、期货投资咨询机构办理年检时,应当提交下列文件:

(1)年检申请报告。

(2)年度业务报告。

(3)经注册会计师审计的财务会计报表。

从事证券、期货投资咨询业务的人员,必须取得证券、期货投资咨询从业资格并加入一家有从业资格的证券、期货投资咨询机构后,方可从事证券、期货投资咨询业务。

任何人未取得证券、期货投资咨询从业资格的,或者取得证券、期货投资咨询从业资格,但是未在证券、期货投资咨询机构工作的,不得从事证券、期货投资咨询业务。

三、证券公司、证券投资咨询机构及其执业人员向社会公众开展证券投资咨询业务活动的有关规定

证券、期货投资咨询业务管理的内容有:

(1)证券、期货投资咨询机构及其投资咨询人员,应当以行业公认的谨慎、诚实和勤勉尽责的态度,为投资人或者客户提供证券、期货投资咨询服务。

(2)证券、期货投资咨询机构及其投资咨询人员,应当完整、客观、准确地运用有关信息、资料向投资人或者客户提供投资分析、预测和建议,不得断章取义地引用或者篡改有关信息、资料;引用有关信息、资料时,应当注明出处和著作权人。

(3)证券、期货投资咨询机构及其投资咨询人员,不得以虚假信息、市场传言或者内幕信息为依据向投资人或者客户提供投资分析、预测或建议。

(4)证券、期货投资咨询人员在报刊、电台、电视台或者其他传播媒体上发表投资咨询文章、报告或者意见时,必须注明所在证券、期货投资咨询机构的名称和个人真实姓名,并对投资风险作充分说明。证券、期货投资咨询机构向投资人或者客户提供的证券、期货投资咨询传真件必须注明机构名称、地址、联系电话和联系人姓名。

(5)证券、期货投资咨询机构与报刊、电台、电视台合办或者协办证券、期货投资咨询版面、节目或者与电信服务部门进行业务合作时,应当向地方证管办(证监会)备案,备案材料包括合作内容、起止时间、版面安排或者节目时间段、项目负责人等,并加盖双方单位的印鉴。

(6)证券、期货投资咨询机构及其投资咨询人员,不得从事下列活动:

①代理投资人从事证券、期货买卖。

②向投资人承诺证券、期货投资收益。

③与投资人约定分享投资收益或者分担投资损失。

④为自己买卖股票及具有股票性质、功能的证券以及期货。

⑤利用咨询服务与他人合谋操纵市场或者进行内幕交易。

⑥法律、法规、规章所禁止的其他证券、期货欺诈行为。

(7)证券、期货投资咨询机构就同一问题向不同客户提供的投资分析、预测或者建议应当一致。具有自营业务的证券经营机构从事超出本机构范围的证券投资咨询业务时，就同一问题向社会公众和其自营部门提供的咨询意见应当一致，不得为自营业务获利的需要误导社会公众。

(8)证券经营机构、期货经纪机构编发的供本机构内部使用的证券、期货信息简报、快讯、动态以及信息系统等，只能限于本机构范围内使用，不得通过任何途径向社会公众提供。经中国证监会批准的公开发行股票的公司的承销商或者上市推荐人及其所属证券投资咨询机构，不得在公众传播媒体上刊登其为客户撰写的投资价值分析报告。

(9)中国证监会和地方证管办(证监会)有权对证券、期货投资咨询机构和投资咨询人员的业务活动进行检查，被检查的证券、期货投资咨询机构及投资咨询人员应当予以配合，不得干扰和阻碍。中国证监会和地主证管办(证监会)及其工作人员在业务检查过程中，对所涉及的商业秘密应当注意保护。

(10)证券、期货投资咨询机构应当将其向投资人或社会公众提供的投资咨询资料，自提供之日起保存2年。

(11)地方证管办(证监会)根据投资人或者社会公众的投诉或者举报，有权要求证券、期货投资咨询机构及其投资咨询人员说明情况并提供相关资料。

(12)任何单位和个人发现证券、期货投资咨询机构、投资咨询人员或其他机构和个人有违反《证券、期货投资咨询管理暂行办法》规定的行为时，可以向地方证管办(证监会)投诉和举报。

(13)地方证管办(证监会)对违反《证券、期货投资咨询管理暂行办法》的行为，应当进行立案调查并将调查结果报中国证监会备案。

证券投资咨询机构或其执业人员在预测证券品种的走势或对投资证券的可行性提出建议时应当按以下要求进行相应的信息披露：

(1)证券投资咨询机构或其执业人员在预测证券品种的走势或对投资证券的可行性提出建议时，应明确表示在自己所知情的范围内本机构、本人以及财产上的利害关系人与所评价或推荐的证券是否有利害关系。

(2)证券投资咨询机构需在每逢单月的前3个工作日内，将本机构及其执业人员前2个月所推荐的证券在推荐时和推荐后1个月所涉及的下列各项情况，向注册地的中国证监会派出机构提供书面备案材料：

①证券投资咨询机构前5名股东或实际控制证券投资咨询机构的机构及个人、前5名股东所绝对控股和相对控股的企业持有相关证券的情况。

②证券投资咨询机构在所知悉的范围内其“理财工作室”客户和其他主要客户持有相关证券的情况。

③证券投资咨询执业人员在财产上有利害关系的企业或自然人持有相关证券的情况。

④证券投资咨询机构或其执业人员是否与持有相关证券流通部分的前5位股东有财产上的利害关系。

⑤证券投资咨询执业人员所在的机构,在过去18个月内从事涉及其推荐证券所属企业的财务顾问、投资银行业务等可能产生利益冲突的业务的情况。

⑥证券投资咨询机构及其同一执业人员是否就同一证券在同一时间,向不同类型的客户做方向不一致的投资分析、预测或建议。

⑦证券投资咨询机构及其执业人员在从事面向社会公众开展的证券投资咨询业务活动时是否向所依托的媒体支付任何形式的费用或其他利益。

⑧中国证监会根据合理理由认定的其他可能存在利益冲突的情形。

证券投资咨询机构及其执业人员在与自身有利害冲突的下列情况下应当进行执业回避:

(1)经中国证监会核准的公开发行证券的企业的承销商或上市推荐人及其所属的证券投资咨询机构和证券投资咨询执业人员(包括自有关证券公开发行之日起18个月内调离的证券投资咨询执业人员),不得在公众传播媒体上刊登或发布其为客户撰写的投资价值分析报告,也不得以假借其他机构和个人名义等方式变相从事前述业务。

(2)证券公司的自营、受托投资管理、财务顾问和投资银行等业务部门的专业人员在离开原岗位后的6个月内不得从事面向社会公众开展的证券投资咨询业务。

(3)证券投资咨询机构或其执业人员在知悉本机构、本人以及财产上的利害关系人与有关证券有利害关系时,不得就该证券的走势或投资的可行性提出评价或建议。

(4)中国证监会根据合理理由认定的其他可能存在利益冲突的情形。

四、利用“荐股软件”从事证券投资咨询业务的相关规定

《关于加强对利用“荐股软件”从事证券投资咨询业务监管的暂行规定》所称“荐股软件”,是指具备下列一项或多项证券投资咨询服务功能的软件产品、软件工具或者终端设备:

(1)提供涉及具体证券投资品种的投资分析意见,或者预测具体证券投资品种的价格走势。

(2)提供具体证券投资品种选择建议。

(3)提供具体证券投资品种的买卖时机建议。

(4)提供其他证券投资分析、预测或者建议。

向投资者销售或者提供“荐股软件”,并直接或者间接获取经济利益的,属于从事证券投资咨询业务,应当经中国证监会许可,取得证券投资咨询业务资格。未取得证券投资咨询业务资格,任何机构和个人不得利用“荐股软件”从事证券投资咨询业务。

证券投资咨询机构利用“荐股软件”从事证券投资咨询业务,应当遵循客观公正、诚实信用原则,不得误导、欺诈客户,不得损害客户利益。

证券投资咨询机构利用“荐股软件”从事证券投资咨询业务,必须遵守《中华人民共和国证券法》《证券、期货投资咨询管理暂行办法》《证券投资顾问业务暂行规定》等法律法规和中国证监会的有关规定,并符合下列监管要求:

(1)在公司营业场所、公司网站、中国证券业协会网站公示信息,包括但不限于公司名称、住所、联系方式,投诉电话,证券投资咨询业务许可证号,证券投资咨询执业人员姓名及其执业资格编码;同时还应当通过公司网站公示产品分类、具体功能、产品价格、服务收费标

准和收费方式等信息。

(2)将"荐股软件"销售(服务)协议格式、营销宣传、产品推介等材料报住所地证监局和中国证券业协会备案。

(3)遵循客户适当性原则,制定了解客户的制度和流程,对"荐股软件"产品进行分类分级,并向客户揭示产品的特点及风险,将合适的产品销售给适当的客户。

(4)公平对待客户,不得通过诱导客户升级付费等方式,将相同产品以不同价格销售给不同客户。

(5)建立健全内部管理制度,实现对营销和服务过程的客观、完整、全面留痕,并将留痕记录归档管理;相关业务档案的保存期限自相关协议终止之日起不得少于5年。

(6)通过网络、电话、短信方式营销产品、提供服务的,应当明确告知客户公司的联系方式,并提醒客户发现营销或者服务人员通过其他方式联系时,可以向本公司反映、举报,也可以向中国证监会及其派出机构投诉、举报。

(7)不得对产品功能和服务业绩进行虚假、不实、夸大、误导性的营销宣传,不得以任何方式向客户承诺或者保证投资收益。

(8)产品销售、协议签订、服务提供、客户回访、投诉处理等业务环节均应当自行开展,不得委托未取得证券投资咨询业务资格的机构和个人代理。

证券投资咨询机构利用"荐股软件"从事证券投资咨询业务,应当在合同签订、产品销售、服务提供、客户回访、投诉处理等各个业务环节中,加强投资者教育和客户权益保护。证券投资咨询机构应当主动告知客户公司及执业人员的证券投资咨询业务资格及其查询方式;客观、准确告知客户"荐股软件"的作用,全面揭示"荐股软件"存在的局限和纠纷解决方式;主动向客户提示非法证券投资咨询活动的风险和危害。

证券投资咨询机构及其工作人员利用"荐股软件"从事证券投资咨询业务,违反相关法律法规和本规定的,中国证监会及其派出机构依法采取监管措施或者依法进行处罚;涉嫌犯罪的,依法移送司法机关。

未取得证券投资咨询业务资格的机构和个人利用"荐股软件"从事非法证券投资咨询活动的,中国证监会及其派出机构按照法律法规和《国务院办公厅关于严厉打击非法发行股票和非法经营证券业务有关问题的通知》的规定,配合地方政府、工商行政管理部门、公安机关、司法机关等,依法予以查处;涉嫌犯罪的,依法追究刑事责任。

投资者在购买"荐股软件"和接受证券投资咨询服务时,应当询问相关机构或者个人是否具备证券投资咨询业务资格,也可以在中国证监会网站、中国证券业协会网站进行查询核实,防止上当受骗。发现非法从事证券投资咨询活动的,请及时向公安机关、中国证监会及其派出机构举报。

五、监管部门和自律组织对证券投资咨询业务的监管措施和自律管理措施

中国证券监督管理委员会及其派出机构依法对证券公司、证券投资咨询机构发布证券研究报告行为实行监督管理。中国证券业协会对证券公司、证券投资咨询机构发布证券研究报告行为实行自律管理,并依据有关法律、行政法规和规定,制定相应的执业规范和行为准则。

《证券、期货投资咨询管理暂行办法》第三十二条规定，未经中国证监会许可，擅自从事本办法第二条规定的证券、期货投资咨询业务的，由地方证管办（证监会）责令停止，并处没收违法所得和违法所得等值以下的罚款。

第三十三条规定，证券、期货投资咨询机构有下列行为之一的，由地方证管办（证监会）处1万元以上5万元以下的罚款；情节严重的，地方证管办（证监会）应当向中国证监会报告，由中国证监会作出暂停或者撤销其业务资格的处罚：

（1）向证券监管部门报送的文件、资料有虚假陈述或者重大遗漏的。

（2）未按照本办法规定履行报告和年检义务的。

（3）未按照本办法规定履行对本机构有关情况发生变化的变更手续的。

（4）本机构证券、期货投资咨询人员违反本办法规定，受到证券监管部门行政处罚的。

（5）干扰、阻碍地方证管办（证监会）检查、调查，或者隐瞒、销毁证据的。

第三十四条规定，证券、期货投资咨询机构违反本办法第十八条、第十九条、第二十条、第二十一条、第二十二条、第二十三条、第二十四条、第二十五条、第二十八条规定的，由地方证管办（证监会）单处或者并处警告、没收违法所得、1万元以上10万元以下罚款；情节严重的，地方证管办（证监会）应当向中国证监会报告，由中国证监会作出暂停或者撤销业务资格的处罚；构成犯罪的，依法追究刑事责任。

第三十五条规定，证券经营机构、期货经纪机构违反本办法第二十六条规定的，由地方证管办（证监会）责令改正，并处以警告或者1万元以上5万元以下罚款。

第三十六条规定，证券、期货投资咨询人员违反本办法第十八条、第十九条、第二十条、第二十一条、第二十二条、第二十四条的规定或者未按本办法规定向证券主管部门履行报告、年检义务的，由地方证管办（证监会）单处或者并处警告、没收违法所得、1万元以上3万元以下罚款；情节严重的，地方证管办（证监会）应当向中国证监会报告，由中国证监会作出暂停或者撤销其业务资格的处罚；构成犯罪的，依法追究刑事责任。

第三十七条规定，中国证监会和地方证管办（证监会）的工作人员玩忽职守、滥用职权、徇私舞弊，构成犯罪的，依法追究刑事责任；尚不构成犯罪的，依法给予行政处分。

六、证券公司证券投资顾问业务的内部控制规定

《证券投资顾问业务暂行规定》规定：

（1）证券公司、证券投资咨询机构从事证券投资顾问业务，应当遵守法律、行政法规和本规定，加强合规管理，健全内部控制，防范利益冲突，切实维护客户合法权益。证券公司、证券投资咨询机构及其人员应当遵循诚实信用原则，勤勉、审慎地为客户提供证券投资顾问服务。证券公司、证券投资咨询机构及其人员提供证券投资顾问服务，应当忠实客户利益，不得为公司及其关联方的利益损害客户利益；不得为证券投资顾问人员及其利益相关者的利益损害客户利益；不得为特定客户利益损害其他客户利益。

（2）中国证监会及其派出机构依法对证券公司、证券投资咨询机构从事证券投资顾问业务实行监督管理。中国证券业协会对证券公司、证券投资咨询机构从事证券投资顾问业务实行自律管理，并依据有关法律、行政法规和本规定，制定相关执业规范和行为准则。

（3）向客户提供证券投资顾问服务的人员，应当具有证券投资咨询执业资格，并在中国

证券业协会注册登记为证券投资顾问。证券投资顾问不得同时注册为证券分析师。

(4)证券公司、证券投资咨询机构应当制定证券投资顾问人员管理制度,加强对证券投资顾问人员注册登记、岗位职责、执业行为的管理。

(5)证券公司、证券投资咨询机构应当建立健全证券投资顾问业务管理制度、合规管理和风险控制机制,覆盖业务推广、协议签订、服务提供、客户回访、投诉处理等业务环节。

(6)证券公司、证券投资咨询机构从事证券投资顾问业务,应当保证证券投资顾问人员数量、业务能力、合规管理和风险控制与服务方式、业务规模相适应。证券公司、证券投资咨询机构向客户提供证券投资顾问服务,应当按照公司制定的程序和要求,了解客户的身份、财产与收入状况、证券投资经验、投资需求与风险偏好,评估客户的风险承受能力,并以书面或者电子文件形式予以记载、保存。

(7)证券公司、证券投资咨询机构向客户提供证券投资顾问服务,应当告知客户下列基本信息:

①公司名称、地址、联系方式、投诉电话、证券投资咨询业务资格等。

②证券投资顾问的姓名及其证券投资咨询执业资格编码。

③证券投资顾问服务的内容和方式。

④投资决策由客户作出,投资风险由客户承担。

⑤证券投资顾问不得代客户作出投资决策。

证券公司、证券投资咨询机构应当通过营业场所、中国证券业协会和公司网站,公示上述第①、②项信息,方便投资者查询、监督。

(8)证券公司、证券投资咨询机构应当向客户提供风险揭示书,并由客户签收确认。风险揭示书内容与格式要求由中国证券业协会制定。

(9)证券公司、证券投资咨询机构提供证券投资顾问服务,应当与客户签订证券投资顾问服务协议,并对协议实行编号管理。协议应当包括下列内容:

①当事人的权利义务。

②证券投资顾问服务的内容和方式。

③证券投资顾问的职责和禁止行为。

④收费标准和支付方式。

⑤争议或者纠纷解决方式。

⑥终止或者解除协议的条件和方式。

证券投资顾问服务协议应当约定,自签订协议之日起5个工作日内,客户可以书面通知方式提出解除协议。证券公司、证券投资咨询机构收到客户解除协议书面通知时,证券投资顾问服务协议解除。

(10)证券投资顾问应当根据了解的客户情况,在评估客户风险承受能力和服务需求的基础上,向客户提供适当的投资建议服务。证券投资顾问向客户提供投资建议,应当具有合理的依据。投资建议的依据包括证券研究报告或者基于证券研究报告、理论模型以及分析方法形成的投资分析意见等。

(11)证券公司、证券投资咨询机构应当为证券投资顾问服务提供必要的研究支持。证券公司、证券投资咨询机构的证券研究不足以支持证券投资顾问服务需要的,应当向其他具有证券投资咨询业务资格的证券公司或者证券投资咨询机构购买证券研究报告，提升证券投资顾问服务能力。证券投资顾问依据本公司或者其他证券公司、证券投资咨询机构的证券研究报告作出投资建议的，应当向客户说明证券研究报告的发布人、发布日期。

(12)证券投资顾问向客户提供投资建议，应当提示潜在的投资风险，禁止以任何方式向客户承诺或者保证投资收益。鼓励证券投资顾问向客户说明与其投资建议不一致的观点，作为辅助客户评估投资风险的参考。证券投资顾问向客户提供投资建议，知悉客户作出具体投资决策计划的，不得向他人泄露该客户的投资决策计划信息。

(13)证券公司、证券投资咨询机构从事证券投资顾问业务，应当建立客户回访机制，明确客户回访的程序、内容和要求，并指定专门人员独立实施。证券公司、证券投资咨询机构从事证券投资顾问业务，应当建立客户投诉处理机制，及时、妥善处理客户投诉事项。

(14)证券公司、证券投资咨询机构应当按照公平、合理、自愿的原则，与客户协商并书面约定收取证券投资顾问服务费用的安排，可以按照服务期限、客户资产规模收取服务费用，也可以采用差别佣金等其他方式收取服务费用。证券投资顾问服务费用应当以公司账户收取。禁止证券公司、证券投资咨询机构及其人员以个人名义向客户收取证券投资顾问服务费用。证券公司、证券投资咨询机构应当规范证券投资顾问业务推广和客户招揽行为，禁止对服务能力和过往业绩进行虚假、不实、误导性的营销宣传，禁止以任何方式承诺或者保证投资收益。

(15)证券公司、证券投资咨询机构通过广播、电视、网络、报刊等公众媒体对证券投资顾问业务进行广告宣传，应当遵守《中华人民共和国广告法》和证券信息传播的有关规定，广告宣传内容不得存在虚假、不实、误导性信息以及其他违法违规情形。证券公司、证券投资咨询机构应当提前5个工作日将广告宣传方案和时间安排向公司住所地证监局、媒体所在地证监局报备。证券公司、证券投资咨询机构通过举办讲座、报告会、分析会等形式，进行证券投资顾问业务推广和客户招揽的，应当提前5个工作日向举办地证监局报备。

(16)以软件工具、终端设备等为载体，向客户提供投资建议或者类似功能服务的，应当执行本规定，并符合下列要求：

①客观说明软件工具、终端设备的功能，不得对其功能进行虚假、不实、误导性宣传。

②揭示软件工具、终端设备的固有缺陷和使用风险，不得隐瞒或者有重大遗漏。

③说明软件工具、终端设备所使用的数据信息来源。

④表示软件工具、终端设备具有选择证券投资品种或者提示买卖时机功能的，应当说明其方法和局限。

(17)证券公司、证券投资咨询机构应当对证券投资顾问业务推广、协议签订、服务提供、客户回访、投诉处理等环节实行留痕管理。向客户提供投资建议的时间、内容、方式和依据等信息，应当以书面或者电子文件形式予以记录留存。证券投资顾问业务档案的保存期限自协议终止之日起不得少于5年。

(18)证券公司、证券投资咨询机构应当加强人员培训，提升证券投资顾问的职业操守、合规意识和专业服务能力。证券公司、证券投资咨询机构以合作方式向客户提供证券投资顾问服务，应当对服务方式、报酬支付、投诉处理等作出约定，明确当事人的权利和义务。

(19)鼓励证券公司、证券投资咨询机构组织安排证券投资顾问人员，按照证券信息传播的有关规定，通过广播、电视、网络、报刊等公众媒体，客观、专业、审慎地对宏观经济、行业状况、证券市场变动情况发表评论意见，为公众投资者提供证券资讯服务，传播证券知识，揭示投资风险，引导理性投资。证券投资顾问不得通过广播、电视、网络、报刊等公众媒体，作出买入、卖出或者持有具体证券的投资建议。

七、监管部门对证券投资顾问业务的有关规定

证券公司、证券投资咨询机构及其人员从事证券投资顾问业务，违反法律、行政法规和有关规定的，中国证监会及其派出机构可以采取责令改正、监管谈话、出示警示函、责令增加内部合规检查次数并提交合规检查报告、责令清理违规业务、责令暂停新增客户、责令处分有关人员等监管措施；情节严重的，中国证监会依照法律、行政法规和有关规定作出行政处罚；涉嫌犯罪的，依法移送司法机关。

八、监管部门对发布证券研究报告业务的有关规定

(一)《发布证券研究报告暂行规定》的相关规定

(1)证券公司、证券投资咨询机构发布证券研究报告，应当遵守法律、行政法规和本规定，遵循独立、客观、公平、审慎原则，有效防范利益冲突，公平对待发布对象，禁止传播虚假、不实、误导性信息，禁止从事或者参与内幕交易、操纵证券市场活动。

(2)中国证监会及其派出机构依法对证券公司、证券投资咨询机构发布证券研究报告行为实行监督管理。中国证券业协会对证券公司、证券投资咨询机构发布证券研究报告行为实行自律管理，并依据有关法律、行政法规和本规定，制定相应的执业规范和行为准则。

(3)在发布的证券研究报告上署名的人员，应当具有证券投资咨询执业资格，并在中国证券业协会注册登记为证券分析师。证券分析师不得同时注册为证券投资顾问。

(4)发布证券研究报告的证券公司、证券投资咨询机构，应当设立专门研究部门或者子公司，建立健全业务管理制度，对发布证券研究报告行为及相关人员实行集中统一管理。从事发布证券研究报告业务的相关人员，不得同时从事证券自营、证券资产管理等存在利益冲突的业务。公司高级管理人员同时负责管理发布证券研究报告业务和其他证券业务的，应当采取防范利益冲突的措施，并有充分证据证明已经有效防范利益冲突。

(5)证券公司、证券投资咨询机构应当采取有效措施，保证制作发布证券研究报告不受证券发行人、上市公司、基金管理公司、资产管理公司等利益相关者的干涉和影响。

(6)证券公司、证券投资咨询机构发布的证券研究报告，应当载明下列事项：

①"证券研究报告"字样。

②证券公司、证券投资咨询机构名称。

③具备证券投资咨询业务资格的说明。

④署名人员的证券投资咨询执业资格证书编码。

⑤发布证券研究报告的时间。

⑥证券研究报告采用的信息和资料来源。

⑦使用证券研究报告的风险提示。

(7)制作证券研究报告应当合规、客观、专业、审慎。署名的证券分析师应当对证券研究报告的内容和观点负责,保证信息来源合法合规,研究方法专业审慎,分析结论具有合理依据。证券公司、证券投资咨询机构应当建立证券研究报告发布审阅机制,明确审阅流程,安排专门人员,做好证券研究报告发布前的质量控制和合规审查。

(8)证券公司、证券投资咨询机构应当公平对待证券研究报告的发布对象,不得将证券研究报告的内容或者观点,优先提供给公司内部部门、人员或者特定对象。

(9)证券公司、证券投资咨询机构应当建立健全与发布证券研究报告相关的利益冲突防范机制,明确管理流程、披露事项和操作要求,有效防范发布证券研究报告与其他证券业务之间的利益冲突。发布对具体股票作出明确估值和投资评级的证券研究报告时,公司持有该股票达到相关上市公司已发行股份1%以上的,应当在证券研究报告中向客户披露本公司持有该股票的情况,并且在证券研究报告发布日及第2个交易日,不得进行与证券研究报告观点相反的交易。

(10)证券公司、证券投资咨询机构应当采取有效管理措施,防止制作发布证券研究报告的相关人员利用发布证券研究报告为自身及其利益相关者谋取不当利益,或者在发布证券研究报告前泄露证券研究报告的内容和观点。

(11)证券公司、证券投资咨询机构应当严格执行发布证券研究报告与其他证券业务之间的隔离墙制度,防止存在利益冲突的部门及人员利用发布证券研究报告谋取不当利益。

(12)证券公司、证券投资咨询机构的证券分析师因公司业务需要,阶段性参与公司承销保荐、财务顾问等业务项目,撰写投资价值研究报告或者提供行业研究支持的,应当履行公司内部跨越隔离墙审批程序。合规管理部门和相关业务部门应当对证券分析师跨越隔离墙后的业务活动实行监控。证券分析师参与公司承销保荐、财务顾问等业务项目期间,不得发布与该业务项目相关的证券研究报告。跨越隔离墙期满,证券分析师不得利用公司承销保荐、财务顾问等业务项目的非公开信息,发布证券研究报告。

(13)证券公司、证券投资咨询机构从事发布证券研究报告业务,同时从事证券承销与保荐、上市公司并购重组财务顾问业务的,应当根据有关规定,按照独立、客观、公平的原则,建立健全发布证券研究报告静默期制度和实施机制,并通过公司网站等途径向客户披露静默期安排。

(14)证券公司、证券投资咨询机构应当严格执行合规管理制度,对与发布证券研究报告相关的人员资格、利益冲突、跨越隔离墙等情形进行合规审查和监控。

(15)证券公司、证券投资咨询机构发布证券研究报告,应当对发布的时间、方式、内容、对象和审阅过程实行留痕管理。发布证券研究报告相关业务档案的保存期限自证券研究报告发布之日起不得少于5年。

(16)鼓励证券公司、证券投资咨询机构组织安排证券分析师,按照证券信息传播的有关规定,通过广播、电视、网络、报刊等公众媒体,客观、专业、审慎地对宏观经济、行业状况、证券市场变动情况发表评论意见,为公众投资者提供证券资讯服务,传播证券知识,揭示投资风险,引导理性投资。

(17)证券分析师通过广播、电视、网络、报刊等公众媒体以及报告会、交流会等形式,发表涉及具体证券的评论意见,或者解读其撰写的证券研究报告,应当符合证券信息传播的有关规定以及下列要求：

①由所在证券公司或者证券投资咨询机构统一安排。

②说明所依据的证券研究报告的发布日期。

③禁止明示或者暗示保证投资收益。

(18)证券公司、证券投资咨询机构授权其他机构刊载或者转发证券研究报告或者摘要的，应当与相关机构作出协议约定，明确刊载或者转发责任，要求相关机构注明证券研究报告的发布人和发布日期，提示使用证券研究报告的风险。未经授权刊载或者转发证券研究报告的，应当承担相应的法律责任。

(19)证券公司、证券投资咨询机构及其人员违反法律、行政法规和本规定的，中国证监会及其派出机构可以采取责令改正、监管谈话、出具警示函、责令增加内部合规检查次数并提交合规检查报告、责令暂停发布证券研究报告、责令处分有关人员等监管措施；情节严重的，中国证监会依照法律、行政法规和有关规定作出行政处罚；涉嫌犯罪的，依法移送司法机关。

(二)《发布证券研究报告执业规范》的相关规定

(1)证券公司、证券投资咨询机构发布证券研究报告，应当遵循独立、客观、公平、审慎原则，加强合规管理，提升研究质量和专业服务水平。

(2)证券公司、证券投资咨询机构发布证券研究报告，应当建立健全研究对象覆盖、信息收集、调研、证券研究报告制作、质量控制、合规审查、证券研究报告发布以及相关销售服务等关键环节的管理制度，加强流程管理和内部控制。

(3)证券公司、证券投资咨询机构应当从组织设置、人员职责上，将证券研究报告制作发布环节与销售服务环节分开管理，以维护证券研究报告制作发布的独立性。制作发布证券研究报告的相关人员，应当独立于证券研究报告相关销售服务人员；证券研究报告相关销售服务人员不得在证券研究报告发布前干涉和影响证券研究报告的制作过程、研究观点和发布时间。

(4)证券公司、证券投资咨询机构发布证券研究报告，应当加强研究对象覆盖范围管理。将上市公司纳入研究对象覆盖范围并作出证券估值或投资评级，或者将该上市公司移出研究对象覆盖范围的，应当由研究部门或者研究子公司独立作出决定并履行内部审核程序。

(5)证券公司、证券投资咨询机构应当建立证券研究报告的信息来源管理制度，加强信息收集环节的管理，维护信息来源的合法合规性。

(6)证券研究报告可以使用的信息来源包括：

①政府部门、行业协会、证券交易所等机构发布的政策、市场、行业以及企业相关信息。

②上市公司按照法定信息披露义务通过指定媒体公开披露的信息。

③上市公司及其子公司通过公司网站、新闻媒体等公开渠道发布的信息，以及上市公司通过股东大会、新闻发布会、产品推介会等非正式公告方式发布的信息。

④证券公司、证券投资咨询机构通过上市公司调研或者市场调查，从上市公司及其子公司、供应商、经销商等处获取的信息，但内幕信息和未公开重大信息除外。

⑤证券公司、证券投资咨询机构从信息服务机构等第三方合法取得的市场、行业及企业

相关信息。

⑥经公众媒体报道的上市公司及其子公司的其他相关信息。

⑦其他合法合规信息来源。

(7)证券公司、证券投资咨询机构发布证券研究报告,应当审慎使用信息,不得将无法确认来源合法合规性的信息写入证券研究报告,不得将无法认定真实性的市场传言作为确定性研究结论的依据。证券公司、证券投资咨询机构发布证券研究报告,不得以任何形式使用或者泄露国家保密信息、上市公司内幕信息以及未公开重大信息。

(8)证券公司、证券投资咨询机构应当建立调研活动的管理制度,加强对调研活动的管理。发布证券研究报告相关人员进行上市公司调研活动,应当符合以下要求:

①事先履行所在证券公司、证券投资咨询机构的审批程序。

②不得向证券研究报告相关销售服务人员、特定客户和其他无关人员泄露研究部门或研究子公司未来一段时间的整体调研计划、调研底稿,以及调研后发布证券研究报告的计划、研究观点的调整信息。

③不得主动寻求上市公司相关内幕信息或者未公开重大信息。

④被动知悉上市公司内幕信息或者未公开重大信息的,应当对有关信息内容进行保密,并及时向所在机构的合规管理部门报告本人已获知有关信息的事实,在有关信息公开前不得发布涉及该上市公司的证券研究报告。

⑤在证券研究报告中使用调研信息的,应当保留必要的信息来源依据。

(9)证券公司、证券投资咨询机构制作证券研究报告应当秉承专业的态度,采用严谨的研究方法和分析逻辑,基于合理的数据基础和事实依据,审慎提出研究结论。

(10)证券公司、证券投资咨询机构制作证券研究报告应当坚持客观原则,避免使用夸大、诱导性的标题或者用语,不得对证券估值、投资评级作出任何形式的保证。证券公司、证券投资咨询机构应提示投资者自主作出投资决策并自行承担投资风险,任何形式的分享证券投资收益或者分担证券投资损失的书面或口头承诺均为无效。

(11)证券研究报告中对证券及证券相关产品提出投资评级的,应当披露所使用的投资评级分类及其含义。

(12)证券公司、证券投资咨询机构应当建立发布证券研究报告工作底稿制度。工作底稿包括必要的信息资料、调研纪要、分析模型等内容,纳入发布证券研究报告相关业务档案予以保存和管理。

(13)证券分析师应当对其署名的证券研究报告的内容和观点负责。参与制作证券研究报告,但尚未注册为证券分析师的研究部门或者研究子公司相关证券从业人员,如果已通过证券投资咨询从业资格考试,经署名证券分析师和研究部门或研究子公司同意,可以用"研究助理"等名义在证券研究报告中列示。

(14)证券公司、证券投资咨询机构应当建立健全证券研究报告发布前的质量控制机制,明确质量审核程序和审核人员职责,加强质量审核管理。证券研究报告应当由署名证券分析师之外的证券分析师或者专职质量审核人员进行质量审核。质量审核应当涵盖信息处理、分析逻辑、研究结论等内容,重点关注研究方法和研究结论的专业性和审慎性。

(15)证券公司、证券投资咨询机构应当建立健全证券研究报告发布前的合规审查机制,明确合规审查程序和合规审查人员职责。证券研究报告应当由公司合规部门或者研究部门、研究子公司的合规人员进行合规审查。合规审查应当涵盖人员资质、信息来源、风险提示等内容,重点关注证券研究报告可能涉及的利益冲突事项。证券公司、证券投资咨询机构在证券研究报告发布前,可以就证券研究报告涉及上市公司相关信息的真实性向该上市公司进行确认,但不得透露该证券研究报告的发布时间、观点和结论。

(16)证券公司、证券投资咨询机构应当通过公司规定的证券研究报告发布系统平台向发布对象统一发布证券研究报告,以保障发布证券研究报告的公平性。在证券研究报告发布之前,制作发布证券研究报告的相关人员不得向证券研究报告相关销售服务人员、客户及其他无关人员泄露研究对象覆盖范围的调整、制作与发布研究报告的计划,证券研究报告的发布时间、观点和结论,以及涉及盈利预测、投资评级、目标价格等内容的调整计划。

(17)证券公司、证券投资咨询机构发布证券研究报告,应当按照《发布证券研究报告暂行规定》及《证券公司信息隔离墙指引》的有关规定,建立健全信息隔离墙制度,并遵循下列静默期安排:

①担任发行人股票首次公开发行的保荐机构、主承销商或者财务顾问,自确定并公告发行价格之日起40日内,不得发布与该发行人有关的证券研究报告。

②担任上市公司股票增发、配股、发行可转换公司债券等再融资项目的保荐机构、主承销商或者财务顾问,自确定并公告公开发行价格之日起10日内,不得发布与该上市公司有关的证券研究报告。

③担任上市公司并购重组财务顾问,在证券公司、证券投资咨询机构的合规部门将该上市公司列入相关限制名单期间,按照合规管理要求限制发布与该上市公司有关的证券研究报告。

(18)证券公司、证券投资咨询机构应当建立合理的发布证券研究报告相关人员绩效考核和激励机制,以维护发布证券研究报告行为的独立性。证券公司、证券投资咨询机构应当综合考虑研究质量、客户评价、工作量等多种因素,设立发布证券研究报告相关人员的考核激励标准。发布证券研究报告相关人员的薪酬标准不得与外部媒体评价单一指标直接挂钩。与发布证券研究报告业务存在利益冲突的部门不得参与对发布证券研究报告相关人员的考核。证券分析师跨越信息隔离墙参与公司承销保荐、财务顾问业务等项目的,其个人薪酬不得与相关项目的业务收入直接挂钩。

(19)证券公司、证券投资咨询机构的研究部门或者研究子公司接受特定客户委托,按照协议约定就尚未覆盖的具体股票提供含有证券估值或投资评级的研究成果或者投资分析意见的,自提供之日起6个月内不得就该股票发布证券研究报告。证券公司、证券投资咨询机构的研究部门或者研究子公司不得就已经覆盖的具体股票接受委托提供仅供特定客户使用的、与最新已发布证券研究报告结论不一致的研究成果或者投资分析意见。证券公司、证券投资咨询机构的研究部门或者研究子公司接受特定客户委托的,应当要求委托方同时提供对委托事项的合规意见。

(20)证券公司、证券投资咨询机构应当明确要求证券分析师不得在公司内部部门或外部机构兼任有损其独立性与客观性的其他职务,包括担任上市公司的独立董事。

(21)证券公司、证券投资咨询机构授权公众媒体及其他机构刊载或者转发涉及具体上市公司的证券研究报告，应当慎重评估，充分论证必要性，并符合以下要求：

①严格按照《发布证券研究报告暂行规定》第二十一条规定，与相关公众媒体及其他机构作出协议约定，明确由被授权机构承担相关刊载或者转发责任。

②采取有效措施提供相应的后续解读服务，防止误导公众投资者。

③通过公司网站等途径披露本公司授权公众媒体及其他机构刊载或者转发证券研究报告有关情况，提醒公众投资者慎重使用未经授权刊载或者转发的本公司证券研究报告。

④具备相应的应对措施，妥善处理投资者投诉。

(22)证券公司、证券投资咨询机构应当采取下列措施，防止公众媒体或者其他机构未经授权私自刊载或者转发公司的证券研究报告：

①加强证券研究报告发布环节管理，要求公司相关人员不得将证券研究报告私自提供给未经公司授权的公众媒体或者其他机构，提示客户不要将证券研究报告转发给他人。

②建立跟踪监测机制，发现公司证券研究报告被私自刊载或者转发的，及时采取维权措施。

③加强投资者教育和客户沟通，提示客户及公众投资者慎重使用公众媒体刊载的证券研究报告。

(23)证券公司、证券投资咨询机构应当加强对制作发布证券研究报告相关人员的业务、合规培训和职业道德教育，提升相关人员的专业能力、合规意识和职业道德水平。

(24)证券公司、证券投资咨询机构及其人员违反《发布证券研究报告执业规范》的，中国证券业协会将根据自律规定，视情节轻重采取自律管理措施或纪律处分，并将纪律处分结果报送中国证监会。

第三节　与证券交易、证券投资活动有关的财务顾问

考纲要求

大纲内容	要求
上市公司收购以及上市公司重大资产重组等主要法律法规	了解
证券公司不得担任财务顾问及独立财务顾问的情形	掌握
从事上市公司并购重组财务顾问业务的业务规则	熟悉
财务顾问的监管和法律责任	熟悉

知识解读

一、上市公司收购以及上市公司重大资产重组等主要法律法规

上市公司收购以及上市公司重大资产重组等法律法规主要包括《中华人民共和国公司法》《中华人民共和国证券法》《上市公司重大资产重组管理办法》《上市公司收购管理办法》

《上市公司股权分置改革管理办法》《国有资产评估管理办法》等。

《上市公司重大资产重组管理办法》第十二条规定，上市公司及其控股或者控制的公司购买、出售资产，达到下列标准之一的，构成重大资产重组：

（1）购买、出售的资产总额占上市公司最近一个会计年度经审计的合并财务会计报告期末资产总额的比例达到50%以上。

（2）购买、出售的资产在最近一个会计年度所产生的营业收入占上市公司同期经审计的合并财务会计报告营业收入的比例达到50%以上。

（3）购买、出售的资产净额占上市公司最近一个会计年度经审计的合并财务会计报告期末净资产额的比例达到50%以上，且超过5 000万元人民币。

购买、出售资产未达到前款规定标准，但中国证监会发现存在可能损害上市公司或者投资者合法权益的重大问题的，可以根据审慎监管原则，责令上市公司按照本办法的规定补充披露相关信息、暂停交易、聘请独立财务顾问或者其他证券服务机构补充核查并披露专业意见。

《上市公司收购管理办法》第十三条规定，通过证券交易所的证券交易，投资者及其一致行动人拥有权益的股份达到一个上市公司已发行股份的5%时，应当在该事实发生之日起3日内编制权益变动报告书，向中国证监会、证券交易所提交书面报告，通知该上市公司，并予公告；在上述期限内，不得再行买卖该上市公司的股票。

前述投资者及其一致行动人拥有权益的股份达到一个上市公司已发行股份的5%后，通过证券交易所的证券交易，其拥有权益的股份占该上市公司已发行股份的比例每增加或者减少5%，应当依照前款规定进行报告和公告。在报告期限内和作出报告、公告后2日内，不得再行买卖该上市公司的股票。

二、证券公司不得担任财务顾问及独立财务顾问的情形

（一）财务顾问业务的概念及相关要求

（1）上市公司并购重组财务顾问业务是指为上市公司的收购、重大资产重组、合并、分立、股份回购等对上市公司股权结构、资产和负债、收入和利润等具有重大影响的并购重组活动提供交易估值、方案设计、出具专业意见等专业服务。经中国证监会核准具有上市公司并购重组财务顾问业务资格的证券公司、证券投资咨询机构或者其他符合条件的财务顾问机构（以下简称财务顾问），可以依照《上市公司并购重组财务顾问业务管理办法》的规定从事上市公司并购重组财务顾问业务。未经中国证监会核准，任何单位和个人不得从事上市公司并购重组财务顾问业务。

（2）财务顾问应当遵守法律、行政法规、中国证监会的规定和行业规范，诚实守信，勤勉尽责，对上市公司并购重组活动进行尽职调查，对委托人的申报文件进行核查，出具专业意见，并保证其所出具的意见真实、准确、完整。

（3）财务顾问的委托人应当依法承担相应的责任，配合财务顾问履行职责，并向财务顾问提供有关文件及其他必要的信息，不得拒绝、隐匿、谎报。财务顾问履行职责，不能减轻或者免除委托人、其他专业机构及其签名人员的责任。

(4)中国证监会依照法律、行政法规和有关规定,对财务顾问实行资格许可管理,对财务顾问及其负责并购重组项目的签名人员(以下简称财务顾问主办人)的执业情况进行监督管理。中国证券业协会依法对财务顾问及其财务顾问主办人进行自律管理。

(二)证券公司从事财务顾问业务的条件

证券公司从事上市公司并购重组财务顾问业务,应当具备下列条件:

(1)公司净资本符合中国证监会的规定。

(2)具有健全且运行良好的内部控制机制和管理制度,严格执行风险控制和内部隔离制度。

(3)建立健全的尽职调查制度,具备良好的项目风险评估和内核机制。

(4)公司财务会计信息真实、准确、完整。

(5)公司控股股东、实际控制人信誉良好且最近3年无重大违法违规记录。

(6)财务顾问主办人不少于5人。

(7)中国证监会规定的其他条件。

(三)证券公司申请从事财务顾问业务提交的文件

证券公司、证券投资咨询机构和其他财务顾问机构申请从事上市公司并购重组财务顾问业务资格,应当提交下列文件:

(1)申请报告。

(2)营业执照复印件和公司章程。

(3)董事长、高级管理人员及并购重组业务负责人的简历。

(4)符合规定条件的财务顾问主办人的证明材料。

(5)关于公司控股股东、实际控制人信誉良好和最近3年无重大违法违规记录的说明。

(6)公司治理结构和内控制度的说明,包括公司风险控制、内部隔离制度及内核部门人员名单和最近3年从业经历。

(7)经具有从事证券业务资格的会计师事务所审计的公司最近2年的财务会计报告。

(8)律师出具的法律意见书。

(9)中国证监会规定的其他文件。

(四)证券公司不得担任财务顾问业务的情形

《上市公司并购重组财务顾问业务管理办法》第九条规定,证券公司、证券投资咨询机构和其他财务顾问机构有下列情形之一的,不得担任财务顾问:

(1)最近24个月内存在违反诚信的不良记录。

(2)最近24个月内因执业行为违反行业规范而受到行业自律组织的纪律处分。

(3)最近36个月内因违法违规经营受到处罚或者因涉嫌违法违规经营正在被调查。

(五)证券公司不得担任独立财务顾问的情形

《上市公司并购重组财务顾问业务管理办法》第十七条规定,证券公司、证券投资咨询机构或者其他财务顾问机构受聘担任上市公司独立财务顾问的,应当保持独立性,不得与上市公司存在利害关系;存在下列情形之一的,不得担任独立财务顾问:

(1)持有或者通过协议、其他安排与他人共同持有上市公司股份达到或者超过5%,或者选派代表担任上市公司董事。

(2)上市公司持有或者通过协议、其他安排与他人共同持有财务顾问的股份达到或者超过5%,或者选派代表担任财务顾问的董事。

(3)最近2年财务顾问与上市公司存在资产委托管理关系、相互提供担保,或者最近1年财务顾问为上市公司提供融资服务。

(4)财务顾问的董事、监事、高级管理人员、财务顾问主办人或者其直系亲属有在上市公司任职等影响公正履行职责的情形。

(5)在并购重组中为上市公司的交易对方提供财务顾问服务。

(6)与上市公司存在利害关系、可能影响财务顾问及其财务顾问主办人独立性的其他情形。

三、从事上市公司并购重组财务顾问业务的业务规则

(一) 财务顾问从事上市公司并购重组财务顾问业务应当履行的职责

财务顾问从事上市公司并购重组财务顾问业务,应当履行以下职责:

(1)接受并购重组当事人的委托,对上市公司并购重组活动进行尽职调查,全面评估相关活动所涉及的风险。

(2)就上市公司并购重组活动向委托人提供专业服务,帮助委托人分析并购重组相关活动所涉及的法律、财务、经营风险,提出对策和建议,设计并购重组方案,并指导委托人按照上市公司并购重组的相关规定制作申报文件。

(3)对委托人进行证券市场规范化运作的辅导,使其熟悉有关法律、行政法规和中国证监会的规定,充分了解其应承担的义务和责任,督促其依法履行报告、公告和其他法定义务。

(4)在对上市公司并购重组活动及申报文件的真实性、准确性、完整性进行充分核查和验证的基础上,依据中国证监会的规定和监管要求,客观、公正地发表专业意见。

(5)接受委托人的委托,向中国证监会报送有关上市公司并购重组的申报材料,并根据中国证监会的审核意见,组织和协调委托人及其他专业机构进行答复。

(6)根据中国证监会的相关规定,持续督导委托人依法履行相关义务。

(7)中国证监会要求的其他事项。

(二) 财务顾问与委托人之间的权利和义务

(1)财务顾问应当与委托人签订委托协议,明确双方的权利和义务,就委托人配合财务顾问履行其职责的义务、应提供的材料和责任划分、双方的保密责任等事项做出约定。财务顾问接受上市公司并购重组多方当事人委托的,不得存在利益冲突或者潜在的利益冲突。接受委托的,财务顾问应当指定2名财务顾问主办人负责,同时,可以安排1名项目协办人参与。

(2)财务顾问应当建立尽职调查制度和具体工作规程,对上市公司并购重组活动进行充分、广泛、合理的调查,核查委托人提供的为出具专业意见所需的资料,对委托人披露的内容进行独立判断,并有充分理由确信所作的判断与委托人披露的内容不存在实质性差异。委

托人应当配合财务顾问进行尽职调查，提供相应的文件资料。委托人不能提供必要的材料、不配合进行尽职调查或者限制调查范围的，财务顾问应当终止委托关系或者相应修改其结论性意见。

(3)财务顾问利用其他证券服务机构专业意见的，应当进行必要的审慎核查，对委托人提供的资料和披露的信息进行独立判断。财务顾问对同一事项所作的判断与其他证券服务机构的专业意见存在重大差异的，应当进一步调查、复核，并可自行聘请相关专业机构提供专业服务。

(4)财务顾问应当采取有效方式对新进入上市公司的董事、监事和高级管理人员、控股股东和实际控制人的主要负责人进行证券市场规范化运作的辅导，包括上述人员应履行的责任和义务、上市公司治理的基本原则、公司决策的法定程序和信息披露的基本要求，并对辅导结果进行验收，将验收结果存档。验收不合格的，财务顾问应当重新进行辅导和验收。

(5)财务顾问对上市公司并购重组活动进行尽职调查应当重点关注以下问题，并在专业意见中对以下问题进行分析和说明：

①涉及上市公司收购的，担任收购人的财务顾问，应当关注收购人的收购目的、实力、收购人与其控股股东和实际控制人的控制关系结构、管理经验、资信情况、诚信记录、资金来源、履约能力、后续计划、对上市公司未来发展的影响、收购人的承诺及是否具备履行相关承诺的能力等事项；因国有股行政划转或者变更、在同一实际控制人控制的不同主体之间转让股份、继承取得上市公司股份超过30%的，收购人可免于聘请财务顾问。

②涉及对上市公司进行要约收购的，收购人的财务顾问除关注第①项所列事项外，还应当关注要约收购的目的、收购人的支付方式和支付条件、履约能力、是否将导致公司退市、对收购完成后剩余中小股东的保护机制是否适当等事项。

收购人公告要约收购报告书摘要后15日内未能发出要约的，财务顾问应当督促收购人立即公告未能如期发出要约的原因及中国证监会提出的反馈意见。

③涉及上市公司重大资产重组的，财务顾问应当关注重组目的、重组方案、交易定价的公允性、资产权属的清晰性、资产的完整性、重组后上市公司是否具备持续经营能力和持续盈利能力、盈利预测的可实现性、公司经营独立性、重组方是否存在利用资产重组侵害上市公司利益的问题等事项。

④涉及上市公司发行股份购买资产的，财务顾问应当关注本次发行的目的、发行方案、拟购买资产的估值分析及定价的公允性、拟购买资产的完整性、独立性、盈利能力、对上市公司影响的量化分析、拟发行股份的定价模式、中小股东合法权益是否受到侵害、上市公司股票交易是否存在异常等事项；涉及导致公司控制权发生变化的，还应当按照第①项有关收购人的关注要点对本次发行的特定对象进行核查。

⑤涉及上市公司合并的，财务顾问应当关注合并的目的、合并的可行性、合并方案、合并方与被合并方的估值分析、折股比例的确定原则和公允性、对上市公司的业务和财务结构的影响、对上市公司持续盈利能力的影响、合并后的整合安排等事项。

⑥涉及上市公司回购本公司股份的，财务顾问应当关注回购目的的适当性、回购必要性、回购方案、回购价格的定价模式和公允性、对上市公司现金流的影响、是否存在不利于上市公司持续发展的问题等事项。

⑦财务顾问应当关注上市公司并购重组活动中，相关各方是否存在利用并购重组信息进行内幕交易、市场操纵和证券欺诈等事项。

⑧中国证监会要求的其他事项。

（三）财务顾问出具财务意见的承诺内容

（1）财务顾问应当设立由专业人员组成的内部核查机构，内部核查机构应当恪尽职守，保持独立判断，对相关业务活动进行充分论证与复核，并就所出具的财务顾问专业意见提出内部核查意见。

（2）财务顾问应当在充分尽职调查和内部核查的基础上，按照中国证监会的相关规定，对并购重组事项出具财务顾问专业意见，并作出以下承诺：

①已按照规定履行尽职调查义务，有充分理由确信所发表的专业意见与委托人披露的文件内容不存在实质性差异。

②已对委托人披露的文件进行核查，确信披露文件的内容与格式符合要求。

③有充分理由确信委托人委托财务顾问出具意见的并购重组方案符合法律、法规和中国证监会及证券交易所的相关规定，所披露的信息真实、准确、完整，不存在虚假记载、误导性陈述或者重大遗漏。

④有关本次并购重组事项的财务顾问专业意见已提交内部核查机构审查，并同意出具此专业意见。

⑤在与委托人接触后到担任财务顾问期间，已采取严格的保密措施，严格执行风险控制和内部隔离制度，不存在内幕交易、操纵市场和证券欺诈问题。

（3）财务顾问的法定代表人或者其授权代表人、部门负责人、内部核查机构负责人、财务顾问主办人和项目协办人应当在财务顾问专业意见上签名，并加盖财务顾问单位公章。

（四）财务顾问应当配合中国证监会的工作

（1）财务顾问代表委托人向中国证监会提交申请文件后，应当配合中国证监会的审核，并承担以下工作：

①指定财务顾问主办人与中国证监会进行专业沟通，并按照中国证监会提出的反馈意见作出回复。

②按照中国证监会的要求对涉及本次并购重组活动的特定事项进行尽职调查或者核查。

③组织委托人及其他专业机构对中国证监会的意见进行答复。

④委托人未能在行政许可的期限内公告相关并购重组报告全文的，财务顾问应当督促委托人及时公开披露中国证监会提出的问题及委托人未能如期公告的原因。

⑤自申报至并购重组事项完成前，对于上市公司和其他并购重组当事人发生较大变化对本次并购重组构成较大影响的情况予以高度关注，并及时向中国证监会报告。

⑥申报本次担任并购重组财务顾问的收费情况。

⑦中国证监会要求的其他事项。

（2）财务顾问应当建立健全内部报告制度，财务顾问主办人应当就中国证监会在反馈意见中提出的问题按照内部程序向部门负责人、内部核查机构负责人等相关负责人报告，并对中国证监会提出的问题进行充分的研究、论证，审慎回复。回复意见应当由财务顾问的法定代表人或者其授权代表人、财务顾问主办人和项目协办人签名，并加盖财务顾问单位公章。

(3)财务顾问将申报文件报中国证监会审核期间，委托人和财务顾问终止委托协议的，财务顾问和委托人应当自终止之日起5个工作日内向中国证监会报告，申请撤回申报文件，并说明原因。委托人重新聘请财务顾问就同一并购重组事项进行申报的，应当在报送中国证监会的申报文件中予以说明。

(五) 财务顾问的持续督导

(1)根据中国证监会有关并购重组的规定，自上市公司收购、重大资产重组、发行股份购买资产、合并等事项完成后的规定期限内，财务顾问承担持续督导责任。财务顾问应当通过日常沟通、定期回访等方式，结合上市公司定期报告的披露，做好以下持续督导工作：

①督促并购重组当事人按照相关程序规范实施并购重组方案，及时办理产权过户手续，并依法履行报告和信息披露的义务。

②督促上市公司按照《上市公司治理准则》的要求规范运作。

③督促和检查申报人履行对市场公开作出的相关承诺的情况。

④督促和检查申报人落实后续计划及并购重组方案中约定的其他相关义务的情况。

⑤结合上市公司定期报告，核查并购重组是否按计划实施、是否达到预期目标；其实施效果是否与此前公告的专业意见存在较大差异，是否实现相关盈利预测或者管理层预计达到的业绩目标。

⑥中国证监会要求的其他事项。

在持续督导期间，财务顾问应当结合上市公司披露的定期报告出具持续督导意见，并在前述定期报告披露后的15日内向上市公司所在地的中国证监会派出机构报告。

(2)财务顾问应当建立健全内部检查制度，确保财务顾问主办人切实履行持续督导责任，按时向中国证监会派出机构提交持续督导工作的情况报告。在持续督导期间，财务顾问解除委托协议的，应当及时向中国证监会派出机构作出书面报告，说明无法继续履行持续督导职责的理由，并予以公告。委托人应当在1个月内另行聘请财务顾问对其进行持续督导。

(六) 财务顾问业务的工作档案制度

财务顾问应当建立并购重组工作档案和工作底稿制度，为每一项目建立独立的工作档案。财务顾问的工作档案和工作底稿应当真实、准确、完整，保存期不少于10年。

(七) 财务顾问业务的保密制度

(1)财务顾问及其财务顾问主办人应当严格履行保密责任，不得利用职务之便买卖相关上市公司的证券或者牟取其他不当利益，并应当督促委托人、委托人的董事、监事和高级管理人员及其他内幕信息知情人严格保密，不得进行内幕交易。财务顾问应当按照中国证监会的要求，配合提供上市公司并购重组相关内幕信息知情人买卖、持有相关上市公司证券的文件，并向中国证监会报告内幕信息知情人的违法违规行为，配合中国证监会依法进行的调查。

(2)财务顾问从事上市公司并购重组财务顾问业务，应当公平竞争，按照业务复杂程度及所承担的责任和风险与委托人商议财务顾问报酬，不得以明显低于行业水平等不正当竞争手段招揽业务。

(3)中国证券业协会可以根据《上市公司并购重组财务顾问业务管理办法》的规定，制定财务顾问执业规范，组织财务顾问主办人进行持续培训。财务顾问可以申请加入中国证券业协会。财务顾问主办人应当参加中国证券业协会组织的相关培训，接受后续教育。

四、财务顾问的监管和法律责任

(一) 财务顾问的监管

(1)中国证监会及其派出机构可以根据审慎监管原则，要求财务顾问提供已按照《上市公司并购重组财务顾问业务管理办法》的规定履行尽职调查义务的证明材料、工作档案和工作底稿，并对财务顾问的公司治理、内部控制、经营运作、风险状况、从业活动等方面进行非现场检查或者现场检查。财务顾问及其有关人员应当配合中国证监会及其派出机构的检查工作，提交的材料应当真实、准确、完整，不得以任何理由拒绝、拖延提供有关材料，或者提供不真实、不准确、不完整的材料。

(2)中国证监会建立监管信息系统，对财务顾问及其财务顾问主办人进行持续动态监管，并将以下事项记入其诚信档案：

①财务顾问及其财务顾问主办人被中国证监会采取监管措施的。

②在持续督导期间，上市公司或者其他委托人违反公司治理有关规定、相关资产状况及上市公司经营成果等与财务顾问的专业意见出现较大差异的。

③中国证监会认定的其他事项。

(3)财务顾问及其财务顾问主办人出现下列情形之一的，中国证监会对其采取监管谈话、出具警示函、责令改正等监管措施：

①内部控制机制和管理制度、尽职调查制度以及相关业务规则存在重大缺陷或者未得到有效执行的。

②未按照《上市公司并购重组财务顾问业务管理办法》规定发表专业意见的。

③在受托报送申报材料过程中，未切实履行组织、协调义务、申报文件制作质量低下的。

④未依法履行持续督导义务的。

⑤未按照《上市公司并购重组财务顾问业务管理办法》的规定向中国证监会报告或者公告的。

⑥违反其就上市公司并购重组相关业务活动所作承诺的。

⑦违反保密制度或者未履行保密责任的。

⑧采取不正当竞争手段进行恶性竞争的。

⑨唆使、协助或者伙同委托人干扰中国证监会审核工作的。

⑩中国证监会认定的其他情形。

责令改正的，财务顾问及其财务顾问主办人在改正期间，或者按照要求完成整改并经中国证监会验收合格之前，不得接受新的上市公司并购重组财务顾问业务。

(4)上市公司就并购重组事项出具盈利预测报告的，在相关并购重组活动完成后，凡不属于上市公司管理层事前无法获知且事后无法控制的原因，上市公司或者购买资产实现的利润未达到盈利预测报告或者资产评估报告预测金额80%的，中国证监会责令财务顾问及其财务顾问主办人在股东大会及中国证监会指定报刊上公开说明未实现盈利预测的原因并向股东和社会公众投资者道歉；利润实现数未达到盈利预测50%的，中国证监会可以同时对财务顾问及其财务顾问主办人采取监管谈话、出具警示函、责令定期报告等监管措施。

(5)财务顾问不再符合《上市公司并购重组财务顾问业务管理办法》规定条件的，应当在5个工作日内向中国证监会报告并依法进行公告，由中国证监会责令改正。责令改正期满后，仍不符合《上市公司并购重组财务顾问业务管理办法》规定条件的，中国证监会撤销其从事上市公司并购重组财务顾问业务资格。财务顾问主办人发生变化的，财务顾问应当在5个工作日内向中国证监会报告。财务顾问主办人不再符合《上市公司并购重组财务顾问业务管理办法》规定条件的，中国证监会将其从财务顾问主办人名单中去除，财务顾问不得聘请其作为财务顾问主办人从事相关业务。

(二) 财务顾问的法律责任

(1)财务顾问及其财务顾问主办人或者其他责任人员所发表的专业意见存在虚假记载、误导性陈述或者重大遗漏的，中国证监会责令改正并依据《中华人民共和国证券法》第二百二十三条的规定予以处罚。

(2)财务顾问及其财务顾问主办人在相关并购重组信息未依法公开前，泄露该信息、买卖或者建议他人买卖该公司证券，利用相关并购重组信息散布虚假信息、操纵证券市场或者进行证券欺诈活动的，中国证监会依据《中华人民共和国证券法》第二百零二条、第二百零三条、第二百零七条等相关规定予以处罚；涉嫌犯罪的，依法移送司法机关追究刑事责任。

(3)中国证券业协会对财务顾问及其财务顾问主办人违反自律规范的行为，依法进行调查，给予纪律处分。

第四节　证券承销与保荐

考纲要求

大纲内容	要求
证券公司发行与承销业务的主要法律法规	了解
证券发行保荐业务的一般规定	熟悉
证券发行与承销信息披露的有关规定	了解
证券公司发行与承销业务的内部控制规定	掌握
监管部门对证券发行与承销的监管措施	熟悉
违反证券发行与承销有关规定的处罚措施	掌握

知识解读

一、证券公司发行与承销业务的主要法律法规

证券公司发行与承销业务主要包括以下五个方面的法律法规：

(1)市场准入管理方面。如：《中华人民共和国证券法》《证券公司监督管理条例》《关于加强上市证券公司监管的规定》《外资参股证券公司设立规则》《证券公司设立子公司试行规定》《关于证券公司首次公开发行股票并上市有关问题的通知》《关于证券公司申请首次公开发行股票并上市监管意见书有关问题的规定》《关于进一步完善证券公司首次公开发行股票并上市有关审慎性监管要求的通知》等。

(2)证券公司业务监管方面的法律。如：《证券公司业务范围审批暂行规定》《关于加强证券经纪业务管理的规定》《证券账户非现场开户实施暂行办法》《证券发行与承销管理办法》《证券发行上市保荐业务管理办法》《关于进一步推进新股发行体制改革的意见》《关于进一步加强保荐业务监管有关问题的意见》《证券公司证券自营业务指引》《证券公司直接投资业务规范》《关于证券公司证券自营业务投资范围及有关事项的规定》《证券公司客户资产管理业务管理办法》《证券公司定向资产管理业务实施细则》《证券公司集合资产管理业务实施细则》《资产管理机构开展公募证券投资基金管理业务暂行规定》《证券公司融资融券业务管理办法》《证券公司融资融券业务内部控制指引》《证券公司参与股指期货、国债期货交易指引》《证券公司资产证券化业务管理规定》《股票质押式回购交易及登记结算业务办法(试行)》《证券投资顾问业务暂行规定》《证券公司代销金融产品管理规定》《证券公司信息隔离墙制度指引》等。

(3)证券公司日常管理方面。如：《证券公司治理准则》《关于证券公司综合治理工作方案的通知》《证券公司分类监管规定》《证券公司内部控制指引》《证券公司次级债管理规定》《证券公司分支机构监管规定》《关于做好证券公司客户交易结算资金第三方存管有关账户规范工作的通知》《关于进一步加强保荐机构内部控制有关问题的通知》《证券公司融资融券业务内部控制指引》《证券公司董事、监事和高级管理人员任职资格监管办法》《证券业从业人员资格管理办法》《证券经纪人管理暂行规定》等。

(4)证券公司风险防范方面。如：《证券公司风险控制指标管理办法》《证券公司风险控制指标动态监控系统指引(试行)》《关于调整证券公司净资本计算标准的规定》《关于证券公司风险资本准备计算标准的规定》《关于加强上市证券公司监管的规定》《证券公司合规管理试行规定》《证券公司风险处置条例》《证券公司风险管理能力评价指标与标准》等。

(5)证券公司信息披露方面。如：《关于证券公司信息公示有关事项的通知》《关于完善公开发行证券公司信息披露规范的意见》《关于证券公司执行〈企业会计准则〉的通知》《证券公司财务报表格式和附注》《证券公司年度报告内容与格式准则(2013 年修订)》《证券期货业统计指标标准指引(2016 年修订)》《关于统一同业拆借市场中证券公司信息披露规范的通知》等。

二、证券发行保荐业务的一般规定

(一)《中华人民共和国证券法》的相关规定

第十一条规定,发行人申请公开发行股票、可转换为股票的公司债券,依法采取承销方式的,或者公开发行法律、行政法规规定实行保荐制度的其他证券的,应当聘请具有保荐资格的机构担任保荐人。

保荐人应当遵守业务规则和行业规范,诚实守信,勤勉尽责,对发行人的申请文件和信息披露资料进行审慎核查,督导发行人规范运作。保荐人的资格及其管理办法由国务院证券监督管理机构规定。

第十二条规定,设立股份有限公司公开发行股票,应当符合《中华人民共和国公司法》规定的条件和经国务院批准的国务院证券监督管理机构规定的其他条件,向国务院证券监督管理机构报送募股申请和下列文件:

(1)公司章程。

(2)发起人协议。

(3)发起人姓名或者名称,发起人认购的股份数、出资种类及验资证明。

(4)招股说明书。

(5)代收股款银行的名称及地址。

(6)承销机构名称及有关的协议。

依照本法规定聘请保荐人的,还应当报送保荐人出具的发行保荐书。法律、行政法规规定设立公司必须报经批准的,还应当提交相应的批准文件。

第十三条规定,公司公开发行新股,应当符合下列条件:

(1)具备健全且运行良好的组织机构。

(2)具有持续盈利能力,财务状况良好。

(3)最近3年财务会计文件无虚假记载,无其他重大违法行为。

(4)经国务院批准的国务院证券监督管理机构规定的其他条件。

上市公司非公开发行新股,应当符合经国务院批准的国务院证券监督管理机构规定的条件,并报国务院证券监督管理机构核准。

第十四条规定,公司公开发行新股,应当向国务院证券监督管理机构报送募股申请和下列文件:

(1)公司营业执照。

(2)公司章程。

(3)股东大会决议。

(4)招股说明书。

(5)财务会计报告。

(6)代收股款银行的名称及地址。

(7)承销机构名称及有关的协议。

依照本法规定聘请保荐人的,还应当报送保荐人出具的发行保荐书。

第十五条规定,公司对公开发行股票所募集资金,必须按照招股说明书所列资金用途使用。改变招股说明书所列资金用途,必须经股东大会作出决议。擅自改变用途而未作纠正的,或者未经股东大会认可的,不得公开发行新股。

第十六条第二款规定,公开发行公司债券筹集的资金,必须用于核准的用途,不得用于弥补亏损和非生产性支出。第十六条第三款规定,上市公司发行可转换为股票的公司债券,除应当符合第一款规定的条件外,还应当符合本法关于公开发行股票的条件,并报国务院证券监督管理机构核准。

(二)《证券发行上市保荐业务管理办法》的相关规定

1. 总则

(1)发行人应当就下列事项聘请具有保荐机构资格的证券公司履行保荐职责:

①首次公开发行股票并上市。

②上市公司发行新股、可转换公司债券。

③中国证监会认定的其他情形。

(2)证券公司从事证券发行上市保荐业务,应依照本办法规定向中国证监会申请保荐机构资格。保荐机构履行保荐职责,应当指定依照本办法规定取得保荐代表人资格的个人具体负责保荐工作。未经中国证监会核准,任何机构和个人不得从事保荐业务。

(3)同次发行的证券,其发行保荐和上市保荐应当由同一保荐机构承担。保荐机构依法对发行人申请文件、证券发行募集文件进行核查,向中国证监会、证券交易所出具保荐意见。保荐机构应当保证所出具的文件真实、准确、完整。证券发行规模达到一定数量的,可以采用联合保荐,但参与联合保荐的保荐机构不得超过2家。证券发行的主承销商可以由该保荐机构担任,也可以由其他具有保荐机构资格的证券公司与该保荐机构共同担任。

(4)发行人及其董事、监事、高级管理人员,为证券发行上市制作、出具有关文件的律师事务所、会计师事务所、资产评估机构等证券服务机构及其签字人员,应当依照法律、行政法规和中国证监会的规定,配合保荐机构及其保荐代表人履行保荐职责,并承担相应的责任。保荐机构及其保荐代表人履行保荐职责,不能减轻或者免除发行人及其董事、监事、高级管理人员、证券服务机构及其签字人员的责任。

(5)中国证监会依法对保荐机构及其保荐代表人进行监督管理。中国证券业协会对保荐机构及其保荐代表人进行自律管理。

2. 保荐职责

(1)保荐机构应当尽职推荐发行人证券发行上市。发行人证券上市后,保荐机构应当持续督导发行人履行规范运作、信守承诺、信息披露等义务。

(2)保荐机构推荐发行人证券发行上市,应当遵循诚实守信、勤勉尽责的原则,按照中国证监会对保荐机构尽职调查工作的要求,对发行人进行全面调查,充分了解发行人的经营状况及其面临的风险和问题。

(3)保荐机构在推荐发行人首次公开发行股票并上市前,应当对发行人进行辅导,对发行人的董事、监事和高级管理人员、持有5%以上股份的股东和实际控制人(或者其法定代表人)进行系统的法规知识、证券市场知识培训,使其全面掌握发行上市、规范运作等方面的有关法律法规和规则，知悉信息披露和履行承诺等方面的责任和义务，树立进入证券市场的诚信意识、自律意识和法制意识。

(4)保荐机构辅导工作完成后，应由发行人所在地的中国证监会派出机构进行辅导验收。

(5)保荐机构应当与发行人签订保荐协议，明确双方的权利和义务，按照行业规范协商确定履行保荐职责的相关费用。保荐协议签订后，保荐机构应在5个工作日内报发行人所在地的中国证监会派出机构备案。

(6)保荐机构应当确信发行人符合法律、行政法规和中国证监会的有关规定，方可推荐其证券发行上市。保荐机构决定推荐发行人证券发行上市的，可以根据发行人的委托，组织编制申请文件并出具推荐文件。

(7)对发行人申请文件、证券发行募集文件中有证券服务机构及其签字人员出具专业意见的内容，保荐机构应当结合尽职调查过程中获得的信息对其进行审慎核查，对发行人提供的资料和披露的内容进行独立判断。保荐机构所作的判断与证券服务机构的专业意见存在重大差异的，应当对有关事项进行调查、复核，并可聘请其他证券服务机构提供专业服务。

(8)对发行人申请文件、证券发行募集文件中无证券服务机构及其签字人员专业意见支持的内容，保荐机构应当获得充分的尽职调查证据，在对各种证据进行综合分析的基础上对发行人提供的资料和披露的内容进行独立判断，并有充分理由确信所作的判断与发行人申请文件、证券发行募集文件的内容不存在实质性差异。

(9)保荐机构推荐发行人发行证券，应当向中国证监会提交发行保荐书、保荐代表人专项授权书以及中国证监会要求的其他与保荐业务有关的文件。发行保荐书应当包括下列内容：

①逐项说明本次发行是否符合《中华人民共和国公司法》《中华人民共和国证券法》规定的发行条件和程序。

②逐项说明本次发行是否符合中国证监会的有关规定，并载明得出每项结论的查证过程及事实依据。

③发行人存在的主要风险。

④对发行人发展前景的评价。

⑤保荐机构内部审核程序简介及内核意见。

⑥保荐机构与发行人的关联关系。

⑦相关承诺事项。

⑧中国证监会要求的其他事项。

(10)保荐机构推荐发行人证券上市，应当向证券交易所提交上市保荐书以及证券交易所要求的其他与保荐业务有关的文件，并报中国证监会备案。上市保荐书应当包括下列内容：

①逐项说明本次证券上市是否符合《中华人民共和国公司法》《中华人民共和国证券法》及证券交易所规定的上市条件。

②对发行人证券上市后持续督导工作的具体安排。

③保荐机构与发行人的关联关系。

④相关承诺事项。

⑤中国证监会或者证券交易所要求的其他事项。

(11)在发行保荐书和上市保荐书中,保荐机构应当就下列事项做出承诺:

①有充分理由确信发行人符合法律法规及中国证监会有关证券发行上市的相关规定。

②有充分理由确信发行人申请文件和信息披露资料不存在虚假记载、误导性陈述或者重大遗漏。

③有充分理由确信发行人及其董事在申请文件和信息披露资料中表达意见的依据充分合理。

④有充分理由确信申请文件和信息披露资料与证券服务机构发表的意见不存在实质性差异。

⑤保证所指定的保荐代表人及本保荐机构的相关人员已勤勉尽责,对发行人申请文件和信息披露资料进行了尽职调查、审慎核查。

⑥保证保荐书、与履行保荐职责有关的其他文件不存在虚假记载、误导性陈述或者重大遗漏。

⑦保证对发行人提供的专业服务和出具的专业意见符合法律、行政法规、中国证监会的规定和行业规范。

⑧自愿接受中国证监会依照本办法采取的监管措施。

⑨中国证监会规定的其他事项。

(12)保荐机构提交发行保荐书后,应当配合中国证监会的审核,并承担下列工作:

①组织发行人及证券服务机构对中国证监会的意见进行答复。

②按照中国证监会的要求对涉及本次证券发行上市的特定事项进行尽职调查或者核查。

③指定保荐代表人与中国证监会职能部门进行专业沟通,保荐代表人在发行审核委员会会议上接受委员质询。

④中国证监会规定的其他工作。

(13)保荐机构应当针对发行人的具体情况,确定证券发行上市后持续督导的内容,督导发行人履行有关上市公司规范运作、信守承诺和信息披露等义务,审阅信息披露文件及向中国证监会、证券交易所提交的其他文件,并承担下列工作:

①督导发行人有效执行并完善防止控股股东、实际控制人、其他关联方违规占用发行人资源的制度。

②督导发行人有效执行并完善防止其董事、监事、高级管理人员利用职务之便损害发行人利益的内控制度。

③督导发行人有效执行并完善保障关联交易公允性和合规性的制度,并对关联交易发表意见。

④持续关注发行人募集资金的专户存储、投资项目的实施等承诺事项。

⑤持续关注发行人为他人提供担保等事项,并发表意见。

⑥中国证监会、证券交易所规定及保荐协议约定的其他工作。

(14)首次公开发行股票并在主板上市的,持续督导的期间为证券上市当年剩余时间及其后 2 个完整会计年度；主板上市公司发行新股、可转换公司债券的，持续督导的期间为证券上市当年剩余时间及其后 1 个完整会计年度。

首次公开发行股票并在创业板上市的，持续督导的期间为证券上市当年剩余时间及其后 3 个完整会计年度；创业板上市公司发行新股、可转换公司债券的，持续督导的期间为证券上市当年剩余时间及其后 2 个完整会计年度。

首次公开发行股票并在创业板上市的，持续督导期内保荐机构应当自发行人披露年度报告、中期报告之日起 15 个工作日内在中国证监会指定网站披露跟踪报告，对本办法第三十五条所涉及的事项，进行分析并发表独立意见。发行人临时报告披露的信息涉及募集资金、关联交易、委托理财、为他人提供担保等重大事项的，保荐机构应当自临时报告披露之日起 10 个工作日内进行分析并在中国证监会指定网站发表独立意见。

持续督导的期间自证券上市之日起计算。

（15）持续督导期届满，如有尚未完结的保荐工作，保荐机构应当继续完成。保荐机构在履行保荐职责期间未勤勉尽责的，其责任不因持续督导期届满而免除或者终止。

3. 保荐业务规程

（1）保荐机构应当建立健全保荐工作的内部控制体系，切实保证保荐业务负责人、内核负责人、保荐业务部门负责人、保荐代表人、项目协办人及其他保荐业务相关人员勤勉尽责，严格控制风险，提高保荐业务整体质量。

（2）保荐机构应当建立健全证券发行上市的尽职调查制度、辅导制度、对发行上市申请文件的内部核查制度、对发行人证券上市后的持续督导制度。

（3）保荐机构应当建立健全对保荐代表人及其他保荐业务相关人员的持续培训制度。

（4）保荐机构应当建立健全工作底稿制度，为每一项目建立独立的保荐工作底稿。保荐代表人必须为其具体负责的每一项目建立尽职调查工作日志，作为保荐工作底稿的一部分存档备查；保荐机构应当定期对尽职调查工作日志进行检查。保荐工作底稿应当真实、准确、完整地反映整个保荐工作的全过程，保存期不少于 10 年。

（5）保荐机构的保荐业务负责人、内核负责人负责监督、执行保荐业务各项制度并承担相应的责任。

（6）保荐机构及其控股股东、实际控制人、重要关联方持有发行人的股份合计超过 7%，或者发行人持有、控制保荐机构的股份超过 7% 的，保荐机构在推荐发行人证券发行上市时，应联合 1 家无关联保荐机构共同履行保荐职责，且该无关联保荐机构为第一保荐机构。

（7）刊登证券发行募集文件前终止保荐协议的，保荐机构和发行人应当自终止之日起 5 个工作日内分别向中国证监会报告，说明原因。

（8）刊登证券发行募集文件以后直至持续督导工作结束，保荐机构和发行人不得终止保荐协议，但存在合理理由的情形除外。发行人因再次申请发行证券另行聘请保荐机构、保荐机构被中国证监会撤销保荐机构资格的，应当终止保荐协议。终止保荐协议的，保荐机构和发行人应当自终止之日起 5 个工作日内向中国证监会、证券交易所报告，说明原因。

（9）持续督导期间，保荐机构被撤销保荐机构资格的，发行人应当在 1 个月内另行聘请保荐机构，未在规定期限内另行聘请的，中国证监会可以为其指定保荐机构。

（10）另行聘请的保荐机构应当完成原保荐机构未完成的持续督导工作。因原保荐机构被撤销保荐机构资格而另行聘请保荐机构的，另行聘请的保荐机构持续督导的时间不得少于 1 个完整的会计年度。另行聘请的保荐机构应当自保荐协议签订之日起开展保荐工作并承担相应的责任。原保荐机构在履行保荐职责期间未勤勉尽责的，其责任不因保荐机构的更换而免除或者终止。

(11)保荐机构应当指定 2 名保荐代表人具体负责 1 家发行人的保荐工作，出具由法定代表人签字的专项授权书，并确保保荐机构有关部门和人员有效分工协作。保荐机构可以指定 1 名项目协办人。

(12)证券发行后，保荐机构不得更换保荐代表人，但因保荐代表人离职或者被撤销保荐代表人资格的，应当更换保荐代表人。保荐机构更换保荐代表人的，应当通知发行人，并在 5 个工作日内向中国证监会、证券交易所报告，说明原因。原保荐代表人在具体负责保荐工作期间未勤勉尽责的，其责任不因保荐代表人的更换而免除或者终止。

(13)保荐机构法定代表人、保荐业务负责人、内核负责人、保荐代表人和项目协办人应当在发行保荐书上签字，保荐机构法定代表人、保荐代表人应同时在证券发行募集文件上签字。

(14)保荐机构应将履行保荐职责时发表的意见及时告知发行人，同时在保荐工作底稿中保存，并可依照本办法规定公开发表声明、向中国证监会或者证券交易所报告。

(15)持续督导工作结束后，保荐机构应当在发行人公告年度报告之日起的 10 个工作日内向中国证监会、证券交易所报送保荐总结报告书。保荐机构法定代表人和保荐代表人应当在保荐总结报告书上签字。保荐总结报告书应当包括下列内容：

①发行人的基本情况。

②保荐工作概述。

③履行保荐职责期间发生的重大事项及处理情况。

④对发行人配合保荐工作情况的说明及评价。

⑤对证券服务机构参与证券发行上市相关工作情况的说明及评价。

⑥中国证监会要求的其他事项。

(16)保荐代表人及其他保荐业务相关人员属于内幕信息的知情人员，应当遵守法律、行政法规和中国证监会的规定，不得利用内幕信息直接或者间接为保荐机构、本人或者他人谋取不正当利益。

4. 保荐业务协调

(1)保荐机构及其保荐代表人履行保荐职责可对发行人行使下列权利：

①要求发行人按照本办法规定和保荐协议约定的方式，及时通报信息。

②定期或者不定期对发行人进行回访，查阅保荐工作需要的发行人材料。

③列席发行人的股东大会、董事会和监事会。

④对发行人的信息披露文件及向中国证监会、证券交易所提交的其他文件进行事前审阅。

⑤对有关部门关注的发行人相关事项进行核查，必要时可聘请相关证券服务机构配合。

⑥按照中国证监会、证券交易所信息披露规定，对发行人违法违规的事项发表公开声明。

⑦中国证监会规定或者保荐协议约定的其他权利。

(2)发行人有下列情形之一的,应当及时通知或者咨询保荐机构,并将相关文件送交保荐机构:

①变更募集资金及投资项目等承诺事项。

②发生关联交易、为他人提供担保等事项。

③履行信息披露义务或者向中国证监会、证券交易所报告有关事项。

④发生违法违规行为或者其他重大事项。

⑤中国证监会规定或者保荐协议约定的其他事项。

(3)证券发行前,发行人不配合保荐机构履行保荐职责的,保荐机构应当发表保留意见,并在发行保荐书中予以说明;情节严重的,应当不予保荐,已保荐的应当撤销保荐。

(4)证券发行后,保荐机构有充分理由确信发行人可能存在违法违规行为以及其他不当行为的,应当督促发行人做出说明并限期纠正;情节严重的,应当向中国证监会、证券交易所报告。

(5)保荐机构应当组织协调证券服务机构及其签字人员参与证券发行上市的相关工作。发行人为证券发行上市聘用的会计师事务所、律师事务所、资产评估机构以及其他证券服务机构,保荐机构有充分理由认为其专业能力存在明显缺陷的,可以向发行人建议更换。

(6)保荐机构对证券服务机构及其签字人员出具的专业意见存有疑义的,应当主动与证券服务机构进行协商,并可要求其做出解释或者出具依据。

(7)保荐机构有充分理由确信证券服务机构及其签字人员出具的专业意见可能存在虚假记载、误导性陈述或重大遗漏等违法违规情形或者其他不当情形的,应当及时发表意见;情节严重的,应当向中国证监会、证券交易所报告。

(8)证券服务机构及其签字人员应当保持专业独立性,对保荐机构提出的疑义或者意见进行审慎的复核判断,并向保荐机构、发行人及时发表意见。

三、证券发行与承销信息披露的有关规定

《证券发行与承销管理办法》中关于证券发行与承销信息披露的相关规定如下:

(1)发行人和主承销商在发行过程中,应当按照中国证监会规定的要求编制信息披露文件,履行信息披露义务。发行人和承销商在发行过程中披露的信息,应当真实、准确、完整、及时,不得有虚假记载、误导性陈述或者重大遗漏。

(2)首次公开发行股票申请文件受理后至发行人发行申请经中国证监会核准、依法刊登招股意向书前,发行人及与本次发行有关的当事人不得采取任何公开方式或变相公开方式进行与股票发行相关的推介活动,也不得通过其他利益关联方或委托他人等方式进行相关活动。

(3)首次公开发行股票招股意向书刊登后,发行人和主承销商可以向网下投资者进行推介和询价,并通过互联网等方式向公众投资者进行推介。发行人和主承销商向公众投资者进行推介时,向公众投资者提供的发行人信息的内容及完整性应与向网下投资者提供的信息保持一致。

(4)承销商应当保留推介、定价、配售等承销过程中的相关资料至少3年并存档备查,包括推介宣传材料、路演现场录音等,如实、全面反映询价、定价和配售过程。

(5)发行人和主承销商应当将发行过程中披露的信息刊登在至少一种中国证监会指定的报刊，同时将其刊登在中国证监会指定的互联网网站，并置备于中国证监会指定的场所，供公众查阅。

(6)发行人披露的招股意向书除不含发行价格、筹资金额以外，其内容与格式应当与招股说明书一致，并与招股说明书具有同等法律效力。

(7)首次公开发行股票的发行人和主承销商应当在发行和承销过程中公开披露以下信息：

①招股意向书刊登首日在发行公告中披露发行定价方式、定价程序、参与网下询价投资者条件、股票配售原则、配售方式、有效报价的确定方式、中止发行安排、发行时间安排和路演推介相关安排等信息。发行人股东拟老股转让的，还应披露预计老股转让的数量上限，老股转让股东名称及各自转让老股数量，并明确新股发行与老股转让数量的调整机制。

②网上申购前披露每位网下投资者的详细报价情况，包括投资者名称、申购价格及对应的拟申购数量；剔除最高报价有关情况；剔除最高报价部分后网下投资者报价的中位数和加权平均数以及公募基金报价的中位数和加权平均数；有效报价和发行价格（或发行价格区间）的确定过程；发行价格（或发行价格区间）及对应的市盈率；网下网上的发行方式和发行数量；回拨机制；中止发行安排；申购缴款要求等。已公告老股转让方案的，还应披露老股转让和新股发行的确定数量，老股转让股东名称及各自转让老股数量，并应提示投资者关注，发行人将不会获得老股转让部分所得资金。按照发行价格计算的预计募集资金总额低于拟以本次募集资金投资的项目金额的，还应披露相关投资风险。

③如公告的发行价格（或发行价格区间上限）市盈率高于同行业上市公司二级市场平均市盈率，发行人和主承销商应当在披露发行价格的同时，在投资风险特别公告中明示该定价可能存在估值过高给投资者带来损失的风险，提醒投资者关注。内容至少包括：比较分析发行人与同行业上市公司的差异及该差异对估值的影响；提请投资者关注发行价格与网下投资者报价之间存在的差异。提请投资者关注投资风险，审慎研判发行定价的合理性，理性做出投资决策。

④在发行结果公告中披露获配机构投资者名称、个人投资者个人信息以及每个获配投资者的报价、申购数量和获配数量等，并明确说明自主配售的结果是否符合事先公布的配售原则。对于提供有效报价但未参与申购，或实际申购数量明显少于报价时拟申购量的投资者应列表公示并着重说明；缴款后的发行结果公告中披露网上、网下投资者获配未缴款金额以及主承销商的包销比例，列表公示获得配售但未足额缴款的网下投资者；发行后还应披露保荐费用、承销费用、其他中介费用等发行费用信息。

⑤向战略投资者配售股票的，应当在网下配售结果公告中披露战略投资者的名称、认购数量及持有期限等情况。

(8)发行人和主承销商在披露发行市盈率时，应同时披露发行市盈率的计算方式。在进行行业市盈率比较分析时，应当按照中国证监会有关上市公司行业分类指引中制定的行业分类标准确定发行人行业归属，并分析说明行业归属的依据。存在多个市盈率口径时，应当充分列示可供选择的比较基准，并应当按照审慎、充分提示风险的原则选取和披露行业平均市盈率。发行人还可以同时披露市净率等反映发行人所在行业特点的估值指标。

四、证券公司发行与承销业务的内部控制规定

(一)《中华人民共和国证券法》的相关规定

第三十条规定,证券公司承销证券,应当同发行人签订代销或者包销协议,载明下列事项:

(1)当事人的名称、住所及法定代表人姓名。

(2)代销、包销证券的种类、数量、金额及发行价格。

(3)代销、包销的期限及起止日期。

(4)代销、包销的付款方式及日期。

(5)代销、包销的费用和结算办法。

(6)违约责任。

(7)国务院证券监督管理机构规定的其他事项。

第三十一条规定,证券公司承销证券,应当对公开发行募集文件的真实性、准确性、完整性进行核查。发现有虚假记载、误导性陈述或者重大遗漏的,不得进行销售活动;已经销售的,必须立即停止销售活动,并采取纠正措施。

第三十二条规定,向不特定对象发行的证券票面总值超过人民币 5 000 万元的,应当由承销团承销。承销团应当由主承销和参与承销的证券公司组成。

第三十三条规定,证券的代销、包销期限最长不得超过 90 日。证券公司在代销、包销期内,对所代销、包销的证券应当保证先行出售给认购人,证券公司不得为本公司预留所代销的证券和预先购入并留存所包销的证券。

第三十四条规定,股票发行采取溢价发行的,其发行价格由发行人与承销的证券公司协商确定。

第三十五条规定,股票发行采用代销方式,代销期限届满,向投资者出售的股票数量未达到拟公开发行股票数量 70% 的,为发行失败。发行人应当按照发行价并加算银行同期存款利息返还股票认购人。

第三十六条规定,公开发行股票,代销、包销期限届满,发行人应当在规定的期限内将股票发行情况报国务院证券监督管理机构备案。

(二)《证券发行与承销管理办法》的相关规定

(1)发行人和主承销商应当签订承销协议,在承销协议中界定双方的权利义务关系,约定明确的承销基数。采用包销方式的,应当明确包销责任;采用代销方式的,应当约定发行失败后的处理措施。

证券发行依照法律、行政法规的规定应由承销团承销的,组成承销团的承销商应当签订承销团协议,由主承销商负责组织承销工作。证券发行由 2 家以上证券公司联合主承销的,所有担任主承销商的证券公司应当共同承担主承销责任,履行相关义务。承销团由 3 家以上承销商组成的,可以设副主承销商,协助主承销商组织承销活动。承销团成员应当按照承销团协议及承销协议的规定进行承销活动,不得进行虚假承销。

(2)证券公司承销证券,应当依照《中华人民共和国证券法》第二十八条的规定采用包

销或者代销方式。上市公司非公开发行股票未采用自行销售方式或者上市公司配股的，应当采用代销方式。

（3）股票发行采用代销方式的，应当在发行公告（或认购邀请书）中披露发行失败后的处理措施。股票发行失败后，主承销商应当协助发行人按照发行价并加算银行同期存款利息返还股票认购人。

（4）证券公司实施承销前，应当向中国证监会报送发行与承销方案。

（5）上市公司发行证券期间相关证券的停复牌安排，应当遵守证券交易所的相关规则。主承销商应当按有关规定及时划付申购资金冻结利息。

（三）《公司债券发行与交易管理办法》的相关规定

（1）发行公司债券应当由具有证券承销业务资格的证券公司承销。取得证券承销业务资格的证券公司、中国证券金融股份有限公司及中国证监会认可的其他机构非公开发行公司债券可以自行销售。

（2）承销机构承销公司债券，应当依据本办法以及中国证监会、中国证券业协会有关尽职调查、风险控制和内部控制等相关规定，制定严格的风险管理制度和内部控制制度，加强定价和配售过程管理。

（3）公司债券公开发行的价格或利率以询价或公开招标等市场化方式确定。发行人和主承销商应当协商确定公开发行的定价与配售方案并予公告，明确价格或利率确定原则、发行定价流程和配售规则等内容。

（4）发行人和承销机构不得操纵发行定价、暗箱操作；不得以代持、信托等方式谋取不正当利益或向其他相关利益主体输送利益；不得直接或通过其利益相关方向参与认购的投资者提供财务资助；不得有其他违反公平竞争、破坏市场秩序等行为。

（5）公开发行公司债券的，发行人和主承销商应当聘请律师事务所对发行过程、配售行为、参与认购的投资者资质条件、资金划拨等事项进行见证，并出具专项法律意见书。公开发行的公司债券上市后10个工作日内，主承销商应当将专项法律意见随同承销总结报告等文件一并报中国证监会。

（6）发行人和承销机构在推介过程中不得夸大宣传，或以虚假广告等不正当手段诱导、误导投资者，不得披露除债券募集说明书等信息以外的发行人其他信息。

承销机构应当保留推介、定价、配售等承销过程中的相关资料，并按相关法律法规规定存档备查，包括推介宣传材料、路演现场录音等，如实、全面反映询价、定价和配售过程。相关推介、定价、配售等的备查资料应当按中国证券业协会的规定制作并妥善保管。

（7）中国证券业协会应当制定非公开发行公司债券承销业务的风险控制管理规定，根据市场风险状况对承销业务范围进行限制并动态调整。

五、监管部门对证券发行与承销的监管措施

《证券发行与承销管理办法》第三十六条规定，中国证监会对证券发行承销过程实施事中事后监管，发现涉嫌违法违规或者存在异常情形的，可责令发行人和承销商暂停或中止发行，对相关事项进行调查处理。

第三十七条规定，中国证券业协会应当建立对承销商询价、定价、配售行为和网下投资者报价行为的日常监管制度，加强相关行为的监督检查，发现违规情形的，应当及时采取自律监管措施。中国证券业协会还应当建立对网下投资者和承销商的跟踪分析和评价体系，并根据评价结果采取奖惩措施。

第三十八条规定，发行人、证券公司、证券服务机构、投资者及其直接负责的主管人员和其他直接责任人员有失诚信、违反法律、行政法规或者本办法规定的，中国证监会可以视情节轻重采取责令改正、监管谈话、出具警示函、责令公开说明、认定为不适当人选等监管措施，并记入诚信档案；依法应予行政处罚的，依照有关规定进行处罚；涉嫌犯罪的，依法移送司法机关，追究其刑事责任。

第三十九条规定，证券公司承销未经核准擅自公开发行的证券的，依照《中华人民共和国证券法》第一百九十条的规定处罚。

证券公司承销证券有前款所述情形的，中国证监会可以采取 12 至 36 个月暂不受理其证券承销业务有关文件的监管措施。

六、违反证券发行与承销有关规定的处罚措施

《证券发行与承销管理办法》第四十条规定，证券公司及其直接负责的主管人员和其他直接责任人员在承销证券过程中，有下列行为之一的，中国证监会可以采取本办法第三十八条规定的监管措施；情节比较严重的，还可以采取 3 至 12 个月暂不受理其证券承销业务有关文件的监管措施；依法应予行政处罚的，依照《中华人民共和国证券法》第一百九十一条的规定予以处罚：

(1)夸大宣传，或以虚假广告等不正当手段诱导、误导投资者。

(2)以不正当竞争手段招揽承销业务。

(3)从事本办法第十七条规定禁止的行为。

(4)向不符合本办法第五条规定的网下投资者配售股票，或向本办法第十六条规定禁止配售的对象配售股票。

(5)未按本办法要求披露有关文件。

(6)未按照事先披露的原则和方式配售股票，或其他未依照披露文件实施的行为。

(7)向投资者提供除招股意向书等公开信息以外的发行人其他信息。

(8)未按照本办法要求保留推介、定价、配售等承销过程中相关资料。

(9)其他违反证券承销业务规定的行为。

第四十一条规定，发行人及其直接负责的主管人员和其他直接责任人员有下列行为之一的，中国证监会可以采取本办法第三十八条规定的监管措施；构成违反《中华人民共和国证券法》相关规定的，依法进行行政处罚：

(1)从事本办法第十七条规定禁止的行为。

(2)夸大宣传，或以虚假广告等不正当手段诱导、误导投资者。

(3)向投资者提供除招股意向书等公开信息以外的发行人信息。

(4)中国证监会认定的其他情形。

第五节 证券自营

考纲要求

大纲内容	要求
证券公司自营业务的主要法律法规	了解
证券公司自营业务管理制度、投资决策机制和风险监控体系的一般规定	了解
证券自营业务决策与授权的要求	了解
证券自营业务操作的基本要求	了解
证券公司自营业务投资范围的规定	掌握
证券自营业务持仓规模的要求	掌握
自营业务的禁止性行为	掌握
证券自营业务的监管措施和违反有关法规的法律责任	熟悉

知识解读

一、证券公司自营业务的主要法律法规

证券自营业务的主要法律法规包括《中华人民共和国证券法》《证券公司监督管理条例》《证券公司业务范围审批暂行规定》《证券经营机构证券自营业务管理办法》《证券公司证券自营业务指引》等。

二、证券公司自营业务管理制度、投资决策机制和风险监控体系的一般规定

（一）证券自营业务的范围

证券自营业务的范围一般包括以下四个方面：

(1)一般上市证券的自营买卖。

(2)一般非上市证券的买卖。

(3)兼并收购中的自营买卖。

(4)证券承销业务中的自营买卖。

（二）证券自营业务管理制度的相关规定

《中华人民共和国证券法》第一百三十条规定，国务院证券监督管理机构应当对证券公司的净资本，净资本与负债的比例，净资本与净资产的比例，净资本与自营、承销、资产管理等业务规模的比例，负债与净资产的比例，以及流动资产与流动负债的比例等风险控制指标作出规定。证券公司不得为其股东或者股东的关联人提供融资或者担保。

第一百三十六条规定，证券公司应当建立健全内部控制制度，采取有效隔离措施，防范公司与客户之间、不同客户之间的利益冲突。证券公司必须将其证券经纪业务、证券承销业务、证券自营业务和证券资产管理业务分开办理，不得混合操作。

第一百三十七条规定，证券公司的自营业务必须以自己的名义进行，不得假借他人名义或者以个人名义进行。证券公司的自营业务必须使用自有资金和依法筹集的资金。证券公司不得将其自营账户借给他人使用。

（三）证券公司投资决策机制的一般规定

（1）各证券公司应按照《证券公司证券自营业务指引》的要求，建立并完善公司自营业务内部管理制度与机制，规范自营业务，进一步端正投资理念，增强守法意识，严格控制投资风险。不得将自营业务与资产管理义务、经纪业务混合操作；不得以他人名义开立自营账户；不得使用非自营席位从事证券自营业务；不得超比例持仓或操纵市场。

（2）各证券公司应按要求将全部自营账户明细（含不规范账户）报送公司注册地证监局，由证监局转报上海、深圳证券交易所以及中国证券登记结算有限公司备案。各证券公司对不规范账户要制定有明确时限和具体责任人、按月份细化落实的清理计划。清理期间，不规范账户只能卖出证券，不能买进，并要逐步注销。

（3）存在超比例持仓、持股集中或涉嫌操纵市场、将证券资产托管在其他证券公司等问题的证券公司，要向公司注册地证监局书面报告整改计划，在合规的前提下压缩自营规模，并在每月 10 日前向公司注册地证监局报告整改进展情况。

（4）中国证监会将会同中国证券业协会，对证券公司改进与完善证券自营业务情况及自营业务的运作情况进行定期或不定期的检查。对于未严格执行《关于转发〈证券公司证券自营业务指引〉，加强证券公司自营业务监管的通知》及《证券公司证券自营业务指引》各项要求的证券公司，将依法予以严肃查处，并追究有关人员的责任。

（四）证券公司风险监控体系的一般规定

1. 风险控制指标标准

证券公司经营证券经纪业务的，其净资本不得低于人民币 2 000 万元。证券公司经营证券承销与保荐、证券自营、证券资产管理、其他证券业务等业务之一的，其净资本不得低于人民币 5 000 万元。证券公司经营证券经纪业务，同时经营证券承销与保荐、证券自营、证券资产管理、其他证券业务等业务之一的，其净资本不得低于人民币 1 亿元。证券公司经营证券承销与保荐、证券自营、证券资产管理、其他证券业务中两项及两项以上的，其净资本不得低于人民币 2 亿元。

证券公司必须持续符合下列风险控制指标标准：

（1）风险覆盖率不得低于 100%。

（2）资本杠杆率不得低于 8%。

（3）流动性覆盖率不得低于 100%。

（4）净稳定资金率不得低于 100%。

其中：

$$风险覆盖率 = 净资本/各项风险资本准备之和 \times 100\%$$

$$资本杠杆率 = 核心净资本/表内外资产总额 \times 100\%$$

流动性覆盖率 = 优质流动性资产/未来 30 天现金净流出量 × 100%

净稳定资金率 = 可用稳定资金/所需稳定资金 × 100%

证券公司应当按照中国证监会规定的证券公司风险资本准备计算标准计算市场风险、信用风险、操作风险资本准备。中国证监会可以根据特定产品或业务的风险特征，以及监督检查结果，要求证券公司计算特定风险资本准备。市场风险资本准备按照各类金融工具市场风险特征的不同，用投资规模乘以风险系数计算；信用风险资本准备按照各表内外项目信用风险程度的不同，用资产规模乘以风险系数计算；操作风险资本准备按照各项业务收入的一定比例计算。

证券公司可以采取内部模型法等风险计量高级方法计算风险资本准备，具体规定由中国证监会另行制定。

2. 自营业务的内部控制

证券公司自营业务的内部控制主要是应加强自营业务投资决策、资金、账户、清算、交易和保密等的管理。重点防范规模失控、决策失误、超越授权、变相自营、账外自营、操纵市场、内幕交易等的风险。

（1）建立“防火墙”制度，确保自营业务与经纪、资产管理、投资银行等业务在人员、信息、账户、资金、会计核算上严格分离。

（2）自营业务的投资决策、投资操作、风险监控的机构和职能应当相互独立；自营业务的账户管理、资金清算、会计核算等后台职能应当由独立的部门和岗位负责，以形成有效的自营业务前、中、后台相互制衡的监督机制。

（3）风险监控部门应能够正常履行职责，并能从前、中、后台获取自营业务运作信息与数据，通过建立实时监控系统全方位监控自营业务的风险，建立有效的风险监控报告机制，定期向董事会和投资决策机构提供风险监控报告，并将有关情况通报自营业务部门、合规部门等相关部门，发现业务运作或风险监控指标值存在风险隐患或不合规时，要立即向董事会和投资决策机构报告并提出处理建议。董事会和投资决策机构及自营业务相关部门应对风险监控部门的监控报告和处理建议及时予以反馈，报告与反馈过程要进行书面记录。

（4）根据自身实际情况，积极借鉴国际先进的风险管理经验，引进和开发有效的风险管理工具，逐步建立完善的风险识别、测量和监控程序，使风险监控走向科学化。

（5）建立自营业务的逐日盯市制度，健全自营业务风险敞口和公司整体损益情况的联动分析与监控机制，完善风险监控量化指标体系，并定期对自营业务投资组合的市值变化及其对公司以净资本为核心的风险监控指标的潜在影响进行敏感性分析和压力测试。

（6）建立健全自营业务风险监控系统的功能，根据法律法规和监管要求，在监控系统中设置相应的风险监控阀值，通过系统的预警触发装置自动显示自营业务风险的动态变化，提高动态监控效率。

（7）提高自营业务运作的透明度。证券自营交易系统、监控系统应当设置必要的开放功能或数据接口，以便监管部门能够及时了解和检查证券公司自营业务情况。

（8）建立健全自营业务风险监控缺陷的纠正与处理机制，由风险监控部门根据自营业务风险监控的检查情况和评估结果，提出整改意见和纠正措施，并对落实情况进行跟踪检查。

（9）建立完善的投资决策和投资操作档案管理制度，确保投资过程事后可查证。

（10）建立完备的业绩考核和激励制度，完善风险调整基础上的绩效考核机制，遵循客观、公正、可量化原则，对自营业务人员的投资能力、业绩水平等情况进行评价。

（11）稽核部门定期对自营业务的合规运作、盈亏、风险监控等情况进行全面稽核，出具稽核报告。

（12）加强自营业务人员的职业道德和诚信教育，强化自营业务人员的保密意识、合规操作意识和风险控制意识。自营业务关键岗位人员离任前，应当由稽核部门进行审计。

三、证券自营业务决策与授权的要求

（1）建立健全相对集中、权责统一的投资决策与授权机制。自营业务决策机构原则上应当按照“董事会—投资决策机构—自营业务部门”的三级体制设立。

（2）董事会是自营业务的最高决策机构。自营业务具体投资运作管理由董事会授权公司投资决策机构决定。投资决策机构是自营业务投资运作的最高管理机构。自营业务部门为自营业务的执行机构，应在投资决策机构作出的决策范围内，根据授权负责具体投资项目的决策和执行工作。

（3）证券公司应建立健全自营业务授权制度，明确授权权限、时效和责任，对授权过程进行书面记录，保证授权制度的有效执行。同时，要建立层次分明、职责明确的业务管理体系，制定标准的业务操作流程，明确自营业务相关部门、相关岗位的职责。

（4）自营业务的管理和操作由证券公司自营业务部门专职负责，非自营业务部门和分支机构不得以任何形式开展自营业务。

（5）自营业务中涉及自营规模、风险限额、资产配置、业务授权等方面的重大决策，应当经过集体决策并采取书面形式，由相关人员签字确认后存档。

四、证券自营业务操作的基本要求

（1）自营业务必须以证券公司自身名义、通过专用自营席位进行，并由非自营业务部门负责自营账户的管理，包括开户、销户、使用登记等。建立健全自营账户的审核和稽核制度，严禁出借自营账户、使用非自营席位变相自营、账外自营。

（2）加强自营业务资金的调度管理和自营业务的会计核算，由非自营业务部门负责自营业务所需资金的调度。自营业务资金的出入必须以公司名义进行，禁止以个人名义从自营账户中调入调出资金，禁止从自营账户中提取现金。

（3）完善可投资证券品种的投资论证机制，建立证券池制度，自营业务部门只能在确定的自营规模和可承受风险限额内，从证券池内选择证券进行投资。

（4）建立健全自营业务运作止盈止损机制，止盈止损的决策、执行与实效评估应当符合规定的程序并进行书面记录。

（5）建立严密的自营业务操作流程，投资品种的研究、投资组合的制订和决策以及交易指令的执行应当相互分离并由不同人员负责；交易指令执行前应当经过审核，并强制留痕。同时，应建立健全自营业务数据资料备份制度，并由专人负责管理。

（6）自营业务的清算、统计应由专门人员执行，并与财务部门资金清算人员及时对账，对账情况要有相应记录及相关人员签字。对自营资金执行独立清算制度，自营清算岗位应当与经纪业务、资产管理业务及其他业务的清算岗位分离。

五、证券公司自营业务投资范围的规定

《关于证券公司证券自营业务投资范围及有关事项的规定》第三条规定，证券公司可以委托具备证券资产管理业务资格、特定客户资产管理业务资格或者合格境内机构投资者资格的其他证券公司或者基金管理公司进行证券投资管理。

证券公司将自有资金投资于依法公开发行的国债、投资级公司债、货币市场基金、央行票据等中国证券监督管理委员会认可的风险较低、流动性较强的证券，或者委托其他证券公司或者基金管理公司进行证券投资管理，且投资规模合计不超过其净资本80%的，无须取得证券自营业务资格。

第四条规定，证券公司可以设立子公司，从事《证券公司证券自营投资品种清单》所列品种以外的金融产品等投资。

设立前款规定子公司的证券公司，应当具备证券自营业务资格，并按照《证券公司监督管理条例》第十三条关于变更公司章程重要条款的规定，事先报经公司住所地证监会派出机构批准。

证券公司不得为本条第一款规定的子公司提供融资或者担保。

第五条规定，具备证券自营业务资格的证券公司可以从事金融衍生产品交易。不具备证券自营业务资格的证券公司只能以对冲风险为目的，从事金融衍生产品交易。

第六条规定，证券公司与本规定有关事项的净资本和风险资本准备计算，应当符合证监会的规定。

证券公司证券自营投资品种清单包括：

（1）已经和依法可以在境内证券交易所上市交易和转让的证券。这类证券主要是股票、债券、权证、证券投资基金等，这是证券公司自营买卖的主要对象。

（2）已经在全国中小企业股份转让系统挂牌转让的证券。

（3）已经和依法可以在符合规定的区域性股权交易市场挂牌转让的私募债券，已经在符合规定的区域性股权交易市场挂牌转让的股票。

（4）已经和依法可以在境内银行间市场交易的证券。这类证券主要是政府债券、国际开发机构人民币债券、央行票据、金融债券、短期融资券、公司债券、中期票据、企业债券。

（5）经国家金融监管部门或者其授权机构依法批准或备案发行并在境内金融机构柜台交易的证券。这类证券主要是指开放式基金、证券公司理财产品等依法经中国证监会批准或向中国证监会备案发行，由商业银行、证券公司等金融机构销售的证券。

六、证券自营业务持仓规模的要求

证券公司经营证券自营业务的，必须符合下列规定：

（1）自营权益类证券及证券衍生品的合计额不得超过净资本的100%。

（2）自营固定收益类证券的合计额不得超过净资本的500%。

（3）持有一种权益类证券的成本不得超过净资本的30%。

（4）持有一种权益类证券的市值与其总市值的比例不得超过5%，但因包销导致的情形和中国证监会另有规定的除外。

计算自营规模时，证券公司应当根据自营投资的类别按成本价与公允价值孰高原则计算。

自营业务的风险：
① 由于投资决策或操作失误而使自营业务受到损失
② 由于管理不善而使自营业务受到损失
在证券自营业务监管中，禁止内幕交易和主要措施：
① 加强自律管理，
② 加强监管

七、证券自营业务的禁止性行为

（一）禁止内幕交易

1. 内幕交易

内幕交易是指证券交易内幕信息的知情人和非法获取内幕信息的人利用内幕信息从事证券交易活动。

《中华人民共和国证券法》规定，证券交易内幕信息的知情人和非法获取内幕信息的人，在内幕信息公开前不得买卖该公司的证券，或者泄露该信息，或者建议他人买卖该证券。内幕交易行为给投资者造成损失的，行为人要依法承担赔偿责任。

因此，证券公司从事证券自营业务时，严禁以获取利益或者减少损失为目的，利用证券交易内幕信息的知情人和非法获取内幕信息的人利用内幕信息从事证券交易活动。这种交易严重违背了证券市场公开、公平、公正的交易原则，造成证券收益异常分配，既损害投资者利益，又破坏证券市场的稳定。

常见的内幕交易包括以下行为：

（1）内幕信息的知情人利用内幕信息买卖证券或者根据内幕信息建议他人买卖证券。

（2）内幕信息的知情人向他人透露内幕信息，使他人利用该信息进行内幕交易。

（3）非法获取内幕信息的人利用内幕信息买卖证券或者建议他人买卖证券。

2. 内幕信息

内幕信息是指在证券交易活动中，涉及公司的经营、财务或者对该公司证券的市场价格有重大影响的尚未公开的信息。下列信息皆属内幕信息：

（1）可能对上市公司股票交易价格产生较大影响的重大事件。

（2）公司分配股利或者增资的计划。

（3）公司股权结构的重大变化。

（4）公司债务担保的重大变更。

（5）公司营业用主要资产的抵押、出售或者报废一次超过该资产的30%。

（6）公司的董事、监事、高级管理人员的行为可能依法承担重大损害赔偿责任。

（7）上市公司收购的有关方案。

（8）国务院证券监督管理机构认定的对证券交易价格有显著影响的其他重要信息。

（二）禁止操纵市场

操纵市场是指机构或个人利用其资金、信息等优势，影响证券交易价格或交易量，制造证券交易假象，诱导或者致使投资者在不了解事实真相的情况下作出证券投资决定，扰乱证券市场秩序，以达到获取利益或减少损失的目的的行为。证券公司在从事自营业务过程中不得从事操纵市场的行为。

《中华人民共和国证券法》明确列示操纵证券市场的手段包括：

（1）单独或者通过合谋，集中资金优势、持股优势或者利用信息优势联合或者连续买卖，操纵证券交易价格或者证券交易量。

（2）与他人串通，以事先约定的时间、价格和方式相互进行证券交易，影响证券交易价格或者证券交易量。

(3)在自己实际控制的账户之间进行证券交易,影响证券交易价格或者证券交易量。

(4)以其他手段操纵证券市场。

操纵证券市场行为给投资者造成损失的,行为人应当依法承担赔偿责任。

(三)其他禁止的行为

其他禁止的行为包括:假借他人名义或者以个人名义进行自营业务;违反规定委托他人代为买卖证券;违反规定购买本证券公司控股股东或者与本证券公司有其他重大利害关系的发行人发行的证券;将自营账户借给他人使用;将自营业务与代理业务混合操作;法律、行政法规或中国证监会禁止的其他行为。

八、证券自营业务的监管措施和违反有关法规的法律责任

(一)监管措施

(1)专设账户、单独管理。根据《中华人民共和国证券法》和《证券经营机构证券自营业务管理办法》的规定,证券公司从事证券自营业务,应当以公司名义建立证券自营账户,并报中国证监会备案。《证券公司监督管理条例》规定,证券公司的证券自营账户,应当自开户之日起3个交易日内报证券交易所备案。专设自营账户是证券公司完善内部监控机制的重要举措,同时也为证券管理部门对证券公司的业务审计和检查提供了有利条件,对于防范内幕交易、操纵市场等违法行为的发生有重要作用。

(2)证券公司自营情况的报告。根据现行规定,证券公司应每月、每半年、每年向中国证监会和证券交易所报送自营业务情况,并且每年要向中国证监会、证券交易所报送年检报告,其中自营业务情况也是主要内容之一。

(3)中国证监会的监管。具体内容包括:

①中国证监会对证券公司从事证券自营业务情况以及相关的资金来源和运用情况进行定期或不定期检查,并可要求证券公司报送其证券自营业务资料以及其他相关业务资料。

②中国证监会及其派出机构对从事证券自营业务过程中涉嫌违反国家有关法规的证券公司,将进行调查,并可要求提供、复制或封存有关业务文件、资料、账册、报表、凭证和其他必要的资料。对中国证监会及其派出机构的检查和调查,证券公司不得以任何理由拒绝或拖延提供有关资料,或提供不真实、不准确、不完整的资料。在调查过程中,证券公司主要负责人和直接相关人员不得以任何理由逃避调查。中国证监会及其派出机构还可以要求证券公司有关人员在指定时间和地点提供有关证据。

③中国证监会可聘请具有从事证券业务资格的会计师事务所、审计事务所等专业性中介机构,对证券公司从事证券自营业务情况进行稽核。证券公司对会计师事务所、审计事务所等专业性中介机构的稽核,应视同为中国证监会的检查并予以配合。

④证券自营业务原始凭证以及有关业务文件、资料、账册、报表和其他必要的材料应至少妥善保存20年。

(4)证券交易所的监管。根据《证券交易所管理办法》第四十五条的规定,证券交易所应当根据国家关于证券公司证券自营业务管理的规定和证券交易所业务规则,对会员的证券自营业务实施下列监管:

①要求会员的自营买卖业务必须使用专门的股票账户和资金账户，并采取技术手段严格管理。

②检查开设自营账户的会员是否具备规定的自营资格。

③要求会员按月编制库存证券报表，并于次月5日前报送证券交易所。

④对自营业务规定具体的风险控制措施，并报中国证监会备案。

⑤每年6月30日和12月31日过后的30日内向中国证监会报送各家会员截止该日的证券自营业务情况。

⑥其他监管事项。

《证券公司监督管理条例》第七十六条规定，证券交易所应当对证券公司证券自营账户和证券资产管理账户的交易行为进行实时监控；发现异常情况的，应当及时按照交易规则和会员管理规则处理，并向国务院证券监督管理机构报告。

(5)禁止内幕交易的主要措施。具体内容包括：

①加强自律管理。证券公司作为证券市场上的中介机构，为上市公司提供多种服务，能从多种渠道获取内幕信息，这就要求证券公司加强自律管理。

②加强监管。中国证监会及其派出机构加强对内幕交易的监管，一经发现违法违规行为则严肃处理。

（二）法律责任

1.《证券公司监督管理条例》的相关规定

(1)证券公司违反规定委托他人代为买卖证券；证券自营业务投资范围或者投资比例违反规定的，责令改正，给予警告，没收违法所得，并处以违法所得1倍以上5倍以下的罚款；没有违法所得或者违法所得不足10万元的，处以10万元以上30万元以下的罚款；情节严重的，暂停或者撤销其相关证券业务许可。对直接负责的主管人员和其他直接责任人员，给予警告，并处以3万元以上10万元以下的罚款；情节严重的，撤销任职资格或者证券业从业资格。

(2)证券公司未按照规定将证券自营账户报证券交易所备案的，责令改正，给予警告，没收违法所得，并处以违法所得1倍以上5倍以下的罚款；没有违法所得或者违法所得不足3万元的，处以3万元以上30万元以下的罚款。对直接负责的主管人员和其他直接责任人员单处或者并处警告、3万元以上10万元以下的罚款；情节严重的，撤销任职资格或者证券从业资格。

2.《中华人民共和国证券法》的相关规定

(1)证券交易内幕信息的知情人或者非法获取内幕信息的人，在涉及证券的发行、交易或者其他对证券的价格有重大影响的信息公开前，买卖该证券，或者泄露该信息，或者建议他人买卖该证券的，责令依法处理非法持有的证券，没收违法所得，并处以违法所得1倍以上5倍以下的罚款；没有违法所得或者违法所得不足3万元的，处以3万元以上60万元以下的罚款。单位从事内幕交易的，还应当对直接负责的主管人员和其他直接责任人员给予警告，并处以3万元以上30万元以下的罚款。证券监督管理机构工作人员进行内幕交易的，从重处罚。

(2)操纵证券市场的，责令依法处理非法持有的证券，没收违法所得，并处以违法所得1倍以上5倍以下的罚款;没有违法所得或者违法所得不足30万元的,处以30万元以上300万元以下的罚款。单位操纵证券市场的,还应当对直接负责的主管人员和其他直接责任人员给予警告,并处以10万元以上60万元以下的罚款。

(3)证券公司假借他人名义或者以个人名义从事证券自营业务的,责令改正,没收违法所得,并处以违法所得1倍以上5倍以下的罚款;没有违法所得或者违法所得不足30万元的,处以30万元以上60万元以下的罚款;情节严重的,暂停或者撤销证券自营业务许可。对直接负责的主管人员和其他直接责任人员给予警告,撤销任职资格或者证券从业资格,并处以3万元以上10万元以下的罚款。

(4)证券公司对其证券自营业务与其他业务不依法分开办理,混合操作的,责令改正,没收违法所得,并处以30万元以上60万元以下的罚款;情节严重的,撤销相关业务许可。对直接负责的主管人员和其他直接责任人员给予警告,并处以3万元以上10万元以下的罚款;情节严重的,撤销任职资格或者证券从业资格。

第六节 证券资产管理

考纲要求

大纲内容	要求
证券公司开展资产管理业务的基本原则要求	熟悉
证券公司客户资产管理业务类型及基本要求	掌握
开展资产管理业务,投资主办人数的最低要求	了解
资产管理合同应当包括的必备内容	了解
办理定向资产管理业务,接受客户资产最低净值要求	掌握
办理集合资产管理业务接受的资产形式	掌握
合格投资者要求	熟悉
关联交易的要求	熟悉
资产管理业务禁止行为的有关规定	掌握
资产管理业务的风险控制要求	熟悉
资产管理业务了解客户、对客户信息披露及揭示风险的有关规定	掌握
资产管理业务客户资产托管的基本要求	掌握
监管部门对资产管理业务的监管措施及后续监管要求	掌握
资产管理业务违反有关规定的法律责任	掌握
合格境外机构投资者境内证券投资、合格境内机构投资者境外证券投资的相关监管规定	了解

知识解读

一、证券公司开展资产管理业务的基本原则要求

根据中国证监会《证券公司客户资产管理业务管理办法》的规定，证券公司从事资产管理业务应当遵守以下原则：

（1）证券公司从事客户资产管理业务，应当遵守法律、行政法规和中国证监会的规定，遵循公平、公正的原则，维护客户的合法权益，诚实守信，勤勉尽责，避免利益冲突。

证券公司从事客户资产管理业务，应当充分了解客户，对客户进行分类，遵循风险匹配原则，向客户推荐适当的产品或服务，禁止误导客户购买与其风险承受能力不相符合的产品或服务。

客户应当独立承担投资风险，不得损害国家利益、社会公共利益和他人合法权益。

（2）证券公司从事客户资产管理业务，应当依照本办法的规定向中国证监会申请客户资产管理业务资格。未取得客户资产管理业务资格的证券公司，不得从事客户资产管理业务。

（3）证券公司从事客户资产管理业务，应当依照本办法的规定与客户签订资产管理合同，根据资产管理合同约定的方式、条件、要求及限制，对客户资产进行经营运作，为客户提供证券及其他金融产品的投资管理服务。

（4）证券公司从事客户资产管理业务，应当实行集中运营管理，对外统一签订资产管理合同。

（5）证券公司从事客户资产管理业务，应当建立健全风险控制制度和合规管理制度，采取有效措施，将客户资产管理业务与公司的其他业务分开管理，控制敏感信息的不当流动和使用，防范内幕交易和利益冲突。

二、证券公司客户资产管理业务类型及基本要求

经中国证监会批准，证券公司可以依法从事下列客户资产管理业务：

（1）为单一客户办理定向资产管理业务。

（2）为多个客户办理集合资产管理业务。

（3）为客户办理特定目的的专项资产管理业务。

证券公司为单一客户办理定向资产管理业务，应当与客户签订定向资产管理合同，通过专门账户为客户提供资产管理服务。

证券公司为多个客户办理集合资产管理业务，应当设立集合资产管理计划，与客户签订集合资产管理合同，将客户资产交由取得基金托管业务资格的资产托管机构托管，通过专门账户为客户提供资产管理服务。

证券公司为客户办理特定目的的专项资产管理业务，应当签订专项资产管理合同，针对客户的特殊要求和基础资产的具体情况，设定特定投资目标，通过专门账户为客户提供资产管理服务。证券公司应当充分了解并向客户披露基础资产所有人或融资主体的诚信合规状

况、基础资产的权属情况、有无担保安排及具体情况、投资目标的风险收益特征等相关重大事项。证券公司可以通过设立综合性的集合资产管理计划办理专项资产管理业务。

取得客户资产管理业务资格的证券公司，可以办理定向资产管理业务；办理专项资产管理业务的，还须按照《证券公司客户资产管理业务管理办法》的规定，向中国证监会提出逐项申请。

三、开展资产管理业务，投资主办人数的最低要求

证券公司开展资产管理业务，投资主办人不得少于 5 人。投资主办人须具有 3 年以上证券投资、研究、投资顾问或类似从业经历，具备良好的诚信记录和职业操守，通过中国证券业协会的注册登记。

四、资产管理合同应当包括的必备内容

证券公司开展客户资产管理业务，应当依据法律、行政法规和《证券公司客户资产管理业务管理办法》的规定，与客户签订书面资产管理合同，就双方的权利义务和相关事宜做出明确约定。资产管理合同应当包括《中华人民共和国证券投资基金法》相关规定的必备内容。

具体来说，资产管理合同应当包括下列基本事项：

(1)客户资产的种类和数额。

(2)投资范围、投资限制和投资比例。

(3)投资目标和管理期限。

(4)客户资产的管理方式和管理权限。

(5)各类风险揭示。

(6)客户资产管理信息的提供及查询方式。

(7)当事人的权利与义务。

(8)管理报酬的计算方法和支付方式。

(9)与客户资产管理有关的其他费用的提取、支付方式。

(10)合同解除、终止的条件、程序及客户资产的清算返还事宜。

(11)违约责任和纠纷的解决方式。

(12)中国证监会规定的其他事项。

五、办理定向资产管理业务，接受客户资产最低净值要求

证券公司应当根据有关法律法规，制定健全、有效的估值政策和程序，并定期对其执行效果进行评估，保证集合资产管理计划估值的公平、合理。估值的具体规定，由中国证券业协会另行制定。

证券公司办理定向资产管理业务，接受单个客户的资产净值不得低于人民币 100 万元。

六、办理集合资产管理业务接受的资产形式

证券公司办理集合资产管理业务，只能接受货币资金形式的资产。

七、合格投资者要求

证券公司可以自行推广集合资产管理计划，也可以委托其他证券公司、商业银行或者中国证监会认可的其他机构代为推广。集合资产管理计划应当面向合格投资者推广，合格投资者累计不得超过200人。合格投资者是指具备相应风险识别能力和承担所投资集合资产管理计划风险能力且符合下列条件之一的单位和个人：

(1)个人或者家庭金融资产合计不低于100万元人民币。

(2)公司、企业等机构净资产不低于1 000万元人民币。

依法设立并受监管的各类集合投资产品视为单一合格投资者。

八、关联交易的要求

(1)证券公司将其管理的客户资产投资于本公司及与本公司有关联方关系的公司发行的证券或承销期内承销的证券，或者从事其他重大关联交易的，应当遵循客户利益优先原则，事先取得客户的同意，事后告知资产托管机构和客户，同时向证券交易所报告，并采取切实有效措施，防范利益冲突，保护客户合法权益。

(2)因证券市场波动、证券发行人合并、资产管理计划规模变动等证券公司之外的因素致使资产管理计划投资不符合资产管理合同约定的投资比例的，证券公司应当在合同中明确约定相应处理原则，依法及时调整，并向证券公司住所地、资产管理分公司所在地中国证监会派出机构及中国证券业协会报告。

(3)证券公司办理定向资产管理业务，由客户自行行使其所持有证券的权利，履行相应的义务。证券公司将定向资产管理业务的客户资产投资于上市公司的股票，发生客户应当履行公告、报告、要约收购等法律、行政法规和中国证监会规定义务的情形时，证券公司应当立即通知有关客户，并督促其履行相应义务；客户拒不履行的，证券公司应当向证券交易所报告。

(4)证券公司代表客户行使集合资产管理计划所拥有证券的权利，履行相应的义务。

九、资产管理业务禁止行为的有关规定

证券公司从事客户资产管理业务，不得有下列行为：

(1)挪用客户资产。

(2)向客户做出保证其资产本金不受损失或者取得最低收益的承诺。

(3)以欺诈手段或者其他不当方式误导、诱导客户。

(4)将资产管理业务与其他业务混合操作。

(5)以转移资产管理账户收益或者亏损为目的，在自营账户与资产管理账户之间或者不同的资产管理账户之间进行买卖，损害客户的利益。

(6)利用所管理的客户资产为第三方谋取不正当利益，进行利益输送。

(7)自营业务抢先于资产管理业务进行交易，损害客户的利益。

(8)以获取佣金或者其他利益为目的，用客户资产进行不必要的证券交易。

(9)内幕交易、操纵市场。

(10)法律、行政法规和中国证监会规定禁止的其他行为。

证券公司办理集合资产管理业务,除应遵守前条规定外,还应当遵守下列规定:

(1)不得违规将集合资产管理计划资产用于资金拆借、贷款、抵押融资或者对外担保等用途。

(2)不得将集合资产管理计划资产用于可能承担无限责任的投资。

十、资产管理业务的风险控制要求

证券公司从事客户资产管理业务,应当建立健全投资决策、公平交易、会计核算、风险控制、合规管理、投资者适当性等各项业务制度,防范内幕交易,妥善处理利益冲突,保护投资者合法权益。

为了控制风险,《证券公司客户资产管理业务管理办法》要求:

(1)证券公司开展资产管理业务,应当在资产管理合同中明确规定,由客户自行承担投资风险。

(2)证券公司应当向客户如实披露其客户资产管理业务资质、管理能力和业绩等情况,并应当充分揭示市场风险,证券公司因丧失客户资产管理业务资格给客户带来的法律风险,以及其他投资风险。

证券公司向客户介绍投资收益预期,必须恪守诚信原则,提供充分合理的依据,并以书面方式特别声明,所述预期仅供客户参考,不构成证券公司对客户的承诺。

(3)在签订资产管理合同之前,证券公司、推广机构应当了解客户的资产与收入状况、风险承受能力以及投资偏好等基本情况,客户应当如实提供相关信息。证券公司、推广机构应当根据所了解的客户情况推荐适当的资产管理计划。

证券公司设立集合资产管理计划,应当对客户的条件和集合资产管理计划的推广范围进行明确界定,参与集合资产管理计划的客户应当具备相应的金融投资经验和风险承受能力。

(4)客户应当对其资产来源及用途的合法性做出承诺。客户未做承诺或者证券公司明知客户资产来源或者用途不合法的,不得签订资产管理合同。任何人不得非法汇集他人资金参与集合资产管理计划。

(5)证券公司及其他推广机构应当采取有效措施,并通过证券公司、中国证券业协会、中国证监会电子化信息披露平台或者中国证监会认可的其他信息披露平台,客观准确披露资产管理计划批准或者备案信息、风险收益特征、投诉电话等,使客户详尽了解资产管理计划的特性、风险等情况及客户的权利、义务,但不得通过广播、电视、报刊、互联网及其他公共媒体推广资产管理计划。

(6)证券公司应当至少每季度向客户提供一次准确、完整的资产管理报告,对报告期内客户资产的配置状况、价值变动等情况做出详细说明。

证券公司应当保证客户能够按照资产管理合同约定的时间和方式查询客户资产配置状况等信息。发生资产管理合同约定的、可能影响客户利益的重大事项时,证券公司应当及时告知客户。

(7)证券公司办理定向资产管理业务,应当保证客户资产与其自有资产、不同客户的资产相互独立,对不同客户的资产分别设置账户、独立核算、分账管理。

(8)证券公司办理集合资产管理业务,应当保证集合资产管理计划资产与其自有资产、集合资产管理计划资产与其他客户的资产、不同集合资产管理计划的资产相互独立,单独设置账户、独立核算、分账管理。

十一、资产管理业务了解客户、对客户信息披露及揭示风险的有关规定

(1)证券公司应当向客户如实披露其客户资产管理业务资质、管理能力和业绩等情况,并应当充分揭示市场风险,证券公司因丧失客户资产管理业务资格给客户带来的法律风险,以及其他投资风险。

(2)证券公司向客户介绍投资收益预期,必须恪守诚信原则,提供充分合理的依据,并以书面方式特别声明,所述预期仅供客户参考,不构成证券公司对客户的承诺。

(3)在签订资产管理合同之前,证券公司、推广机构应当了解客户的资产与收入状况、风险承受能力以及投资偏好等基本情况,客户应当如实提供相关信息。

十二、资产管理业务客户资产托管的基本要求

客户资产托管是指资产托管机构根据证券公司、客户的委托,对客户的资产进行保管,办理资金收付事项、监督证券公司投资行为等。客户委托资产可以是客户合法持有的现金、股票、债券、证券投资基金份额、集合资产管理计划份额、央行票据、短期融资券、资产支持证券、金融衍生品或者中国证监会允许的其他金融资产。

证券公司办理定向资产管理业务,应当将客户的委托资产交由负责客户交易结算资金存管的指定商业银行、中国证券登记结算有限责任公司或者中国证监会认可的证券公司等其他资产托管机构托管。

证券公司办理集合资产管理业务,应当将集合资产管理计划资产交由取得基金托管业务资格的资产托管机构托管。证券公司、资产托管机构应当为集合资产管理计划单独开立证券账户、资金账户等相关账户。证券账户名称应当注明证券公司、集合资产管理计划名称等内容。

证券公司应当建立公平交易制度及异常交易日常监控机制,公平对待所管理的不同资产,对不同投资组合之间发生的同向交易和反向交易进行监控,并定期向证券公司住所地、资产管理分公司所在地中国证监会派出机构及中国证券业协会报告。

资产托管机构应当由专门部门负责资产管理业务的资产托管,并将托管的资产管理业务资产与其自有资产及其管理的其他资产严格分开。

资产托管机构办理资产管理的资产托管业务,应当履行下列职责:

(1)安全保管资产管理业务资产。

(2)执行证券公司的投资或者清算指令,并负责办理资产管理业务资产运营中的资金往来。

(3)监督证券公司资产管理业务的经营运作,发现证券公司的投资或清算指令违反法律、行政法规、中国证监会的规定或者资产管理合同约定的,应当要求改正;未能改正的,应当拒绝执行,并向证券公司住所地、资产管理分公司所在地中国证监会派出机构及中国证券业协会报告。

(4)出具资产托管报告。

(5)资产管理合同约定的其他事项。

资产托管机构有权随时查询资产管理业务的经营运作情况,并应当定期核对资产管理业务资产的情况,防止出现挪用或者遗失。

定向资产管理合同约定的投资管理期限届满或者发生合同约定的其他事由,应当终止资产管理合同的,证券公司在扣除合同约定的各项费用后,必须将客户账户内的全部资产交还客户自行管理。

集合资产管理合同约定的投资管理期限届满或者发生合同约定的其他事由,应当终止集合资产管理计划运营的,证券公司和资产托管机构在扣除合同规定的各项费用后,必须将集合资产管理计划资产,按照客户拥有份额的比例或者集合资产管理合同的约定,以货币资金的形式全部分派给客户,并注销证券账户和资金账户等相关账户。

十三、监管部门对资产管理业务的监管措施及后续监管要求

(1)证券公司存在下列情形的,中国证监会暂不受理专项资产管理计划设立申请;已经受理的,暂缓进行审核。责令证券公司暂停签订新的集合及定向资产管理合同:

①因涉嫌违法违规被中国证监会调查,但证券公司能够证明立案调查与资产管理业务明显无关的除外。

②因发生重大风险事件、适当性管理失效和重大信息安全事件等表明公司内部控制存在重大缺陷的事项,处在整改期间。

③中国证监会规定的其他情形。

(2)证券公司应当就资产管理业务的运营制定内部检查制度,定期进行自查。证券公司应当按季编制资产管理业务的报告,报中国证券业协会备案,同时抄送证券公司住所地、资产管理分公司所在地中国证监会派出机构。

(3)证券公司开展定向资产管理业务,应当于每季度结束之日起5日内,将签订定向资产管理合同报注册地中国证监会派出机构备案。

(4)证券公司推广集合资产管理计划,应当将集合资产管理合同、集合资产管理计划说明书等正式推广文件,置备于证券公司及代理推广机构推广集合资产管理计划的营业场所。

(5)证券公司发起设立集合资产管理计划后5日内,应当将发起设立情况报中国证券业协会备案,同时抄送证券公司住所地、资产管理分公司所在地中国证监会派出机构,并提交相关材料。

(6)证券公司、资产托管机构应当在每季度结束之日起15日内,按照集合资产管理合同约定的方式向客户提供季度资产管理报告、资产托管报告,并报中国证券业协会备案,同时

抄送证券公司住所地、资产管理分公司所在地中国证监会派出机构。

证券公司、资产托管机构应当在每年度结束之日起3个月内，按照集合资产管理合同约定的方式向客户提供年度资产管理报告、资产托管报告，并报中国证券业协会备案，同时抄送证券公司住所地、资产管理分公司所在地中国证监会派出机构。

(7)证券公司应当聘请具有证券相关业务资格的会计师事务所，对每个集合计划的运营情况进行年度审计。集合计划审计报告应当在每年度结束之日起3个月内，按照集合资产管理合同约定的方式向客户和资产托管机构提供，并报中国证券业协会备案，同时抄送证券公司住所地、资产管理分公司所在地中国证监会派出机构。

(8)证券公司和资产托管机构应当按照有关法律、行政法规的规定保存资产管理业务的会计账册，并妥善保存有关的合同、协议、交易记录等文件、资料。自资产管理合同终止之日起，保存期不得少于20年。

(9)中国证监会及其派出机构依法履行对集合资产管理业务的监管职责，加强对包括集合计划适当销售及公平交易制度执行情况等的非现场检查和现场检查。证券公司、资产托管机构和代理推广机构应当予以配合。

(10)证券公司集合资产管理业务制度不健全，净资本或者其他风险控制指标不符合规定，或者违规开展资产管理业务的，中国证监会及其派出机构依法责令其限期改正，并可以采取下列监管措施：

①责令增加内部合规检查次数并提交合规检查报告。

②对公司高级管理人员、直接负责的主管人员和其他直接责任人员进行监管谈话，记入监管档案。

③责令处分或者更换有关责任人员，并要求报告处分结果。

④责令暂停证券公司集合资产管理业务。

⑤法律、行政法规和中国证监会规定的其他监管措施。

(11)证券交易所、期货交易所应当对证券公司资产管理业务账户的交易行为进行严格监控，发现异常情况的，应当及时按照交易规则和会员管理规则处理，并报告中国证监会。

十四、资产管理业务违反有关规定的法律责任

《证券公司客户资产管理业务管理办法》第五十五条规定，中国证监会及其派出机构对证券公司和资产托管机构从事客户资产管理业务的情况，进行定期或者不定期的检查，证券公司和资产托管机构应当予以配合。

第五十六条规定，证券公司、资产托管机构、推广机构的高级管理人员、直接负责的主管人员和其他直接责任人员违反本办法规定的，中国证监会及其派出机构根据不同情况，对其采取监管谈话、责令停止职权、认定为不适当人选等行政监管措施。证券公司、资产托管机构、推广机构及其高级管理人员、直接负责的主管人员和其他直接责任人员从事客户资产管理业务，损害客户合法权益的，应当依法承担民事责任。

第五十七条规定，证券公司、资产托管机构、推广机构违反本办法规定的，根据不同情

况，依法采取责令改正、责令增加内部合规检查的次数、责令处分有关人员、暂停业务等行政监管措施。

第五十八条规定，证券公司、资产托管机构、推广机构及其高级管理人员、直接负责的主管人员和其他直接责任人员违反法律、法规规定的，按照《中华人民共和国证券法》《中华人民共和国证券投资基金法》《证券公司监督管理条例》的有关规定，进行行政处罚。

第五十九条规定，证券公司、资产托管机构、推广机构及其高级管理人员、直接负责的主管人员和其他直接责任人员涉嫌犯罪的，依法移送司法机关，追究刑事责任。

第六十条规定，证券公司因违法违规经营或者有关财务指标不符合中国证监会的规定，被中国证监会暂停客户资产管理业务的，暂停期间不得签订新的资产管理合同；被中国证监会依法取消客户资产管理业务资格的，应当停止资产管理活动，按照本办法第四十九条的规定处理合同终止事宜。

十五、合格境外机构投资者境内证券投资、合格境内机构投资者境外证券投资的相关监管规定

（一）合格境外机构投资者境内证券投资的监管规定

《合格境外机构投资者境内证券投资管理办法》所称合格境外机构投资者（以下简称合格投资者），是指符合本办法的规定，经中国证券监督管理委员会（以下简称中国证监会）批准投资于中国证券市场，并取得国家外汇管理局（以下简称国家外汇局）额度批准的中国境外基金管理机构、保险公司、证券公司以及其他资产管理机构。合格投资者应当委托境内商业银行作为托管人托管资产，委托境内证券公司办理在境内的证券交易活动。

中国证监会、国家外汇局依法可以要求合格投资者、托管人、证券公司等机构提供合格投资者的有关资料，并进行必要的询问、检查。

合格投资者有下列情形之一的，应当在其发生后5个工作日内报中国证监会、国家外汇局备案：

（1）变更托管人。

（2）变更法定代表人。

（3）其控股股东变更。

（4）调整注册资本。

（5）涉及重大诉讼及其他重大事件。

（6）在境外受到重大处罚。

（7）中国证监会和国家外汇局规定的其他情形。

合格投资者有下列情形之一的，应当重新申领证券投资业务许可证：

（1）变更机构名称。

（2）被其他机构吸收合并。

（3）中国证监会和国家外汇局规定的其他情形。

重新申领证券投资业务许可证期间，合格投资者可以继续进行证券交易。但中国证监会根据审慎监管原则认为需要暂停的除外。

合格投资者有下列情形之一的，应当将证券投资业务许可证和外汇登记证分别交还中国证监会和国家外汇局：

(1)申请人取得证券投资业务许可证后1年内未向国家外汇局提出投资额度申请的。

(2)机构解散、进入破产程序或者由接管人接管的。

(3)合格投资者重新申领许可证的。

(4)合格投资者有重大违法行为及中国证监会和国家外汇局认定的其他情形。

合格投资者所管理的证券账户发生重大违法、违规行为的，中国证监会可以依法采取限制相关证券账户的交易行为等措施，国家外汇局可以依法采取限制其资金汇出入等措施。托管人违法、违规行为严重的，中国证监会、国家外汇局将依法联合做出取消其托管人资格的决定。合格投资者、托管人、证券公司等违反本办法的，由中国证监会、国家外汇局依法进行相应的行政处罚。

(二) 合格境内机构投资者境外证券投资的监管规定

《合格境内机构投资者境外证券投资管理试行办法》所称合格境内机构投资者(以下简称境内机构投资者)，是指符合本办法规定的条件，经中国证券监督管理委员会(以下简称中国证监会)批准在中华人民共和国境内募集资金，运用所募集的部分或者全部资金以资产组合方式进行境外证券投资管理的境内基金管理公司和证券公司等证券经营机构。境内机构投资者开展境外证券投资业务，应当由境内商业银行负责资产托管业务，可以委托境外证券服务机构代理买卖证券。

中国证监会和国家外汇局可以要求境内机构投资者、托管人提供境内机构投资者境外投资活动有关资料；必要时，可以进行现场检查。

境内机构投资者有下列情形之一的，应当在其发生后5个工作日内报中国证监会备案并公告：

(1)变更托管人或境外托管人。

(2)变更投资顾问。

(3)境外涉及诉讼及其他重大事件。

(4)中国证监会规定的其他情形。

托管人或境外托管人发生变更的，境内机构投资者应当同时报国家外汇局备案。

境内机构投资者有下列情形之一的，应当在其发生后60个工作日内重新申请境外证券投资业务资格，并向国家外汇局重新办理经营外汇业务资格申请、投资额度备案手续：

(1)变更机构名称。

(2)被其他机构吸收合并。

(3)中国证监会、国家外汇局规定的其他情形。

境内机构投资者运用基金、集合计划财产进行证券投资，发生重大违法、违规行为的，中国证监会可以依法采取限制交易行为等措施，国家外汇局可以依法采取限制其资金汇出入等措施。托管人违法、违规严重的，中国证监会可以依法做出限制其托管业务的决定。境内机构投资者、托管人等违反本办法的，由中国证监会、国家外汇局依法进行相应的行政处罚。

第七节 其他业务

考纲要求

大纲内容	要求
融资融券业务管理的基本原则	掌握
证券公司申请融资融券业务资格应具备的条件	了解
融资融券业务的账户体系	掌握
融资融券业务客户的申请、客户征信调查、客户的选择标准	熟悉
融资融券业务合同的基本内容	掌握
融资融券业务所形成的债权担保的有关规定	熟悉
标的证券、保证金和担保物的管理规定	掌握
融券业务所涉及证券的权益处理规定	了解
监管部门对融资融券业务的监管规定	掌握
转融通业务规则	了解
监管部门对转融通业务的监督管理规定	熟悉
代销金融产品适当性原则	熟悉
代销金融产品的规范和禁止性行为	熟悉
违反代销金融产品有关规定的法律责任	掌握
证券公司中间介绍业务的业务范围	熟悉
证券公司开展中间介绍业务的有关规定	掌握
中间介绍业务的禁止行为	掌握
中间介绍业务的监管要求	熟悉
股票质押回购、约定式购回业务、报价回购、直接投资、证券公司参与区域性股权交易市场相关规则	熟悉

知识解读

一、融资融券业务管理的基本原则

证券公司从事融资融券业务应遵守以下原则：

(1)合法合规原则。证券公司开展融资融券业务应遵守法律、行政法规和有关管理办法的规定，加强内部控制，严格防范和控制风险，切实维护客户资产的安全。

证券公司开展融资融券业务必须经中国证监会批准。未经中国证监会批准，任何证券公司不得向客户融资融券，也不得为客户与客户、客户与他人之间的融资融券活动提供任何便利和服务。

证券公司向客户融资，应当使用自有资金或者依法筹集的资金；向客户融券，应当使用自有证券或者依法取得处分权的证券。

(2)集中管理原则。证券公司对融资融券业务要实行集中统一管理。证券公司融资融券业务的决策和主要管理职责应集中于证券公司总部。公司应建立完备的融资融券业务管理制度、决策与授权体系、操作流程和风险识别、评估与控制体系。

融资融券业务的决策与授权体系原则上按照“董事会—业务决策机构—业务执行部门—分支机构”的架构设立和运行。

董事会负责制定融资融券业务的基本管理制度，决定与融资融券业务有关的部门设置及各部门职责，确定融资融券业务的总规模。

业务决策机构由有关高级管理人员及部门负责人组成，负责制定融资融券业务操作流程，选择可从事融资融券业务的分支机构，确定对单一客户和单一证券的授信额度、融资融券的期限和利率(费率)、保证金比例和最低维持担保比例、可充抵保证金的证券种类及折算率、客户可融资买入和融券卖出的证券种类。

业务执行部门负责融资融券业务的具体管理和运作，制定融资融券合同的标准文本，确定对具体客户的授信额度，对分支机构的业务操作进行审批、复核和监督。

分支机构在公司总部的集中监控下，按照公司的统一规定和决定，具体负责客户征信、签约、开户、保证金收取和交易执行等业务操作。

证券公司应当加强对分支机构融资融券业务活动的控制，禁止分支机构未经总部批准向客户融资融券，禁止分支机构自行决定签约、开户、授信、保证金收取等应当由总部决定的事项。

(3)独立运行原则。证券公司应当健全业务隔离制度，确保融资融券业务与证券资产管理、证券自营、投资银行等业务在机构、人员、信息、账户等方面相互分离、独立运行。

(4)岗位分离原则。证券公司融资融券业务的前、中、后台应当相互分离、相互制约。各主要环节应当分别由不同的部门和岗位负责，负责风险监控和业务稽核的部门和岗位应当独立于其他部门和岗位，分管融资融券业务的高级管理人员不得兼管风险监控部门和业务稽核部门。

二、证券公司申请融资融券业务资格应具备的条件

《证券公司融资融券业务管理办法》(中国证券监督管理委员会令第117号，已经2015年6月3日中国证券监督管理委员会第96次主席办公会议审议通过，自2015年7月1日起施行)第七条规定，证券公司申请融资融券业务资格，应当具备下列条件：

(1)具有证券经纪业务资格。

(2)公司治理健全，内部控制有效，能有效识别、控制和防范业务经营风险和内部管理风险。

(3)公司最近2年内不存在因涉嫌违法违规正被证监会立案调查或者正处于整改期间

的情形。

(4)财务状况良好，最近2年各项风险控制指标持续符合规定，注册资本和净资本符合增加融资融券业务后的规定。

(5)客户资产安全、完整，客户交易结算资金第三方存管有效实施，客户资料完整真实。

(6)已建立完善的客户投诉处理机制，能够及时、妥善处理与客户之间的纠纷。

(7)已建立符合监管规定和自律要求的客户适当性制度，实现客户与产品的适当性匹配管理。

(8)信息系统安全稳定运行，最近1年未发生因公司管理问题导致的重大事件，融资融券业务技术系统已通过证券交易所、证券登记结算机构组织的测试。

(9)有拟负责融资融券业务的高级管理人员和适当数量的专业人员。

(10)中国证监会规定的其他条件。

三、融资融券业务的账户体系

(一) 证券公司信用账户

证券公司经营融资融券业务，应当以自己的名义，在证券登记结算机构分别开立融券专用证券账户、客户信用交易担保证券账户、信用交易证券交收账户和信用交易资金交收账户；在按照规定可以存管证券公司客户交易结算资金的商业银行分别开立融资专用资金账户和客户信用交易担保资金账户。

(1)融券专用证券账户，用于记录证券公司持有的拟向客户融出的证券和客户归还的证券。该账户不得用于证券买卖。

(2)客户信用交易担保证券账户，用于记录客户委托证券公司持有、担保证券公司因向客户融资融券所生债权的证券。

(3)信用交易证券交收账户，用于客户融资融券交易的证券结算。

(4)信用交易资金交收账户，用于客户融资融券交易的资金结算。

(5)融资专用资金账户，用于存放证券公司拟向客户融出的资金及客户归还的资金。

(6)客户信用交易担保资金账户，用于存放客户交存的、担保证券公司因向客户融资融券所生债权的资金。

《证券公司融资融券业务管理办法》第十八条规定，证券公司向客户融资，只能使用融资专用资金账户内的资金；向客户融券，只能使用融券专用证券账户内的证券。客户融资买入、融券卖出的证券，不得超出证券交易所规定的范围。客户在融券期间卖出其持有的、与所融入证券相同的证券的，应当符合证券交易所的规定，不得以违反规定卖出该证券的方式操纵市场。

(二) 客户信用账户

证券公司与客户签订融资融券合同后，应当根据客户的申请，按照证券登记结算机构的规定，为其开立实名信用证券账户。客户信用证券账户与其普通证券账户的开户人姓名或者名称应当一致。客户信用证券账户是证券公司客户信用交易担保证券账户的二级账户，用于记载客户委托证券公司持有的担保证券的明细数据。证券公司应当委托证券登记结算机构根据清算、交收结果等,对客户信用证券账户内的数据进行变更。

证券公司应当参照客户交易结算资金第三方存管的方式,与其客户及商业银行签订客户信用资金存管协议。证券公司在与客户签订融资融券合同后,应当通知商业银行根据客户的申请,为其开立实名信用资金账户。客户信用资金账户是证券公司客户信用交易担保资金账户的二级账户,用于记载客户交存的担保资金的明细数据。商业银行根据证券公司提供的清算、交收结果等,对客户信用资金账户内的数据进行变更。

四、融资融券业务客户的申请、客户征信调查、客户的选择标准

(一)客户的申请

客户要在证券公司开展融资融券业务,应由客户本人向证券公司营业部提出申请。客户申请时应向证券公司营业部提交证券公司规定的相关材料,一般包括融资融券业务申请表、有效身份证明文件、已在营业部开立的普通资金账户和证券账户、融资融券担保品证明、客户具有支配权的资产证明、住址证明等客户征信所需的相关材料。机构客户还需提交公司章程、法人代表授权书、法人代表证明书、法人代表身份证明及经办人身份证明等文件。

营业部受理客户申请后应按公司规定的审核、审批流程对客户进行征信、评估。

(二)客户征信调查

《证券公司融资融券业务管理办法》第十二条规定,证券公司在向客户融资、融券前,应当办理客户征信,了解客户的身份、财产与收入状况、证券投资经验和风险偏好、诚信合规记录等情况,做好客户适当性管理工作,并以书面和电子方式予以记载、保存。

对未按照要求提供有关情况、从事证券交易时间不足半年、缺乏风险承担能力、最近20个交易日日均证券类资产低于50万元或者有重大违约记录的客户,以及本公司的股东、关联人,证券公司不得为其开立信用账户。

专业机构投资者参与融资、融券,可不受前款从事证券交易时间、证券类资产的条件限制。

本条第二款所称股东,不包括仅持有上市证券公司5%以下流通股份的股东。

客户征信调查内容一般应包括:客户基本资料;投资经验;诚信记录;还款能力;融资融券需求。在对客户征信调查过程中,对机构客户还款能力的考察主要包括近几年的经营状况、反映偿债能力的财务指标、反映盈利能力的财务指标、反映变现能力的财务指标等。

(三)客户的选择标准

证券公司应当按《证券公司融资融券业务管理办法》规定的有关条件和征信的要求制定选择客户的具体标准,一般主要包括以下几方面:

(1)从事证券交易时间。要求客户在申请开展融资融券业务的证券公司所属营业部及与本公司具有控制关系的其他证券公司营业部开设普通证券账户并从事交易的时间连续计算满半年以上。

(2)账户状态。要求客户开户手续齐全、资料完备,资金账户与证券账户对应关系清晰,交易结算状态正常。

(3)信誉状况。要求客户信誉良好,无重大违约记录。

(4)资产状况。要求客户具有符合要求的担保品和较强的还款能力。

(5)投资风格及业绩。要求客户投资风格稳健,无重大失误和损失,有一定的风险承受能力。

(6)关联关系。客户为非证券公司股东或关联人。

五、融资融券业务合同的基本内容

《证券公司融资融券业务管理办法》第十三条规定,证券公司在向客户融资、融券前,应当与其签订载有中国证券业协会规定的必备条款的融资融券合同,明确约定下列事项:

(1)融资、融券的额度、期限、利率(费率)、利息(费用)的计算方式。

(2)保证金比例、维持担保比例、可充抵保证金的证券的种类及折算率、担保债权范围。

(3)追加保证金的通知方式、追加保证金的期限。

(4)客户清偿债务的方式及证券公司对担保物的处分权利。

(5)融资买入证券和融券卖出证券的权益处理。

(6)违约责任。

(7)纠纷解决途径。

(8)其他有关事项。

第十四条规定,融资融券合同应当约定,证券公司客户信用交易担保证券账户内的证券和客户信用交易担保资金账户内的资金,为担保证券公司因融资融券所生对客户债权的信托财产。

证券公司与客户约定的融资、融券期限不得超过证券交易所规定的期限;融资利率、融券费率由证券公司与客户自主商定。

合约到期前,证券公司可以根据客户的申请为客户办理展期,每次展期期限不得超过证券交易所规定的期限。证券公司在为客户办理合约展期前,应当对客户的信用状况、负债情况、维持担保比例水平等进行评估。

第十五条规定,证券公司与客户签订融资融券合同前,应当采用适当的方式向客户讲解业务规则和合同内容,明确告知客户权利、义务及风险,特别是关于违约处置的风险控制安排,并将融资融券交易风险揭示书交由客户书面确认。

第十六条规定,证券公司与客户签订融资融券合同后,应当根据客户的申请,按照证券登记结算机构的规定,为其开立实名信用证券账户。客户信用证券账户与其普通证券账户的开户人姓名或者名称应当一致。

客户信用证券账户是证券公司客户信用交易担保证券账户的二级账户,用于记载客户委托证券公司持有的担保证券的明细数据。证券公司应当委托证券登记结算机构根据清算、交收结果等,对客户信用证券账户内的数据进行变更。

六、融资融券业务所形成的债权担保的有关规定

(1)证券公司向客户融资、融券,应当向客户收取一定比例的保证金。保证金可以证券充抵。

(2)证券公司应当将收取的保证金以及客户融资买入的全部证券和融券卖出所得全部价款,分别存放在客户信用交易担保证券账户和客户信用交易担保资金账户,作为对该客户融资融券所生债权的担保物。

（3）证券公司应当在符合证券交易所规定的前提下，根据客户信用状况、担保物质等情况，与客户约定最低维持担保比例、补足担保物的期限以及违法处置方式等。证券公司应当逐日计算客户交存的担保物价值与其所欠债务的比例。当该比例低于约定的维持担保比例时，应当通知客户在约定的期限内补交担保物，客户经证券公司认可后，可以提交除可充抵保证金证券以外的其他证券、不动产、股权等资产。客户未能按期交足担保物或者到期未偿还债务的，证券公司可以按照约定处分其担保物。

（4）上述第（1）项规定的保证金比例和可充抵保证金的证券的种类、折算率，第（3）项规定的最低维持担保比例和客户补交担保物的期限，由证券交易所规定。证券交易所应当对可充抵保证金的各类证券制定不同的折算率要求。证券公司在符合证券交易所规定的前提下，应当对可充抵保证金的证券折算率实行动态管理和差异化控制。

（5）除下列情形外，任何人不得动用证券公司客户信用交易担保证券账户内的证券和客户信用交易担保资金账户内的资金：

①为客户进行融资融券交易的结算。

②收取客户应当归还的资金、证券。

③收取客户应当支付的利息、费用、税款。

④按照《证券公司融资融券业务管理办法》的规定以及与客户的约定处分担保物。

⑤收取客户应当支付的违约金。

⑥客户提取还本付息、支付税费及违约金后的剩余证券和资金。

⑦法律、行政法规和《证券公司融资融券业务管理办法》规定的其他情形。

（6）客户交存的担保物价值与其债务的比例，超过证券交易所规定水平的，客户可以按照证券交易所的规定和融资融券合同的约定，提取担保物。

（7）司法机关依法对客户信用证券账户或者信用资金账户记载的权益采取财产保全或者强制执行措施的，证券公司应当处分担保物，实现因向客户融资融券所生债权，并协助司法机关执行。

七、标的证券、保证金和担保物的管理规定

（一）标的证券

客户融资买入、融券卖出的证券，不得超出证券交易所和证券公司规定的范围。可作为融资买入或融券卖出的标的证券，一般是在交易所上市交易并经交易所认可的四大类证券，即符合交易所规定的股票、证券投资基金、债券、其他证券。

《上海证券交易所融资融券交易实施细则》（2015 年修订）第二十四条规定，标的证券为股票的，应当符合下列条件：

（1）在本所上市交易超过 3 个月。

（2）融资买入标的股票的流通股本不少于 1 亿股或流通市值不低于 5 亿元，融券卖出标的股票的流通股本不少于 2 亿股或流通市值不低于 8 亿元。

（3）股东人数不少于 4 000 人。

（4）在最近 3 个月内没有出现下列情形之一：

①日均换手率低于基准指数日均换手率的15%，且日均成交金额小于5 000万元。
②日均涨跌幅平均值与基准指数涨跌幅平均值的偏离值超过4%。
③波动幅度达到基准指数波动幅度的5倍以上。
(5)股票发行公司已完成股权分置改革。
(6)股票交易未被本所实施风险警示。
(7)本所规定的其他条件。
第二十五条规定，标的证券为交易型开放式指数基金的，应当符合下列条件：
(1)上市交易超过5个交易日。
(2)最近5个交易日内的日平均资产规模不低于5亿元。
(3)基金持有户数不少于2 000户。
(4)本所规定的其他条件。
第二十六条规定，标的证券为上市开放式基金的，应当符合下列条件：
(1)上市交易超过5个交易日。
(2)最近5个交易日内的日平均资产规模不低于5亿元。
(3)基金持有户数不少于2 000户。
(4)基金份额不存在分拆、合并等分级转换情形。
(5)本所规定的其他条件。
第二十七条规定，标的证券为债券的，应当符合下列条件：
(1)债券托管面值在1亿元以上。
(2)债券剩余期限在一年以上。
(3)债券信用评级达到AA级(含)以上。
(4)本所规定的其他条件。

(二) 保证金和担保物

会员向客户融资、融券，应当向客户收取一定比例的保证金。保证金可以本所上市交易的股票、证券投资基金、债券，货币市场基金、证券公司现金管理产品及本所认可的其他证券充抵。

可充抵保证金的证券，在计算保证金金额时应当以证券市值或净值按下列折算率进行折算：

(1)上证180指数成分股股票的折算率最高不超过70%，其他A股股票折算率最高不超过65%。
(2)交易型开放式指数基金折算率最高不超过90%。
(3)证券公司现金管理产品、货币市场基金、国债折算率最高不超过95%。
(4)被实施风险警示、暂停上市或进入退市整理期的A股股票、权证折算率为0。
(5)其他上市证券投资基金和债券折算率最高不超过80%。

本所遵循审慎原则，审核、选取并确定可充抵保证金证券的名单，并向市场公布。本所可以根据市场情况调整可充抵保证金证券的名单和折算率。

会员公布的可充抵保证金证券的名单，不得超出本所公布的可充抵保证金证券范围。

会员应当根据流动性、波动性等指标对可充抵保证金证券的折算率实行动态化管理与差异化控制。会员公布的可充抵保证金证券的折算率，不得高于本所规定的标准。

投资者融资买入证券时，融资保证金比例不得低于50%。融资保证金比例是指投资者融资买入时交付的保证金与融资交易金额的比例，计算公式为：

融资保证金比例＝保证金/（融资买入证券数量×买入价格）×100%

投资者融券卖出时，融券保证金比例不得低于50%。融券保证金比例是指投资者融券卖出时交付的保证金与融券交易金额的比例，计算公式为：

融券保证金比例＝保证金/（融券卖出证券数量×卖出价格）×100%

投资者融资买入或融券卖出时所使用的保证金不得超过其保证金可用余额。保证金可用余额是指投资者用于充抵保证金的现金、证券市值及融资融券交易产生的浮盈经折算后形成的保证金总额，减去投资者未了结融资融券交易已占用保证金和相关利息、费用的余额。其计算公式为：

保证金可用余额＝现金＋Σ（可充抵保证金的证券市值×折算率）＋Σ［（融资买入证券市值－融资买入金额）×折算率］＋Σ［（融券卖出金额－融券卖出证券市值）×折算率］－Σ融券卖出金额－Σ融资买入证券金额×融资保证金比例－Σ融券卖出证券市值×融券保证金比例－利息及费用

公式中，融券卖出金额＝融券卖出证券的数量×卖出价格，融券卖出证券市值＝融券卖出证券数量×市价，融券卖出证券数量指融券卖出后尚未偿还的证券数量；Σ［（融资买入证券市值－融资买入金额）×折算率］、Σ［（融券卖出金额－融券卖出证券市值）×折算率］中的折算率是指融资买入、融券卖出证券对应的折算率，当融资买入证券市值低于融资买入金额或融券卖出证券市值高于融券卖出金额时，折算率按100%计算。

会员向客户收取的保证金以及客户融资买入的全部证券和融券卖出所得全部资金，整体作为客户对会员融资融券所生债务的担保物。

会员应当对客户提交的担保物进行整体监控，并计算其维持担保比例。维持担保比例是指客户担保物价值与其融资融券债务之间的比例，计算公式为：

维持担保比例＝（现金＋信用证券账户内证券市值总和）/（融资买入金额＋融券卖出证券数量×当前市价＋利息及费用总和）

客户信用证券账户内的证券，出现被调出可充抵保证金证券范围、被暂停交易、被实施风险警示等特殊情形或者因权益处理等产生尚未到账的在途证券，会员在计算客户维持担保比例时，可以根据与客户的约定按照公允价格或其他定价方式计算其市值。

客户维持担保比例不得低于130%。当客户维持担保比例低于130%时，会员应当通知客户在约定的期限内追加担保物，客户经会员认可后，可以提交除可充抵保证金证券外的其他证券、不动产、股权等资产。会员可以与客户自行约定追加担保物后的维持担保比例要求。

维持担保比例超过300%时，客户可以提取保证金可用余额中的现金或充抵保证金的证券，但提取后维持担保比例不得低于300%。本所另有规定的除外。

本所认为必要时，可以调整融资、融券保证金比例及维持担保比例的标准，并向市场公布。

会员公布的融资保证金比例、融券保证金比例及维持担保比例，不得低于本所规定的标准。

投资者不得将已设定担保或其他第三方权利及被采取查封、冻结等司法强制措施的证券提交为担保物，会员不得向客户借出此类证券。

会员应当加强对客户担保物的监控与管理，对客户提交的担保物中单一证券市值占其担保物市值比例进行监控。客户担保物中单一证券市值占比达到一定比例时，会员应当按照与客户的约定，暂停接受其融资买入该证券的委托或采取其他风险控制措施。

八、融券业务所涉及证券的权益处理规定

（1）证券登记结算机构依据证券公司客户信用交易担保证券账户内的记录，确认证券公司受托持有证券的事实，并以证券公司为名义持有人，登记于证券持有人名册。

（2）对客户信用交易担保证券账户记录的证券，由证券公司以自己的名义，为客户的利益，行使对证券发行人的权利。证券公司行使对证券发行人的权利，应当事先征求客户的意见，并按照其意见办理。客户未表达意见的，证券公司不得行使对发行人的权利。

上述所称对证券发行人的权利，是指请求召开证券持有人会议、参加证券持有人会议、提案、表决、配售股份的认购、请求分配投资收益等因持有证券而产生的权利。

（3）证券登记结算机构受证券发行人委托以证券形式分派投资收益的，应当将分派的证券记录在证券公司客户信用交易担保证券账户内，并相应变更客户信用证券账户的明细数据。

证券登记结算机构受证券发行人委托以现金形式分派投资收益的，应当将分派的资金划入证券公司信用交易资金交收账户。证券公司应当在资金到账后，通知商业银行对客户信用资金账户的明细数据进行变更。

（4）客户融入证券后、归还证券前，证券发行人分配投资收益、向证券持有人配售或者无偿派发证券、发行证券持有人有优先认购权的证券的，客户应当按照融资融券合同的约定，在偿还债务时，向证券公司支付与所融入证券可得利益相等的证券或者资金。

（5）证券公司通过客户信用交易担保证券账户持有的股票不计入其自有股票，证券公司无须因该账户内股票数量的变动而履行相应的信息报告、披露或者要约收购义务。

客户及其一致行动人通过普通证券账户和信用证券账户合计持有一家上市公司股票及其权益的数量或者其增减变动达到规定的比例时，应当依法履行相应的信息报告、披露或者要约收购义务。

九、监管部门对融资融券业务的监管规定

（一）证券交易所的监管

证券交易所可以对单一证券的市场融资买入量、融券卖出量和担保物持有量占其市场流通量的比例、融券卖出的价格作出限制性规定。

证券交易所应当按照业务规则，采取措施，对融资融券交易的指令进行前端检查，对买卖证券的种类、融券卖出的价格等违反规定的交易指令，予以拒绝。

单一证券的市场融资买入量、融券卖出量或者担保物持有量占其市场流通量的比例达

到规定的最高限制比例的，证券交易所可以暂停接受该种证券的融资买入指令或者融券卖出指令。

融资融券交易活动出现异常，已经或者可能危及市场稳定，有必要暂停交易的，证券交易所应当按照业务规则的规定，暂停部分或者全部证券的融资融券交易并公告。

（二）证券登记结算机构的监管

证券登记结算机构应当按照业务规则，对与融资融券交易有关的证券划转和证券公司信用交易资金交收账户内的资金划转情况进行监督。对违反规定的证券和资金划转指令，予以拒绝；发现异常情况的，应当要求证券公司作出说明，并向中国证监会及该公司住所地证监会派出机构报告。

（三）客户信用资金存管指定商业银行的监管

负责客户信用资金存管的商业银行应当按照客户信用资金存管协议的约定，对证券公司违反规定的资金划拨指令予以拒绝；发现异常情况的，应当要求证券公司作出说明，并向中国证监会及该公司住所地证监会派出机构报告。

（四）客户查询

证券公司应当按照融资融券合同约定的方式，向客户送交对账单，并为其提供信用证券账户和信用资金账户内数据的查询服务。

证券登记结算机构应当为客户提供其信用证券账户内数据的查询服务。负责客户信用资金存管的商业银行应当按照客户信用资金存管协议的约定，为客户提供其信用资金账户内数据的查询服务。

（五）信息公告

证券公司应当按照证券交易所的规定，在每日收市后向其报告当日客户融资融券交易的有关信息。证券交易所应当对证券公司报送的信息进行汇总、统计，并在次一交易日开市前予以公告。

（六）监管机构的监管

中国证监会及其派出机构、中国证券业协会、证券交易所、证券登记结算机构、中国证券金融公司依照规定履行证券公司融资融券业务监管、自律或者监测分析职责，可以要求证券公司提供与融资融券业务有关的信息、资料。

中国证监会派出机构按照辖区监管责任制的要求，依法对证券公司及其分支机构的融资融券业务活动中涉及的客户选择、合同签订、授信额度的确定、担保物的收取和管理、补交担保物的通知，以及处分担保物等事项进行非现场检查和现场检查。

对违反《证券公司融资融券业务管理办法》规定的证券公司或者其分支机构，中国证监会或者其派出机构可采取责令改正、监管谈话、出具警示函、责令公开说明、责令参加培训、责令定期报告、暂不受理与行政许可有关的文件、暂停部分或者全部业务、撤销业务许可等相关监管措施；依法应予行政处罚的，依照《中华人民共和国证券法》《中华人民共和国行政处罚法》等法律法规和中国证监会的有关规定进行处罚；涉嫌犯罪的，依法移送司法机关，追究其刑事责任。

十、转融通业务规则

（一）专用证券账户

证券金融公司开展转融通业务，应当以自己的名义，在证券登记结算机构分别开立转融通专用证券账户、转融通担保证券账户和转融通证券交收账户。

转融通专用证券账户用于记录证券金融公司持有的拟向证券公司融出的证券和证券公司归还的证券；转融通担保证券账户用于记录证券公司委托证券金融公司持有、担保证券金融公司因向证券公司转融通所生债权的证券；转融通证券交收账户用于办理证券金融公司与转融通业务有关的证券结算。

（二）专用资金账户

证券金融公司开展转融通业务，应当以自己的名义，在商业银行开立转融通专用资金账户，在证券登记结算机构分别开立转融通担保资金账户和转融通资金交收账户。

转融通专用资金账户用于存放证券金融公司拟向证券公司融出的资金及证券公司归还的资金；转融通担保资金账户用于记录证券公司交存的、担保证券金融公司因向证券公司转融通所生债权的资金；转融通资金交收账户用于办理证券金融公司与转融通业务有关的资金结算。

（三）了解客户及信用评估

证券金融公司开展转融通业务，应当了解证券公司的基本情况、业务范围、财务状况、违约记录、风险控制能力等，并以书面和电子的方式予以记录和保存。证券金融公司应当建立客户信用评估机制，对证券公司的信用状况进行评估，并根据评估结果确定和调整对证券公司的授信额度。

（四）转融通业务合同

证券金融公司开展转融通业务，应当与证券公司签订转融通业务合同，约定转融通的资金数额、标的证券的种类和数量、期限、费率、保证金的比例、证券权益处理办法、违约责任等事项。

证券金融公司应当制定转融通业务合同标准格式，报中国证监会备案。

（五）转融通期限

除证券暂停、终止交易等特殊情形外，证券金融公司向证券公司转融通的期限不得超过6个月。转融通的期限，自资金或者证券实际交付之日起算。

证券金融公司可以与证券公司对转融通标的证券暂停交易、终止交易和其他特殊情形下转融通期限的顺延或者缩短作出约定。

（六）证券公司担保账户

证券金融公司与证券公司签订转融通业务合同后，应当根据证券公司的申请，以证券公司的名义，为其开立转融通担保证券明细账户和转融通担保资金明细账户。

转融通担保证券明细账户是转融通担保证券账户的二级账户，用于记载证券公司委托证券金融公司持有的担保证券的明细数据。转融通担保资金明细账户是转融通担保资金账户的二级账户，用于记载证券公司交存的担保资金的明细数据。

证券金融公司可以委托证券登记结算机构根据清算、交收结果等，对证券公司转融通担保证券明细账户和转融通担保资金明细账户内的数据进行变更。

（七）转融通保证金

证券金融公司开展转融通业务，应当向证券公司收取一定比例的保证金。证券可以充抵保证金，但货币资金的比例不得低于应收取保证金的15%。可充抵保证金证券的种类和折算率由证券金融公司确定并公布。

证券金融公司应当确定并公布可充抵保证金证券的种类和折算率。证券金融公司可以与证券登记结算机构签订合同，委托证券登记结算机构代为管理保证金。

证券公司向证券金融公司交存保证金，采取设立信托的方式。保证金中的证券应当记入转融通担保证券账户，保证金中的资金应当记入转融通担保资金账户。证券金融公司与证券公司应当约定，转融通担保证券账户内的证券和转融通担保资金账户内的资金，均为担保证券金融公司因向证券公司转融通所生债权的信托财产。

证券金融公司应当逐日计算证券公司交存的保证金价值与其所欠债务的比例。当该比例低于约定的维持保证金比例时，应当通知证券公司在一定的期限内补交差额，直至达到约定的初始保证金比例。证券公司违约的，证券金融公司可以按照约定处分保证金，以实现对证券公司的债权；处分保证金不足以完全实现对证券公司的债权的，证券金融公司应当依法向证券公司追偿。

经证券公司书面同意，证券金融公司可以有偿使用证券公司交存的保证金。证券金融公司使用保证金的用途、期限、对价等具体事项，由双方通过转融通业务合同约定。

（八）转融通互保基金

证券金融公司可以根据化解证券公司违约风险的需要，建立转融通互保基金。转融通互保基金的管理办法，由证券金融公司制定，经中国证监会批准后实施。

（九）转融通的暂停

当市场交易活动出现异常，已经或者可能危及市场稳定，有必要暂停转融通业务时，证券金融公司可以按照业务规则和合同约定，暂停部分或者全部转融通业务并公告。

（十）涉及转融通业务证券及资金的划转

证券登记结算机构根据证券账户和资金账户持有人发出或者认可的指令，办理转融通业务涉及的证券和资金的划转。

（十一）协助司法强制执行

司法机关依法对证券公司转融通担保证券明细账户或者转融通担保资金明细账户记载的权益采取财产保全或者强制执行措施的，证券金融公司应当处分保证金，在实现因向证券公司转融通所生债权后，协助司法机关执行。

十一、监管部门对转融通业务的监督管理规定

（一）制定业务规则

证券金融公司应当依照《转融通业务监督管理试行办法》的规定制定转融通业务规则，明确账户管理、授信管理、标的证券管理、保证金管理、费率管理、信息披露等事项，经中国证监会批准后实施。

（二）公布信息

证券金融公司应当每个交易日公布以下转融通信息：

(1)转融资余额。

(2)转融券余额。

(3)转融通成交数据。

(4)转融通费率。

（三）建立合规管理与风险控制机制

证券金融公司应当建立合规管理机制，保证公司的经营管理及工作人员的执业行为合法合规。证券金融公司应当建立风险控制机制，有效识别、评估、控制公司经营管理中的各类风险。

证券金融公司应当遵守以下风险控制指标规定：

(1)净资本与各项风险资本准备之和的比例不得低于100%。

(2)对单一证券公司转融通的余额，不得超过证券金融公司净资本的50%。

(3)融出的每种证券余额不得超过该证券上市可流通市值的10%。

(4)充抵保证金的每种证券余额不得超过该证券总市值的15%。

证券金融公司净资本、风险资本准备的计算，参照中国证监会对证券公司的有关规定执行。中国证监会另有规定的除外。

证券金融公司不得为他人的债务提供担保。证券金融公司应当每年按照税后利润的10%提取风险准备金。中国证监会可以根据防范证券金融公司风险的需要，对提取比例进行调整。

（四）资金用途

证券金融公司的资金，除用于履行中国证监会规定的转融通职责和维持公司正常运转外，只能用于以下用途：

(1)银行存款。

(2)购买国债、证券投资基金份额等经中国证监会认可的高流动性金融产品。

(3)购置自用不动产。

(4)中国证监会认可的其他用途。

（五）信息系统安全管理

证券金融公司应当建立信息系统安全管理机制，保障公司信息系统安全、稳定运行。

（六）报告制度

证券金融公司应当自每一会计年度结束之日起4个月内，向中国证监会报送年度报告。年度报告应当包含按照规定编制并经具有证券相关业务资格的会计师事务所审计的财务会计报告。证券金融公司应当自每月结束之日起7个工作日内，向中国证监会报送月度报告。月度报告应当包含上述第(三)项中所列各项风险控制指标和转融通业务专项报表，以及中国证监会要求报送的其他信息。

发生影响或者可能影响公司经营管理的重大事件的，证券金融公司应当立即向中国证监会报送临时报告，说明事件的起因、目前的状态、可能产生的后果和应对措施。

证券金融公司为履行监控证券公司融资融券业务运行情况的职责，可以制定证券公司融资融券业务监控规则，经中国证监会批准后实施。

证券公司应当按照规定向证券金融公司报送融资融券的相关数据。证券公司报送的数据应当真实、准确、完整。

（七）信息共享与保密

证券交易所、证券登记结算机构、证券金融公司应当建立融资融券信息共享机制。

证券金融公司及其工作人员应当对因履行职责而获悉的信息保密。法律、行政法规和中国证监会另有规定的除外。

证券金融公司应当妥善保存履行《转融通业务监督管理试行办法》规定职责所形成的各类文件、资料，保存期限不少于20年。

中国证监会为履行监督管理职责，可以要求证券金融公司及其工作人员提供有关信息、资料，并对公司进行现场检查。

（八）违规处罚

证券金融公司或者证券公司违反《转融通业务监督管理试行办法》规定的，由中国证监会视具体情形，采取责令改正、出具警示函、责令公开说明、责令定期报告等监管措施；应当给予行政处罚的，由中国证监会对公司及其有关责任人员单处或者并处警告、罚款。

十二、代销金融产品适当性原则

《证券公司代销金融产品管理规定》第五条规定，证券公司代销金融产品，应当遵守法律、行政法规和中国证监会的规定，遵循平等、自愿、公平、诚实信用和适当性原则，避免利益冲突，不得损害客户合法权益。

第十二条规定，证券公司向客户推介金融产品，应当了解客户的身份、财产和收入状况、金融知识和投资经验、投资目标、风险偏好等基本情况，评估其购买金融产品的适当性。证券公司认为客户购买金融产品不适当或者无法判断适当性的，不得向其推介；客户主动要求购买的，证券公司应当将判断结论书面告知客户，提示其审慎决策，并由客户签字确认。委托人明确约定购买人范围的，证券公司不得超出委托人确定的购买人范围销售金融产品。

十三、代销金融产品的规范和禁止性行为

《证券公司代销金融产品管理规定》第六条规定，证券公司代销金融产品，应当建立委托人资格审查、金融产品尽职调查与风险评估、销售适当性管理等制度。

证券公司应当对代销金融产品业务实行集中统一管理，明确内设部门和分支机构在代销金融产品业务中的职责。禁止证券公司分支机构擅自代销金融产品。

第十四条规定，证券公司代销金融产品，不得有下列行为：

（1）采取夸大宣传、虚假宣传等方式误导客户购买金融产品。

（2）采取抽奖、回扣、赠送实物等方式诱导客户购买金融产品。

（3）与客户分享投资收益、分担投资损失。

(4)使用除证券公司客户交易结算资金专用存款账户外的其他账户,代委托人接收客户购买金融产品的资金。

(5)其他可能损害客户合法权益的行为。

证券公司从事代销金融产品活动的人员不得接受委托人给予的财物或其他利益。

十四、违反代销金融产品有关规定的法律责任

(1)证券公司应当健全客户回访制度,明确代销金融产品的回访要求,及时发现并妥善处理不当销售金融产品及其他违法违规问题。

(2)证券公司应当妥善处理与代销金融产品活动有关的客户投诉和突发事件。涉及证券公司自身责任的,应当直接处理;涉及委托人责任的,应当协助客户联系委托人处理。

(3)证券公司及其从业人员违反《证券公司代销金融产品管理规定》的,中国证监会及其派出机构依法采取监管措施或者给予行政处罚。

(4)证券公司代销金融产品,应当遵守法律、行政法规和中国证监会的规定,遵循平等、自愿、公平、诚实信用和适当性原则,避免利益冲突,不得损害客户合法权益。

十五、证券公司中间介绍业务的业务范围

证券公司申请介绍业务,应当向中国证监会提交下列申请材料:

(1)介绍业务资格申请书。

(2)董事会关于从事介绍业务的决议,公司章程规定该决议由股东会或者股东大会做出的,应提供股东会或者股东大会的决议。

(3)净资本等指标的计算表及相关说明。

(4)客户交易结算资金独立存管制度实施情况说明及客户交易结算资金第三方存管制度文本。

(5)分管介绍业务的有关负责人简历,相关业务人员简历、期货从业人员资格证明。

(6)关于介绍业务的业务规则、内部控制、风险隔离和合规检查等制度文本。

(7)关于技术系统准备情况的说明。

(8)全资拥有或者控股期货公司,或者与期货公司被同一机构控制的情况说明,该期货公司在申请日前2个月月末的风险监管报表。

(9)与期货公司拟签订的介绍业务委托协议文本。

中国证监会自受理申请材料之日起20个工作日内,作出批准或者不予批准的决定。

证券公司受期货公司委托从事介绍业务,应当提供下列服务:

(1)协助办理开户手续。

(2)提供期货行情信息、交易设施。

(3)中国证监会规定的其他服务。

证券公司不得代理客户进行期货交易、结算或者交割,不得代期货公司、客户收付期货保证金,不得利用证券资金账户为客户存取、划转期货保证金。

证券公司从事介绍业务,应当与期货公司签订书面委托协议。委托协议应当载明下列事项:

(1)介绍业务的范围。

(2)执行期货保证金安全存管制度的措施。

(3)介绍业务对接规则。

(4)客户投诉的接待处理方式。

(5)报酬支付及相关费用的分担方式。

(6)违约责任。

(7)中国证监会规定的其他事项。

双方可以在委托协议中约定上述规定以外的其他事项,但不得违反法律、行政法规和《证券公司为期货公司提供中间介绍业务试行办法》的规定,不得损害客户的合法权益。

证券公司按照委托协议对期货公司承担介绍业务受托责任。基于期货经纪合同的责任由期货公司直接对客户承担。

证券公司与期货公司签订、变更或者终止委托协议的,双方应当在5个工作日内报各自所在地的中国证监会派出机构备案。

十六、证券公司开展中间介绍业务的有关规定

(1)证券公司只能接受其全资拥有或者控股的、或者被同一机构控制的期货公司的委托从事介绍业务,不能接受其他期货公司的委托从事介绍业务。

(2)证券公司应当按照合规、审慎经营的原则,制定并有效执行介绍业务规则、内部控制、合规检查等制度,确保有效防范和隔离介绍业务与其他业务的风险。

(3)期货公司与证券公司应当建立介绍业务的对接规则,明确办理开户、行情和交易系统的安装维护、客户投诉的接待处理等业务的协作程序和规则。

(4)证券公司与期货公司应当独立经营,保持财务、人员、经营场所等分开隔离。

(5)证券公司应当根据内部控制和风险隔离制度的规定,指定有关负责人和有关部门负责介绍业务的经营管理。证券公司应当配备足够的具有期货从业人员资格的业务人员,不得任用不具有期货从业人员资格的业务人员从事介绍业务。证券公司从事介绍业务的工作人员不得进行期货交易。

(6)证券公司应当在其经营场所显著位置或者其网站,公开下列信息:

①受托从事的介绍业务范围。

②从事介绍业务的管理人员和业务人员的名单和照片。

③期货公司期货保证金账户信息、期货保证金安全存管方式。

④客户开户和交易流程、出入金流程。

⑤交易结算结果查询方式。

⑥中国证监会规定的其他信息。

中国证监会及其派出机构可以根据审慎监管原则,要求证券公司调整相关信息的公开方式。

(7)证券公司为期货公司介绍客户时,应当向客户明示其与期货公司的介绍业务委托关系,解释期货交易的方式、流程及风险,不得作获利保证、共担风险等承诺,不得虚假宣传,误导客户。

(8)证券公司应当建立完备的协助开户制度,对客户的开户资料和身份真实性等进行审

查，向客户充分揭示期货交易风险，解释期货公司、客户、证券公司三者之间的权利义务关系，告知期货保证金安全存管要求。证券公司应当及时将客户开户资料提交期货公司，期货公司应当复核后与客户签订期货经纪合同，办理开户手续。

(9)证券公司介绍其控股股东、实际控制人等开户的，证券公司应当将其期货账户信息报所在地中国证监会派出机构备案，并按照中国证监会的规定履行信息披露义务。

十七、中间介绍业务的禁止行为

(1)证券公司不得代客户下达交易指令，不得利用客户的交易编码、资金账号或者期货结算账户进行期货交易，不得代客户接收、保管或者修改交易密码。

(2)证券公司不得直接或者间接为客户从事期货交易提供融资或者担保。

(3)期货、现货市场行情发生重大变化或者客户可能出现风险时，证券公司及其营业部可以协助期货公司向客户提示风险。

(4)证券公司应当协助维护期货交易系统的稳定运行，保证期货交易数据传送的安全和独立。

(5)证券公司应当在营业场所妥善保存有关介绍业务的凭证、单据、账簿、报表、合同、数据信息等资料。证券公司保存上述文件资料的期限不得少于 5 年。

(6)证券公司应当建立并有效执行介绍业务的合规检查制度。证券公司应当定期对介绍业务规则、内部控制、风险隔离等制度的执行情况和营业部介绍业务的开展情况进行检查，每半年向中国证监会派出机构报送合规检查报告。发生重大事项的，证券公司应当在 2 个工作日内向所在地中国证监会派出机构报告。

十八、中间介绍业务的监管要求

(1)中国证监会及其派出机构按照审慎监管原则，对证券公司从事的介绍业务进行现场检查和非现场检查。

(2)证券公司应当按照中国证监会的规定披露介绍业务的相关信息，报送介绍业务的相关文件、资料及数据信息。

(3)证券公司取得介绍业务资格后不符合规定条件的，中国证监会及其派出机构责令其限期整改；经限期整改仍不符合条件的，中国证监会依法撤销其介绍业务资格。

(4)证券公司违反有关业务规则的，中国证监会及其派出机构可以采取责令限期整改、监管谈话、出具警示函等监管措施；逾期未改正，其行为可能危及期货公司的稳健运行、损害客户合法权益的，中国证监会可以责令期货公司终止与该证券公司的介绍业务关系。

(5)证券公司因其他业务涉嫌违法违规或者出现重大风险被暂停、限制业务或者撤销业务资格的，中国证监会可以责令期货公司终止与该证券公司的介绍业务关系。

(6)证券公司有下列行为之一的，按照《期货交易管理条例》第七十条进行处罚：

①未经许可擅自开展介绍业务。

②对客户未充分揭示期货交易风险，进行虚假宣传，误导客户。

③代理客户进行期货交易、结算或者交割。

④收付、存取或者划转期货保证金。

⑤为客户从事期货交易提供融资或者担保。

⑥未按规定审查客户的开户资料和身份真实性。

⑦代客户下达交易指令。

⑧利用客户的交易编码、资金账号或者期货结算账户进行期货交易。

⑨未将介绍业务与其他经营业务分开或者有效隔离。

⑩未将财务、人员、经营场所与期货公司分开隔离。

⑪拒绝、阻碍中国证监会及其派出机构依法履行职责。

十九、股票质押回购、约定式购回业务、报价回购、直接投资、证券公司参与区域性股权交易市场相关规则

（一）股票质押回购相关规则

（1）股票质押回购是指符合条件的资金融入方（以下简称"融入方"）以所持有的股票或其他证券质押，向符合条件的资金融出方（以下简称"融出方"）融入资金，并约定在未来返还资金、解除质押的交易。

（2）证券公司根据融入方和融出方的委托向上海证券交易所综合业务平台的股票质押回购交易系统（以下简称"交易系统"）进行交易申报。交易系统对交易申报按相关规则予以确认，并将成交结果发送中国结算上海分公司。中国结算上海分公司依据上海证券交易所确认的成交结果为股票质押回购提供相应的证券质押登记和清算交收等业务处理服务。

（3）证券公司应当建立健全的股票质押回购风险控制机制，根据相关规定和自身风险承受能力确定业务规模。上海证券交易所据此对其交易规模进行前端控制。

（4）融入方、融出方、证券公司各方根据相关法律法规、部门规章及《股票质押式回购交易及登记结算业务办法（试行）》的规定，签署《股票质押回购交易业务协议》（以下简称"《业务协议》"）。

证券公司代理进行股票质押回购交易申报的，应当依据所签署的《业务协议》、基于交易双方的真实委托进行，未经委托进行虚假交易申报，或者擅自伪造、篡改交易委托进行申报的，证券公司应承担全部法律责任，并赔偿由此造成的损失。

上海证券交易所及中国证券登记结算有限责任公司不对《业务协议》的内容及效力进行审查。融入方、融出方、证券公司之间的纠纷，不影响上海证券交易所依据《股票质押式回购交易及登记结算业务办法（试行）》确认的成交结果，亦不影响中国结算上海分公司依据上海证券交易所确认的成交结果已经办理或正在办理的证券质押登记及清算交收等业务。

（二）约定式购回相关规则

（1）约定购回式证券交易是指符合条件的客户以约定价格向其指定交易的证券公司卖出标的证券，并约定在未来某一日期客户按照另一约定价格从证券公司购回标的证券，除指定情形外，待购回期间标的证券所产生的相关权益于权益登记日划转给客户的交易行为。

（2）证券公司应当建立健全约定购回式证券交易风险控制机制，根据相关法律法规、行政规章的规定和自身风险承受能力确定业务规模，上海证券交易所据此对其交易进行前端控制。

(3)证券公司应当按照《约定购回式证券交易及登记结算业务办法》的格式及与客户的约定向上海证券交易所综合业务平台的约定购回式证券交易系统进行申报,由交易系统予以确认。中国结算上海分公司依据上海证券交易所确认的成交结果为约定购回式证券交易提供证券登记和资金划付服务。

(4)证券公司与客户进行约定购回式证券交易,应当基于客户的真实委托进行交易申报。未经客户委托进行交易申报的,证券公司应承担全部法律责任,并赔偿由此给客户造成的损失。

证券公司与客户之间的纠纷,不影响中国结算上海分公司依据上海证券交易所成交结果已经办理或正在办理的证券登记和资金划付等业务。

(三)质押式报价回购相关规则

(1)质押式报价回购(以下简称"报价回购")是指证券公司将符合《质押式报价回购交易及登记结算业务办法》第三条规定的自有资产作为质押券,以质押券折算后的标准券总额为融资额度,向其指定交易客户以证券公司报价、客户接受报价的方式融入资金,在约定的购回日客户收回融出资金并获得相应收益的交易。

(2)以可用于上海证券交易所债券质押式回购交易的债券作为质押券的,证券公司应当与其客户约定适用根据《标准券折算率管理办法》发布的债券质押式回购标准券折算率。

(3)证券公司应当建立健全报价回购业务风险控制机制,对质押券价值进行管理。证券公司应当合理确定和控制报价回购业务规模,并向上海证券交易所报备。上海证券交易所据此对证券公司的报价回购业务规模实行总量控制。

(4)证券公司应当按照规定的格式向上海证券交易所综合业务平台的报价回购交易系统(以下简称"交易系统")申报本公司的报价,并代客户申报接受报价的委托。交易系统对双方的申报按相关规则予以成交确认,并将成交结果发送中国结算上海分公司。中国结算上海分公司依据上海证券交易所确认的成交结果为报价回购的初始交易与购回交易提供相关登记结算服务。

(5)证券公司应遵循诚实信用原则,如实向上海证券交易所交易系统申报其与客户已经达成的真实交易意向,不得擅自伪造、篡改或进行虚假申报。

证券公司擅自伪造、篡改或进行虚假申报,应承担全部法律责任,并赔偿由此给客户造成的损失,上海证券交易所、中国证券登记结算有限责任公司及其上海分公司对此不承担任何法律责任。

证券公司与客户之间的纠纷,不影响中国结算上海分公司依据上海证券交易所成交结果已经办理或正在办理的相关登记结算业务。

(四)直接投资相关规则

(1)直投子公司及其下属机构、直投基金和直投从业人员从事业务活动,应当遵循公平、公正的原则,合法合规,诚实守信,审慎尽责。

(2)直投子公司可以开展以下业务:

①使用自有资金或设立直投基金,对企业进行股权投资或债权投资,或投资于与股权投资、债权投资相关的其他投资基金。

②为客户提供与股权投资、债权投资相关的财务顾问服务。

③经中国证监会认可开展的其他业务。

(3)直投子公司及其下属机构、直投基金在有效控制风险、保持流动性的前提下,可以以现金管理为目的,将闲置资金投资于依法公开发行的国债、央行票据、短期融资券、投资级公司债、货币市场基金及保本型银行理财产品等风险较低、流动性较强的证券以及证券投资基金、集合资产管理计划、专项资产管理计划,或进行债券逆回购。

(4)直投子公司及其下属机构应当建立健全投资管理制度,明确投资领域、投资策略、投资方式、投资限制、决策程序、投资流程、投后管理、投资退出等内容。

(5)直投子公司及其下属机构应当对拟投资企业开展尽职调查,充分、客观了解拟投资企业的情况,必要时可以聘请第三方专业机构或专家协助完成相关工作。

(6)直投子公司及其下属机构应当设立专门的投资决策委员会,建立投资决策程序和风险跟踪、分析机制,有效防范投资风险。

投资决策委员会的成员中,直投子公司及其下属机构的人员数量不得低于1/2,证券公司的人员数量不得超过1/3。

(7)直投子公司及其下属机构应当加强对已投资企业的管理,持续跟踪、分析、评估已投资企业的经营状况,并及时处置出现的投资风险。

(8)直投子公司及其下属机构可以建立投资管理团队的跟投机制。

(9)直投子公司及其下属机构不得对直投子公司及其下属机构、直投基金之外的单位或个人提供担保,不得成为对所投资企业的债务承担连带责任的出资人。

直投子公司及其下属机构、直投基金由于补充流动性或进行并购过桥贷款的,可以负债经营。直投子公司非全资下属机构、直投基金负债期限不得超过12个月,负债余额不得超过注册资本或实缴出资总额的30%。

(10)直投子公司及其下属机构、直投基金不得以商业贿赂等非法手段获得投资机会,或者违法违规进行交易。

(11)证券公司担任拟上市企业首次公开发行股票的辅导机构、财务顾问、保荐机构或者主承销商的,应按照签订有关协议或者实质开展相关业务两个时点孰早的原则,在该时点后直投子公司及其下属机构、直投基金不得对该企业进行投资。

(12)直投子公司及其下属机构、直投基金对企业投资,不得以企业聘请证券公司担任保荐机构为前提。直投子公司及其下属机构、直投基金开展业务活动,不得违背国家宏观政策和产业政策。直投子公司及其下属机构、直投基金应当按照法律规定和合同约定严格履行保密义务。

(五)证券公司参与区域性股权交易市场相关规则

(1)证券公司参与区域性市场应具备中国证监会批准的与所开展业务相适应的资格条件。

证券公司推荐公司挂牌的,应经中国证监会批准可从事证券承销与保荐业务;代理客户买卖区域性市场挂牌产品的,应经中国证监会批准可从事证券经纪业务;开展其他业务的,应符合中国证监会相关规定。

(2)证券公司参与区域性市场,应合理确定参与的数量和地域,制定开展区域性市场业务方案,建立健全的业务规则、内部控制制度和风险防范机制。

证券公司参与区域性市场,应守法合规,遵守区域性市场相关管理规定和业务制度,遵循平等、自愿、诚实信用原则，并做好风险控制工作。

证券公司及其业务人员应勤勉尽责，严格遵守执业规范和执业道德，按规定和约定履行义务。

证券公司应建立与区域性市场相适应的投资者适当性制度，向投资者充分揭示风险，不得侵害投资者合法权益。

(3)中国证券业协会依据《证券公司参与区域性股权交易市场业务规范》对证券公司参与区域性市场实施自律管理。

同步自测

一、选择题(以下备选项中只有一项符合题目要求，不选、错选均不得分)

1. 下列关于证券经纪业务的说法中，错误的是(　　)。
   A. 在证券经纪业务中，证券公司收取一定比例的佣金作为业务收入
   B. 证券经纪业务是指证券公司通过其设立的证券营业部，接受客户委托，按照客户要求代理客户买卖证券的业务
   C. 在证券经纪业务中，证券公司需要承担交易中的价格变动风险
   D. 在证券经纪业务中，证券公司不赚取买卖差价
2. 申请证券、期货投资咨询从业资格的机构，其注册资本最低为(　　)万元。
   A. 50　　B. 100
   C. 200　　D. 500
3. 保荐机构建立的保荐工作底稿应当真实、准确、完整地反映整个保荐工作的全过程，保存期不少于(　　)年。
   A. 1　　B. 10
   C. 5　　D. 20
4. 证券金融公司净资本与各项风险资本准备之和的比例不得低于(　　)。
   A. 70%　　B. 80%
   C. 100%　　D. 90%
5. 证券公司从事证券自营业务的最高决策机构是(　　)。
   A. 非自营业务部门　　B. 自营投资决策机构
   C. 董事会　　D. 自营业务部门
6. 经中国证监会批准，证券公司可以从事的客户资产管理业务不包括(　　)。
   A. 为单一客户办理定向资产管理业务
   B. 为多个客户办理集合资产管理业务
   C. 为多个客户办理定向资产管理业务
   D. 为客户办理特定目的的专项资产管理业务
7. 下列关于证券公司资产管理业务投资主办人的说法中，错误的是(　　)。
   A. 投资主办人须具有3年以上证券投资、研究、投资顾问或类似从业经历
   B. 投资主办人不得少于3人

C. 投资主办人须具备良好的诚信记录和职业操守

D. 投资主办人须通过中国证券业协会的注册登记

8. 证券公司办理定向资产管理业务，接受单个客户的资产净值不得低于人民币(　　)万元。

A. 50　　B. 100

C. 200　　D. 500

9. 下列关于证券公司账户体系的说法中，错误的是(　　)。

A. 融券专用证券账户用于记录证券公司持有的拟向客户融出的证券和客户归还的证券，不得用于证券买卖

B. 客户信用交易担保资金账户用于存放客户交存的、担保证券公司因向客户融资融券所生债权的资金

C. 融资专用资金账户用于存放证券公司拟向客户融出的资金及客户归还的资金

D. 信用交易资金交收账户用于客户融资融券交易的证券结算

10. 证券公司在与客户签订证券交易委托代理协议时，对客户进行初次风险承受能力评估，以后至少每(　　)年根据客户证券投资情况等进行一次后续评估。

A. 1　　B. 2

C. 3　　D. 4

11. 证券、期货投资咨询机构办理年检时，应当提交的文件不包括(　　)。

A. 年检申请报告　　B. 年度业务报告

C. 经审计局审计的财务会计报表　　D. 经注册会计师审计的财务会计报表

12. 财务顾问主办人发生变化的，财务顾问应当在(　　)个工作日内向中国证监会报告。

A. 3　　B. 5

C. 7　　D. 10

13. 在证券公司发行与承销业务中，属于市场准入管理方面的法律法规的是(　　)。

A.《中华人民共和国证券法》

B.《证券公司业务范围审批暂行规定》

C.《证券公司治理准则》

D.《证券公司风险控制指标管理办法》

14. 建立自营业务的逐日盯市制度，定期对自营业务投资组合的市值变化及其对公司以(　　)为核心的风险监控指标的潜在影响进行敏感性分析和压力测试。

A. 净资本　　B. 净利润

C. 净收入　　D. 净收益

15. 集合资产管理计划应当面向合格投资者推广，合格投资者累计不得超过(　　)人。

A. 50　　B. 100

C. 200　　D. 400

16. 在证券经纪业务中，其收入来源于(　　)。

A. 证券差价　　B. 证券分红

C. 佣金收入　　D. 利息收入

17. 用于记录证券公司持有的拟向客户融出的证券和客户归还的证券，不得用于证券买卖的账户是（ ）。

A. 融券专用证券账户　　B. 融资专用资金账户

C. 信用交易证券交收账户　　D. 信用交易资金交收账户

18. 证券金融公司应当自每月结束之日起（ ）个工作日内，向中国证监会报送月度报告。

A. 3　　B. 5

C. 7　　D. 10

19. 证券公司开展资产管理业务，投资主办人不得少于（ ）人。

A. 3　　B. 5

C. 7　　D. 10

20. 质押式报价回购的资金融入方（ ）。

A. 一定是证券公司　　B. 可以是任何个人

C. 不能是证券公司　　D. 可以是任何机构

二、组合型选择题（以下备选项中只有一项最符合题目要求，不选、错选均不得分）

1. 下列证券经纪业务活动不符合规定的是（ ）。

Ⅰ. 向客户传递由证券公司统一提供的研究报告

Ⅱ. 私下向客户建议买入某证券

Ⅲ. 私下承诺客户投资保收益

Ⅳ. 私下向客户承诺赔偿投资损失

A. Ⅰ、Ⅲ　　B. Ⅰ、Ⅱ、Ⅲ、Ⅳ

C. Ⅰ、Ⅱ　　D. Ⅱ、Ⅲ、Ⅳ

2. "荐股软件"是指具备（ ）的软件产品、软件工具或者终端设备。

Ⅰ. 提供涉及具体证券投资品种的投资分析意见，或者预测具体证券投资品种的价格走势

Ⅱ. 提供具体证券投资品种选择建议

Ⅲ. 提供具体证券投资品种的买卖时机建议

Ⅳ. 提供其他证券投资分析、预测或者建议

A. Ⅱ、Ⅲ、Ⅳ　　B. Ⅰ、Ⅲ、Ⅳ

C. Ⅰ、Ⅱ、Ⅲ　　D. Ⅰ、Ⅱ、Ⅲ、Ⅳ

3. 证券公司、证券投资咨询机构和其他财务顾问机构有下列（ ）情形之一的，不得担任财务顾问。

Ⅰ. 最近 24 个月内存在违反诚信的不良记录

Ⅱ. 最近 24 个月内因执业行为违反行业规范而受到行业自律组织的纪律处分

Ⅲ. 最近 24 个月被诚勉谈话

Ⅳ. 最近 36 个月内因违法违规经营受到处罚或者因涉嫌违法违规经营正在被调查

A. Ⅰ、Ⅱ、Ⅳ　　B. Ⅰ、Ⅲ

C. Ⅰ、Ⅱ、Ⅲ　　D. Ⅱ、Ⅳ

4. 证券公司经营融资融券业务，应当以自己的名义，在证券登记结算机构开立的账户有（　　）。

Ⅰ. 融券专用证券账户　　Ⅱ. 客户信用交易担保证券账户

Ⅲ. 信用交易证券交收账户　　Ⅳ. 信用交易资金交收账户

A. Ⅰ、Ⅱ、Ⅲ　　B. Ⅰ、Ⅲ、Ⅳ

C. Ⅰ、Ⅱ、Ⅲ、Ⅳ　　D. Ⅱ、Ⅲ、Ⅳ

5. 根据《证券公司客户资产管理业务管理办法》，下列（　　）是资产管理合同必备内容。

Ⅰ. 当事人的权利、义务

Ⅱ. 委托资产的出资方式、数额和认缴期限

Ⅲ. 委托资产的投资范围、投资策略和投资限制

Ⅳ. 委托资产预期收益

A. Ⅰ、Ⅱ、Ⅳ　　B. Ⅰ、Ⅲ、Ⅳ

C. Ⅱ、Ⅲ、Ⅳ　　D. Ⅰ、Ⅱ、Ⅲ

6. 证券公司将其管理的客户资产投资于本公司及与本公司有关联方关系的公司发行的证券或承销期内承销的证券，或者从事其他重大关联交易的，应当做到（　　）。

Ⅰ. 遵循客户利益优先原则　　Ⅱ. 防范利益冲突

Ⅲ. 事先取得客户的同意　　Ⅳ. 事后告知资产托管机构和客户

A. Ⅰ、Ⅱ、Ⅲ、Ⅳ　　B. Ⅰ、Ⅲ、Ⅳ

C. Ⅰ、Ⅱ　　D. Ⅱ、Ⅲ、Ⅳ

7. 证券公司从事定向资产管理业务，接受单一客户委托资产净值最低限额正确的有（　　）。

Ⅰ. 甲证券公司要求不低于人民币 100 万元

Ⅱ. 乙证券公司要求不低于人民币 50 万元

Ⅲ. 丙证券公司要求不低于人民币 200 万元

Ⅳ. 丁证券公司要求不低于人民币 1 000 万元

A. Ⅲ、Ⅳ　　B. Ⅰ、Ⅱ

C. Ⅰ、Ⅲ、Ⅳ　　D. Ⅰ、Ⅱ、Ⅳ

8. 证券公司应当按《证券公司融资融券业务管理办法》规定的有关条件和征信的要求制定选择客户的具体标准，一般主要包括（　　）。

Ⅰ. 从事证券交易时间　　Ⅱ. 账户状态

Ⅲ. 投资风格及业绩　　Ⅳ. 关联关系

A. Ⅰ、Ⅳ　　B. Ⅱ、Ⅲ

C. Ⅰ、Ⅲ、Ⅳ　　D. Ⅰ、Ⅱ、Ⅲ、Ⅳ

9. 下列关于转融通业务的保证金的说法中，正确的有（　　）。

Ⅰ. 证券公司向证券金融公司交存保证金，采取设立信托的方式

Ⅱ. 保证金中的证券记入转融通专用证券账户，保证金中的资金记入转融通担保资金账户

Ⅲ. 货币资金的比例不得低于应收取保证金的 15%

Ⅳ. 证券金融公司逐日计算证券公司交存的保证金价值与其所欠债务的比例

A. Ⅱ、Ⅳ　　B. Ⅰ、Ⅲ、Ⅳ

C. Ⅰ、Ⅱ、Ⅲ、Ⅳ　　D. Ⅰ、Ⅱ、Ⅲ

10. 证券公司中间介绍业务的禁止行为包括(　　)。

Ⅰ. 证券公司不得代客户下达交易指令

Ⅱ. 不得利用客户的交易编码、资金账号或者期货结算账户进行期货交易

Ⅲ. 不得代客户接收、保管或者修改交易密码

Ⅳ. 证券公司不得直接或者间接为客户从事期货交易提供融资或者担保

A. Ⅱ、Ⅲ、Ⅳ　　B. Ⅰ、Ⅲ、Ⅳ

C. Ⅰ、Ⅱ、Ⅲ　　D. Ⅰ、Ⅱ、Ⅲ、Ⅳ

11. 下列属于客户征信调查内容的有(　　)。

Ⅰ. 投资经验　　Ⅱ. 诚信记录

Ⅲ. 还款能力　　Ⅳ. 关联关系

A. Ⅰ、Ⅱ　　B. Ⅰ、Ⅲ

C. Ⅰ、Ⅱ、Ⅲ　　D. Ⅱ、Ⅳ

12. 开展融资融券业务试点的证券公司从事融资融券业务应遵守的原则有(　　)。

Ⅰ. 合法合规原则　　Ⅱ. 集中管理原则

Ⅲ. 独立运行原则　　Ⅳ. 岗位分离原则

A. Ⅱ、Ⅲ、Ⅳ　　B. Ⅰ、Ⅲ、Ⅳ

C. Ⅰ、Ⅱ、Ⅲ　　D. Ⅰ、Ⅱ、Ⅲ、Ⅳ

13. 证券公司应当统一组织回访客户,回访内容应当包括但不限于(　　)。

Ⅰ. 客户身份核实　　Ⅱ. 客户账户变动确认

Ⅲ. 是否向客户充分揭示风险　　Ⅳ. 是否存在全权委托行为

A. Ⅰ、Ⅱ、Ⅲ、Ⅳ　　B. Ⅰ、Ⅲ

C. Ⅰ、Ⅱ、Ⅲ　　D. Ⅱ、Ⅲ、Ⅳ

14. 证券账户管理包括(　　)。

Ⅰ. 证券账户的开立　　Ⅱ. 证券账户挂失补办

Ⅲ. 证券账户注册资料查询与变更　　Ⅳ. 证券账户合并与注销

A. Ⅰ、Ⅱ、Ⅳ　　B. Ⅰ、Ⅲ

C. Ⅰ、Ⅱ、Ⅲ　　D. Ⅰ、Ⅱ、Ⅲ、Ⅳ

15. 下列属于合格投资者的有(　　)。

Ⅰ. 个人或者家庭金融资产合计不低于 100 万元人民币

Ⅱ. 个人或者家庭净资产合计不低于 100 万元人民币

Ⅲ. 公司、企业等机构净资产不低于 1 000 万元人民币

Ⅳ. 公司、企业等机构金融资产不低于 1 000 万元人民币

A. Ⅱ、Ⅳ　　B. Ⅰ、Ⅲ

C. Ⅰ、Ⅱ、Ⅲ　　D. Ⅱ、Ⅲ

16. 中国证监会及其派出机构按照审慎监管原则，对证券公司从事的介绍业务进行（ ）。

Ⅰ. 抽样调查
Ⅱ. 现场检查
Ⅲ. 非现场检查
Ⅳ. 全面检查

A. Ⅰ、Ⅳ
B. Ⅰ、Ⅲ
C. Ⅱ、Ⅲ
D. Ⅱ、Ⅳ

17. 证券公司、证券投资咨询机构发布的证券研究报告，应当载明的事项包括（ ）。

Ⅰ. 证券公司、证券投资咨询机构名称
Ⅱ. 具备证券投资咨询业务资格的说明
Ⅲ. 证券研究报告采用的信息和资料来源
Ⅳ. 使用证券研究报告的风险提示

A. Ⅰ、Ⅱ、Ⅳ
B. Ⅰ、Ⅲ、Ⅳ
C. Ⅰ、Ⅱ、Ⅲ
D. Ⅰ、Ⅱ、Ⅲ、Ⅳ

18. 证券金融公司的资金可以用于（ ）。

Ⅰ. 银行存款
Ⅱ. 购买国债
Ⅲ. 购置自用不动产
Ⅳ. 中国证监会认可的其他用途

A. Ⅱ、Ⅲ、Ⅳ
B. Ⅰ、Ⅱ、Ⅲ
C. Ⅰ、Ⅱ、Ⅲ、Ⅳ
D. Ⅰ、Ⅱ、Ⅳ

答案详解

一、选择题

1. C。【解析】证券经纪业务简言之就是代理买卖有价证券的行为，又称代理买卖证券业务。它是证券公司最基本的一项业务，具体是指证券公司通过其设立的营业场所（即证券营业部）和在证券交易所的席位，接受客户委托，按照客户的要求代理客户买卖证券的业务。在证券经纪业务中，证券公司不向客户垫付资金，不分享客户买卖证券的差价，不承担客户的价格风险，只收取一定比例的佣金作为业务收入。

2. B。【解析】申请证券、期货投资咨询从业资格的机构，要求有100万元人民币以上的注册资本。

3. B。【解析】保荐机构应当建立健全工作底稿制度，为每一项目建立独立的保荐工作底稿。保荐代表人必须为其具体负责的每一项目建立尽职调查工作日志，作为保荐工作底稿的一部分存档备查；保荐机构应当定期对尽职调查工作日志进行检查。保荐工作底稿应当真实、准确、完整地反映整个保荐工作的全过程，保存期不少于10年。

4. C。【解析】证券金融公司的风险覆盖率即净资本与各项风险资本准备之和的比例不得低于100%。

5. C。【解析】董事会是自营业务的最高决策机构。投资决策机构是自营业务投资运作的最高管理机构。自营业务部门为自营业务的执行机构。

6. C。【解析】经中国证监会批准，证券公司可以从事下列客户资产管理业务：(1)为单一客户办理定向资产管理业务。(2)为多个客户办理集合资产管理业务。(3)为客户办理特定目的的专项资产管理业务。

7. B。【解析】证券公司开展资产管理业务，投资主办人不得少于5人。投资主办人须具有3年以上证券投资、研究、投资顾问或类似从业经历，具备良好的诚信记录和职业操守，通过中国证券业协会的注册登记。

8. B。【解析】证券公司办理定向资产管理业务，接受单个客户的资产净值不得低于人民币100万元。

9. D。【解析】信用交易资金交收账户用于客户融资融券交易的资金结算。因此，D项说法错误。

10. B。【解析】证券公司在与客户签订证券交易委托代理协议时，对客户进行初次风险承受能力评估，以后至少每2年根据客户证券投资情况等进行一次后续评估，并对客户进行分类管理，分类结果应当以书面或者电子方式记载、留存。

11. C。【解析】证券、期货投资咨询机构办理年检时，应当提交的文件包括年检申请报告、年度业务报告和经注册会计师审计的财务会计报表。

12. B。【解析】财务顾问主办人发生变化的，财务顾问应当在5个工作日内向中国证监会报告。

13. A。【解析】证券公司发行与承销业务的主要法律法规包括五个方面，其中市场准入管理方面的法律法规有《中华人民共和国证券法》《证券公司监督管理条例》《关于加强上市证券公司监管的规定》《外资参股证券公司设立规则》《证券公司设立子公司试行规定》《关于证券公司首次公开发行股票并上市有关问题的通知》《关于证券公司申请首次公开发行股票并上市监管意见书有关问题的规定》《关于进一步完善证券公司首次公开发行股票并上市有关审慎性监管要求的通知》等。

14. A。【解析】建立自营业务的逐日盯市制度，定期对自营业务投资组合的市值变化及其对公司以净资本为核心的风险监控指标的潜在影响进行敏感性分析和压力测试。

15. C。【解析】集合资产管理计划应当面向合格投资者推广，合格投资者累计不得超过200人。

16. C。【解析】在证券经纪业务中，证券公司不向客户垫付资金，不分享客户买卖证券的差价，不承担客户的价格风险，只收取一定比例的佣金作为业务收入。

17. A。【解析】融券专用证券账户用于记录证券公司持有的拟向客户融出的证券和客户归还的证券，不得用于证券买卖。

18. C。【解析】证券金融公司应当自每月结束之日起7个工作日内，向中国证监会报送月度报告。

19. B。【解析】证券公司开展资产管理业务，投资主办人不得少于5人。

20. A。【解析】质押式报价回购是指证券公司将符合规定的自有资产作为质押券，以质押券折算后的标准券总额为融资额度，向其指定交易客户以证券公司报价、客户接受报价的方式融入资金，在约定的购回日客户收回融出资金并获得相应收益的交易。

二、组合型选择题

1. D。【解析】证券公司在从事证券经纪业务过程中禁止下列行为：(1)挪用客户所委托买卖的证券或者客户账户上的资金；或将客户的资金和证券借与他人，或者作为担保物或质押物；或违规向客户提供资金或有价证券。(2)侵占、损害客户的合法权益。(3)未经客户的委托，擅自为客户买卖证券，或者假借客户的名义买卖证券；违背客户的委托为其买卖证券；接受客户的全权委托而决定证券买卖、选择证券种类、决定买卖数量或者买卖价格；代理买卖法律规定不得买卖的证券。(4)以任何方式对客户证券买卖的收益或者赔偿证券买卖的损失作出承诺。(5)为牟取佣金收入，诱使客户进行不必要的证券买卖。(6)在批准的营业场所之外私下接受客户委托买卖证券。(7)编造、传播虚假或者误导投资者的信息；散布、泄露或利用内幕信息。(8)从事或协同他人从事欺诈、内幕交易、操纵证券交易价格等非法活动。(9)贬损同行或以其他不正当竞争手段争揽业务。(10)隐匿、伪造、篡改或者毁损交易记录。(11)泄露客户资料。

2. D。【解析】"荐股软件"是指具备下列一项或多项证券投资咨询服务功能的软件产品、软件工具或者终端设备：(1)提供涉及具体证券投资品种的投资分析意见，或者预测具体证券投资品种的价格走势。(2)提供具体证券投资品种选择建议。(3)提供具体证券投资品种的买卖时机建议。(4)提供其他证券投资分析、预测或者建议。

3. A。【解析】证券公司、证券投资咨询机构和其他财务顾问机构有下列情形之一的，不得担任财务顾问：(1)最近24个月内存在违反诚信的不良记录。(2)最近24个月内因执业行为违反行业规范而受到行业自律组织的纪律处分。(3)最近36个月内因违法违规经营受到处罚或者因涉嫌违法违规经营正在被调查。

4. C。【解析】证券公司经营融资融券业务，应当以自己的名义，在证券登记结算机构分别开立融券专用证券账户、客户信用交易担保证券账户、信用交易证券交收账户和信用交易资金交收账户。

5. D。【解析】资产管理合同应当包括下列基本事项：(1)客户资产的种类和数额。(2)投资范围、投资限制和投资比例。(3)投资目标和管理期限。(4)客户资产的管理方式和管理权限。(5)各类风险揭示。(6)客户资产管理信息的提供及查询方式。(7)当事人的权利与义务。(8)管理报酬的计算方法和支付方式。(9)与客户资产管理有关的其他费用的提取、支付方式。(10)合同解除、终止的条件、程序及客户资产的清算返还事宜。(11)违约责任和纠纷的解决方式。(12)中国证监会规定的其他事项。

6. A。【解析】证券公司将其管理的客户资产投资于本公司及与本公司有关联方关系的公司发行的证券或承销期内承销的证券,或者从事其他重大关联交易的,应当遵循客户利益优先原则,事先取得客户的同意,事后告知资产托管机构和客户,同时向证券交易所报告,并采取切实有效措施,防范利益冲突,保护客户合法权益。

7. C。【解析】证券公司办理定向资产管理业务,接受单个客户的资产净值不得低于人民币100万元。

8. D。【解析】证券公司应当按《证券公司融资融券业务管理办法》规定的有关条件和征信的要求制定选择客户的具体标准,一般主要包括以下几方面:(1)从事证券交易时间。要求客户在申请开展融资融券业务的证券公司所属营业部及与本公司具有控制关系的其他证券分司营业部开设普通证券账户并从事交易的时间连续计算满半年以上。(2)账户状态。要求客户开户手续齐全、资料完备,资金账户与证券账户对应关系清晰,交易结算状态良好。(3)信誉状况。要求客户信誉良好,无重大违约记录。(4)资产状况。要求客户具有符合要求的担保品和较强的还款能力。(5)投资风格及业绩。要求客户投资风格稳健,无重大失误和损失,有一定的风险承受能力。(6)关联关系。客户为非证券公司股东或关联人。

9. B。【解析】转融通专用证券账户用于记录证券金融公司持有的拟向证券公司融出的证券和证券公司归还的证券。转融通担保证券明细账户是转融通担保证券账户的二级账户,用于记载证券公司委托证券金融公司持有的担保证券的明细数据。转融通担保资金明细账户是转融通担保资金账户的二级账户,用于记载证券公司交存的担保资金的明细数据。选项Ⅱ说法错误。

10. D。【解析】证券公司中间介绍业务的禁止行为包括:证券公司不得代客户下达交易指令;不得利用客户的交易编码、资金账号或者期货结算账户进行期货交易;不得代客户接收、保管或者修改交易密码;不得直接或者间接为客户从事期货交易提供融资或者担保。

11. C。【解析】客户征信调查内容一般应包括:客户基本资料;投资经验;诚信记录;还款能力;融资融券需求。

12. D。【解析】开展融资融券业务试点的证券公司从事融资融券业务应遵守的原则有合法合规原则、集中管理原则、独立运行原则、岗位分离原则。

13. A。【解析】证券公司应当统一组织回访客户,对新开户客户应当在1个月内完成回访,对原有客户的回访比例应当不低于上年末客户总数(不含休眠账户及中止交易账户客户)的10%,回访内容应当包括但不限于客户身份核实、客户账户变动确认、证券营业部及证券从业人员是否违规代客户操作账户、是否向客户充分揭示风险、是否存在全权委托行为等情况。

14. D。【解析】证券账户管理包括证券账户的开立、证券账户挂失补办、证券账户注册资料查询与变更、证券账户合并与注销、非交易过户等。

15. B。【解析】合格投资者是指具备相应风险识别能力和承担所投资集合资产管理计划风险能力且符合下列条件之一的单位和个人:(1)个人或者家庭金融资产合计不低于100万元人民币。(2)公司、企业等机构净资产不低于1 000万元人民币。

16. C。【解析】中国证监会及其派出机构按照审慎监管原则,对证券公司从事的介绍业务进行现场检查和非现场检查。

17. D。【解析】证券公司、证券投资咨询机构发布的证券研究报告,应当载明下列事项:(1)“证券研究报告”字样。(2)证券公司、证券投资咨询机构名称。(3)具备证券投资咨询业务资格的说明。(4)署名人员的证券投资咨询执业资格证书编码。(5)发布证券研究报告的时间。(6)证券研究报告采用的信息和资料来源。(7)使用证券研究报告的风险提示。

18. C。【解析】证券金融公司的资金,除用于履行中国证监会规定的转融通职责和维持公司正常运转外,只能用于以下用途:银行存款;购置国债、证券投资基金份额等经中国证监会认可的高流动性金融产品;购置自用不动产;中国证监会认可的其他用途。

第四章 证券市场典型违法违规行为及法律责任

第一节 证券一级市场

考纲要求

大纲内容	要求
擅自公开或变相公开发行证券的特征及其法律责任	熟悉
欺诈发行股票、债券的犯罪构成、刑事立案追诉标准及其法律责任	熟悉
非法集资类犯罪的犯罪构成、立案追诉标准及其法律责任	掌握
违规披露、不披露重要信息的行政责任、刑事责任的认定	掌握
擅自改变公开发行证券募集资金用途的法律责任	了解

知识解读

一、擅自公开或变相公开发行证券的特征及其法律责任

(一)擅自公开或变相公开发行证券的特征

非法证券活动具有手段隐蔽、欺骗性强、蔓延速度快、易反复等特点,涉及人数众多,投资者多为退休人员、下岗职工等困难群众,容易引发群体事件。当前,非法证券活动的主要形式为:

(1)编造公司即将在境内外上市或股票发行获得政府批准等虚假信息,诱骗社会公众购买所谓"原始股"。

(2)非法中介机构以"投资咨询机构""产权经纪公司""外国资本公司或投资公司驻华代表处"的名义,未经法定机关批准,向社会公众非法买卖或代理买卖未上市公司股票。

(3)不法分子以证券投资为名,以高额回报为诱饵,诈骗群众钱财。

明确政策界限,依法进行监管:

(1)严禁擅自公开发行股票。向不特定对象发行股票或向特定对象发行股票后股东累计超过200人的,为公开发行,应依法报经中国证监会核准。未经核准擅自发行的,属于非法发行股票。

(2)严禁变相公开发行股票。向特定对象发行股票后股东累计不超过200人的,为非公开发行。非公开发行股票及其股权转让,不得采用广告、公告、广播、电话、传真、信函、推介

会、说明会、网络、短信、公开劝诱等公开方式或变相公开方式向社会公众发行。严禁任何公司股东自行或委托他人以公开方式向社会公众转让股票。向特定对象转让股票，未依法报经中国证监会核准的，转让后，公司股东累计不得超过200人。

(3)严禁非法经营证券业务。股票承销、经纪(代理买卖)、证券投资咨询等证券业务由中国证监会依法批准设立的证券机构经营，未经中国证监会批准，其他任何机构和个人不得经营证券业务。

违反上述三项规定的，应坚决予以取缔，并依法追究法律责任。

(二) 擅自公开或变相公开发行证券的法律责任

《中华人民共和国证券法》第一百八十八条规定，未经法定机关核准，擅自公开或者变相公开发行证券的，责令停止发行，退还所募资金并加算银行同期存款利息，处以非法所募资金金额1%以上5%以下的罚款；对擅自公开或者变相公开发行证券设立的公司，由依法履行监督管理职责的机构或者部门会同县级以上地方人民政府予以取缔。对直接负责的主管人员和其他直接责任人员给予警告，并处以3万元以上30万元以下的罚款。

《最高人民法院关于审理非法集资刑事案件具体应用法律若干问题的解释》第六条规定，未经国家有关主管部门批准，向社会不特定对象发行、以转让股权等方式变相发行股票或者公司、企业债券，或者向特定对象发行、变相发行股票或者公司、企业债券累计超过200人的，应当认定为《中华人民共和国刑法》第一百七十九条规定的“擅自发行股票、公司、企业债券”。构成犯罪的，以擅自发行股票、公司、企业债券罪定罪处罚。

根据《中华人民共和国刑法》第一百七十九条对“擅自发行股票、公司、企业债券罪”的规定，未经国家有关主管部门批准，擅自发行股票或者公司、企业债券，数额巨大、后果严重或者有其他严重情节的，处5年以下有期徒刑或者拘役，并处或者单处非法募集资金金额1%以上5%以下罚金。

单位犯前款罪的，对单位判处罚金，并对其直接负责的主管人员和其他直接责任人员，处5年以下有期徒刑或者拘役。

二、欺诈发行股票、债券的犯罪构成、刑事立案追诉标准及其法律责任

(一) 犯罪构成

1. 客体要件

本罪侵犯的客体是复杂客体，即国家对证券市场的管理制度以及投资者(即股东、债权人和公众)的合法权益。

2. 客观要件

(1)行为人必须实施在招股说明书、认股书、公司、企业债券募集办法中隐瞒重要事实或者编造重大虚假内容的行为。

(2)行为人必须实施了发行股票或公司、企业债券的行为。如果行为人仅是制作了虚假的招股说明书、认股书、公司、企业债券募集办法，而未实施发行股票或者公司、企业债券的行为，不构成本罪。必须是既制作了虚假的上述文件，且已发行了股票和公司、企业债券的才构成本罪。

(3)行为人制作虚假的招股说明书、认股书、公司债券募集办法发行股票或者公司、企业

债券的行为，必须达到一定的严重程度，即达到"数额巨大、后果严重或者有其他严重情节的"，才构成犯罪。

3. 主体要件

本罪的主体主要是单位。自然人在一定条件下也能成为犯罪的主体。

4. 主观要件

本罪在主观上只能依故意构成，过失不构成本罪。即行为人明知自己所制作的招股说明书、认股书、债券募集办法等不是对本公司状况或本次股票、债券发行状况的真实、准确、完整反映，仍然积极为之者。因而本罪行为人的罪过实质是诈欺募股或诈欺发行债券。

5.《中华人民共和国证券法》的相关规定

第七十九条规定，禁止证券公司及其从业人员从事下列损害客户利益的欺诈行为：

(1)违背客户的委托为其买卖证券。

(2)不在规定时间内向客户提供交易的书面确认文件。

(3)挪用客户所委托买卖的证券或者客户账户上的资金。

(4)未经客户的委托，擅自为客户买卖证券，或者假借客户的名义买卖证券。

(5)为牟取佣金收入，诱使客户进行不必要的证券买卖。

(6)利用传播媒介或者通过其他方式提供、传播虚假或者误导投资者的信息。

(7)其他违背客户真实意思表示，损害客户利益的行为。

欺诈客户行为给客户造成损失的，行为人应当依法承担赔偿责任。

(二) 刑事立案追诉标准

根据《最高人民检察院、公安部关于公安机关管辖的刑事案件立案追诉标准的规定(二)》第五条的规定，在招股说明书、认股书、公司、企业债券募集办法中隐瞒重要事实或者编造重大虚假内容，发行股票或者公司、企业债券，涉嫌下列情形之一的，应予立案追诉：

(1)发行数额在500万元以上的。

(2)伪造、变造国家公文、有效证明文件或相关凭证、单据的。

(3)利用募集的资金进行违法活动的。

(4)转移或者隐瞒所募集资金的。

(5)其他后果严重或有其他严重情节的情形。

(三) 法律责任

《中华人民共和国刑法》第一百六十条规定，在招股说明书、认股书、公司、企业债券募集办法中隐瞒重要事实或者编造重大虚假内容，发行股票或者公司、企业债券，数额巨大、后果严重或者有其他严重情节的，处5年以下有期徒刑或者拘役，并处或者单处非法募集资金金额1%以上5%以下罚金。

单位犯前款罪的，对单位判处罚金，并对其直接负责的主管人员和其他直接责任人员，处5年以下有期徒刑或者拘役。

《中华人民共和国证券法》第一百八十九条规定，发行人不符合发行条件，以欺骗手段骗取发行核准，尚未发行证券的，处以30万元以上60万元以下的罚款；已经发行证券的，处以非法所募资金金额1%以上5%以下的罚款。对直接负责的主管人员和其他直接责任人员处以3万元以上30万元以下的罚款。

发行人的控股股东、实际控制人指使从事前款违法行为的，依照前款的规定处罚。

第二百零八条规定，违反本法规定，法人以他人名义设立账户或者利用他人账户买卖证券的，责令改正，没收违法所得，并处以违法所得1倍以上5倍以下的罚款；没有违法所得或者违法所得不足3万元的，处以3万元以上30万元以下的罚款。对直接负责的主管人员和其他直接责任人员给予警告，并处以3万元以上10万元以下的罚款。

证券公司为前款规定的违法行为提供自己或者他人的证券交易账户的，除依照前款的规定处罚外，还应当撤销直接负责的主管人员和其他直接责任人员的任职资格或者证券从业资格。

第二百三十二条规定，违反本法规定，应当承担民事赔偿责任和缴纳罚款、罚金，其财产不足以同时支付时，先承担民事赔偿责任。

第二百三十四条规定，依照本法收缴的罚款和没收的违法所得，全部上缴国库。

三、非法集资类犯罪的犯罪构成、立案追诉标准及其法律责任

（一）犯罪构成

（1）犯罪主体是一般主体，包括自然人和单位。

（2）犯罪主观方面是故意。当事人明知自己的非法集资行为会发生危害社会的结果，并且希望这种结果的发生。在单位进行非法集资的情况下，这种故意体现为单位的主管人员、直接责任人员和其他责任人员，以单位的名义为单位的利益故意追求特定危害社会的结果的发生。单位犯罪故意是单位成员的共同认识和意志，严格区别于单位成员个人的认识和意志。

（3）犯罪客体是国家金融管理秩序。非法集资在形式上表现为一种资本的运作过程，即以发行股票、债券、彩票、投资基金证券或其他债权凭证的方式将不特定对象的资金集中起来，使他们成为形式上的投资者（股东、债权人），往往是人数众多，涉案金额大，严重破坏国家金融管理秩序。因此，建议将非法集资罪列入《中华人民共和国刑法》的破坏金融管理秩序罪，以确立其在整个《中华人民共和国刑法》体系中的应有地位。

（4）犯罪客观方面表现为未依法定程序经有关部门批准的集资行为。主要是以非法发行股票、债券、彩票、投资基金证券或其他债权凭证的方式向社会不特定对象募集资金，并承诺在一定期限内以货币、实物及其他方式向出资人还本付息或给予其他回报。

（5）《非法金融机构和非法金融业务活动取缔办法》第四条规定，本办法所称非法金融业务活动，是指未经中国人民银行批准，擅自从事的下列活动：

①非法吸收公众存款或者变相吸收公众存款。

②未经依法批准，以任何名义向社会不特定对象进行的非法集资。

③非法发放贷款、办理结算、票据贴现、资金拆借、信托投资、金融租赁、融资担保、外汇买卖。

④中国人民银行认定的其他非法金融业务活动。

前款所称非法吸收公众存款，是指未经中国人民银行批准，向社会不特定对象吸收资

金，出具凭证，承诺在一定期限内还本付息的活动；所称变相吸收公众存款，是指未经中国人民银行批准，不以吸收公众存款的名义，向社会不特定对象吸收资金，但承诺履行的义务与吸收公众存款性质相同的活动。

（二）立案追诉标准

《最高人民检察院、公安部关于公安机关管辖的刑事案件立案追诉标准的规定（二）》第四十九条规定，以非法占有为目的，使用诈骗方法非法集资，涉嫌下列情形之一的，应予立案追诉：

（1）个人集资诈骗，数额在 10 万元以上的。

（2）单位集资诈骗，数额在 50 万元以上的。

（三）区别集资诈骗罪与欺诈发行股票、债券罪

两罪均属非法集资性犯罪，都包含欺诈因素。其界限如下：

（1）犯罪目的不同，后罪行为人仅具有非法获得集资款的使用权，不具有非法占有目的。

（2）犯罪客体不同，后罪客体为国家对公司股票、企业债券发行的管理制度和投资人的财产利益。

（3）行为方式不同，本罪表现为行为人采取包括欺诈发行股票、债券在内的各种诈骗方法进行非法集资，后罪表现为行为人在招股说明书、认股书、公司股票、企业债券募集中隐瞒重要事实或编造重大虚假内容，发行股票或债券。

（4）犯罪主体不同，后罪是特殊主体，欺诈发行股票的行为主体只能是经批准以募集方式设立股份有限公司的自然人或单位；欺诈发行公司、企业债券的行为主体是经批准的具有发行债券资格和条件的公司和企业的自然人和单位，具体包括股份有限公司、国有独资公司和国有有限责任公司及其企业。

（5）数额、情节、后果要求不同，后罪要求行为人具有发行股票、债券"数额巨大、造成后果严重或有其他严重情节"。

（四）法律责任

1.《中华人民共和国刑法》的相关规定

根据《中华人民共和国刑法》第一百九十二条对集资诈骗罪的规定，以非法占有为目的，使用诈骗方法非法集资，数额较大的，处 5 年以下有期徒刑或者拘役，并处 2 万元以上 20 万元以下罚金；数额巨大或者有其他严重情节的，处 5 年以上 10 年以下有期徒刑，并处 5 万元以上 50 万元以下罚金；数额特别巨大或者有其他特别严重情节的，处 10 年以上有期徒刑或者无期徒刑，并处 5 万元以上 50 万元以下罚金或者没收财产。

根据本法第二百条对单位犯金融诈骗罪的处罚规定，单位犯本法第一百九十二条、第一百九十四条、第一百九十五条规定之罪的，对单位判处罚金，并对其直接负责的主管人员和其他直接责任人员，处 5 年以下有期徒刑或者拘役，可以并处罚金；数额巨大或者有其他严重情节的，处 5 年以上 10 年以下有期徒刑，并处罚金；数额特别巨大或者有其他特别严重情节的，处 10 年以上有期徒刑或者无期徒刑，并处罚金。

2.《最高人民法院关于审理非法集资刑事案件具体应用法律若干问题的解释》的相关规定

第三条规定，非法吸收或者变相吸收公众存款，具有下列情形之一的，应当依法追究刑事责任：

（1）个人非法吸收或者变相吸收公众存款，数额在 20 万元以上的，单位非法吸收或者变相吸收公众存款，数额在 100 万元以上的。

（2）个人非法吸收或者变相吸收公众存款对象 30 人以上的，单位非法吸收或者变相吸收公众存款对象 150 人以上的。

（3）个人非法吸收或者变相吸收公众存款，给存款人造成直接经济损失数额在 10 万元以上的，单位非法吸收或者变相吸收公众存款，给存款人造成直接经济损失数额在 50 万元以上的。

（4）造成恶劣社会影响或者其他严重后果的。

具有下列情形之一的，属于《中华人民共和国刑法》第一百七十六条规定的“数额巨大或者有其他严重情节”：

（1）个人非法吸收或者变相吸收公众存款，数额在 100 万元以上的，单位非法吸收或者变相吸收公众存款，数额在 500 万元以上的。

（2）个人非法吸收或者变相吸收公众存款对象 100 人以上的，单位非法吸收或者变相吸收公众存款对象 500 人以上的。

（3）个人非法吸收或者变相吸收公众存款，给存款人造成直接经济损失数额在 50 万元以上的，单位非法吸收或者变相吸收公众存款，给存款人造成直接经济损失数额在 250 万元以上的。

（4）造成特别恶劣社会影响或者其他特别严重后果的。

非法吸收或者变相吸收公众存款的数额，以行为人所吸收的资金全额计算。案发前后已归还的数额，可以作为量刑情节酌情考虑。

非法吸收或者变相吸收公众存款，主要用于正常的生产经营活动，能够及时清退所吸收资金，可以免予刑事处罚；情节显著轻微的，不作为犯罪处理。

第四条规定，以非法占有为目的，使用诈骗方法实施本解释第二条规定所列行为的，应当依照《中华人民共和国刑法》第一百九十二条的规定，以集资诈骗罪定罪处罚。

四、违规披露、不披露重要信息的行政责任、刑事责任的认定

（一）违规披露、不披露重要信息的行政责任的相关认定

1.《信息披露违法行为行政责任认定规则》的相关规定

第十五条规定，发生信息披露违法行为的，依照法律、行政法规、规章规定，对负有保证信息披露真实、准确、完整、及时和公平义务的董事、监事、高级管理人员，应当视情形认定其为直接负责的主管人员或者其他直接责任人员承担行政责任，但其能够证明已尽忠实、勤勉义务，没有过错的除外。

第十六条规定，信息披露违法行为的责任人员可以提交公司章程，载明职责分工和职责履行情况的材料，相关会议纪要或者会议记录以及其他证据来证明自身没有过错。

第十七条规定，董事、监事、高级管理人员之外的其他人员，确有证据证明其行为与信息披露违法行为具有直接因果关系，包括实际承担或者履行董事、监事或者高级管理人员的职责，组织、参与、实施了公司信息披露违法行为或者直接导致信息披露违法的，应当视情形认定其为直接负责的主管人员或者其他直接责任人员。

第十八条规定，有证据证明因信息披露义务人受控股股东、实际控制人指使，未按照规定披露信息，或者所披露的信息有虚假记载、误导性陈述或者重大遗漏的，在认定信息披露义务人责任的同时，应当认定信息披露义务人控股股东、实际控制人的信息披露违法责任。信息披露义务人的控股股东、实际控制人是法人的，其负责人应当认定为直接负责的主管人员。

控股股东、实际控制人直接授意、指挥从事信息披露违法行为，或者隐瞒应当披露信息、不告知应当披露信息的，应当认定控股股东、实际控制人指使从事信息披露违法行为。

第十九条规定，信息披露违法责任人员的责任大小，可以从以下五个方面考虑责任人员与案件中认定的信息披露违法的事实、性质、情节、社会危害后果的关系，综合分析认定：

(1)在信息披露违法行为发生过程中所起的作用。对于认定的信息披露违法事项是起主要作用还是次要作用，是否组织、策划、参与、实施信息披露违法行为，是积极参加还是被动参加。

(2)知情程度和态度。对于信息披露违法所涉事项及其内容是否知情，是否反映、报告，是否采取措施有效避免或者减少损害后果，是否放任违法行为发生。

(3)职务、具体职责及履行职责情况。认定的信息披露违法事项是否与责任人员的职务、具体职责存在直接关系，责任人员是否忠实、勤勉履行职责，有无懈怠、放弃履行职责，是否履行职责预防、发现和阻止信息披露违法行为发生。

(4)专业背景。是否存在责任人员有专业背景，对于信息披露中与其专业背景有关违法事项应当发现而未予指出的情况，如专业会计人士对于会计问题、专业技术人员对于技术问题等未予指出。

(5)其他影响责任认定的情况。

第二十条规定，认定从轻或者减轻处罚的考虑情形：

(1)未直接参与信息披露违法行为。

(2)在信息披露违法行为被发现前，及时主动要求公司采取纠正措施或者向证券监管机构报告。

(3)在获悉公司信息披露违法后，向公司有关主管人员或者公司上级主管提出质疑并采取了适当措施。

(4)配合证券监管机构调查且有立功表现。

(5)受他人胁迫参与信息披露违法行为。

(6)其他需要考虑的情形。

第二十一条规定，认定为不予行政处罚的考虑情形：

(1)当事人对认定的信息披露违法事项提出具体异议记载于董事会、监事会、公司办公会会议记录等，并在上述会议中投反对票的。

（2）当事人在信息披露违法事实所涉及期间，由于不可抗力、失去人身自由等无法正常履行职责的。

（3）对公司信息披露违法行为不负有主要责任的人员在公司信息披露违法行为发生后及时向公司和证券交易所、证券监管机构报告的。

（4）其他需要考虑的情形。

第二十二条规定，任何下列情形，不得单独作为不予处罚情形认定：

（1）不直接从事经营管理。

（2）能力不足、无相关职业背景。

（3）任职时间短、不了解情况。

（4）相信专业机构或者专业人员出具的意见和报告。

（5）受到股东、实际控制人控制或者其他外部干预。

第二十三条规定，下列情形认定为应当从重处罚情形：

（1）不配合证券监管机构监管，或者拒绝、阻碍证券监管机构及其工作人员执法，甚至以暴力、威胁及其他手段干扰执法。

（2）在信息披露违法案件中变造、隐瞒、毁灭证据，或者提供伪证，妨碍调查。

（3）两次以上违反信息披露规定并受到行政处罚或者证券交易所纪律处分。

（4）在信息披露上有不良诚信记录并记入证券期货诚信档案。

（5）中国证监会认定的其他情形。

2.《中华人民共和国证券法》的相关规定

第一百九十三条规定，发行人、上市公司或者其他信息披露义务人未按照规定披露信息，或者所披露的信息有虚假记载、误导性陈述或者重大遗漏的，责令改正，给予警告，并处以30万元以上60万元以下的罚款。对直接负责的主管人员和其他直接责任人员给予警告，并处以3万元以上30万元以下的罚款。

发行人、上市公司或者其他信息披露义务人未按照规定报送有关报告，或者报送的报告有虚假记载、误导性陈述或者重大遗漏的，责令改正，给予警告，并处以30万元以上60万元以下的罚款。对直接负责的主管人员和其他直接责任人员给予警告，并处以3万元以上30万元以下的罚款。

发行人、上市公司或其他信息披露义务人的控股股东、实际控制人指使从事前两款违法行为的，依照前两款的规定处罚。

（二）违规披露、不披露重要信息的刑事责任的认定

1.《中华人民共和国刑法》的相关规定

根据本法第一百六十一条对违背披露、不披露重要信息罪的规定，依法负有信息披露义务的公司、企业向股东和社会公众提供虚假的或者隐瞒重要事实的财务会计报告，或者对依法应当披露的其他重要信息不按照规定披露，严重损害股东或者其他人利益，或者有其他严重情节的，对其直接负责的主管人员和其他直接责任人员，处3年以下有期徒刑或者拘役，

并处或者单处2万元以上20万元以下罚金。

2.《最高人民检察院、公安部关于经济犯罪案件追诉标准的补充规定》的相关规定

根据本补充规定对违规披露、不披露重要信息案(《中华人民共和国刑法》第一百六十一条)的规定,依法负有信息披露义务的公司、企业向股东和社会公众提供虚假的或者隐瞒重要事实的财务会计报告,或者对依法应当披露的其他重要信息不按照规定披露,涉嫌下列情形之一的,应予追诉:

(1)造成股东、债权人或者其他人直接经济损失数额累计在50万元以上的。

(2)虚增或者虚减资产达到当期披露的资产总额30%以上的。

(3)虚增或者虚减利润达到当期披露的利润总额30%以上的。

(4)未按规定披露的重大诉讼、仲裁、担保、关联交易或者其他重大事项所涉及的数额或者连续12个月的累计数额占净资产50%以上的。

(5)致使公司发行的股票、公司债券或者国务院依法认定的其他证券被终止上市交易或者多次被暂停上市交易的。

(6)致使不符合发行条件的公司、企业骗取发行核准并且上市交易的。

(7)在公司财务会计报告中将亏损披露为盈利,或者将盈利披露为亏损的。

(8)多次提供虚假的或者隐瞒重要事实的财务会计报告,或者多次对依法应当披露的其他重要信息不按照规定披露的。

(9)其他严重损害股东、债权人或者其他人利益,或者有其他严重情节的。

五、擅自改变公开发行证券募集资金用途的法律责任

《中华人民共和国证券法》第十五条规定,公司对公开发行股票所募集资金,必须按照招股说明书所列资金用途使用。改变招股说明书所列资金用途,必须经股东大会作出决议。擅自改变用途而未作纠正的,或者未经股东大会认可的,不得公开发行新股。

第一百九十四条规定,发行人、上市公司擅自改变公开发行证券所募集资金的用途的,责令改正,对直接负责的主管人员和其他直接责任人员给予警告,并处以3万元以上30万元以下的罚款。

发行人、上市公司的控股股东、实际控制人指使从事前款违法行为的,给予警告,并处以30万元以上60万元以下的罚款。对直接负责的主管人员和其他直接责任人员依照前款的规定处罚。

《上市公司证券发行管理办法》第十一条规定,上市公司存在下列情形之一的,不得公开发行证券:

(1)本次发行申请文件有虚假记载、误导性陈述或重大遗漏。

(2)擅自改变前次公开发行证券募集资金的用途而未作纠正。

(3)上市公司最近12个月内受到过证券交易所的公开谴责。

(4)上市公司及其控股股东或实际控制人最近12个月内存在未履行向投资者作出的公开承诺的行为。

(5)上市公司或其现任董事、高级管理人员因涉嫌犯罪被司法机关立案侦查或涉嫌违法违规被中国证监会立案调查。

(6)严重损害投资者的合法权益和社会公共利益的其他情形。

第二节　证券二级市场

考纲要求

大纲内容	要求
诱骗投资者买卖证券、期货合约的刑事责任的认定	掌握
利用未公开信息交易的刑事责任、民事责任及行政责任的认定	掌握
内幕交易、泄露内幕信息的刑事责任、民事责任及行政责任的认定	掌握
操纵证券期货市场的刑事责任、民事责任及行政责任的认定	掌握
在证券交易活动中作出虚假陈述或者信息误导的民事责任、行政责任及刑事责任的认定	掌握
背信运用受托财产的犯罪构成、刑事追诉标准及其法律责任	熟悉

知识解读

一、诱骗投资者买卖证券、期货合约的刑事责任的认定

诱骗投资者买卖证券、期货合约罪是指证券交易所、期货交易所、证券公司、期货经纪公司的从业人员，证券业协会、期货业协会或者证券期货监督管理部门的工作人员，故意提供虚假信息或者伪造、变造、销毁交易记录，诱骗投资者买卖证券、期货合约，造成严重后果的行为。

(一) 刑事责任的认定

(1)本罪与非罪的界限。诱骗投资者买卖证券、期货合约罪属于结果犯，即行为人所实施的行为必须造成了严重的后果，才构成本罪，否则，即使行为人实施了前述行为，也只能按一般违法行为处理，依据情况追究民事责任或行政责任。此外，司法实践中也必须将本罪与预测错误区分开来。

(2)本罪与编造并传播证券、期货交易虚假信息罪的界限。诱骗投资者买卖证券、期货合约罪与编造并传播证券、期货交易虚假信息罪都包含着提供虚假信息的内容，同时都有可能诱使相关投资者在不知真相的情况下进行证券、期货交易，从而遭受经济损失，并且两者都是有关妨害证券、期货信息真实公开的行为。

(3)证券交易所、期货交易所、证券公司、期货经纪公司的从业人员，证券业协会、期货业协会或者证券期货监督主管部门的工作人员之所以会提供虚假信息或者伪造、变造、销毁交易记录，往往是因为收受他人贿赂，或者为了贪污、挪用、侵占、盗窃单位或有关投资人的资金。在这些情况下，行为人的行为往往构成数罪。因此，我们在认定本罪时，还应查清行为人实施该行为的前因后果，以便一并予以惩处其他相关犯罪行为。

（二）立案追诉标准

《最高人民检察院、公安部关于公安机关管辖的刑事案件立案追诉标准的规定(二)》第三十八条规定，证券交易所、期货交易所、证券公司、期货公司的从业人员，证券业协会、期货业协会或者证券期货监督管理部门的工作人员，故意提供虚假信息或者伪造、变造、销毁交易记录，诱骗投资者买卖证券、期货合约，涉嫌下列情形之一的，应予立案追诉：

(1)获利或者避免损失数额累计在5万元以上的。

(2)造成投资者直接经济损失数额在5万元以上的。

(3)致使交易价格和交易量异常波动的。

(4)其他造成严重后果的情形。

（三）法律责任

根据《中华人民共和国刑法》第一百八十一条对诱骗投资者买卖证券、期货合约罪的规定，证券交易所、期货交易所、证券公司、期货经纪公司的从业人员，证券业协会、期货业协会或者证券期货监督管理部门的工作人员，故意提供虚假信息或者伪造、变造、销毁交易记录，诱骗投资者买卖证券、期货合约，造成严重后果的，处5年以下有期徒刑或者拘役，并处或者单处1万元以上10万元以下罚金；情节特别恶劣的，处5年以上10年以下有期徒刑，并处2万元以上20万元以下罚金。

单位犯前两款罪的，对单位判处罚金，并对其直接负责的主管人员和其他直接责任人员，处5年以下有期徒刑或者拘役。

二、利用未公开信息交易的刑事责任、民事责任及行政责任的认定

（一）责任认定

利用未公开信息交易罪是指证券交易所、期货交易所、证券公司、期货经纪公司、基金管理公司、商业银行、保险公司等金融机构的从业人员以及有关监管部门或者行业协会的工作人员，利用因职务便利获取的内幕信息以外的其他未公开的信息，违反规定，从事与该信息相关的证券、期货交易活动，或者明示、暗示他人从事相关交易活动，情节严重的行为。

根据《中华人民共和国刑法》第一百八十条对利用未公开信息交易罪的规定，证券交易所、期货交易所、证券公司、期货经纪公司、基金管理公司、商业银行、保险公司等金融机构的从业人员以及有关监管部门或者行业协会的工作人员，利用因职务便利获取的内幕信息以外的其他未公开的信息，违反规定，从事与该信息相关的证券、期货交易活动，或者明示、暗

示他人从事相关交易活动，情节严重的，处5年以下有期徒刑或者拘役，并处或者单处违法所得1倍以上5倍以下罚金；情节特别严重的，处5年以上10年以下有期徒刑，并处违法所得1倍以上5倍以下罚金。

（二）立案追诉标准

《最高人民检察院、公安部关于公安机关管辖的刑事案件立案追诉标准的规定（二）》第三十六条规定，证券交易所、期货交易所、证券公司、期货公司、基金管理公司、商业银行、保险公司等金融机构的从业人员以及有关监管部门或者行业协会的工作人员，利用因职务便利获取的内幕信息以外的其他未公开的信息，违反规定，从事与该信息相关的证券、期货交易活动，或者明示、暗示他人从事相关交易活动，涉嫌下列情形之一的，应予立案追诉：

（1）证券交易成交额累计在50万元以上的。

（2）期货交易占用保证金数额累计在30万元以上的。

（3）获利或者避免损失数额累计在15万元以上的。

（4）多次利用内幕信息以外的其他未公开信息进行交易活动的。

（5）其他情节严重的情形。

三、内幕交易、泄露内幕信息的刑事责任、民事责任及行政责任的认定

（一）责任认定

内幕交易、泄露内幕信息罪是指证券、期货交易内幕信息的知情人员或者非法获取证券、期货交易内幕信息的人员，在涉及证券的发行，证券、期货交易或者其他对证券、期货交易价格有重大影响的信息尚未公开前，买入或者卖出该证券，或者从事与该内幕信息有关的期货交易，或者泄露该信息，或者明示、暗示他人从事上述交易活动，情节严重的行为。

根据《中华人民共和国刑法》第一百八十条对内幕交易、泄露内幕信息罪的规定，证券、期货交易内幕信息的知情人员或者非法获取证券、期货交易内幕信息的人员，在涉及证券的发行，证券、期货交易或者其他对证券、期货交易价格有重大影响的信息尚未公开前，买入或者卖出该证券，或者从事与该内幕信息有关的期货交易，或者泄露该信息，或者明示、暗示他人从事上述交易活动，情节严重的，处5年以下有期徒刑或者拘役，并处或者单处违法所得1倍以上5倍以下罚金；情节特别严重的，处5年以上10年以下有期徒刑，并处违法所得1倍以上5倍以下罚金。

单位犯前款罪的，对单位判处罚金，并对其直接负责的主管人员和其他直接责任人员，处5年以下有期徒刑或者拘役。

内幕信息、知情人员的范围，依照法律、行政法规的规定确定。

《中华人民共和国证券法》第二百零二条规定，证券交易内幕信息的知情人或者非法获取内幕信息的人，在涉及证券的发行、交易或者其他对证券的价格有重大影响的信息公开前，买卖该证券，或者泄露该信息，或者建议他人买卖该证券的，责令依法处理非法持有的证

券，没收违法所得，并处以违法所得1倍以上5倍以下的罚款；没有违法所得或者违法所得不足3万元的，处以3万元以上60万元以下的罚款。单位从事内幕交易的，还应当对直接负责的主管人员和其他直接责任人员给予警告，并处以3万元以上30万元以下的罚款。国务院证券监督管理机构工作人员进行内幕交易的，从重处罚。

（二）立案追诉标准

《最高人民检察院、公安部关于公安机关管辖的刑事案件立案追诉标准的规定（二）》第三十五条规定，证券、期货交易内幕信息的知情人员、单位或者非法获取证券、期货交易内幕信息的人员、单位，在涉及证券的发行，证券、期货交易或者其他对证券、期货交易价格有重大影响的信息尚未公开前，买入或者卖出该证券，或者从事与该内幕信息有关的期货交易，或者泄露该信息，或者明示、暗示他人从事上述交易活动，涉嫌下列情形之一的，应予立案追诉：

（1）证券交易成交额累计在50万元以上的。

（2）期货交易占用保证金数额累计在30万元以上的。

（3）获利或者避免损失数额累计在15万元以上的。

（4）多次进行内幕交易、泄露内幕信息的。

（5）其他情节严重的情形。

《最高人民法院、最高人民检察院关于办理内幕交易、泄露内幕信息刑事案件具体应用法律若干问题的解释》第二条规定，具有下列行为的人员应当认定为刑法第一百八十条第一款规定的“非法获取证券、期货交易内幕信息的人员”：

（1）利用窃取、骗取、套取、窃听、利诱、刺探或者私下交易等手段获取内幕信息的。

（2）内幕信息知情人员的近亲属或者其他与内幕信息知情人员关系密切的人员，在内幕信息敏感期内，从事或者明示、暗示他人从事，或者泄露内幕信息导致他人从事与该内幕信息有关的证券、期货交易，相关交易行为明显异常，且无正当理由或者正当信息来源的。

（3）在内幕信息敏感期内，与内幕信息知情人员联络、接触，从事或者明示、暗示他人从事，或者泄露内幕信息导致他人从事与该内幕信息有关的证券、期货交易，相关交易行为明显异常，且无正当理由或者正当信息来源的。

（三）《中华人民共和国证券法》的规定

《中华人民共和国证券法》第七十六条规定，证券交易内幕信息的知情人和非法获取内幕信息的人，在内幕信息公开前，不得买卖该公司的证券，或者泄露该信息，或者建议他人买卖该证券。

持有或者通过协议、其他安排与他人共同持有公司5%以上股份的自然人、法人、其他组织收购上市公司的股份，本法另有规定的，适用其规定。

内幕交易行为给投资者造成损失的，行为人应当依法承担赔偿责任。

四、操纵证券期货市场的刑事责任、民事责任及行政责任的认定

(一) 责任认定

操纵证券、期货市场罪是指以获取不正当利益或者转嫁风险为目的,集中资金优势、持股或者持仓优势或者利用信息优势联合或者连续买卖,与他人串通相互进行证券、期货交易,自买自卖期货合约,操纵证券、期货市场交易量、交易价格,制造证券、期货市场假象,诱导或者致使投资者在不了解事实真相的情况下作出准确投资决定,扰乱证券、期货市场秩序的行为。本罪主观方面由故意构成,且以获取不正当利益或者转嫁风险为目的。本罪主体为一般主体,凡达到刑事责任年龄并且具有刑事责任能力的自然人均可成为本罪主体;单位亦能成为本罪主体。本罪侵害了国家证券、期货管理制度和投资者的合法权益。

根据《中华人民共和国刑法》第一百八十二条对操纵证券、期货市场罪的规定,有下列情形之一,操纵证券、期货市场,情节严重的,处5年以下有期徒刑或者拘役,并处或者单处罚金;情节特别严重的,处5年以上10年以下有期徒刑,并处罚金:

(1)单独或者合谋,集中资金优势、持股或者持仓优势或者利用信息优势联合或者连续买卖,操纵证券、期货交易价格或者证券、期货交易量的。

(2)与他人串通,以事先约定的时间、价格和方式相互进行证券、期货交易,影响证券、期货交易价格或者证券、期货交易量的。

(3)在自己实际控制的账户之间进行证券交易,或者以自己为交易对象,自买自卖期货合约,影响证券、期货交易价格或者证券、期货交易量的。

(4)以其他方法操纵证券、期货市场的。

单位犯前款罪的,对单位判处罚金,并对其直接负责的主管人员和其他直接责任人员,依照前款的规定处罚。

《中华人民共和国证券法》第二百零三条规定,违反本法规定,操纵证券市场的,责令依法处理非法持有的证券,没收违法所得,并处以违法所得1倍以上5倍以下的罚款;没有违法所得或者违法所得不足30万元的,处以30万元以上300万元以下的罚款。单位操纵证券市场的,还应当对直接负责的主管人员和其他直接责任人员给予警告,并处以10万元以上60万元以下的罚款。

(二) 立案追诉标准

《最高人民检察院、公安部关于公安机关管辖的刑事案件立案追诉标准的规定(二)》第三十九条规定,操纵证券、期货市场,涉嫌下列情形之一的,应予立案追诉:

(1)单独或者合谋,持有或者实际控制证券的流通股份数达到该证券的实际流通股份总量30%以上,且在该证券连续20个交易日内联合或者连续买卖股份数累计达到该证券同期总成交量30%以上的。

(2)单独或者合谋,持有或者实际控制期货合约的数量超过期货交易所业务规则限定的持仓量50%以上,且在该期货合约连续20个交易日内联合或者连续买卖期货合约数累计达到该期货合约同期总成交量30%以上的。

(3)与他人串通,以事先约定的时间、价格和方式相互进行证券或者期货合约交易,且在该证券或者期货合约连续20个交易日内成交量累计达到该证券或者期货合约同期总成交量20%以上的。

(4)在自己实际控制的账户之间进行证券交易,或者以自己为交易对象,自买自卖期货合约,且在该证券或者期货合约连续20个交易日内成交量累计达到该证券或者期货合约同期总成交量20%以上的。

(5)单独或者合谋,当日连续申报买入或者卖出同一证券、期货合约并在成交前撤回申报,撤回申报量占当日该种证券总申报量或者该种期货合约总申报量50%以上的。

(6)上市公司及其董事、监事、高级管理人员、实际控制人、控股股东或者其他关联人单独或者合谋,利用信息优势,操纵该公司证券交易价格或者证券交易量的。

(7)证券公司、证券投资咨询机构、专业中介机构或者从业人员,违背有关从业禁止的规定,买卖或者持有相关证券,通过对证券或者其发行人、上市公司公开作出评价、预测或者投资建议,在该证券的交易中谋取利益,情节严重的。

(8)其他情节严重的情形。

五、在证券交易活动中作出虚假陈述或者信息误导的民事责任、行政责任及刑事责任的认定

(一)责任认定

虚假陈述的行为可以根据不同的划分标准分为多种类型。按证券发行、交易的程序和信息公开制度的阶段性要求可以分为一级市场中的虚假陈述和二级市场中的虚假陈述;根据信息公开的对象不同,可以分为针对公众的虚假陈述和针对证券监督管理机构的虚假陈述;根据行为主体的角度可以分为自然人的虚假陈述和法人的虚假陈述等。

1.《最高人民法院关于审理证券市场因虚假陈述引发的民事赔偿案件的若干规定》的相关规定

第十七条规定,证券市场虚假陈述,是指信息披露义务人违反证券法律规定,在证券发行或者交易过程中,对重大事件作出违背事实真相的虚假记载、误导性陈述,或者在披露信息时发生重大遗漏、不正当披露信息的行为。

对于重大事件,应当结合证券法第五十九条、第六十条、第六十一条、第六十二条、第七十二条及相关规定的内容认定。

虚假记载,是指信息披露义务人在披露信息时,将不存在的事实在信息披露文件中予以记载的行为。

误导性陈述,是指虚假陈述行为人在信息披露文件中或者通过媒体,作出使投资人对其投资行为发生错误判断并产生重大影响的陈述。

重大遗漏,是指信息披露义务人在信息披露文件中,未将应当记载的事项完全或者部分予以记载。

不正当披露，是指信息披露义务人未在适当期限内或者未以法定方式公开披露应当披露的信息。

第十八条规定，投资人具有以下情形的，人民法院应当认定虚假陈述与损害结果之间存在因果关系：

（1）投资人所投资的是与虚假陈述直接关联的证券。

（2）投资人在虚假陈述实施日及以后，至揭露日或者更正日之前买入该证券。

（3）投资人在虚假陈述揭露日或者更正日及以后，因卖出该证券发生亏损，或者因持续持有该证券而产生亏损。

第十九条规定，被告举证证明原告具有以下情形的，人民法院应当认定虚假陈述与损害结果之间不存在因果关系：

（1）在虚假陈述揭露日或者更正日之前已经卖出证券。

（2）在虚假陈述揭露日或者更正日及以后进行的投资。

（3）明知虚假陈述存在而进行的投资。

（4）损失或者部分损失是由证券市场系统风险等其他因素所导致。

（5）属于恶意投资、操纵证券价格的。

第二十条规定，本规定所指的虚假陈述实施日，是指作出虚假陈述或者发生虚假陈述之日。

虚假陈述揭露日，是指虚假陈述在全国范围发行或者播放的报刊、电台、电视台等媒体上，首次被公开揭露之日。

虚假陈述更正日，是指虚假陈述行为人在中国证券监督管理委员会指定披露证券市场信息的媒体上，自行公告更正虚假陈述并按规定履行停牌手续之日。

第二十一条规定，发起人、发行人或者上市公司对其虚假陈述给投资人造成的损失承担民事赔偿责任。

发行人、上市公司负有责任的董事、监事和经理等高级管理人员对前款的损失承担连带赔偿责任。但有证据证明无过错的，应予免责。

第二十二条规定，实际控制人操纵发行人或者上市公司违反证券法律规定，以发行人或者上市公司名义虚假陈述并给投资人造成损失的，可以由发行人或者上市公司承担赔偿责任。发行人或者上市公司承担赔偿责任后，可以向实际控制人追偿。

实际控制人违反证券法第四条、第五条以及第一百八十八条规定虚假陈述，给投资人造成损失的，由实际控制人承担赔偿责任。

第二十三条规定，证券承销商、证券上市推荐人对虚假陈述给投资人造成的损失承担赔偿责任。但有证据证明无过错的，应予免责。

负有责任的董事、监事和经理等高级管理人员对证券承销商、证券上市推荐人承担的赔偿责任负连带责任。其免责事由同前款规定。

第二十四条规定，专业中介服务机构及其直接责任人违反证券法第一百六十一条和第二百零二条的规定虚假陈述，给投资人造成损失的，就其负有责任的部分承担赔偿责任。但有证据证明无过错的，应予免责。

第二十五条规定，本规定第七条第（七）项规定的其他作出虚假陈述行为的机构或者自然人，违反证券法第五条、第七十二条、第一百八十八条和第一百八十九条规定，给投资人造成损失的，应当承担赔偿责任。

第二十六条规定，发起人对发行人信息披露提供担保的，发起人与发行人对投资人的损失承担连带责任。

第二十七条规定，证券承销商、证券上市推荐人或者专业中介服务机构，知道或者应当知道发行人或者上市公司虚假陈述，而不予纠正或者不出具保留意见的，构成共同侵权，对投资人的损失承担连带责任。

第二十八条规定，发行人、上市公司、证券承销商、证券上市推荐人负有责任的董事、监事和经理等高级管理人员有下列情形之一的，应当认定为共同虚假陈述，分别与发行人、上市公司、证券承销商、证券上市推荐人对投资人的损失承担连带责任：

（1）参与虚假陈述的。

（2）知道或者应当知道虚假陈述而未明确表示反对的。

（3）其他应当负有责任的情形。

第二十九条规定，虚假陈述行为人在证券发行市场虚假陈述，导致投资人损失的，投资人有权要求虚假陈述行为人按本规定第三十条赔偿损失；导致证券被停止发行的，投资人有权要求返还和赔偿所缴股款及银行同期活期存款利率的利息。

第三十条规定，虚假陈述行为人在证券交易市场承担民事赔偿责任的范围，以投资人因虚假陈述而实际发生的损失为限。投资人实际损失包括：

（1）投资差额损失。

（2）投资差额损失部分的佣金和印花税。

前款所涉资金利息，自买入至卖出证券日或者基准日，按银行同期活期存款利率计算。

第三十一条规定，投资人在基准日及以前卖出证券的，其投资差额损失，以买入证券平均价格与实际卖出证券平均价格之差，乘以投资人所持证券数量计算。

第三十二条规定，投资人在基准日之后卖出或者仍持有证券的，其投资差额损失，以买入证券平均价格与虚假陈述揭露日或者更正日起至基准日期间，每个交易日收盘价的平均价格之差，乘以投资人所持证券数量计算。

第三十三条规定，投资差额损失计算的基准日，是指虚假陈述揭露或者更正后，为将投资人应获赔偿限定在虚假陈述所造成的损失范围内，确定损失计算的合理期间而规定的截止日期。基准日分别按下列情况确定：

（1）揭露日或者更正日起，至被虚假陈述影响的证券累计成交量达到其可流通部分100%之日。但通过大宗交易协议转让的证券成交量不予计算。

（2）按前项规定在开庭审理前尚不能确定的，则以揭露日或者更正日后第30个交易日为基准日。

(3)已经退出证券交易市场的,以摘牌日前一交易日为基准日。

(4)已经停止证券交易的,可以停牌日前一交易日为基准日;恢复交易的,可以本条第(1)项规定确定基准日。

第三十四条规定,投资人持股期间基于股东身份取得的收益,包括红利、红股、公积金转增所得的股份以及投资人持股期间出资购买的配股、增发股和转配股,不得冲抵虚假陈述行为人的赔偿金额。

第三十五条规定,已经除权的证券,计算投资差额损失时,证券价格和证券数量应当复权计算。

2.《中华人民共和国证券法》的相关规定

《中华人民共和国证券法》第一百九十二条规定,保荐人出具有虚假记载、误导性陈述或者重大遗漏的保荐书,或者不履行其他法定职责的,责令改正,给予警告,没收业务收入,并处以业务收入1倍以上5倍以下的罚款;情节严重的,暂停或者撤销相关业务许可。对直接负责的主管人员和其他直接责任人员给予警告,并处以3万元以上30万元以下的罚款;情节严重的,撤销任职资格或者证券从业资格。

第一百九十三条规定,发行人、上市公司或者其他信息披露义务人未按照规定披露信息,或者所披露的信息有虚假记载、误导性陈述或者重大遗漏的,责令改正,给予警告,并处以30万元以上60万元以下的罚款。对直接负责的主管人员和其他直接责任人员给予警告,并处以3万元以上30万元以下的罚款。

发行人、上市公司或者其他信息披露义务人未按照规定报送有关报告,或者报送的报告有虚假记载、误导性陈述或者重大遗漏的,责令改正,给予警告,并处以30万元以上60万元以下的罚款。对直接负责的主管人员和其他直接责任人员给予警告,并处以3万元以上30万元以下的罚款。

发行人、上市公司或者其他信息披露义务人的控股股东、实际控制人指使从事前两款违法行为的,依照前两款的规定处罚。

第二百零七条规定,违反本法第七十八条第二款的规定,在证券交易活动中作出虚假陈述或者信息误导的,责令改正,处以3万元以上20万元以下的罚款;属于国家工作人员的,还应当依法给予行政处分。

3.《中华人民共和国刑法》的相关规定

根据第一百六十条对欺诈发行股票、债券罪的规定,在招股说明书、认股书、公司、企业债券募集办法中隐瞒重要事实或者编造重大虚假内容,发行股票或者公司、企业债券,数额巨大、后果严重或者有其他严重情节的,处5年以下有期徒刑或者拘役,并处或者单处非法募集资金金额1%以上5%以下罚金。

单位犯前款罪的,对单位判处罚金,并对其直接负责的主管人员和其他直接责任人员,处5年以下有期徒刑或者拘役。

根据第一百六十一条对违规披露、不披露重要信息罪的规定，依法负有信息披露义务的公司、企业向股东和社会公众提供虚假的或者隐瞒重要事实的财务会计报告，或者对依法应当披露的其他重要信息不按照规定披露，严重损害股东或者其他人利益，或者有其他严重情节的，对其直接负责的主管人员和其他直接责任人员，处 3 年以下有期徒刑或者拘役，并处或者单处 2 万元以上 20 万元以下罚金。

根据第一百八十条对内幕交易、泄露内幕信息罪和利用未公开信息交易罪的规定，证券、期货交易内幕信息的知情人员或者非法获取证券、期货交易内幕信息的人员，在涉及证券的发行，证券、期货交易或者其他对证券、期货交易价格有重大影响的信息尚未公开前，买入或者卖出该证券，或者从事与该内幕信息有关的期货交易，或者泄露该信息，或者明示、暗示他人从事上述交易活动，情节严重的，处 5 年以下有期徒刑或者拘役，并处或者单处违法所得 1 倍以上 5 倍以下罚金；情节特别严重的，处 5 年以上 10 年以下有期徒刑，并处违法所得 1 倍以上 5 倍以下罚金。

单位犯前款罪的，对单位判处罚金，并对其直接负责的主管人员和其他直接责任人员，处 5 年以下有期徒刑或者拘役。

内幕信息、知情人员的范围，依照法律、行政法规的规定确定。

证券交易所、期货交易所、证券公司、期货经纪公司、基金管理公司、商业银行、保险公司等金融机构的从业人员以及有关监管部门或者行业协会的工作人员，利用因职务便利获取的内幕信息以外的其他未公开的信息，违反规定，从事与该信息相关的证券、期货交易活动，或者明示、暗示他人从事相关交易活动，情节严重的，依照第一款的规定处罚。

根据第一百八十一条的规定，编造并且传播影响证券、期货交易的虚假信息，扰乱证券、期货交易市场，造成严重后果的，处 5 年以下有期徒刑或者拘役，并处或者单处 1 万元以上 10 万元以下罚金。

证券交易所、期货交易所、证券公司、期货经纪公司的从业人员，证券业协会、期货业协会或者证券期货监督管理部门的工作人员，故意提供虚假信息或者伪造、变造、销毁交易记录，诱骗投资者买卖证券、期货合约，造成严重后果的，处 5 年以下有期徒刑或者拘役，并处或者单处 1 万元以上 10 万元以下罚金；情节特别恶劣的，处 5 年以上 10 年以下有期徒刑，并处 2 万元以上 20 万元以下罚金。

单位犯前两款罪的，对单位判处罚金，并对其直接负责的主管人员和其他直接责任人员，处 5 年以下有期徒刑或者拘役。

（二）立案追诉标准

《最高人民检察院、公安部关于公安机关管辖的刑事案件立案追诉标准的规定（二）》第三十七条规定，编造并且传播影响证券、期货交易的虚假信息，扰乱证券、期货交易市场，涉嫌下列情形之一的，应予立案追诉：

（1）获利或者避免损失数额累计在 5 万元以上的。

（2）造成投资者直接经济损失数额在 5 万元以上的。

(3)致使交易价格和交易量异常波动的。

(4)虽未达到上述数额标准,但多次编造并且传播影响证券、期货交易的虚假信息的。

(5)其他造成严重后果的情形。

六、背信运用受托财产的犯罪构成、刑事追诉标准及其法律责任

背信运用受托财产罪是指银行或者其他金融机构违背受托义务,擅自运用客户资金或者其他委托、信托的财产,情节严重的行为。

(一) 犯罪构成

1. 客体要件

侵犯的客体是金融管理秩序和客户的合法权益。本罪针对金融机构背离受托义务,擅自运用受托客户财产的行为而设立。由于该行为使客户的财产陷入极大风险之中,从而动摇社会公众的投资信念,严重损害客户的合法权益并危害金融管理秩序、妨害金融市场的健康发展,须以刑法制裁。

2. 客观要件

客观方面表现为金融机构违背受托义务,擅自运用客户资金或者其他委托、信托的财产的行为。

所谓违背受托义务,是指金融机构违背法律、行政法规、部门规章规定的受托人应尽的法定义务以及违反有关委托合同所约定的有关金融机构应该承担的具体约定义务。

所谓擅自运用,是指非法动用受托客户的资金,包括具有归还意图的非法使用和不打算归还的非法占有。

所谓客户资金或者其他委托、信托的财产,是指客户按约定存放在各类金融机构或者委托金融机构经营的资金和资产,含存款、证券交易资金、期货交易资金以及受托理财业务中的客户资产、信托业务中的信托财产、证券投资基金等。

3. 主体要件

犯罪主体是特殊主体,即金融机构,具体指商业银行、证券交易所、期货交易所、证券公司、期货经纪公司、保险公司或者其他金融机构。

其他金融机构主要是指经国家有关主管部门批准的、有资格开展投资理财特定业务的信托投资公司、投资咨询公司、投资管理公司等金融机构。该犯罪主体是单位。

4. 主观要件

主观方面表现为故意,一般是为了获取非法利润。

(二) 刑事追诉标准

《最高人民检察院、公安部关于公安机关管辖的刑事案件立案追诉标准的规定(二)》第四十条规定,商业银行、证券交易所、期货交易所、证券公司、期货公司、保险公司或者其他金融机构,违背受托义务,擅自运用客户资金或者其他委托、信托的财产,涉嫌下列情形之一的,应予立案追诉:

(1)擅自运用客户资金或者其他委托、信托的财产数额在30万元以上的。

(2)虽未达到上述数额标准,但多次擅自运用客户资金或者其他委托、信托的财产,或者擅自运用多个客户资金或者其他委托、信托的财产的。

(3)其他情节严重的情形。

(三)法律责任

根据《中华人民共和国刑法》第一百八十五条对“挪用资金罪、挪用公款罪,背信运用受托财产罪,违法运用资金罪”的规定,商业银行、证券交易所、期货交易所、证券公司、期货经纪公司、保险公司或者其他金融机构的工作人员利用职务上的便利,挪用本单位或者客户资金的,依照本法第二百七十二条的规定定罪处罚。

国有商业银行、证券交易所、期货交易所、证券公司、期货经纪公司、保险公司或者其他国有金融机构的工作人员和国有商业银行、证券交易所、期货交易所、证券公司、期货经纪公司、保险公司或者其他国有金融机构委派到前款规定中的非国有机构从事公务的人员有前款行为的,依照本法第三百八十四条的规定定罪处罚。

商业银行、证券交易所、期货交易所、证券公司、期货经纪公司、保险公司或者其他金融机构,违背受托义务,擅自运用客户资金或者其他委托、信托的财产,情节严重的,对单位判处罚金,并对其直接负责的主管人员和其他直接责任人员,处3年以下有期徒刑或者拘役,并处3万元以上30万元以下罚金;情节特别严重的,处3年以上10年以下有期徒刑,并处5万元以上50万元以下罚金。

社会保障基金管理机构、住房公积金管理机构等公众资金管理机构,以及保险公司、保险资产管理公司、证券投资基金管理公司,违反国家规定运用资金的,对其直接负责的主管人员和其他直接责任人员,依照前款的规定处罚。

第二百七十二条对“挪用资金罪和挪用公款罪”的规定,公司、企业或者其他单位的工作人员,利用职务上的便利,挪用本单位资金归个人使用或者借贷给他人,数额较大、超过3个月未还的,或者虽未超过3个月,但数额较大、进行营利活动的,或者进行非法活动的,处3年以下有期徒刑或者拘役;挪用本单位资金数额巨大的,或者数额较大不退还的,处3年以上10年以下有期徒刑。

国有公司、企业或者其他国有单位中从事公务的人员和国有公司、企业或者其他国有单位委派到非国有公司、企业以及其他单位从事公务的人员有前款行为的,依照本法第三百八十四条的规定定罪处罚。

第三百八十四条对挪用公款罪的规定,国家工作人员利用职务上的便利,挪用公款归个人使用,进行非法活动的,或者挪用公款数额较大、进行营利活动的,或者挪用公款数额较大、超过3个月未还的,是挪用公款罪,处5年以下有期徒刑或者拘役;情节严重的,处5年以上有期徒刑。挪用公款数额巨大不退还的,处10年以上有期徒刑或者无期徒刑。

挪用用于救灾、抢险、防汛、优抚、扶贫、移民、救济款物归个人使用的,从重处罚。

同步自测

一、选择题(以下备选项中只有一项符合题目要求,不选、错选均不得分)

1. 根据《中华人民共和国证券法》的规定,未经法定机关核准,公司擅自公开发行或者变相公开发行证券的,下列对其实施的处罚中,错误的是( )。

A. 责令停止发行,退还所募资金并加算银行同期存款利息

B. 处以非法所募资金金额5%以上10%以下的罚款

C. 对擅自公开或者变相公开发行证券设立的公司,由依法履行监督管理职责的机构或者部门会同县级以上地方人民政府予以取缔

D. 对直接负责的主管人员和其他直接责任人员给予警告,并处以3万元以上30万元以下的罚款

2. 向特定对象转让股票,未经中国证监会核准,转让后公司股东累计不应超过( )人。

A. 150　　B. 50

C. 100　　D. 200

3. 违反《中华人民共和国证券法》规定,犯欺诈发行股票、债券罪的,应当承担民事赔偿责任和缴纳罚款、罚金,其财产不足以同时支付时,先承担( )责任。

A. 民事赔偿　　B. 刑事

C. 行政处罚　　D. 缴纳罚款

4. 犯集资诈骗罪的,以非法占有为目的,使用诈骗方法非法集资,数额较大的,处( )年以下有期徒刑或者拘役,并处2万元以上20万元以下罚金。

A. 1　　B. 3

C. 5　　D. 10

5. 发行人、上市公司或者其他信息披露义务人未按照规定披露信息,或者所披露的信息有虚假记载、误导性陈述或者重大遗漏的,责令改正,给予警告,并处以( )的罚款。

A. 30万元以上60万元以下

B. 给投资者造成损失的1%

C. 3万元以上30万元以下

D. 因此获得收入的5%

6. 下列行为可认定为诱骗投资者买卖证券、期货合约罪的是( )。

A. 变造交易记录,诱骗投资者买卖期货合约

B. 伪造交易记录,诱骗投资者买卖期货合约,造成严重后果

C. 过失传播虚假信息,致使投资者买卖证券,造成严重后果

D. 过失损毁交易记录,致使投资者买卖证券

7. 单独或者合谋,持有或者实际控制期货合约的数量超过期货交易所业务规则限定的持仓量( )以上,且在该期货合约连续20个交易日内联合或者连续买卖期货合约数累计达

到该期货合约同期总成交量30%以上的，即构成操纵证券、期货市场罪。

A. 10%　　B. 30%

C. 50%　　D. 70%

8. 发行人、上市公司或者其他信息披露义务人未按照规定报送有关报告，对直接负责的主管人员和其他直接责任人员给予警告，并处以（　）的罚款。

A. 3 万元以上 30 万元以下　　B. 5 万元以上 30 万元以下

C. 10 万元以上 30 万元以下　　D. 30 万元以上 60 万元以下

9. 发行人、上市公司的控股股东、实际控制人指使从事擅自改变公开发行证券所募集资金的用途的，给予警告，并处以（　）的罚款。

A. 10 万元以上 20 万元以下　　B. 20 万元以上 30 万元以下

C. 30 万元以上 60 万元以下　　D. 20 万元以上 50 万元以下

10. 下列关于利用未公开信息交易罪的说法中，错误的是（　）。

A. 是指证券交易所的从业人员利用因职务便利获取的内幕信息以外的其他未公开的信息，违反规定，从事与该信息相关的证券、期货交易活动，或者明示、暗示他人从事相关交易活动

B. 利用未公开信息交易情节严重的，处 5 年以下有期徒刑或者拘役

C. 涉嫌证券交易成交额累计在 50 万元以上的应予立案追诉

D. 涉嫌期货交易占用保证金数额累计在 20 万元以上的应予立案追诉

11.《中华人民共和国证券法》规定，内幕交易、泄露内幕信息的，没收违法所得，并处以违法所得（　）的罚款。

A. 1 倍以上 5 倍以下　　B. 1 倍以上 3 倍以下

C. 3 倍以上 5 倍以下　　D. 2 倍以上 5 倍以下

12. 操纵证券、期货市场罪，是指以（　）为目的的违法行为。

A. 获取不正当利益或者转嫁风险　　B. 获取公开信息

C. 获取内幕信息以外的未公开信息　　D. 诱骗投资者

13. 证券市场虚假陈述，是指（　）违反证券法律规定，在证券发行或者交易过程中，对重大事件作出违背事实真相的虚假记载、误导性陈述，或者在披露信息时发生重大遗漏、不正当披露信息的行为。

A. 证券发行人　　B. 中介服务机构

C. 保荐人　　D. 信息披露义务人

14. 下列关于背信运用受托财产罪的说法中，正确的是（　）。

A. 银行擅自运用客户资金的行为构成背信运用受托财产罪

B. 侵犯的主体是金融管理秩序和客户的合法权益

C. 犯罪客体是金融机构

D. 主观方面表现为无意，一般是为了获取合法利润

二、组合型选择题（以下备选项中只有一项最符合题目要求，不选、错选均不得分）

1. 在（　）中，隐瞒重要事实或者编造重大虚假内容发行股票或者企业债券，数额巨大、后果严重的，或者有其他严重情节的，构成欺诈发行股票、债券罪。

Ⅰ. 招股说明书　　Ⅱ. 财务会计报告

Ⅲ. 发行保荐书　　Ⅳ. 企业债券募集办法

A. Ⅱ、Ⅲ　　B. Ⅰ、Ⅳ

C. Ⅰ、Ⅱ　　D. Ⅲ、Ⅳ

2. 欺诈发行股票、债券罪侵犯的客体有（　）。

Ⅰ. 单一客体　　Ⅱ. 复杂客体

Ⅲ. 国家对证券市场的管理制度　　Ⅳ. 投资者的合法权益

A. Ⅰ、Ⅱ　　B. Ⅱ、Ⅲ、Ⅳ

C. Ⅰ、Ⅱ、Ⅲ　　D. Ⅰ、Ⅲ、Ⅳ

3. 根据《中华人民共和国刑法》，犯欺诈发行股票、债券罪的，应（　）。

Ⅰ. 对其直接负责的主管人员和其他直接责任人员处 5 年以下有期徒刑或者拘役

Ⅱ. 对其直接负责的主管人员和其他直接责任人员处 3 年以下有期徒刑

Ⅲ. 并处或者单处 1 万元以上 10 万元以下罚金

Ⅳ. 并处或者单处非法募集资金金额 1% 以上 5% 以下罚金

A. Ⅰ、Ⅱ、Ⅲ、Ⅳ　　B. Ⅰ、Ⅲ

C. Ⅱ、Ⅲ　　D. Ⅰ、Ⅳ

4. 发行股票、债券犯罪的刑事立案追诉标准有（　）。

Ⅰ. 发行股票发行数额在 500 万元以上的

Ⅱ. 伪造、变造国家公文、有效证明文件或相关凭证、单据的

Ⅲ. 利用募集的资金进行正常经营活动的

Ⅳ. 转移或者隐瞒所募集资金的

A. Ⅱ、Ⅲ、Ⅳ　　B. Ⅰ、Ⅱ、Ⅳ

C. Ⅰ、Ⅱ、Ⅲ、Ⅳ　　D. Ⅰ、Ⅱ、Ⅲ

5. 根据《中华人民共和国刑法》的规定，犯集资诈骗罪的处罚措施有（　）。

Ⅰ. 数额较大的，处 5 年以下有期徒刑或者拘役，并处 2 万元以上 20 万元以下罚金

Ⅱ. 数额巨大或者有其他严重情节的，处 5 年以上 10 年以下有期徒刑，并处 5 万元以上 50 万元以下罚金

Ⅲ. 数额特别巨大或者有其他严重情节的，处 10 年以上有期徒刑或者无期徒刑，并处 5 万元以上 50 万元以下罚金或没收财产

Ⅳ. 数额特别巨大或者有其他特别严重情节的，处 5 年以上 10 年以下有期徒刑，并处 5 万元以上 50 万元以下罚金

A. Ⅰ、Ⅱ、Ⅳ　　B. Ⅰ、Ⅱ、Ⅲ

C. Ⅱ、Ⅲ、Ⅳ　　D. Ⅰ、Ⅳ

6. 下列属于非法集资类犯罪立案追诉标准的有(　　)。

Ⅰ. 个人集资诈骗,数额在10万以上的

Ⅱ. 单位集资诈骗,数额在50万元以上的

Ⅲ. 与他人串通,以事先约定的时间、价格和方式相互进行证券或者期货合约交易

Ⅳ. 个人或者单位,当日连续申报买入或者卖出同一证券、期货合约并在成交前撤回申报

A. Ⅰ、Ⅲ、Ⅳ　　B. Ⅰ、Ⅱ、Ⅳ

C. Ⅱ、Ⅲ　　D. Ⅰ、Ⅱ

7. 上市公司存在下列(　　)情形之一的,不得公开发行证券。

Ⅰ. 擅自改变前次公开发行证券募集资金的用途而未作纠正

Ⅱ. 上市公司最近12个月内受到过证券交易所的公开谴责

Ⅲ. 上市公司及其控股股东或实际控制人最近18个月内存在未履行向投资者作出的公开承诺的行为

Ⅳ. 上市公司或其现任董事、高级管理人员因涉嫌犯罪被司法机关立案侦查或涉嫌违法违规被中国证监会立案调查

A. Ⅰ、Ⅱ、Ⅲ　　B. Ⅰ、Ⅱ、Ⅳ

C. Ⅰ、Ⅲ、Ⅳ　　D. Ⅱ、Ⅲ、Ⅳ

8. 在因虚假陈述引发的民事赔偿案件中,投资人(　　)的,应当认定虚假陈述与损害结果之间存在因果关系。

Ⅰ. 所投资的是与虚假陈述直接关联的证券

Ⅱ. 明知虚假陈述存在而进行投资

Ⅲ. 在虚假陈述实施日及以后,至揭露日或者更正日之前买入该证券

Ⅳ. 恶意投资、操纵证券价格

A. Ⅲ、Ⅳ　　B. Ⅱ、Ⅳ

C. Ⅰ、Ⅱ　　D. Ⅰ、Ⅲ

9. 金融机构违背受托业务,擅自运用客户资金或者其他委托、信托的财产,涉嫌下列(　　)情形之一的,应以背信运用受托财产罪予以立案追诉。

Ⅰ. 擅自运用客户资金或者其他委托、信托的财产数额在30万元以上的

Ⅱ. 虽未达到规定数额标准,但多次擅自运用客户资金或者其他委托、信托的财产或者擅自运用多个客户资金或者其他委托、信托的财产的

Ⅲ. 以自己为交易对象,自买自卖证券期货合约,影响证券期货价格的

Ⅳ. 其他情节严重的情形

A. Ⅰ、Ⅱ、Ⅲ、Ⅳ　　B. Ⅰ、Ⅱ、Ⅳ

C. Ⅱ、Ⅲ、Ⅳ　　D. Ⅰ、Ⅱ、Ⅲ

10. 下列属于背信运用受托财产罪犯罪主体的有（ D ）。

Ⅰ. 商业银行　　Ⅱ. 证券交易所

Ⅲ. 期货经纪公司　　Ⅳ. 期货交易所

A. Ⅱ、Ⅲ、Ⅳ　　B. Ⅰ、Ⅱ、Ⅲ

C. Ⅰ、Ⅱ、Ⅳ　　D. Ⅰ、Ⅱ、Ⅲ、Ⅳ

答案详解

一、选择题

1. B。【解析】《中华人民共和国证券法》第一百八十八条规定，未经法定机关核准，擅自公开或者变相公开发行证券的，责令停止发行，退还所募资金并加算银行同期存款利息，处以非法所募资金金额1%以上5%以下的罚款；对擅自公开或者变相公开发行证券设立的公司，由依法履行监督管理职责的机构或者部门会同县级以上地方人民政府予以取缔。对直接负责的主管人员和其他直接责任人员给予警告，并处以3万元以上30万元以下的罚款。

2. D。【解析】向特定对象转让股票，未经中国证监会核准，转让后公司股东累计不得超过200人。

3. A。【解析】违反《中华人民共和国证券法》规定，犯欺诈发行股票、债券罪的，应当承担民事赔偿责任和缴纳罚款、罚金，其财产不足以同时支付时，先承担民事赔偿责任。

4. C。【解析】根据《中华人民共和国刑法》第一百九十二条对集资诈骗罪的规定，以非法占有为目的，使用诈骗方法非法集资，数额较大的，处5年以下有期徒刑或者拘役，并处2万元以上20万元以下罚金；数额巨大或者有其他严重情节的，处5年以上10年以下有期徒刑，并处5万元以上50万元以下罚金；数额特别巨大或者有其他特别严重情节的，处10年以上有期徒刑或者无期徒刑，并处5万元以上50万元以下罚金或者没收财产。

5. A。【解析】《中华人民共和国证券法》第一百九十三条规定，发行人、上市公司或者其他信息披露义务人未按照规定披露信息，或者所披露的信息有虚假记载、误导性陈述或者重大遗漏的，责令改正，给予警告，并处以30万元以上60万元以下的罚款。对直接负责的主管人员和其他直接责任人员给予警告，并处以3万元以上30万元以下的罚款。

6. B。【解析】诱骗投资者买卖证券、期货合约罪是指证券交易所、期货交易所、证券公司、期货经纪公司的从业人员，证券业协会、期货业协会或者证券期货监督管理部门的工作人员，故意提供虚假信息或者伪造、变造、销毁交易记录，诱骗投资者买卖证券、期货合约，造成严重后果的行为。

7. C。【解析】单独或者合谋，持有或者实际控制期货合约的数量超过期货交易所业务规则限定的持仓量50%以上，且在该期货合约连续20个交易日内联合或者连续买卖期货合约数累计达到该期货合约同期总成交量30%以上的，即构成操纵证券、期货市场罪。

8. A。【解析】根据《中华人民共和国证券法》第一百九十三条的规定，发行人、上市公司或者其他信息披露义务人未按照规定报送有关报告，或者报送的报告有虚假记载、误导性陈述或者重大遗漏的，责令改正，给予警告，并处以30万元以上60万元以下的罚款。对直接负责的主管人员和其他直接责任人员给予警告，并处以3万元以上30万元以下的罚款。

9. C。【解析】《中华人民共和国证券法》第一百九十四条规定，发行人、上市公司擅自改变公开发行证券所募集资金的用途的，责令改正，对直接负责的主管人员和其他直接责任人员给予警告，并处以3万元以上30万元以下的罚款。发行人、上市公司的控股股东、实际控制人指使从事上述违法行为的，给予警告，并处以30万元以上60万元以下的罚款。对直接负责的主管人员和其他直接责任人员依照上述规定处罚。

10. D。【解析】根据《最高人民检察院、公安部关于公安机关管辖的刑事案件立案追诉标准的规定(二)》第三十六条的规定，涉嫌期货交易占用保证金数额累计在30万元以上的应予立案追诉。

11. A。【解析】根据《中华人民共和国证券法》第二百零二条的规定，证券交易内幕信息的知情人或者非法获取内幕信息的人，在涉及证券的发行、交易或者其他对证券的价格有重大影响的信息公开前，买卖该证券，或者泄露该信息，或者建议他人买卖该证券的，责令依法处理非法持有的证券，没收违法所得，并处以违法所得1倍以上5倍以下的罚款。

12. A。【解析】操纵证券、期货市场罪是指以获取不正当利益或者转嫁风险为目的，集中资金优势、持股或者持仓优势或者利用信息优势联合或者连续买卖，与他人串通相互进行证券、期货交易，自买自卖期货合约，操纵证券、期货市场交易量、交易价格，制造证券、期货市场假象，诱导或者致使投资者在不了解事实真相的情况下作出准确投资决定，扰乱证券、期货市场秩序的行为。

13. D。【解析】证券市场虚假陈述，是指信息披露义务人违反证券法律规定，在证券发行或者交易过程中，对重大事件作出违背事实真相的虚假记载、误导性陈述，或者在披露信息时发生重大遗漏、不正当披露信息的行为。

14. A。【解析】背信运用受托财产罪是指银行或者其他金融机构违背受托义务，擅自运用客户资金或者其他委托、信托的财产，情节严重的行为。侵犯的客体是金融管理秩序和客户的合法权益。客观方面表现为金融机构违背受托义务，擅自运用客户资金或者其他委托、信托的财产的行为。犯罪主体是特殊主体，即金融机构。主观方面表现为故意，一般是为了获取非法利润。

二、组合型选择题

1. B。【解析】欺诈发行股票、债券罪的犯罪构成的客观要件之一是行为人必须实施在招股说明书、认股书、公司、企业债券募集办法中隐瞒重要事实或者编造重大虚假内容的行为。

2. B。【解析】欺诈发行股票、债券罪侵犯的客体是复杂客体，即国家对证券市场的管理制度以及投资者(即股东、债权人和公众)的合法权益。

3. D。【解析】《中华人民共和国刑法》第一百六十条规定，在招股说明书、认股书、公司、企业债券募集办法中隐瞒重要事实或者编造重大虚假内容，发行股票或者公司、企业债券，数额巨大、后果严重或者有其他严重情节的，处5年以下有期徒刑或者拘役，并处或者单处非法募集资金金额1%以上5%以下罚金。单位犯前款罪的，对单位判处罚金，并对其直接负责的主管人员和其他直接责任人员，处5年以下有期徒刑或者拘役。

4. B。【解析】《最高人民检察院、公安部关于公安机关管辖的刑事案件立案追诉标准的规定(二)》第五条规定，在招股说明书、认股书、公司、企业债券募集办法中隐瞒重要事实或者编造重大虚假内容，发行股票或者公司、企业债券，涉嫌下列情形之一的，应予立案追诉：(1)发行数额在500万元以上的。(2)伪造、变造国家公文、有效证明文件或相关凭证、单据的。(3)利用募集的资金进行违法活动的。(4)转移或者隐瞒所募集资金的。(5)其他后果严重或有其他严重情节的情形。

5. B。【解析】Ⅰ、Ⅱ、Ⅲ为《中华人民共和国刑法》第一百九十二条规定的内容。

6. D。【解析】根据《最高人民检察院、公安部关于公安机关管辖的刑事案件立案追诉标准的规定(二)》第四十九条的规定，个人集资诈骗，数额在10万元以上的，或者单位集资诈骗，数额在50万元以上的，应当依法予以刑事追诉。

7. B。【解析】《上市公司证券发行管理办法》第十一条规定，上市公司存在下列情形之一的，不得公开发行证券：(1)本次发行申请文件有虚假记载、误导性陈述或重大遗漏。(2)擅自改变前次公开发行证券募集资金的用途而未作纠正。(3)上市公司12个月内受到过证券交易所的公开谴责。(4)上市公司及其控股股东或实际控制人12个月内存在未履行向投资者作出的公开承诺的行为。(5)上市公司或其现任董事、高级管理人员因涉嫌犯罪被司法机关立案侦查或涉嫌违法违规被中国证监会立案调查。(6)严重损害投资者的合法权益和社会公共利益的其他情形。

8. D。【解析】《最高人民法院关于审理证券市场因虚假陈述引发的民事赔偿案件的若干规定》第十八条规定，投资人具有以下情形的，人民法院应当认定虚假陈述与损害结果之间存在因果关系：(1)投资人所投资的是与虚假陈述直接关联的证券。(2)投资人在虚假陈述实施日及以后，至揭露日或者更正日之前买入该证券。(3)投资人在虚假陈述揭露日或者更正日及以后，因卖出该证券发生亏损，或者因持续持有该证券而产生亏损。

9. B。【解析】《最高人民检察院、公安部关于公安机关管辖的刑事案件立案追诉标准的规定(二)》第四十条规定，商业银行、证券交易所、期货交易所、证券公司、期货公司、保险公司或者其他金融机构，违背受托义务，擅自运用客户资金或者其他委托、信托的财产，涉嫌下列情形之一的，应予立案追诉：(1)擅自运用客户资金或者其他委托、信托的财产数额在30万元以上的。(2)虽未达到上述数额标准，但多次擅自运用客户资金或者其他委托、信托的财产，或者擅自运用多个客户资金或者其他委托、信托的财产的。(3)其他情节严重的情形。

10. D。【解析】背信运用受托财产罪犯罪主体是特殊主体，即金融机构，具体指商业银行、证券交易所、期货交易所、证券公司、期货经纪公司、保险公司或者其他金融机构。